BASIC THEORY
OF CURRICULUM AND INSTRUCTION

潘洪建　陈云奔　编著

课程与教学论基础

（第 2 版）

江苏大学出版社
JIANGSU UNIVERSITY PRESS
镇　江

图书在版编目(CIP)数据

课程与教学论基础/潘洪建,陈云奔编著. —2版. —镇江:江苏大学出版社,2020.12(2024.12重印)
ISBN 978-7-5684-1446-3

Ⅰ.①课… Ⅱ.①潘… ②陈… Ⅲ.①课程-教学理论-高等师范院校-教材 Ⅳ.①G423

中国版本图书馆CIP数据核字(2020)第273176号

课程与教学论基础(第2版)
Kecheng yu Jiaoxuelun Jichu (Di-er Ban)

编　　著/潘洪建　陈云奔
责任编辑/米小鸽
出版发行/江苏大学出版社
地　　址/江苏省镇江市京口区学府路301号(邮编:212013)
电　　话/0511-84446464(传真)
网　　址/http://press.ujs.edu.cn
排　　版/镇江文苑制版印刷有限责任公司
印　　刷/广东虎彩云印刷有限公司
开　　本/718 mm×1 000 mm　1/16
印　　张/22.5
字　　数/420千字
版　　次/2011年12月第1版　2020年12月第2版
印　　次/2024年12月第2版第3次印刷,累计第10次印刷
书　　号/ISBN 978-7-5684-1446-3
定　　价/55.00元

第二版前言

“课程与教学论”是师范学生必修的一门专业基础课程。课程开发与教学设计是中小学教师必备的专业素养。《课程与教学论基础》出版已八年有余，部分内容开始变得陈旧，难以适应基础教育课程与教学改革需要，同时教材编制形式也滞后于网络技术、信息技术的新近发展。为此，我们启动修订程序，对旧版进行修订。主要修订有：

1. 改变教材整体结构。将原“课程”“教学”“评价”“管理”四个篇目压缩为“课程”“教学”两个篇目，更为完整而系统地呈现课程论与教学论学科的基本内容，减少二者逻辑上不必要的交叉与重复。上下两篇分别安排数个专题模块，并以课程开发、教学设计结束，让学生在“真枪实弹”的学校课程开发与课堂教学设计活动中整合相关知识、技能和理论，学以致用。

2. 优化教材内容体系。对原版中的章节顺序做了一些调整，教材内容结构更加合理。在课程篇，将原版中“课程开发与课程设计”一章调整到该篇第六章，同时新增“综合实践活动设计”一节，与“校本课程开发”并列，以面向基础教育课程实践。在教学篇，考虑到教学艺术自身的复杂性与教学艺术研究中存在的诸多悖论①，删除原版中的“教学艺术”一章，部分内容并入“教学的策略、方法与媒体”之中。为了促进教学理论的运用，强化教学理论的实践功能，新增“教学设计”一章，为学生提供进行教学理论知识整合的机会。

3. 丰富教材实质内容。部分章节中的基本概念与原理增加了一些国外

---

① 潘洪建：《教学艺术研究的背离与回归》，《当代教育与文化》，2019 年第 5 期。

经典文章与著作篇目，扩展教材“厚度”，提高学术品位，以二维码形式为读者提供学习资源，学习者可以借助手机等工具进行网络阅读，拓展学习空间，促进基本概念与原理的深度理解。

4．补充新近研究成果。增加或替换部分内容、案例与阅读材料，如新增慕课、翻转课堂、移动学习、建构主义学习模式等内容，力求吸收课程与教学改革的新成果，增强课程学习的时代感。

5．原版中第一章“课程与教学论的学科基础”调整到教材最后，作为教材“余论”。这一调整可能更符合学习者的心理逻辑，通过课程与教学哲学、社会学、心理学基础的检视，对所学内容进行反思与回顾，深化课程与教学基本理论的学习。

由于原著者中部分老师工作调动或面临退休，修订人员做了一些调整，哈尔滨师范大学的陈云奔教授参与了本次教材的修订工作。具体分工为：潘洪建修订与撰写绪论，第一至九章，第十四章第三节，余论。陈云奔修订与撰写第十至十三章，第十四章一至二节。感谢江苏大学出版社米小鸽同志为修订出版工作付出的辛勤劳动。感谢扬州大学为本书出版给予的资助。

此次修订还可能存在一些不足与缺憾，请读者不吝赐教。

特别提示：为了方便本科生、研究生和一线教师使用本教材，我们准备了丰富的配套资源（包括课件、教学视频、二维码 PDF 文集、教育理论著作等），以利于读者学习和参考。读者可点击链接（https://pan.yzu.edu.cn/share/f0f65724901400a942320d2ef8）或扫描下方二维码，阅读或下载学习资料。

编著者

2020 年 5 月 1 日

第一版前言

课程论与教学论是教育学的两个分支学科，是高等学校师范学生的必修课，也是教师在职教育的核心课程，对于教师专业成长的意义重大。近些年来，原为两门学科的课程论与教学论开始合并为一门学科：课程与教学论。但如何将这两门相对独立的学科合在一起，使其成为一个井然有序、结构合理的整体，是教材编写者们首先不得不面对的问题，也是一直困扰许多编写者的一个难题。

纵观既有的课程与教学论教材，在处理课程论与教学论的关系上，主要存在以下做法：（1）简单并列。有的教材先课程论，再教学论；有的教材却先教学论，再课程论。这种做法实际上是将两门学科简单并列在一起，清晰明了，没有冲突矛盾，不存在打架问题，但这种处理方式不能显示二者的内在关联，显得机械呆板，而事实上，课程与教学、课程论与教学论是相关联的。正如美国课程学者奥利瓦（P. F. Oliva）指出的那样："课程与教学的关系是循环的，意即它们是以连续的循环关系为基础的分离实体。课程对教学产生持续影响，反之，教学又影响课程。"① （2）适度整合。课程与教学、课程论与教学论有分有合，能合则合，如课程目标与教学目标，需分则分，分多合少，克服了二者机械割裂的问题，却破坏了课程论与教学论各自完整的体系，比较凌乱，缺乏系统性。（3）完全整合。有的采取课程与教学、课程论与教学论完全整合的方式，对课程论与教学论涉及的主要概念严格对置，一一对应，这种做法试图实现课程论与教学论的一体化与统一，但统一不等于同一，有的概念与主题简单对置、并列，显得十分别扭。

总之，已有的处理方式存在着这样或那样的问题、不足与缺憾。那么，

① Oliva, P. F. Developing the Curriculum. 3rd ed. New York: Harper Collins Publishers Inc., 1992: 26.

在一本课程与教学论教材中如何处置二者的关系呢？如何既能显示课程与教学、课程论与教学论的内在联系，又不破坏二者各自的体系与脉络呢？课程与教学论教材编写应遵循哪些原则呢？我们认为，主要有：

1. 系统性原则。作为一门学科，它具有内在的逻辑结构与知识体系。大学教材承担着传播学科基本内容和主要学术成就的任务。同时，教材毕竟是学习者了解一门学科的初阶和主要载体，教材编写者应向初学者介绍该门学科的基本内容，特别是该门学科的基本概念、原理和策略。正如布鲁纳所言，学习一门学科就是掌握一门学科的基本结构，学生学会这些概念、原理与策略，就能较好地记忆、理解该门学科的基本精神和核心思想，并产生普遍迁移，广泛应用，将来还可以在此基础上拓展或深化。在这里，笔者不大赞成大学教材编写中的实用主义做法，即仅仅从学生未来工作需要或兴趣出发随意剪裁学科内容，将一门学科弄得支离破碎，破坏了学科内在的结构。这种做法会损害学生未来的可持续发展。因为，大学教育具有一定的学术性、专业性要求，它毕竟不同于一般的职业训练。“在学术学院中传授的系统知识，根本不同于一个人为了在职业上有效所必须获得的那种知识，但是，如果讲求实际的人始终按自己的意愿去做，那职业教育就会停留在中世纪工匠阶段。”① 在加强教师专业化建设的今天，教师教育除了传授实用的教学技能、技术、策略，还要保持一定的学术性，需要对师范生（或在职教师）进行教育专业的思维训练，以培养高素质教师，或为未来教育学科精英的培养奠基。当然，随着课程论、教学论研究的深入，学者们开始尝试从不同角度构建不同的知识体系，教育学科包括的课程论、教学论开始呈现出多元化发展态势，但即便如此，也并不排除学科知识的系统性，我们可以某一体系为基础，构建教材的知识体系与逻辑结构。教材体系与结构多元并存，有助于学科本身的发展、繁荣，也有助于教材建设特色的彰显。

2. 简明性原则。随着学科研究的拓展和深化，近些年来，无论是课程论研究还是教学论研究都取得了较大进展，研究视野不断扩大，研究问题不断增多，且在深度上也与先前大为不同，知识积累日益丰富、细微、精深。但是，作为教材编写者，我们不得不看到，学生的学习时间、精力毕竟有限，54 课时学完一门课程，教师不可能讲授过多内容，教材内容也不得不浓缩、精简。然而，我们常常看到，当下的一些教育学教材（包括课

---

① ［波兰］弗·兹纳涅茨基：《知识人的角色》，郑斌祥译，译林出版社，2000 年，第 112 页。

程与教学论教材）内容太多，篇幅太长，教材越来越大，越来越厚，动辄50万字或60万字，有的甚至突破80万字。有的教材学术性太强，语言晦涩，内容艰深，难以适应高等教育大众化时代学生的特点与需要。今天，网络的吸引、就业的压力、权利的诉求，使学生阅读教材的时间越来越少，许多教材被束之高阁。我们认为，教材字数不能太多，二三十万字为宜。同时，教材不同于学术专著，应采用规范的专业语言，简明流畅、深入浅出地叙述学科内容，增强教材的可读性。当然，可根据学生未来工作的需要，在内容详略上有所选择和侧重。

3. 弹性化原则。由于不同类型、层次的学校的培养目标与教学任务的差异，以及不同水平学生的兴趣、需要有别，教材内容的设计应具有一定的弹性，从而为不同类型、层次、水平的学习者提供多样化选择与拓展的空间。这要求教材既要介绍学科的基本成就，使大多数学生在一个学期内能较好地掌握该门学科的基本内容与要领，又能吸收一些新的研究成果，展示学科前沿的问题，保持教材的时代特色，但不能因增加新的研究成果而加重学生的课业负担，致使部分学习者产生畏难情绪。处理上述复杂多维的关系，实际上并非易事，它考验教材编写者的学科驾驭能力与统摄能力，需要教材编写者高屋建瓴、举重若轻。我们认为，除了概括、简明、凝练的叙述与阐释，教材还可通过多种方式，进行一些拓展与深化。例如：开设信息窗、学术窗，介绍一些新的事实、成就；设置阅读导航、网络链接，将静态的学科内容与动态的学术前沿连接起来；增加文中脚注、参考文献，鼓励学生进行拓展型或深化型研读、探究，让学有余力的学生进行拓展性、研究性学习。总之，教材应满足不同学生对课程学习的不同期望与需要，使教材既系统简明，又具有一定的挑战性，增强教材的吸引力和适应性。

基于上述原则，为了保持课程论与教学论固有的特色与各自的体系，但又不至于机械并列或简单对应，我们确立了这样的思路：将课程论与教学论内容大致分为课程、教学、评价、管理四大部分。其中，“课程”部分侧重于课程规划与设计，为教学活动提供依据、资源和材料，它主要包括课程的定义与类型、课程开发与设计、课程目标、课程内容、课程实施等内容。“教学”部分是课程的实施与再度开发，主要包括教学概念、教学目标与内容、教学方法与媒体、教学组织形式、教学模式、教学策略、教学艺术等内容。“评价”部分是对教学活动与课程文本的价值判断，为教学活动与课程文本的优化、完善提供信息，主要包括教学评价、课程评价。“管理”部分则涉及课程与教学事业，即课程系统与教学系统的组织、运行、协调，主要包括课程管理（含校本课程开发）、教学工作管理、课堂教学管理等内容。上述结构设计的逻辑是：课程规划与设计属于整个教育活动的建构部分，教学活动属于教育活动的实质性展开部分，而评价与管理则属于教育活动的信息反馈、自我调整与组织协调部分。课程规划与设计在先，教学与评价在后，而评价又有助于课程的完善与教学的改进，管理则为课程设计与教学活动的开展提供规范、激发活力。通过这样的安排，课程与教学论教材在逻辑上更加清晰，结构也更加合理了。

总之，课程—教学—评价—管理的结构安排，既可保持课程论与教学论比较完整的知识体系，又能凸显二者的内在联系，为初学者提供一幅比较清晰的学科画卷。在内容处理上，既比较系统、完整，又删繁就简，突出重点，从而避免以往一些教材贪多求全、内容庞杂、逻辑不清的问题，以适应高等教育大众化时代学习者的特点和在职教师持续发展的需要。当然，这样的线性结构难以体现课程、教学、评价之间循环的特征，我们力求在具体内容的阐述上前后观照，以呈现其间的互动关系。

本书执笔分工为：潘洪建，绪论，第 1 ~ 7 章；刘华，第 8 ~ 13 章；蔡澄，第 14 ~ 16 章。全书由潘洪建设计与统稿。

本书适合师范学生、中小学教师及教研人员阅读，也可作为中小学教师培训教材。

感谢江苏大学出版社编辑米小鸽、张静、吴小娟同志为本书的出版付出的辛勤劳动。同时，感谢扬州大学出版基金的资助。

由于编者水平有限，教材编写可能存在这样或那样的不足与问题，敬请读者批评、指正。

潘洪建

2011 年 10 月 22 日

目录

第二版前言 1

第一版前言 1

绪论　课程与教学论的历史、对象与旨趣 1

第一节　课程与教学研究的历史发展　1

第二节　课程与教学论的对象与旨趣　9

上　篇
课程篇

第一章　课程概观　19

第一节　课程的概念　19

第二节　课程的类型　25

第二章　课程目标　31

第一节　课程目标的概念与类型　31

第二节　课程目标的设计　40

第三章　课程内容　50

第一节　课程内容的取向与构成　50

第二节　课程内容的选择与组织　56

第三节　课程的结构　62

第四章　课程实施　71

第一节　课程实施概述　71

第二节　课程实施的基本方式　75
第三节　课程资源的开发与利用　82

第五章　课程评价　87
第一节　课程评价概述　87
第二节　课程文本的评价　96

第六章　课程开发与设计　101
第一节　课程开发　101
第二节　课程设计　116

第七章　校本课程开发与综合实践活动设计　126
第一节　校本课程开发　126
第二节　综合实践活动设计　133

下　篇
教学篇

第八章　教学概观　147
第一节　教学的基本概念　147
第二节　教学活动的基本关系　157
第三节　教学过程的阶段　166

第九章　教学目标与教学内容　172
第一节　教学目标　172
第二节　教学内容　185

第十章　教学的策略、方法与媒体　189
第一节　教学策略　189

第二节　教学方法　209
第三节　教学媒体　222

第十一章　教学组织形式　232
第一节　教学组织形式概述　232
第二节　班级授课制及其改革　238
第三节　当代个别化教学　242

第十二章　教学模式　252
第一节　教学模式概述　252
第二节　当代教学模式　257

第十三章　教学评价　287
第一节　教学评价概述　287
第二节　学生学业成就评价　294
第三节　教师授课质量评价　304

第十四章　教学设计　311
第一节　教学设计概述　311
第二节　教学设计的模式　317
第三节　教学设计的基本框架　325

余论　课程与教学论的学科基础　333
第一节　哲学基础　333
第二节　心理学基础　338
第三节　社会学基础　342

绪论 课程与教学论的历史、对象与旨趣

课程与教学理论经历了一个漫长的发展历程，不断成熟。它产生于课程与教学实践的沃土，又丰富着课程与教学实践。课程与教学论是人们关于课程与教学活动、事业的系统思考。课程与教学理论有着自己的研究对象、任务与旨趣。了解课程与教学论的发展历史、研究对象、价值旨趣，有助于我们对该学科形成一个基本的概观。

第一节 课程与教学研究的历史发展

古代学校的建立和教学活动的开展，促进了教育工作者对课程与教学问题的思考，这些思考绵延不断，逐渐汇集成课程与教学思想长河，最后产生了关于课程与教学的系统理论。从课程与教学思想的历史发展看，作为一个独立的领域，系统的教学研究早于系统的课程研究。本着历史与逻辑统一的原则，我们先看看教学论的发展脉络，再回顾课程论的发展历程。

一、教学研究的历史发展

教学论的发展大致经历了古代教学经验的总结、近代教学思想的形成与现代教学理论的发展诸阶段。

（一）古代：教学思想的孕育

古代教学经验的长期积累孕育了最初的教学思想，它的源头可以追溯到我国春秋战国与古代希腊雅典。那个时期百家争鸣，智者云集，人类思想处于胚胎阶段。中国先秦涌现出一大批思想家如孔子、孟子、荀子、老子、庄子，他们阐发了诸多教育教学主张。

《论语》是儒家的经典著作，它以语录体和对话体的形式记载了我国古代著名教育家孔子及其弟子的言行，其中包括有教无类、因材施教、博约兼顾、学思结合等教学主张，成为古代教学思想的宝库。①

“学而不思则罔，思而不学则殆。”（《为政》）

“学而时习之，不亦说乎。”（《学而》）

“知之者不如好之者，好之者不如乐之者。”（《雍也》）

“求也退，故进之；由也兼人，故退之。”（《先进》）

“兴于诗，立于礼，成于乐。”（《泰伯》）

资料卡片：
儒家论教学

《礼记·学记》被认为是世界最早专门论述教育教学问题的著作，一般认为该书成书于战国晚期，相传为孟子的学生乐正克所著。《学记》文字言简意赅，喻辞生动，全面而精到地阐明了教育目的、教育制度、教学原则和方法、教师地位和作用、师生关系等内容，这些论述至今仍闪耀着光辉。

“学然后知不足，教然后知困，知不足然后能自反，知困然后能自强也。故曰：教学相长也。”

“独学而无友，则孤陋而寡闻。”

“君子之于学也，藏焉修焉，息焉游焉。”

“故君子之教，喻也。道而弗牵，强而弗抑，开而弗达。道而弗牵则和，强而弗抑则易，开而弗达则思。和、易以思，可谓善喻矣。”

“善歌者，使人继其声；善教者，使人继其志。其言也，约而达，微而臧，罕譬而喻，可谓继志矣。”

“大学之法：禁于未发之谓豫；当其可之谓时；不凌节而施之谓孙；相观而善之谓摩。此四者，教之所由兴也。”

此外，汉代以董仲舒为代表的经学教学思想，以刘安为代表的黄老学派教学思想，魏晋南北朝以嵇康为代表的玄学教学思想，唐代以韩愈为代表的儒家教学思想，宋明时期以程颢、程颐、朱熹为代表的理学教学思想，以叶

① 毛礼锐：《儒家的“教学论”初探》，《北京师范大学学报》，1979 年第 6 期。

适、陈亮为代表的功利教学思想等，体现着中国古代教学思想的繁荣发展。

在西方，古希腊的苏格拉底、柏拉图、亚里士多德阐述了各自的教学思想，出现了苏格拉底的“产婆术”，柏拉图的《理想国》，亚里士多德的《尼各马可伦理学》《政治学》等著作。古罗马昆体良系统地总结了罗马教学成就和自己的从教经验，写出古代西方第一部教学法专著《雄辩术原理》（又译《论演说家的教育》）。

（二）近代：系统教学思想的形成

伴随工业革命的发生和自然科学的发展，近代教学理论逐渐从古代哲学中分离出来，走上了自身发展的轨道，并形成独立的体系。夸美纽斯、卢梭、赫尔巴特的教学思想是其中最杰出的代表，他们对后世教学理论与实践产生了深刻影响。

夸美纽斯，捷克教育家，1632 年出版《大教学论》，力图阐明“把一切事物教给一切人的全部艺术”。该书第一次系统总结了欧洲文艺复兴以来的教育经验，提出了普及教育、“泛智教育”的思想。他主张把一切知识领域中的精粹灌输给学生，拟订了各级学校的课程，制订了编写教科书的要求，论证了学校教学工作的基本组织形式——班级授课制，明确提出并详细论证了一系列教学原则和规则，如教学必须“遵循自然”，教学的“直观性”（“在可能的范围以内，一切事物都应该尽量地放到感官跟前”①）、“简易性”、“彻底性”、“迅速性”等原则，论述了一般教学方法和分科教学方法，构建了一个系统而连贯的学校教育体系。《大教学论》为我们勾画了一幅学校教育的清晰蓝图，为现代学校教育制度的建立提供了基本架构，是近代最早的系统的教育著作。

卢梭，法国教育家，1762 年出版《爱弥儿》。卢梭反对中世纪宗教教育对儿童个性的压抑，进一步发展了夸美纽斯教育著作中的自然主义思想。他极力主张遵循儿童的自然本性进行教育，强调率性发展，他说：“儿童有他自己独特的观察、思维和情感的方式”，“大自然希望儿童在成人以前就要像儿童的样子”②。他倡导发现教学、活动教学，他说：“问题不在于告诉他一个真理，而在于教他怎样去发现真理”，“不要对你的学生进行任何种类的口头教训，应该使他们从经验中去取得教训”③。卢梭主张，我们的学

① 任钟印主编：《西方近代教育论著选》，人民教育出版社，2001 年，第 59 页。

② 卢梭：《爱弥儿》，李平沤译，人民教育出版社，1987 年，第 84 页。

③ 同②，第 280、87 页。

生应该从实践中去学习。卢梭的自然主义教学思想成为后来“儿童中心论”、经验课程、活动教学的思想渊源，直接启发了杜威的实践与探索。

裴斯泰洛齐，瑞士教育家，他继承了夸美纽斯与卢梭根据儿童心理发展规律组织教学的思想，在教育史上第一次明确提出“教育心理学化”的口号，强调教学的原则必须从人类心智发展的永恒不变的原始形式中来，推动了教学心理学化进程，促进了教育的科学化。他长期坚持教育实验，致力于贫苦儿童的教育和国民教育事业，创立了以“数、形、词”为基础的要素教学理论，对欧美近代教育实践与理论的发展产生了重要影响。

赫尔巴特，德国教育家，1806 年出版《普通教育学》。他是近代第一个试图把教育学建立为一门科学的人，明确提出教育学是一门科学，不能仅仅凭借经验与习惯，而应具有自己的理论基础。“教育作为一门科学，是以实践哲学和心理学为基础的。前者指明目的，后者指明途径、手段及对教育成就的阻碍。”[①] 为此，他在伦理学基础上建立了教育目的论，在心理学基础上建立了教育方法论。他认为教育的目的在于道德养成和性格完善。他在观念心理学基础上创立了明了、联想、系统、方法四阶段教学过程理论，后经戚勒的发展和赖恩的完善，成为著名的赫尔巴特学派“五段教学法”。赫尔巴特把发展学生多方面兴趣作为教学的直接目的，并以此为基础确立了包括自然、社会和思维等内容的广泛的课程体系。他第一次提出“教学的教育性”原则，把知识教学与道德教育统一起来，对后世影响深远。赫尔巴特使教学论形成了自己的理论体系，提高了教学的科学化水平，影响了教学研究的基本取向。[②]

资料卡片：
赫尔巴特论教学

在我国，明末清初，西学东渐肇始，出现了经世致用的实学思想。鸦片战争以后，西学大量引进，中西文化教育深度接触，不断交融，中国传统教学思想开始转型。

（三）现代：多样化教学理论的发展

杜威，美国教育家，1916 年出版代表作《民主主义与教育》。杜威在批判赫尔巴特的“外烁说”与卢梭、裴斯泰洛齐的“预成说”各自偏颇的基础上，认为儿童发展是在先天本能与冲动的基础上，通过与环境的交互作用而不断

---

① 赫尔巴特：《普通教育学·教育学讲授纲要》，李其龙译，人民教育出版社，1989 年，第 190 页。

② 周采：《赫尔巴特的教育学与伦理学》，《教育学报》，2006 年第 5 期。

增加经验意义的过程，指出教育的本质是儿童经验的不断改造和连续发展，“教育是在经验中、由于经验和为着经验的一种发展过程”[①]，提出了基于经验的教学理论。在他看来，“经验”（experience）即人与环境之间的相互作用，是人作用于环境与环境作用于人两方面的联合。杜威强调知与行的统一，认为“行动处于观念的核心”，“认识本身就是行动”，倡导“从经验中学”，“做中学”。他还认为，经验中包括思维，没有某种思维的因素便不可能产生有意义的经验，力倡“反省思维”，在《我们怎样思维》一书中提出以问题解决为中心的五步教学阶段：问题感觉、问题界定、提出假设、逻辑推理、行动检验。杜威1896年创办了芝加哥大学实验学校，组织商业、烹饪、缝纫、纺织、木工等活动，促进儿童经验的不断改造。杜威总结了西方古希腊、古罗马以来的教育智慧，创造性地提出了诸多见解，奠定了“现代教育”理论的基础，对当代教学理论与实践产生了巨大而深刻的影响。

20世纪以来，教学论研究大致呈现两大发展路径：一是哲学的研究取向，如德国、苏联、日本、中国的教学论研究以认识论和伦理学为理论基础，主要探讨教学的目的、任务、原则、内容、手段方法、组织形式、教学评价等。二是心理学的研究取向，如英国、美国等的教学论研究以心理学为理论基础，把教学理论作为一种处方性和规范性理论，探讨教学的程序、策略与技术。“二战”后，社会生活的急剧变化和科学技术的飞速发展，引发了世界教育改革热潮，催生了众多新的教学理论与流派，如苏联赞科夫的“小学教学新体系”、巴班斯基的“教学过程最优化”，美国斯金纳的程序教学理论、布鲁纳的发现学习理论、奥苏贝尔的意义学习理论、布卢姆的掌握学习理论、加涅的教学设计理论、罗杰斯的“非指导教学”理论，保加利亚洛扎诺夫的“暗示教学”，德国W. 瓦根舍因的“范例教学”、克拉夫基的“范畴教育”、K. 沙勒和K－H舍费尔的“交往教学”理论，等等，教学论发展呈现多样化态势。

这一时期教学论的主要著作有：布卢姆的《教育目标分类学》（1956）、盖奇的《教学研究手册》（1963）、希尔加德等人的《学习与教学理论》（1964）、麦克唐纳等人的《教学理论》（1965）、戈登的《教学理论的标准》（1968）、布鲁纳的《教育过程》（1959）与《教学理论探索》（1966）[②]、奥苏

---

① 赵祥麟、王承绪编译：《杜威教育名篇》，教育科学出版社，2010年，第250页。

② ［美］琼·福克斯：《布鲁纳与杜威》，［美］杨：《杜威与布鲁纳》，瞿葆奎主编《教育学文集·教学》（上），人民教育出版社，1988年，第428－470页。

贝尔的《教育心理学：认知观》（1968）、加涅的《学习条件与教学论》（1965）与《教学设计原理》（1974）、达尼洛夫等的《教学论》（1957）、赞科夫的《教学与发展》（1975）、斯卡特金主编的《中学教学论》（1982）、佐藤正夫的《教授论原理》（1987）、克罗恩的《教学论基础》（1993）等。我国民国时期的一些学者在系统介绍西方教学思想的基础上进行教育改革试验，创立了各具特色的教学理论，如胡适、晏阳初、梁漱溟、陶行知、黄炎培、陈鹤琴等人的“平民教育”“乡村教育”“乡村建设”“生活教育”“职业教育”“活教育”，教学理论从传统走向现代。中华人民共和国成立后，我国教学理论研究进入一个新的发展时期，涌现出王策三的《教学论稿》（1985）、李秉德主编的《教学论》（1991、1996）、裴娣娜主编的《现代教学论》（2005）、陈佑清的《教学论新编》（2011）等著作，这些著作标志着教学论研究达到新的水平。①

资料卡片：布鲁纳与杜威

二、课程研究的历史发展

尽管课程设置与学校相伴而生，但跟教学研究相比，课程问题的系统探究则相对较晚。课程论成为一个独立的研究领域才100年。

（一）课程研究的前期准备

我国战国时期的《学记》提出课程设置思想：“比年入学，中年考校。一年视离经辨志；三年视敬业乐群；五年视博习亲师；七年视论学取友，谓之小成。九年知类通达，强立而不反，谓之大成。”这可能是世界上最早的关于课程设置的精彩论述。元代程端礼《读书分年日程》可视为中国古代家塾实施的课程著述。

英国教育家斯宾塞在1861年出版《教育论》一书，探讨了“什么知识最有价值”的问题，对课程论中最核心的问题即课程知识选择标准进行了充分的讨论与明确的回答。

美国教育家杜威1902年出版《儿童与课程》一书，对“学科中心论”和“儿童中心论”进行了批判，阐述了逻辑经验与心理经验的内在关系，主张将学科知识成就还原到儿童的经验水平，在经验的基础上实现儿童与学科的统一，提出“教材心理化”构想，并于1896—1904年在芝加哥大学

① 徐继存：《新中国教学论学科建设70年回顾与反思》，《中国教育科学》，2019年第4期。朱德全、杨磊：《教学论发展70年：实践样态与逻辑路向》，《教育研究》，2019年第9期。

实验学校开展了独创性课程实验。杜威倡导课程活动化，主张“学校科目相互联系的真正中心，不是科学、不是文学、不是历史、不是地理，而是儿童本身的社会生活”，教材“迫切的问题是要在儿童当前的直接经验中寻找一些东西”①，并相互联系，加以扩充。杜威的课程思想为我们今天的课程改革提供了重要的思想资源。

儿童的世界是一个具有他们个人兴趣的人的世界，而不是一个事实和规律的世界。儿童世界的主要特征，不是什么与外界事物相符合这个意义上的真理，而是感情和同情。学校里见到的课程所提供的材料，却是无限地回溯过去，同时从外部无限地伸向空间。人们在儿童离开他所熟悉的几乎不多于一平方哩左右的自然环境以后，便使他进入一个辽阔的世界——甚至可以说，使他进入太阳系的范围。儿童小小的记忆力和知识领域被全人类的长期的多少世纪的历史压得窒息了。②

（二）学科独立与科学化追求

1918 年，美国教育学者博比特出版《课程》一书。一般认为，该书的出版标志着课程成为一个专门的研究领域。1924 年博比特又出版《怎样编制课程》，进一步完善其课程开发理论。1922 年查特斯出版《课程编制》。由于深受 20 世纪初美国“社会效率运动”的影响，他们的课程思想烙上了时代印记，被称为“科学化课程开发”。

基于课程是儿童及青年为准备完美的成人生活而从事的一系列活动及由此取得的相应的经验的观点，博比特根据“活动分析”方法，对社会生活进行科学分析，确定目标，编制课程。他提出课程开发五个步骤：第一，人类经验的分析。第二，具体活动或具体工作的分析。第三，课程目标的获得。将社会生活划分为 10 个领域 800 个目标。第四，课程目标的选择。第五，教育计划的制定。

查特斯的课程开发理论与博比特颇为相似，他在《课程编制》一书中指出，课程开发必须首先制定目标，然后选择课程内容，在选择过程中根据目标对课程内容进行评价，并将课程开发过程解析为七个步骤，深化了博比特的课程开发理论。博比特与查特斯的探讨为今天的课程开发与研究留下了宝贵的遗产。

1949 年，美国课程专家泰勒出版《课程与教学的基本原理》。该书是他

① 赵祥麟、王承绪编译：《杜威教育名篇》，教育科学出版社，2010 年，第 6、227 页。

② 同①，第 65 页。

主持并参与的课程实验“八年研究”（1934—1942）的总结性成果，并创造性地综合了博比特、查特斯、杜威、拉格等课程学者的思想，形成一个课程开发的主导模式（又称为“泰勒原理”）。该书提出并探讨了四个问题：

学校应该达到哪些教育目标？

提供哪些教育经验才能实现这些目标？

怎样才能有效地组织这些教育经验？

我们怎样才能确定这些目标正在得以实现？

资料卡片：泰勒原理

“泰勒原理”清晰而完整，被誉为课程开发原理最完美、最简洁、最清楚的阐述，达到了科学化课程开发理论的最高水平，标志着课程开发经典模式的诞生。

我国民国时期，程湘帆的《小学课程概论》（1923）是我国近现代最早的课程论专著，王克仁的《课程开发的原则和方法》（1928）是我国比较早的综合性的课程论著作。此后，一批课程著作陆续出版。

（三）课程理论的多样化探索

继泰勒之后，一些学者对泰勒模式进行深化研究，使其愈益丰富、完善。同时，也出现一些新的课程开发理论，如20世纪60年代美国布鲁纳的学科结构课程理论、施瓦布的实践课程理论，英国斯滕豪斯的过程课程理论。20世纪70年代以后，课程研究受后现代思潮的影响，课程研究领域发生“范式转型”，即由“课程开发”范式走向“课程理解”范式，课程研究多样化态势初现端倪。课程理论著作主要有：美国坦纳夫妇著的《课程编制的理论与实践》（1975），英国劳顿著的《课程研究的理论与实践》（1978），苏联克拉耶夫斯基等主编的《普通中等教育内容的理论基础》（1982），多尔著的《后现代课程观》（1993），派纳主编的《理解课程》（1995），等等。

在我国，陈侠的《课程论》（1989）、廖哲勋的《课程学》（1991）、施良方的《课程理论》（1996）、钟启泉的《课程论》（2007）、靳玉乐的《课程论》（2015）先后出版。此后，我国又陆续出版了一批课程论专著，课程研究开始从教学论中分离出来，走上自主发展的轨道。①

① 张廷凯：《我国课程论研究的历史回顾：1922—1997》，《课程·教材·教法》，1998年第1-2期。黄甫全：《新中国课程研究的回顾与展望》，《教育研究》，1999年第12期。侯怀银、任桂平：《中国课程论学科建设70年：历程、进展和展望》，《中国教育科学》，2019年第3期。

第二节 课程与教学论的对象与旨趣

一、课程与教学论的对象

课程是学生学习的内容、材料、范围、要求及其进度的总和。教学是教师与学生围绕特定教学内容所展开的教育活动。一般认为，课程与教学论是一门研究课程与教学现象、揭示课程与教学规律、指导课程与教学实践的教育学分支学科。这种说法失之笼统。胡德海先生将教育现象划分为三个组成部分：教育活动、教育制度（或称教育事业）、教育思想。① 参照此种分析，我们认为，课程与教学论研究对象为普通中小学课程与教学现象，该现象亦可划分为：课程与教学活动、课程与教学制度、课程与教学理论。

（一）课程与教学活动的研究

课程与教学活动主要指课程的设计、实施与评价活动，以及教学的过程、方法与策略，它们是课程与教学设计者、实施者、评价者围绕课程与教学目标及其实现所开展的系列活动。课程与教学活动的研究主要包括对课程与教学活动事实、价值、方略的研究。课程与教学事实是课程与教学设计、实施、评价的过程及其行为表现，是客观发生的课程与教学过程在人脑中的再现，它主要涉及课程与教学的性质、形态、关系、现状及其问题。课程与教学事实研究是对课程与教学实存状况进行"实然判断"，揭示课程与教学的实质、过程、关系。如：课程是什么？教学是什么？知识传授与智能发展的关系是什么？课程与教学价值指课程与教学的目标、意义与取向，课程与教学价值研究即对课程与教学活动的前提进行价值透析，澄清课程与教学活动隐含的价值观念，也包括表达课程与教学活动的价值理想，做出有关课程与教学活动的"应然判断"。如："什么知识最有价值？""课堂教学是优先考虑全体儿童还是部分儿童？""有效教学的标准是什么？"课程与教学方略指开展、完善课程与教学活动的方法、策略、途径、手段与技术。课程与教学活动方略研究有关优化、改进、完善课程与教学活动的路径与策略，回答以下问题：怎样开发课程、怎样教、怎样学，如何进行课程规划、教学设计，如何组织学生的课程学习，如何指导学生有效阅读，等等。

---

① 胡德海：《教育学原理》，甘肃教育出版社，1998 年，第 251 页。

（二）课程与教学制度的研究

随着课程与教学活动日益丰富、复杂，个别的、简单的课程与教学活动逐渐制度化，形成了制度化的课程与教学事业。可以说，课程与教学制度是专门化、系统化课程与教学活动的产物。课程与教学活动发展到一定规模，便产生了对不同类型、不同层次课程与教学活动进行协调、控制、规划和管理的需要，于是课程与教学制度应运而生。课程与教学制度研究涉及课程与教学活动系统及其组织、管理与领导问题，诸如课程的总体规划、三级课程管理、学校课程领导、课程改革实验、学期学年编制、学生学籍管理、选课考试管理、课堂行为规范、教学研究制度等。这些是一些较为宏观的问题，关系到整个课程与教学活动系统的运行及其效率与质量。课程与教学管理涉及学校、地方与国家各个层面。课程与教学制度研究即研究课程与教学系统的机制、结构、组织与运行现状、问题，揭示课程与教学制度安排的价值倾向，构建课程与教学系统的价值标准和理想规范，制定提高课程与教学系统效益的对策、方略。课程与教学制度研究的目的在于促进课程与教学管理制度和行为的科学化、规范化、民主化，为学校课程与教学活动提供运行框架和制度支撑，从而提高课程与教学系统的活动效率和质量。

（三）课程与教学理论的研究（元研究）

课程与教学理论是课程与教学活动、制度在研究者意识中的显现，它是人们关于课程与教学活动、制度的理性认识和构想。课程与教学理论属于观念形态的课程与教学现象。可以说，课程理论是关于课程编制、实施、管理、评价的理性思考，而教学理论则是关于教学系统中教师引导、维持或促进学生学习，开展教学管理的阐释框架与行动规范。课程与教学理论包括课程与教学论的基本概念、知识体系、历史发展、研究任务、研究方法、思维方式、学科基础、学科功能等。学科研究的自我意识与反思水平是一门学科成熟的重要标志。对课程与教学理论展开研究是对课程与教学论学科的反思和完善。或者说，它是关于课程与教学研究的研究，是一种元研究、元思考。课程与教学理论元研究涉及课程与教学理论的历史、现状、流派（事实），课程与教学理论的未来理想和应然追求（价值），还涉及课程与教学理论的建设路径、研究方法（方略）。课程与教学理论元研究尽管不直接提供课程与教学活动和制度的知识，但它通过优化、完善该门学科的问题选择、价值取向、研究范型、思维方式、表达形式，间接地影响、规范课程与教学活动、制度的实践。

在课程与教学论学科的研究对象之中，课程与教学活动的研究是最基本、最核心的研究对象，因为课程与教学活动是课程与教学事业、管理及课程与教学理论元研究得以展开的基石，课程与教学事业、管理及课程与教学理论元研究均建立在对课程与教学活动研究的基础及成果之上，并最终服务于现实的课程与教学活动。

此外，课程与教学论研究具有不同的层次，既有课程与教学哲学研究，又有课程与教学理论研究，还有学科课程与教学及其问题研究。课程与教学论要吸收学科课程与教学论的研究成果，进行概括、提升，而学科课程与教学论又要结合不同学科的性质、特点，将课程与教学论的基本原理、规范具体化、操作化，并直接指向学科课程与教学实践。

二、课程与教学论的旨趣

（一）课程与教学现象描述

课程与教学现象纷繁复杂，难以穷尽，我们不可能毫无遗漏地对课程与教学领域发生的诸多现象进行客观的记录、描写。但现象是研究的门径，我们首先从繁复的课程与教学现象中选择某个问题，对该问题进行聚焦，面对课程与教学事实本身，进行客观的观察、描写和叙述。如，课程与教学发展历史的考察，课程文本的描述，课堂教学的实录，课堂观察记载，课程开发、课堂教学、教学管理现状的调查。通过事实的呈现、现状的描述，把握课程教学的实际状况，揭示课程与教学的本质，为价值分析与实践指导提供依据，从而将课程教学活动与制度的研究建立在客观的、可靠的基础之上。

（二）课程与教学价值审视

课程与教学活动、制度，既是一种客观的事实存在，又充满价值选择与价值追求，是实然与应然的统一。我们观察到的种种课程教学活动、制度，其背后总是隐含着一定的价值观念，并与一定的价值抉择与目标追求相联系。因此，课程与教学研究应对课程教学活动、制度、理论所隐匿的价值观念进行审查、透视，对课程教学活动与制度得以存在、安排的前提进行价值检讨，分析、批判课程教学活动、制度和理论所隐含的价值观念，澄清课程与教学实践、理论后面潜在的价值取向，使隐蔽的东西显现，使不在场的东西出场，帮助人们进行恰当的价值判断与价值取舍。同时，通过活动设计、制度安排、政策制定、理论构建，表达课程与教学的价值理想，实现课程教学实践与研究的合理化、人性化。

（三）课程与教学方法指导

课程与教学论是教育学中一门实践性、应用性较强的学科，它受惠并反哺于课程与教学实践。课程与教学研究应更多地关注课程与教学实践中的现实问题，着力提高课程开发与教学实践的效率和质量。换句话说，课程与教学论不能仅仅成为书斋里的学问，课程与教学研究具有重要的实践旨趣。课程与教学研究应当为课程设计与教学实践服务，为优化课程教学活动、制度提供具体策略与方法指导。即便是课程与教学基本理论研究，也要密切关注课程与教学实践，为课程与教学实践问题的解决提供理念、依据和思想。课程与教学理论研究要走向火热的、鲜活的课程与教学“生活世界”，促进课程与教学“科学世界”和“生活世界”的对话与交流，为课程与教学实践提供历史借镜、观念启发和规范准则，而不能完全陶醉在纯粹的理论沉思和逻辑分析之中。

（四）课程与教学实践变革

课程与教学论不仅要关注、回答课程教学实践中的问题，而且还要走进课程与教学实践，参与课程与教学变革。课程与教学理论研究者要亲自改造课程与教学的实践，面对课程与教学实际问题，参照相关理论，提出研究假设或行动方案，运用实验研究、行动研究、课例研究等方法，对课程教学实践进行设计、实施、反省，对自己的或他人的实践进行分析、解剖，在变革课程与教学现实中检验、修正课程与教学理论，发展、完善课程与教学实践。课程教学管理者、决策者要自觉运用有关理论，对课程教学管理工作、规章制度、政策法规、运行机制进行变革，完善课程运行与教学管理工作。特别地，课程与教学实践工作者要在课程教学实践过程中与活动后，有意识地对自己的课程教学实践进行自觉回顾、反思，在此基础上改进自己的课程教学实践，优化课程教学过程，提升课程教学品质。

（五）课程与教学论学科建设

课程与教学论是教育学一级学科中一个重要的研究领域，作为一个研究领域，它具有自身的研究对象、任务与方法，有着自身的基本概念、阐释框架、知识结构和学科基础。课程与教学研究除了对课程教学实践问题进行探讨，还要对课程与教学论学科建设的一些基本问题进行研究，按照学科建设的基本准则、规范、要求进行学科建设，提升该学科在教育学学科乃至整个人文社会科学中的地位，使课程与教学论成为一门比较成熟、水平较高、功能完善的学科，从而更好地为课程与教学实践提供服务，并反哺其他学科的发展。

三、课程（论）与教学（论）的关系

课程（论）与教学（论）是两个相对独立的领域。不过，从时间上看，教学论早于课程论，课程论相对滞后。在专门的课程领域产生之前，课程（或教育内容）仅仅作为教学活动的一个构成要素，有关课程的研究包含在教学理论之中。课程成为一个独立的研究领域后，课程与教学、课程论与教学论的关系问题便提出来了，并引发了关于课程与教学、课程论与教学论关系的持续讨论，出现了许多不同的观点。对课程与教学、课程论与教学论关系的理解可归纳如下：

（1）包容说。包容说存在两种取向："大教学论"与"大课程论"。持"大教学论"主张的人把课程视为教学内容，将课程论包含在教学论之中。持"大课程论"主张的人则坚持教学从属于课程，课程论包含教学论。

（2）并列说。认为课程论与教学论二者相互分离，彼此独立，它们是两个分离的实体，均是教育学的下位分支学科①，二者的关系是"方案"与"活动"、"计划"与"执行"的关系。

（3）交叉说。认为课程论与教学论二者既彼此独立，又相互联系，课程理论集中在内容的选择与编排方面，而教学论的主要课题集中在激励、交往、参与和反馈方面，二者有一定的交叉。

（4）目的—手段说。课程是为有目的地学习而设计的内容，而教学则是达到教育目的的手段，二者是目的与手段的关系。

（5）同一说。认为课程与教学之间具有统一性和连续性，课程与教学是一个整体，课程是一个教学事件，教学即课程开发过程。②"课程是乐谱，教学则是作品的演奏"，这个隐喻较好地体现了课程与教学的同一性。

我们认为，课程与教学、课程论与教学论是两个相互联系、相对独立的研究领域。二者的侧重点不一样，课程论着重解决教什么的问题，为教学提供方案、指南、文本和材料，教学论着重解决怎样教、怎样学的问题，实施人才培养计划，组织教学活动，促进学生的发展。课程论与教学论有着各自的对象、概念、范畴、逻辑与知识体系。不过，课程论与教学论发展到今天，二者关系十分密切，你中有我，我中有你，难舍难分。正如美

---

① 陈侠：《课程论的学科位置和它同教学论的关系》，《课程·教材·教法》，1987 年第 3 期。刘要悟：《试析课程论与教学论的关系》，《教育研究》，1996 年第 4 期。

② 高文：《试论课程与教学的一体化研究》，《外国教育资料》，1996 年第 6 期。张华：《课程与教学整合论》，《教育研究》，2000 年第 2 期。

国课程学者奥利瓦（P. F. Oliva）指出的那样："课程与教学的关系是循环的，意即它们是以连续的循环关系为基础的分离实体。课程对教学产生持续影响，反之，教学又影响课程。"①

课程系统的基本范畴和主题有：课程本质、课程类型、课程规划、课程开发、课程设计、课程目标、课程内容、课程结构、课程实施、课程范式、课程评价、课程管理、课程政策、课程改革、课程历史、课程研究等。

教学系统的基本范畴和主题有：教学本质、教学价值、教学过程、教学目标、教学内容、教学方法、教学媒体、教学策略、教学艺术、教学模式、教学评价、教学管理、教学制度、教学研究、教学历史等。

那么，如何处理课程论与教学论的关系呢？单独的课程论或教学论教材，体系安排比较简单，内容结构易于处理，但若将两门学科合并，怎样在同一本教材中处理课程与教学、课程论与教学论的关系呢？许多教材进行了一定的探索，处理方式有四种：一是将二者简单并列，先课程论，再教学论，或先教学论，再课程论，二者均自成系统；二是将课程论与教学论二者适度整合，根据不同主题有分有合；三是完全整合，将课程论与教学论所有主题整合在一起，一并阐述，如课程与教学目标、课程与教学设计等；四是将课程与教学论教材分为课程篇、教学篇、评价篇三个部分，分而论之。以上做法各有利弊：第一种做法显得机械呆板，不能呈现二者的内在关联；第二、三种做法能显示课程论与教学论的内在联系，但概念对置有的合理，有的则牵强（如"课程与教学组织"）。总之，已有的处理方式总是存在这样或那样的不足。那么，在一本课程与教学论教材中如何处置二者的关系？我们认为，作为学习初阶的《课程与教学论基础》，选择第一种方式比较合理，先课程论再教学论，能保持课程论与教学论各自的完整性与内在逻辑，避免概念混乱。当学习者具备了一定的知识基础后，可选择其他方式进行整合。

本章内容小结

从课程与教学思想的历史发生看，系统的教学研究早于系统的课程研究。教学论的发展大致经历了古代教学经验的总结、近代教学思想的形成与现代教学理论的发展诸阶段。课程研究的历史发展经过前期准备、学科独立与科

① Oliva, P. F. Developing the Curriculum. 3rd ed. New York: Harper Collins Publishers Inc., 1992: 26.

学化追求、多样化探索等阶段。课程与教学论研究对象为普通中小学课程与教学现象，该现象可划分为：课程与教学活动、课程与教学制度、课程与教学思想。课程与教学论的研究任务（旨趣）是：描述课程与教学现象、审视课程与教学价值、指导课程与教学活动、变革课程与教学实践等。

本章思考问题

1. 教学论发展经历了哪些阶段？主要代表人物及其著作有哪些？
2. 课程论发展经历了哪些阶段？主要代表人物及其著作有哪些？
3. 课程与教学论的研究对象是什么？
4. 学习课程与教学论有哪些意义，你是怎样理解的？

本章参考文献

1. 钟启泉主编：《美国教学论流派研究》，陕西人民教育出版社，1993 年。
2. 李其龙编著：《德国教学论流派研究》，陕西人民教育出版社，1993 年。
3. 杜殿坤主编：《原苏联教学论流派研究》，陕西人民教育出版社，1993 年。
4. 吕达：《中国近代课程史论》，人民教育出版社，1994 年。
5. 田本娜主编：《外国教学思想史》，人民教育出版社，1994 年。
6. 张华等：《课程流派研究》，山东教育出版社，1998 年。
7. 张传燧：《中国教学论史纲》，湖南教育出版社，1999 年。
8. 徐继存：《教学理论反思与建设》，甘肃教育出版社，2000 年。
9. 蔡宝来：《现代教学论的发展反思与构建》，甘肃人民出版社，2001 年。
10. 王兆璟：《教学理论问题的知识学研究》，甘肃教育出版社，2004 年。
11. 李定仁主编：《教学思想发展史略》，甘肃教育出版社，2004 年。
12. ［美］丹尼尔·坦纳：《学校课程史》，崔允漷等译，教育科学出版社，2006 年。
13. 郝志军：《教学理论的实践品格》，教育科学出版社，2008 年。
14. ［美］约翰·富兰克林·博比特：《课程》，刘幸译，教育科学出版社，2017 年。

上 篇

课程篇

第一章 课程概观

课程是课程理论中的基本概念，明确界定课程概念是课程研究的出发点。然而，对于什么是课程，学术界存在分歧。课程现象复杂多样，根据不同标准可将课程分为不同类型。了解课程的概念与类型，探讨课程的本质，有助于拓展我们的课程视野，丰富我们对课程的理解。

第一节 课程的概念

一、课程的定义

课程（curriculum）一词源于拉丁语“currere”，意为“跑道”（race-course）。根据这个词源，西方最常见的课程定义是“学习的进程”，简称“学程”。1859 年英国教育家斯宾塞（H. Spencer）在《什么知识最有价值》一文中最早提出“curriculum”一词，意指“教育内容的系统组织”。随着课程认识的深化，近年来，有学者认为，“currere”是一动词，原意指“跑的过程与经历”，意为“跑”，强调把课程理解为学生积极主动的认识经验，而不仅仅是学业进程。在此意义上，课程可以理解为学生与教师在教育过程中的经历和体验。20 世纪 60 年代以后，国外越来越重视潜在课程的研究，课程概念得到了进一步的拓展。20 世纪 70 年代后，美国学者派纳

（F. Pinar）提出课程范式的“概念重构”，课程概念更加丰富。

（一）课程的含义

在西方，一些学者对课程做出定义，比如：

课程即教育经验（Jone Dewey，1902）；

课程即学习计划（Taba，1962）；

课程即学生期望学习的内容（Smith & Orlovsky，1978）；

课程是由学校组织的有计划的学习活动（Tanner & Tanner，1980）；

课程即教育程序，包括内容、目的以及他们的组织（Walker，1990）。

资料卡片：课程论述

关于课程的定义，西方学者存在较大分歧。美国学者麦克唐纳指出：“课程的定义从狭义上讲，就是‘要学习的题材内容’，从广义上讲，则是‘学生在学校里所获得的一切经验’。因此，目前所谓的课程著作之间存在很大差别，在其一端，实质上是认识论上的陈述，而在其另一端却是一种人生观的论述了。”①

在我国，“课程”一词最早出现在唐宋年间，唐朝孔颖达在《五经正义》里为《诗经·小雅·巧言》中“秩秩大猷，圣人莫之。奕奕寝庙，君子作之”一句注疏：“以教护课程，必君子监之，乃得依法制之。”据考证，这是汉语文献中最早出现的“课程”一词。宋代朱熹在《朱子全书·总论为学之方》中说过“宽著期限，紧著课程”“小立课程，大作工夫”等，其课程含有所学范围、进程的意思。近代兴办学校以来，人们一般把课程理解为学生在学校中学习的教学科目及其进程、安排。1985年出版的《中国大百科全书·教育》中对课程的定义是：“课业及进程。广义上是指所在学科（教学科目）的总和，或指学生在教师指导下的各种活动的总和。狭义是指一门学科。”

一般地讲，我们可将课程界定为：学生在学校中学习的科目、参与的活动及其目标、范围与进程的总和。

（二）课程概念的范围与层次

1. 课程概念的范围

（1）最狭义的课程概念。课程是指某门学科甚至某本教材。

---

① ［美］麦克唐纳：《课程论》，瞿葆奎主编《教育学文集·课程与教材》（上），人民教育出版社，1988年，第183－190页。

（2）狭义的课程概念。课程是指为实现各级各类学校的培养目标而规定的教学科目及其目的、内容、范围和分量的总和。它是一整套以课程计划为基本框架、各门学科所包含的知识技能、价值观念和行为规范。

（3）广义的课程概念。课程不仅指在课程计划、课程标准、教材中规定的、有计划实施的显性信息，同时还包含由学校生活质量、教师态度、教学活动的道德背景等所传递的隐性内容，这些内容虽未经计划，但潜移默化地影响学生的发展。

（4）最广泛的课程概念。课程既包含校内正规教育内容，也包含校外非正规、非正式的教育内容。凡是对学生发展产生影响的活动都可纳入课程的范畴。例：学生在家庭生活中或通过社区文化教育机构获得的培训内容，以及通过大众传播媒体获得的知识信息，等等。

2. 课程概念的层次

美国课程论专家古德莱德（J. I. Goodlad）曾将课程含义分为五个层面。

理想的课程（ideological curriculum），指一些研究机构、学术团体和课程专家按照课程理论和社会需要，确定的有关课程设计应该达到的标准和理想。

正式的课程（formal curriculum），即教育行政部门委托课程研究者制定的一套课程文件，包括课程计划、课程标准和相应教材等。

领悟的课程（perceived curriculum），指任课教师对课程文件的理念、目标和具体内容的领会与理解。不同教师可能对同一课程文件有着不同的理解。

运作的课程（operational curriculum），指在实际教学中发生的课程，即教师根据学生的反应在课堂中对教案进行的调整，它反映教师在课堂中实际做了什么。

经验的课程（experience curriculum），指学生实际体验到的课程，即学生经过课程学习得到的真正经验与体验，它反映学生在课堂中实际学到什么。

综上所述，我们认为，课程主要指学校所开设的供学生学习的种种科目，它表现为课程计划、课程标准与教学材料。同时，课程还包括学生参与各种教育活动所获得的经验。换言之，课程不仅包括课程方案预先规定的学习目标、内容、范围及进程，而且包括学生在学习过程与教育活动中获得的认识、体验。

二、课程的本质

（一）课程本质的有关讨论

课程领域充满分歧，其中关于课程本质的争论尤为激烈，其主要观点有：

1. 课程即教学科目（学科本质观）

课程即学科内容、教材。这种理解把课程看成学科内容的总和。学科作为课程历史悠久，我国古代的“六艺”和古希腊、古罗马的“七艺”，都属于早期的学科内容。后来学校的课程亦主要以学科为基本形态进行组织与安排。坚持学科本质观的主要代表有赫尔巴特、赫钦斯（R. M. Hutchins）、巴格莱（Bagley）、费尼克斯、布鲁纳等。他们认为，学科知识、“不变的学问”、人类文化遗产，才是课程的适当内容。

学科本质观体现了课程与文化、知识的内在联系。但这种观点强调的是学校向学生传授学科知识体系，容易忽视学生的情感、经验与个性发展；把课程视为外在于学习者的静态的东西，课程往往凌驾于学习者之上；割裂了知识的整体性及知识与社会生活的生动联系。

2. 课程即学习经验（经验本质观）

课程即经验与体验。课程不是事先规定的东西，而是学生实际学到的东西。杜威认为，传统教育以学科为中心，没有考虑儿童的兴趣和经验，致使学习成为一种苦役，因而主张根据儿童的经验设计课程和教材。他指出：“经验包含一个主动的因素和一个被动的因素，这两个因素以特有形式结合着……在主动的方面，经验就是尝试——这个意义，用实验这个术语来表达就清楚了。在被动的方面，经验就是承受结果，我们对事物有所作为，然后它回过头来对我们有所影响，这就是一种特殊的结合。经验的这两个方面的联结，可以测定经验的效果和价值。单纯的活动并不构成经验。这样的活动只是分散的、有离心作用的、消耗性的活动。作为尝试的经验包含变化，但是，除非变化是有意识地和变化所产生的一系列结果联系起来，否则它只不过是无意义的转变。”① 受杜威影响，许多人持同样的观点。如美国课程论专家卡斯威尔（H. L. Caswell）和坎贝尔（D. S. Campbell）认为，“课程由儿童在学校指导下所获得的不间断的经验所组成”②。

---

① ［美］杜威：《民主主义与教育》，王承绪译，人民教育出版社，1990 年，第 148 页。

② ［美］艾伦 · C. 奥恩斯坦等：《课程：基础、原理和问题》，柯森主译，江苏教育出版社，2002 年，第 12 页。

经验本质观把课程的重点从教材转向个人，强调学生在活动中获得的真实体验，凸显了学习活动对学生的意义，但它容易忽视系统知识和种族经验，不利于学生形成完整的文化知识结构。此外，“经验”一词过于宽泛，使得课程设计无从着手。

3. 课程即预期的学习结果（目标本质观）

课程是预知的学习结果。这种课程观产生于20世纪20年代，强调教育效率和教育控制，把课程视为目的性行为。其主要代表人物有博比特（F. Bobbit）、泰勒（R. W. Tyler）、加涅（R. M. Gagne）、约翰逊（M. Johnsin）等。如约翰逊认为，课程是“一系列有组织的、有意识的学习结果”。

目标本质观强调教育的目的性，但忽视了教育的过程性，强调预期的学习结果，但忽视了非预期的学习结果，把课程视为教育情境之外的东西，容易割裂目标与过程、目标与手段的关系。

4. 课程即有计划的教育方案（方案本质观）

课程即“教育计划”“学习计划”或“培养方案”，把课程视为教育计划、教学指南。这是20世纪50年代以来较为流行的观点。其主要代表人物有塔巴（H. Taba）、麦克唐纳（J. B. Macdonald）、比彻姆（G. A. Beachamp）、布洛克（Alan Block）等。如塔巴认为，课程是“一套学习的计划”，“一种事先规定好的知识体系以及传播这一知识体系的方法”；布洛克认为课程是“由教育专家和国家的其他成年人为了满足他们自己的需要及他们所认为的孩子的需要而制定的总体性计划”。我国有学者认为，课程是“在一定培养目标指引下，由系列化的课程目标、课程内容及学习活动方式组成的，具有复杂结构与运行活力的，用以促进学生各项基本素质主动发展的指南”①。

方案本质观认为，课程是教育的蓝图与方案，其表现形式有：课程（教学）计划、教学大纲（课程标准）、教科书。它仅强调课程的计划性、预成性与社会目标，视课程为学生发展的资源，可能忽视学生的实际需要与经验，忽视课程的灵活性、生成性、过程性。课程成为静态的、既定的、外在的东西，难以适应教育的动态变化。

① 廖哲勋：《我对当代课程本质的看法》，《课程·教材·教法》，2006年第7－8期。

拓展阅读 1-1：

课程本质观：文化传递还是社会改造？

课程即社会文化的再生产。它强调社会适应，认为学校教育的职责是再生产对下一代有用的知识、技能。因此课程应该反映各种社会需要，以便使学生能够适应社会。这种课程定义的实质在于使学生顺应现存的社会结构，从而把课程的重点从教材、学生转向社会。然而，现实的社会文化远非人们想象的那样合理，社会中存在大量偏见、不公正现象，倘若教育者以为课程毋需关注社会文化的变革，就会使现有的偏见和不公正永久化。

课程即社会改造。课程不是要使学生适应或顺从社会文化，而是要帮助学生摆脱现存社会制度的束缚。认为，课程的重点应该放在学生关心的当代社会问题、社会弊端方面，要让学生通过社会参与形成从事社会规划和社会行动的能力。学校的课程应该帮助学生摆脱对外部强加给他们的世界观的盲目依从，使学生具有批判的意识。但是，正如一些批评者指出的那样，学校组织并未在政治上强大到足以促使社会发生重大变革的地步，因此，认为学校课程能起到指导社会变革的作用，那未免过于天真。

（资料来源：施良方：《课程理论》，教育科学出版社，1996 年，第 6 – 7 页。）

（二）对课程本质争论的认识

上述理解显示人们分别从知识的维度、学生的维度、社会的维度来界定课程。有的从存在性—个人性角度，或从目的—手段的角度进行界定。存在性界定要求课程内容按照知识的种类加以确定和排列，而个人性界定则要求了解学生的经验水平和具体地研究课程对学生的意义。[①] 从目的方面界定课程，强调课程学习的结果，而从手段方面界定课程，则立足课程长远的社会价值。这些理解均具有一定的合理性，对课程开发具有不同的意义，优点与缺陷并存。课程即学科知识[②]的观点，有利于课程内容的系统化选择及组织，但容易割裂知识的联系，忽视学习者的经验；课程即经验[③]的观点，关注学习者的兴趣、需要，扩大了课程内容的范围，但又难以有效进行课程组织，不易达成系统的教育效果；课程即目标、方案的观点，强调教育的目的性、计划性，便于课程的组织与评价，但往往缺乏灵活性，

---

① ［瑞典］胡森等主编：《简明国际教育百科全书·课程》，江山野主编译，教育科学出版社，1991 年，第 67 页。

② 张宁娟：《论课程的知识本质观及其现实意义》，《教育学报》，2005 年第 6 期。

③ 丛立新：《知识、经验、活动与课程的本质》，《北京师范大学学报》，1998 年第 4 期。

把计划外的教育因素排除在课程之外，缩小了课程的范围。

美国学者蔡斯（Zais，R.）概述了有关课程的定义后指出，作为一个研究领域的课程，可以从两个方面加以描述：一是课题内容及其所涉及的范围（实质性结构），二是它所遵循的探究和实践的程序（方法论结构）。①

资料卡片：课程的概念与课程领域

我们认为，课程作为学科、经验、目标和方案，并非完全对立，事实上，它们在不同形态的课程中，可以各得其所，相互补充，相得益彰。对课程本质的探讨不是为了寻找一种永恒不变的本质，了解各课程观点有助于我们看到课程的丰富性与复杂性，在进行课程设计时，需要全面考虑学科、经验、社会的作用，吸纳各种课程观的合理成分，寻求三者合理的结构，保持适度平衡，克服实践中的偏颇，从而做出明智的抉择。

总之，人们对课程概念有着不同的理解，随着时代的发展，课程内涵也会发生变化。有学者概括了课程内涵的发展趋势：从强调学科内容到强调学习者的经验和体验；从强调目标、计划到强调过程本身的价值；从强调教材这一单因素到强调教师、学生、教材、环境四因素的整合；从强调显性课程到强调显性课程与隐性课程并重；从强调“实际课程”到强调“实际课程”与“空无课程”并重；从强调学校课程到强调学校课程与校外课程的整合。② 这一概括对于把握课程的实质颇具启发意义。

此外，了解课程自身演变、发展的历史③，也有助于深化我们对课程实质的理解。

资料卡片：西方课程历史

第二节　课程的类型

一、显性课程与隐性课程

以课程影响学生的方式为标准，可将课程划分为显性课程和隐性课程。

显性课程指一整套以教学计划、课程标准和教材的形式存在的知识技能、价值观念和行为规范，这是一种以直接的、明显的方式呈现的课程。

---

① ［美］蔡斯：《课程的概念与课程领域》，瞿葆奎主编《教育学文集·课程与教材》（上），人民教育出版社，1988 年，第 245－266 页。

② 张华：《课程与教学论》，上海教育出版社，2000 年，第 68－71 页。

③ ［美］布鲁巴克：《西方课程的历史发展》，瞿葆奎主编《教育学文集·课程与教材》（上），人民教育出版社，1988 年，第 43－132 页。

学校课程表给我们呈现的一门一门的课程就是显性课程，它包括教师有目的、有计划地组织实施的那些学科和活动。

隐性课程也称为隐蔽课程、潜在课程。它是“这样一些教育实践及成果，它们在学校政策、课程计划上并没有明确规定，然而又是学校经验中常规的、有效的一部分”①。隐性课程不是借助课程表直接表现出来，而是通过学校教育环境、人际交往、课堂结构、教材内容、学生差异等形式，隐含在教育实践过程之中，隐性课程的成果表现为政治社会化、规范服从，以及道德观、价值观念、权力观点的形成。隐性课程的范围可分为：教材中的意识形态，课堂中的活动与规范，学校制度环境，以及各种教育活动隐含的信息。隐性课程一般以潜在性和非预期性为主要特征，它以难以察觉、难以预测的方式作用于学生，对学生的思想观点、态度情感有不可忽视的影响。

隐性课程可以助力显性课程，通过隐性课程培养学生的价值、情感、态度等，对显性课程中学生掌握知识技能、发展智力和创造力有着一定的促进作用，并对学生人生观、价值观等的形成起潜移默化的作用。我国一些中小学已把隐性课程作为一项重要内容来抓。如：有的注重建立学校各项规章制度，形成良好的校风、学风；有的注重学校中各种人际关系特别是良好的师生关系、生生关系的建立，营造宽松和谐的心理氛围；有的注重校园的美化、绿化、艺术设计，陶冶学生的情操。这些都是试图通过各种隐性课程的建设形成良好的物质、文化、心理环境来促进学生身心的健康成长。但隐性课程这一术语范围太宽，几乎涉及学校所有方面，给课程设计、实施与评价带来不少困难。

二、学科课程与活动课程

以课程内容设计方式为标准，可将课程划分为学科课程与活动课程。

（一）学科课程

学科课程是一种以人类各门科学的知识体系为基础，按照学科内在逻辑加以组织而形成的课程。学科课程是一种古老的课程类型。我国西周学校设置的“六艺”——礼、乐、射、御、书、数，就是我国学科课程的雏形。古希腊学校的“七艺”——文法、修辞、辩证法、算术、几何、天文、音乐，可看成西方学科课程的原初形态。时至今日，学科课程在各国学校

---

① ［瑞典］胡森等主编：《简明国际教育百科全书·课程》，江山野主编译，教育科学出版社，1991年，第92页。

仍占据主导地位。这是因为，学科课程具有很多优点：一是为学生提供某一学科的精华，为学生将来的成人生活做准备。二是学科课程编订能依照学科本身固有的内在联系，把学科的基本概念、基本原理有序地组织起来，最大限度地保持知识的系统性和连贯性。三是学科课程具有简约性的特征，它简要概括千百年的文化成就，高效率地传递文化，是传递人类文化最有效的形式。但学科课程有其明显的不足：学科课程过多注重间接经验的学习，容易脱离学生的经验；过于强调学科的内在逻辑，可能忽视社会生活实际，不利于学生个性特长的培养与实践能力的发展。

（二）活动课程

活动课程又称经验课程，是从学生的兴趣和需要出发，以学习者为中心，按照各种实践活动类型和特定活动方式而设计的课程类型。其主要倡导者是美国教育家杜威和克伯屈。他们认为学科教材将成人的东西强加给学生，窒息了学生的活力，主张打破学科界限，根据学生的需要、经验和问题组织学习内容，让学生“从做中学”。活动课程能较好地照顾学生的兴趣和爱好，密切联系生活实际，调动学生学习的积极性，丰富学生的经验，培养学生的实践能力。今天许多国家的课程中仍保留了此类课程，如澳大利亚中学开设木工课、戏剧课、烹饪课等，我国中学开设劳技课。但活动课程过分夸大了学生的经验，忽视知识本身的逻辑顺序，忽视教育中的社会目标，不利于传承人类文化遗产，学生难以获得系统的科学文化知识。

1992 年的《九年义务教育初级中学、小学课程计划》将课程分为学科和活动两部分，活动课包括晨会、班团队活动、体育锻炼、科技文体活动、社会实践活动和学校传统活动等。2001 年《基础教育课程改革纲要（试行）》将以往的“活动课”改为“综合实践活动课程”，更加强调活动的综合性与实践性，提升了活动课的水平。

三、分科课程与综合课程

根据学科课程知识分化的程度，可将学科课程划分为分科课程和综合课程。

（一）分科课程

分科课程实际上就是学科课程，因为学科课程是分门别类进行设置的。分科课程有利于学生获得系统的知识，但可能忽视学科之间的内在联系。一是不同学科之间彼此隔绝，缺乏沟通，影响学生综合素质与创造能力的发展。二是过细的分科割裂了知识的内在联系，往往造成知识学习的片面、孤立、呆板。此外，科目过多容易加重学生的学业负担。因此，设置综合课程或课程综合化成为一种必要。

（二）综合课程

综合课程采用合并相邻学科的方法，把几门学科的教学内容组织在一门科目之中，如将物理、化学、生物合并为科学，将音乐、美术合并为艺术等。设置综合课程，一方面是科学发展的结果。因为科学本来就是一个统一体，学科的划分是人为的。分科过于精细，妨碍科学研究的视野，不利于科学的发展。事实上，科学研究的许多突破往往是不同学科协作的结果。另一方面，综合课程的设置也有助于克服分科课程的局限。综合课程强化了学科间的联系，有助于学生从整体上认识世界，形成合理的知识结构，发展学生综合运用知识解决问题的能力。综合课程有以下形式：① 相关课程。在分科基础上确定科际联系点，加强学科之间的联系。例：在语文与历史或数学与物理等相邻学科之间确立科际联系点，使学科之间保持横向联系。② 融合课程。将相邻学科合并在一起，构成新的学科。如：将中国历史、世界历史合并为历史，或将历史、地理、政治科目融合为“社会研究”。③ 广域课程。又称合科课程，它是突破原有学科界限，合并数门相邻学科，形成的范围更广的课程。例：将学校课程分为普通社会科、普通理科、普通技能等，它比融合课程更具有综合性。采用广域课程可减少分科数目，增加课程间的内在联系，克服知识的零碎性，使教学内容更加贴近生活，但怎样把不同学科的知识综合在一起，教材编写、师资配备存在一定困难。④ 核心课程。也称问题中心课程或轮形课程，它是以个人或社会生活的现实问题为核心将其他学科组织起来的课程。如社会健康、人口控制、能源保护、贫困问题等课程。在理论上，核心课程可以避免分科课程脱离生活实际、活动课程过分迁就学生直接兴趣的偏向，它以社会为中心，由近及远，逐步扩展，使学校课程同社会生活联系起来，有利于调动学生解决问题的积极性，但对教师要求高，课程内容难以整合。

四、必修课程与选修课程

根据课程实施和管理的不同要求，可将学校课程划分为必修课程与选修课程两种类型。必修课是保证学生获得基本知识技能和终身发展能力的课程，通过必修课的学习，学生可以获得终身发展所需的知识和能力。选修课的设置有助于拓展学生的知识与技能，发展学生的特长兴趣，培养学生的个性，促进教师的专业成长，促进学校特色的形成。选修课不是必修课的陪衬，更不是必修课的附庸，它是一个独立的课程领域，有其独特的目标、任务和作用。我们必须彻底打破学校课程结构封闭、僵化、萎缩的状态，重构学校课程结构，使必修课与选修课优势互补，动态平衡，充分释放各种课程的潜在功能。为了学生全面和谐而有个性地发展，必修课程与选修课程应保持适当的比例，坚持以必修课程为主、选修课程为辅的原则。

五、国家课程、地方课程、校本课程

按照课程开发与管理主体，课程可分为国家课程、地方课程、校本课程。

国家课程也称"国家统一课程"，是由国家教育部门总体规划课程门类和课时，通过课程计划予以颁布与实施，确保未来公民的共同素质的课程。国家课程集中体现了国家的意志，具有权威性、强制性。这是一个国家基础教育课程设计中的主体部分，是衡量一个国家基础教育质量的重要标志。

地方课程是由国家授权地方教育部门依据当地政治、经济、文化、民族等发展需要而开发的课程。我国幅员辽阔，民族众多，各地经济发展不平衡，地方课程开发有利于满足地方发展需要，增强课程的适应性。

校本课程是学校根据国家的教育目的，在对学校条件和学生需求做出评估的基础上，充分利用社区和学校的课程资源而开发的可供学生选择的课程。校本课程的开发使学校、教师和学生改变以往被动的课程执行者、实施者、接受者角色，一跃而为主动的课程开发者、创造者，有利于师生的个性发展与学校特色的打造。

国家课程、地方课程、校本课程的设置反映了不同权利主体在课程领域中的诉求，既是多方课程权利主体博弈的结果，也有利于课程适应不同地方、学校、学生的内在需要，它们之间应保持恰当的平衡。

以上课程类型，优点与局限并存，因此，在实际的课程规划与设计中，应保持各类课程恰当的比例和适度的平衡，建立合理的课程结构，发挥每一种课程独特的作用，释放课程结构的整体功能。

资料卡片：五种课程

美国课程学者艾斯纳等人将课程划分为五种：认知过程发展式课程、技术式课程、自我实现的和完全经验式课程、社会改造式课程与学术理性主义课程①，这一划分颇具启发意义。

---

① ［美］艾斯纳、瓦伦思：《五种课程概念》，瞿葆奎主编《教育学文集·课程与教材》（上），人民教育出版社，1988 年，第 269－282 页。

本章内容小结

课程是课程理论的基本概念。课程可定义为学生在学校中学习的科目、参与的活动及其目标、内容、范围、进程的总和。课程概念有着不同的范围与层次。关于课程本质的认识主要有：课程即教学科目、课程即学习经验、课程即预期的学习结果、课程即有计划的教育方案，这些观点有助于我们认识课程的丰富性与复杂性。根据不同标准，可将课程划分为：显性课程和隐性课程；学科课程和活动课程；分科课程和综合课程；必修课程和选修课程；国家课程、地方课程和校本课程。建立合理的课程结构，保持各类课程适度的平衡，有助于释放课程结构的整体功能。

本章思考问题

1. 概念辨析：学科课程与活动课程；综合课程与核心课程；文本课程与体验课程；课程计划与课程标准；教材与教科书。

2. 学科课程、活动课程各自的特点是什么？

3. 为什么要实行课程的综合化？谈谈你的理解与看法。

4. 课程本质的观点有哪些？探讨课程本质观对今天的课程改革有何意义？

本章参考文献

1. 陈伯璋：《潜在课程论》，台湾五南图书出版公司，1985 年。

2. 施良方：《课程理论》，教育科学出版社，1996 年。

3. 李臣之：《活动课程研究》，教育科学出版社，1998 年。

4. 瞿葆奎主编：《教育学文集·课程与教材》（上、下），人民教育出版社，1988、1993 年。

5. 张华：《经验课程论》，上海教育出版社，2000 年。

6. 有宝华：《综合课程论》，上海教育出版社，2002 年。

7. 课程教材研究所：《综合课程论》，人民教育出版社，2003 年。

8. 李定仁、徐继存主编：《课程论研究二十年》，人民教育出版社，2004 年。

第二章 课程目标

教育目的是所有教育工作的出发点和最终归宿，它随着历史的发展不断演进。① 课程目标是教育目的、培养目标的具体化。课程目标的确立，有助于为课程内容的选择与组织提供根据，有助于为课程实施和课程评价提供准则。课程目标设计在整个课程设计工作中占有优先地位。②

资料卡片：教育目的历史

第一节 课程目标的概念与类型

资料卡片：教育目的理论

一、课程目标的概念

课程目标属于教育目标系列中的一个层次。教育目标系列从宏观到微观可分为“教育目的”“培养目标”“课程目标”和“教学目标”。教育目的、培养目标、课程目标分别

① ［美］布鲁巴克：《西方教育目的的历史发展》，瞿葆奎主编《教育学文集·教育目的》，人民教育出版社，1989 年，第 391－418 页。

② ［美］布鲁巴克：《教育目的的基本理论问题》，瞿葆奎主编《教育学文集·教育目的》，人民教育出版社，1989 年，第 319－384 页。

由《教育法》《课程计划》《课程标准》规定，而教学目标则由教师在教学设计中加以拟定。

（一）课程目标的含义

课程目标即学生课程学习应达到的预期结果及其素质要求（包括质量和数量两方面的要求），是关于学生学习活动结束之后行为变化的描述。课程目标是指导课程设置、编排、实施和评价的准则，也是课程自身性质和理念的具体体现。课程目标直接受教育目的、培养目标的制约，是教育目的、培养目标在一门学科中的具体化。课程目标是教师进行教学设计、开展教学活动的基本依据，它规定了学生学习应达到的水准。

（二）课程目标的功能

（1）导向功能。目标总是指向某种结果，它引导着课程设计与教学活动的开展，规定着课程内容的选择和组织，有利于教师在教学过程中加工教学材料，选择教学方法，把握教学进程，以避免教学重点、难点的偏移。

（2）调控功能。课程目标可以纠正课程设计与教学活动的偏差，提高课程设计与教学活动的效率。教学材料的编写、教学程序的设定、教学方式手段的选择等工作均受到课程目标的制约。课程目标指导着教材编写，规范教师的教学设计，调整教学过程，激发学习者的努力。

（3）评价功能。评价贯穿于课程设计与教学活动每一环节。依据课程目标可以对教科书的内容、范围及其难度进行评估。参照课程目标可以对教学过程及其结果做出客观的评价，判断课程方案的效果与水平，可以评价学生的学习质量。

二、课程目标的类型

根据不同标准可将课程目标分为不同类型。按照目标取向，可分为普遍性目标、行为目标、展开性目标和表现性目标。按照行为主义心理学准则，可分为认知目标、情感目标、动作技能目标。

（一）普遍性目标、行为目标、展开性目标、表现性目标

1. 普遍性目标

普遍性目标是指有意识或无意识地依据一定的哲学或政治见解，推演出普遍的、一般的教育宗旨或原则，再将这些宗旨或原则运用于课程领域，使之成为课程领域一般性、规范性的课程目标。该取向把一般教育宗旨或原则直接作为课程目标，使课程目标与教育宗旨和原则一致起来，但它往往模糊、笼统。普遍性目标可运用于所有教育实践之中。

2. 行为目标

行为目标是将具体的、可操作的行为作为课程所要达成的结果，它以教学过程结束后学生的行为变化为指向。行为目标取向是随着课程研究领域的独立逐步完善起来的。行为目标的长处在于它精确、具体，操作性强，便于课程的设计、实施和评价。但是，它忽视了难以操作和表述但也许是重要的那些目标，因为如果仅以行为方式来界定目标，那么课程就会趋于强调那些可以明确界定和表述的要素，而那些难以测评、难以被转化成外显行为的内容（如个性发展和创造性培养）就会从课程中消失。同时，事先预设明确的目标，这种目标可能不适合实际情况，导致对教育过程中生成性目标的忽视。

3. 展开性目标（生成性目标）

展开性目标是指在实际的教学活动展开过程中生成的目标。如果说行为目标是在教育过程之前或教育情境之外而预先制定、作为课程指令而存在的话，那么展开性目标则是教育情境的产物和问题解决的结果，它注重的是过程，关注儿童的生长过程。倡导展开性目标的教育家有杜威、斯滕豪斯、罗杰斯。“教育基本上是一个演进的过程。而且，它是渐进地生长的，它扎根于过去而又指向着未来，从这个意义上说，它又是一个有机的过程。在此过程的任何阶段上，我们能提出的目的，不管它们是什么，都不能看成是最终目的，也不能将它们武断地插到后面的教育过程中去。目的是演进着的，而不是预先存在的。”① 杜威也认为，目的是在过程中内在地被决定的，而不是外在于过程的。② 展开性目标看到了教育过程的复杂性、生成性，从目的的内在性出发，认为目标内在于课程实施过程，不是预设的、外在的，它重点考虑学生在学习过程中的兴趣变化、能力形成及个性发展，有利于学生主动性、积极性的发挥和个性的完善。但它过于理想，教师和学生难以把握。

资料卡片：
教育目的制定

资料卡片：
杜威的教育目的论

---

① ［美］塔巴：《制订教育目的之方法论》，瞿葆奎主编《教育学文集·教育目的》，人民教育出版社，1989 年，第 611－637 页。

② ［美］霍恩：《杜威的教育目的论述评》，瞿葆奎主编《教育学文集·教育目的》，人民教育出版社，1989 年，第 536－591 页。

4. 表现性目标（体验性目标）

表现性目标是指学生从事某种活动后所得到的学习结果，它关注的不是事先规定的行为，而是学生在活动中表现出来的具有首创性、独特性的反应形式（如感受、体验与认识）。“表现性目标不指定学生在从事一种或更多种学习活动之后准备获得的行为。表现性目标描述了一种教育‘遭遇’：它识别儿童将在其中工作的情境，儿童将要处理的问题，他们将完成的任务；但它不指定儿童将从这些遭遇、情境、问题或任务中学什么。一个表现性目标既为教师也为学生提供了一份请帖，邀请他们探索、追随或集中争论探讨者们特别关心或特别重要的问题。一种表现性目标是唤醒性的，而非描述性的。”① 表现性目标追求反应的多样性，旨在培养学生的创造性，而不是反应的同质性。美国课程学者艾斯纳（E. W. Eisner）是这一取向的代表人物。他认为，行为目标“可能适合于某些教育目的，但不适合用来概括我们所珍视的大多数教育期望”。他发现在自己所从事的艺术教育领域里预定行为目标极不适用，于是提出表现性目标作为补充。表现性目标重视学生的内部感受性和自主性，有利于学生情感态度和创造性的培养。但表现性目标太开放，过于模糊，不适合大多数学科。

如果说“普遍性目标”是前科学的，是课程目标初期发展阶段的表现形式，那么“行为目标”取向则是科学时代目标的表现方式，二者的共同之处在于隐含着“普遍主义”的价值观念，是控制本位的。“生成性目标”取向追求“实践理性”，强调学习者与具体情境的交互作用，主张目标与手段的统一、过程与结果的连续，反对预定目标对实际过程的控制。“表现性目标”取向追求“解放理性”，强调学习者和教育者的主体精神和创造性表现，以人的个性解放为根本目的，是对“行为目标”的反动。四种课程目标在价值取向上有着各自的特点和优势，具有明显的差异②。

（二）认知领域目标、情感领域目标、动作技能领域目标

布卢姆教育目标分类学依据行为主义心理学的基本原理，将教育目标划分为三大领域，每一领域的目标又区分为不同的层次。③

资料卡片：
教育目标分类

① ［英］斯滕豪斯：《课程研究与课程编制入门》，诸平等译，春秋出版社，1989年，第96–97页。

② 张华：《课程与教学论》，上海教育出版社，2000年，第181–182页。

③ ［美］布卢姆等：《教育目标分类学提纲》，瞿葆奎主编《教育学文集·教育评价》，人民教育出版社，1989年，第390–420页。

1. 认知领域的目标

1956 年，布卢姆出版《教育目标分类学·认知领域》一书，将该领域的目标分为知识、理解、运用、分析、综合、评价。

① 知识（knowledge）。知识就是识记，指对先前学习过的材料的记忆。它是认知目标中最低层次的能力，包括：具体的知识（术语的知识和具体事实的知识）；处理具体事物的方式方法的知识；原理和概括的知识（普通原理和抽象概念的知识）。其行为动词有：认出、描述、配对、界定、列举等。

② 理解（comprehension）。理解是指对所学知识或概念意义的理解。理解一般可借助转化、解释和推断三种形式来完成。转化即用自己的话语来组织、表达所传授的内容和知识；解释即对所交流的信息进行解释和说明；推断即通过目前的知识去推测未来的状况。其行为动词有：转换、估计、说明、举例、预测、摘要、归纳等。

③ 运用（application）。运用是指将所学的规则、方法、步骤、原理、原则和概念，运用到新情境的能力。其行为动词有：预测、证明、解决、修改、表现、发现等。

④ 分析（analysis）。分析是指把复杂的材料分解成各个组成部分，或者弄清所表达的各种观念之间的关系。例如，能分析化合物组成的不同元素，分析文章内容的主次。其行为动词有：选出、分析、判断、辨别、指出、分解等。

⑤ 综合（synthesis）。综合是指将各种要素和组成部分组成一个整体，它表现为对各要素和成分进行加工的能力。其行为动词有：联合、设计、组织、综合、筹划、创造等。

⑥ 评价（evaluation）。评价是指依据某项标准对材料和方法的价值做出判断，可分为内部证据判断和外部准则判断，它是认知目标中最高层次的能力。其行为动词有：评价、判断、比较、支持、批判、评论等。

布卢姆的教育目标分类学自创立后在教育领域产生了巨大影响，认知目标分类也一直处于修订之中[①]，前后修订的“版本”有一二十种之多。安德森（L. W. Anderson）等人根据布卢姆分类的长期应用，结合美国实施课程标准的教育改革，修订出版了《面向学习、教学和评价的分类学——布卢姆教育目标分类学的修订》一书。修订后的二维认知目标框架包括了从

① ［美］L. W. 安德森等：《布卢姆教育目标分类——40 年的回顾》，谭晓玉等译，华东师范大学出版社，1998 年。

具体到抽象的四种知识（事实、概念、程序和元认知）和从低级到高级的六个认知过程（记忆、理解、应用、分析、评价和创造），总计有 30 个具体类别（详见表 2-1）。新的分类学将学习、教学和评价紧密联系起来，面向教师，面向教学实践，突出课程、教学和评价一致性，为教师利用教育目标指导教学实践提供广阔空间。①

资料卡片：
认知目标修订

表 2-1　布卢姆认知目标修订二维分类

知识维	认知过程维					
事实性知识	记忆	理解	应用	分析	评价	创造
概念性知识						
程序性知识						
元认知知识						

拓展阅读 2-1：②

知识维度的主要类别与亚类及例子（见表 2-2）：

表 2-2　修订后布卢姆认知目标中的知识维度

知识维度	亚类	例子
A 事实性知识	A_A术语知识	机械的词汇、音乐符号
	A_B具体细节和要素的知识	主要自然资源、可靠的信息来源
B 概念性知识	B_A分类或类目的知识	地质学年代周期、商业所有权形式
	B_B原理和概念的知识	毕达哥拉斯定理、供应与需求定律
	B_C理论、模型和结构的知识	进化论、国会结构
C 程序性知识	C_A具体学科的技能和算法的知识	用于水彩作画的技能、整数除法
	C_B具体学科的技术和方法的知识	面谈技术、科学方法
	C_C决定何处运用适当程序的标准的知识	用于确定何时运用涉及牛顿第一定律的程序的标准；用于判断采用特殊方法评估商业代价的可行性的标准

① 盛群力、褚献华：《布卢姆认知目标分类修订的二维框架》，《课程·教材·教法》，2004 年第 9 期。

② ［美］安德森等编著：《学习、教学和评估的分类学——布卢姆教育目标分类学修订版（简缩本）》，皮连生主译，华东师范大学出版社，2001 年，第 26－28 页。

续表

知识维度	亚类	例子
D 元认知知识	D_A 策略性知识	把写提纲作为掌握教科书中的教材单元的结构的手段的知识，运用启发式方法的知识
	D_B 关于认知任务的知识（包括情境性的和条件性的知识）	知道某一教师实施的测验类型的知识，知道不同任务有不同认知需要的知识
	B_C 自我知识	知道评判文章是自己的长处，而写文章是自己的短处；对自己知识水平的意识

维度释义：

A 事实性知识——学生通晓一门学科或解决其中的问题所必须知道的基本要素。

B 概念性知识——能认识各成分共同作用的较大结构中的基本成分之间的关系。

C 程序性知识——如何做什么，研究方法和运用技能、算法、技术与方法的标准。

D 元认知知识——一般认知知识和有关自己的认知的意识与知识。

认知过程维度的六个类目及其相关认知过程（见表 2-3）：

表 2-3　修订后布卢姆认知目标中的认知过程维度

认知过程维度	亚类	例子
1. 记忆	1.1 再认	再认美国历史上重要事件的日期
	1.2 回忆	回忆美国历史上重要事件的日期
2. 理解	2.1 解释	解释重要演进或文件的含义
	2.2 举例	给出各种美术绘画类型的例子
	2.3 分类	将考察到的或描述过的心理混乱的案例分类
	2.4 概要	为录像磁带上描写的事件写一则简短的摘要
	2.5 推论	在学习外语时，从例子中推论出语法原理
	2.6 比较	比较历史事件与当前的情形
	2.7 说明	解释法国 18 世纪重要事件的原因

续表

认知过程维度	亚类	例子
3. 运用	3.1 执行	多位整数除以多位整数
	3.2 解释	将牛顿第二定律运用于它适合的情境
4. 分析	4.1 区分	从数学应用题中区分出有关和无关数字
	4.2 组织	组织某一历史上描述的证据使之成为支持或反对某一特殊的证据
	4.3 归属	根据文章作者的政治观点确定他的观点
5. 评价	5.1 核查	确定科学家的结论是否来自观察的数据
	5.2 判断	判断两种方法中哪一种对于解决某一问题是最适当的方法
6. 创造	6.1 创新	提出假设来说明观察到的现象
	6.2 计划	计划写一篇历史题目的论文
	6.3 建构	为某一特殊目的建筑住处

维度释义：

（1）记忆——从长时记忆系统中提取有关信息。

（2）理解——从口头、书面和图画传播的教学信息中建构意义。

（3）运用——在给定的情境中执行或使用某程序。

（4）分析——把材料分解为它的组成部分并确定各部分之间如何相互联系以形成总体结构或达到目的。

（5）评价——依据标准或规格做出判断。

（6）创造——将要素加以组合以形成一致的或功能性的整体，将要素重新组织成为新的模式或结构。

2. 情感领域的目标

美国教育学者克拉斯沃尔（D. R. Krathwohl）与布卢姆 1965 年出版《教育目标分类学·情感领域》。情感领域的教育目标主要包括态度、兴趣、理想、欣赏和适应方式等，其目标可分为接受、反应、价值判断、价值的组织和价值的个性化。

① 接受（receiving or attending）。接受是情感目标中最低层次的学习结果。它是指对某种现象和刺激的感知。先有感知，才能产生注意。如教师要引导学生学习，首先要使学生愿意接受。常用的行为动词有：描述、指

出、选择、示范。

② 反应（responding）。反应是指主动的注意，即积极地参与反应。如学生对某学科产生兴趣。常用的行为动词有：示范、说出、表现。

③ 价值判断（valuing）。价值判断是指对于接触到的事情、现象或行为感到其价值存在，并表现出积极的态度和重视。“态度”和“欣赏”都属于这个层次的行为。常用的行为动词有：解释、判断、示范、申辩。

④ 价值的组织（organization）。价值的组织是指个人以不同的观点评价事物，并将这些不同的价值观念组织起来，且具有一致性。如学生能确定其人生观或处世哲学。常用的行为动词有：解释、申辩、判断。

⑤ 价值的个性化（characterization by a value or value complex）。价值的个性化是将价值系统内在化，使其成为个性的一部分，个体依其信念行事。如一个人在工作时表现出自信的态度。常用的行为动词有：表现、实践、示范。英国哲学家罗素对教育的道德目的有过精彩的论述。[①]

资料卡片：
论教育目的

3. 动作技能领域的目标

美国辛普森（E. J. Simpson）和哈罗（A. Harrow）分别于1965年和1972年出版《教育目标分类学·动作技能领域》。其中，辛普森的分类为广大教育工作者所接受。她将技能领域目标分为知觉、准备、有指导的反应、机械练习、复杂的外显动作、适应、创作。

① 知觉（perception）。知觉包括感官刺激、线索的选择、转换等三部分，借以了解物体、性质和关系。常用行为动词有：选择、检查、指出、区别、示范。

② 准备（set）。准备状态包括心理、身体和情绪三个方面，目的是为某一动作做准备。常用行为动词有：开始、执行、自愿、表现、示范。

③ 有指导的反应（guided response）。有指导的反应是指在别人指导下所表现出的明显动作，包括模仿和尝试错误。常用行为动词有：表现、示范、操控等。

④ 机械练习（mechanism）。机械练习是指反复练习所学动作，由熟练而养成习惯。常用行为动词有：表现、示范、操控等。

⑤ 复杂的外显动作（complex overt response）。复杂的反应是指个体能

---

① ［英］罗素：《美好生活的教育目的》，瞿葆奎主编《教育学文集·教育目的》，人民教育出版社，1989年，第484－506页。

够表现复杂的动作和行为。常用行为动词有：表现、示范、操控等。

⑥ 适应（adaption）。适应是指配合特定情境调整动作的能力。常用行为动词有：适应、修改。

⑦ 创作（origination）。创作是指创作出新的行为方式及动作。常用行为动词有：创造、组合、建立、修改等。

上述三个领域目标分类是依据行为主义心理学原理，从简单到复杂所做的分析，实际上三者相互关联，在具体的学习活动中，知识、情感、技能三位一体，不可分割，三个领域目标的区分仅仅是为了研究和评价的方便。

此外，美国佛罗里达国际大学教授豪恩斯坦（A. Dean Hauenstein）在其著作《教育目标的一种概念架构——对传统分类学的整合》一书中，对布卢姆等人所做分类之利弊进行了检核，着眼于教学系统的结构——功能机制，提出了教育目标分类的新架构。豪恩斯坦将认知、情感和心理动作三个领域的目标统一划分为五个层次。认知领域以描述性信息和符号性信息输入为主，具体目标分为形成概念、领会、应用、评价、综合。情感领域目标以处方性信息和符号性信息输入为主，具体目标分为接受、反应、形成价值、信奉与展露个性。动作技能领域目标以技术性信息和符号性信息输入为主，具体目标分为知觉、模仿、生成、外化与精熟①。

第二节　课程目标的设计

一、课程目标的来源

杜威在1902年出版的《儿童与课程》一书中论述了教育过程的三个基本要素：学生、社会、教材。波特在1931年的《处于十字路口的教育》一文中论及课程目标的三个来源：教材专家的观点、实践工作者的观点、学生的兴趣。塔巴1945年在《课程计划的一般技术》一文中，论述了课程目标的三个来源：对社会的研究，对学生的研究，对教材内容的研究。泰勒综合上述思想，将课程目标的信息来源分为：

（一）学习者的需要

任何课程设置的最终目标都应指向学习者的身心发展，促进学习者身心发展是课程的基本职能。课程目标的确定必须将学习者的需要作为重要

① 马兰、盛群力：《教育目标分类新架构——豪恩斯坦教学系统观与目标分类整合模式述评》，《中国电化教育》，2005年第7期。

的依据之一。然而，学习者的需要十分复杂。从个体看，学习者作为完整的人，其需要丰富多样（泰勒将个体的需要划分为健康、直接的社会关系、社会—公民关系、消费生活、职业生活、娱乐活动）。从群体看，不同学习者具有不同的需要；作为学习者的儿童，其身心发展需要、兴趣有个体差异和年龄差异，且动态变化。儿童身心发展的需要，有些能为儿童本人所意识到，有些则一时意识不到或不能清晰地意识到，需要教师或其他成人帮助、引导，才能上升为儿童的自觉需要。

（二）社会的需求

学校教育的主要任务就是使学生逐渐社会化，课程目标要反映社会生活的需要。将社会生活的需求转化为课程目标是一项复杂的工作，要真正做好这项工作需要注意以下问题：第一，要对“学校课程能够满足的社会需求”和“学校课程只有通过社会上其他各种机构的合力才能完成的社会需求”做出明确区分。第二，除关注对现存社会需求的研究，还应对未来社会生活的需求进行研究。教育是一项为一个尚未存在的社会培养新人的事业，在信息化时代，社会生活的变化极为迅速，我们对社会需求的把握也要与时俱进，不能停留于当下生活，必须对未来社会生活需求予以关注。第三，社会生活的需求包罗万象，课程目标除要全面考虑与教育相关的社会生活，还应当突出重点，区分轻重缓急，把关注的焦点放在当代社会生活中最重要的方面，形成重点突出、层次分明的需求系列，并在课程目标中体现出来。泰勒将社会生活领域划分为健康、家庭、娱乐、职业、宗教、消费、公民，为我们提供了一个参考框架。

（三）学科的发展

学科知识及其发展是确定课程目标的重要依据。学科知识内含着自身的逻辑体系，包含着基本概念、基本原理、探究方式、发展趋势、与相关学科的关系等内容。典型的学科知识包括数学、自然科学（物理学、化学、生物学等）、哲学和社会科学（社会学、经济学、地理学、教育学等）、人文科学（文学、艺术、语言学、历史学、人类学）等。课程目标设计要听取学科专家的建议，可向学科专家提出下述问题：“你这门学科对那些不会成为这个领域专家的儿童的教育有什么贡献？你认为这门学科对于外行或一般公民有什么贡献？”以避免学科专家过分专业化的目标要求，突出学科教育的一般功能。

三个来源所得资料一般比较宽泛、庞杂，可能与特殊科目无关，因此，需要进行筛选与整合，删除那些不重要的、矛盾的、学生无法达到的目标。

对于目标的选择，泰勒提出两个筛子：一是基本的价值观即教育和社会哲学；二是学习心理学，它规定了教育内容的顺序、难度和深度等（图 2-1）。

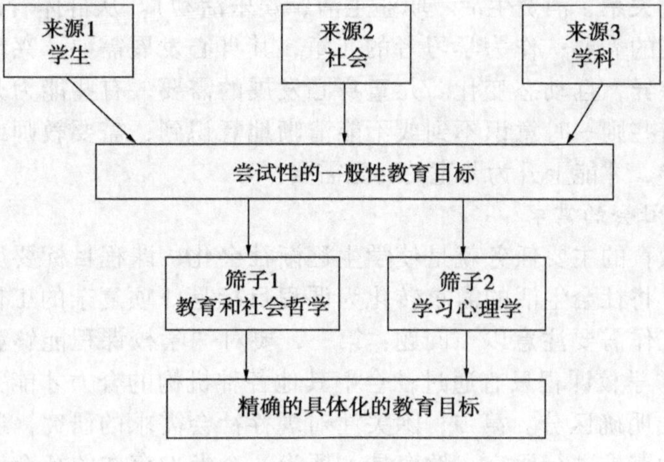

图 2-1　课程目标的来源

在对上述三个来源的目标进行选择与整合时，需要考虑如下问题：

第一，考察课程目标的必要性和重要性。首先选择既重要又关键、迫切、数量适宜的课程目标，并对其余目标做出妥善调整和安排。

第二，关注课程目标实现的可能性。教学内容不一定都要达到最高层次，可根据基础性和发展性相统一的原则，一方面选择所有学生经过努力都应达到的内容层次，对全体学生提出要求；另一方面保持课程目标的开放性，让学生富有个性地发展。

第三，协调各类课程目标之间的关系。课程目标是由认知类、技能类、情感类目标构成的，各类目标之间存在着有机的联系，应使它们协调、和谐，构成课程目标体系。

总之，课程目标的研制与实现不是纯主观的活动，而是对制约课程三因素（社会、知识和学生）的科学整合。课程实践证明，无论忽视哪一个要素，或者偏重哪一个要素，都会使学校课程失去平衡，难以全面地实现培养目标。

二、课程目标设计的基本环节

基础教育课程目标的确定是一项十分复杂的工作，需要广泛而深入的调查与研究。目标设计大致包括以下四个环节：

（一）确定教育目的和培养目标

教育目的或教育宗旨是课程与教学的终极目的，它是特定教育价值观的体现。它包括的基本问题是：什么是受过教育的人？教育与人的发展是怎样的关系？教育与社会进步是怎样的关系？对这些问题的回答是课程目标设计的前提。

（二）分析课程目标的基本来源

课程目标的基本来源是特定教育价值观的具体化。学习者的需要、当代社会生活的需求、学科的发展三者是怎样的关系？课程目标或课程开发究竟应以什么为基点？应如何处理好与其他从属目标来源的关系？对这些问题的不同回答形成了不同的课程设计取向，这是确立合理的课程目标的关键所在。

（三）选择课程目标的基本取向

在“普遍性目标”“行为目标”“生成性目标”“表现性目标”取向之间作何选择？怎样处理不同目标取向之间的关系？这不仅反映了特定的教育价值观，也与课程设计向度有密切联系。不同学科、领域对课程目标价值取向有着不同的追求，目标取向的确立对目标的选择和陈述至关重要。

（四）运用“需求评估模式”确定课程目标

在教育目的、课程目标的基本来源、课程目标的基本取向确定以后，课程目标的基本内容和陈述方式也就确立下来，可运用“需求评估模式”确定课程目标。即通过多种人员对学生的教育需求进行调查评估，了解学生的教育需求，并确定各种需求之间的先后顺序。其步骤为：系统阐述试验性目标，确定优先的课程目标；判断学生达到每一种课程目标的可能性；根据目标优先程度的顺序编制明确而具体的课程目标体系。

三、我国基础教育课程目标的设计

中华人民共和国成立后，我国基础教育课程目标在不同时期有着不同的追求与特色。进入 21 世纪以来，课程目标发生了系列变化，实现了从“双基”到“三维”，再到学科（领域）核心素养的目标转向。

（一）课程目标设计的原则

2001 年后，我国延续几十年“基础知识、基本技能”的一贯提法开始被“知识与技能、过程与方法、情感态度与价值观”三个维度取代，实现了课程目标的根本转变。知识与技能目标强调学科基础知识和基本技能；过程与方法目标注重学科探究的过程和方法，涉及学科思维、解决问题、学科学习；而情感态度与价值观目标主要关注的是形成积极的学习态度，健康向上的世界观、人生观、价值观。为了落实立德树人的学校教育任务，2016 年 9 月《中国学生发展核心素养》发布。核心素养以培养“全面发展的人”为核心，分为文化基础、自主发展、社会参与 3 个方面，综合表现为人文底蕴、科学精神、学会学习、健康生活、责任担当、实践创新六大素养，具体细化为 18 个基本要点（见表 2-4）。“核心素养”整合了知识与技能、过程与方法、情感态度与价值观，突出正确的价值观念、必备品格与关键能力，为课程目标的制订指出了新的方向。

表 2-4　学生发展核心素养

文化基础		自主发展		社会参与	
人文底蕴	科学精神	学会学习	健康生活	责任担当	实践创新
人文积淀 人文情怀 审美情趣	理性思维 批判质疑 勇于探究	乐学善学 勤于反思 信息意识	珍爱生命 健康人格 自我管理	社会责任 国家认同 国际理解	劳动意识 问题解决 技术运用

（二）课程目标设计的依据

依据学生发展核心素养和不同学段的培养目标，考虑不同年龄阶段学生身心发展水平与学科性质，制订学科（领域）的核心素养。可以说，学科核心素养是学科育人价值的集中体现，是学生通过学科学习而逐渐形成的正确观念、必备品格和关键能力。基于学科（领域）核心素养，以及社会发展需求、学科发展前沿，制订不同学科的课程目标。下面以高中物理学科的总目标和模块目标来说明。

高中物理学科核心素养主要包括物理观念、科学思维、科学探究、科学态度与责任四个方面，不同维度包括数个要素。“物理观念”主要包括物质观念、运动与相互作用观念、能量观念等要素。“科学思维”包括模型建构、科学推理、科学论证、质疑创新等要素。“科学探究”主要包括问题、证据、解释、交流等要素。“科学态度与责任”主要包括科学本质、科学态度、社会责任等要素。不同要素又可划分出不同的水平。表 2-5 展示物理观念、科学思维的水平。

表 2-5　物理学科核心素养的水平（部分）

水平	物理观念
水平 1	能从物理学的视角观察自然现象，具有将物理学与实际相联系的意识。
水平 2	形成初步的物理观念，能从物理学的视角解释一些自然现象，能应用物理知识解决一些实际问题。

续表

水平	物理观念
水平 3	具有物理观念，能从物理学的视角描述和解释自然现象，能应用物理知识解决实际问题。
水平 4	具有清晰的物理观念，能从物理学的视角正确描述和解释自然现象，能综合应用物理知识解决实际问题，能指导工作和生活实践。
水平 5	具有清晰、系统的物理观念，能从物理学的视角正确描述和解释自然现象，能灵活应用物理知识解决实际问题，能有效指导工作和生活实践。
	科学思维
水平 1	能说出一些简单的物理模型；能对常见的物理现象进行简单分析；能区别观点和证据；知道质疑和创新的重要性。
水平 2	能在熟悉的问题情境中应用常见的物理模型；能对比较简单的物理现象进行分析和推理，获得结论；能使用简单和直接的证据表达自己的观点；具有质疑和创新的意识。
水平 3	能在熟悉的问题情境中根据需要选用恰当的模型解决简单的物理问题；能对常见的物理现象进行分析和推理，获得结论并做出解释；能恰当使用证据表达自己的观点；能对已有观点提出质疑，从不同角度思考物理问题。
水平 4	能将实际问题中的对象和过程转换成物理模型；能对综合性物理问题进行分析和推理，获得结论并做出解释；能恰当使用证据证明物理结论；能对已有结论提出有依据的质疑，采用不同方式分析解决物理问题。
水平 5	能将较复杂的实际问题中的对象和过程转换成物理模型；能在新的情境中对综合性物理问题进行分析和推理，获得正确结论并做出解释；能考虑证据证明的可靠性，合理使用证据；能从多个视角审视检验结论，解决物理问题具有一定的新颖性。

（三）课程目标的表述

我国2001年基础教育课程改革启动后，中小学课程目标的表述一般从知识与技能、过程与方法、情感态度与价值观三个方面进行规划，课程目标以行为目标表述为主，兼顾展开性目标或活动表现目标表述。如：

收集过去的一些购物票证，如布票、粮票、油票等，感受市场经济给人们生活带来的巨大变化。（历史课程标准）

认识世界气候的地区差异，初步学会分析影响气候的主要因素，认识气候与人类生产、生活的相互关系，形成保护大气环境的意识，养成收听、收看天气预报的习惯。（地理课程标准）

通过统计家庭每天丢弃垃圾袋的数量，经历数据收集、处理、呈现的过程，体会塑料垃圾对人类生活可能产生的危害。（数学课程标准）

知道科学技术给人类与社会发展会带来好处，也可能产生负面影响，乐于用学到的科学知识改善生活。（科学课程标准）

在唱歌、绘画、制作的过程中，共同分享创作的乐趣和喜悦，体会怎样表达对祖国、对亲人的爱。（艺术课程标准）

在行为目标表述中，常常使用可以观察、测量的行为动词，教育部2012年颁布的《初中科学课程标准》（2011年版）附录部分列举了不同类型目标的行为动词，见表2-6。

表2-6　初中科学课程目标类型与行为动词

分类	层次	各层次水平的界定	表达词举例
认知性目标	了解	能说出知识的要点或事物的基本特征，并能在有关的问题中识别它们	描述、说出、知道、理解、识别、背诵、列举、指认等
	理解	能阐述知识的内涵，把握其内在逻辑关系，能用于解释简单现象或进行简单计算	解释、说明、比较、概述、认识、理解、区别、懂得等
	应用	能将知识运用在新情境中，与已知知识建立联系，分析有关现象或提出解决问题的途径和方法	辨析、运用理论或模型分析、阐明、分类、推导、应用等
技能性目标	模仿	借助说明书或教师的示范，进行常规仪器操作和基本练习性操作	按照、根据、练习、尝试等
	独立操作		测量、测定、绘制、制作、查阅、收集、计算、学会、会等
体验性目标	参与	经历某一学习过程，如探究、实验、检验、阅读、参观、查询	观察、体验、体会、感知等
	反应	在经历的基础上表达态度、情感和价值取向	关心、关注、注意、善于等
	领悟	经过一阶段学习过程后，对某些科学观念（假设与理论，态度、情感与价值观）加以内化	形成、养成、树立、建立、具有等

当然，除了从知识与技能、过程与方法、情感态度与价值观三个维度表述课程目标，也可从学科核心素养的构成要素着手，制订不同素养的课程目标。如，我国2017年颁布的高中物理课程标准分别从物理观念、科学

思维、科学探究、科学态度与责任四个方面表述高中学生物理课程目标与模块学习目标。

高中物理课程目标包括四个方面：① 形成物质观念、运动与相互作用观念、能量观念等，能用其解释自然现象和解决实际问题。② 具有结构模型的意识和能力；能运用科学思维方法，从定性和定量两个方面对相关问题进行科学推理、找出规律、形成结论；具有使用科学证据的意识和评估科学证据的能力，能运用证据对研究的问题进行描述、解释和预测；具有批判性思维的意识，能基于证据大胆质疑，从不同角度思考问题，追求科技创新。③ 具有科学探究意识，能在观察和实验中发现问题、提出合理猜想与假设；具有设计探究方案和获取证据的能力，能正确实施探究方案，使用不同方法和手段分析、处理信息，描述并解释探究结果和变化趋势；具有交流的意愿与能力，能准确表述、评估和反思探究过程和结果。④ 能准确认识科学的本质；具有学习和研究物理的好奇心与求知欲，能主动与他人合作，尊重他人，能基于证据和逻辑发表自己的见解，实事求是，不迷信权威；关心国内外科技发展现状与趋势，了解物理研究和物理成果的应用应遵循道德规范，认识科学、技术、社会、环境的关系，具有保护环境、节约能源、促进可持续发展的责任感。

总目标下为不同模块的目标。如，高中物理必修 1 模块由“机械运动与物理模型”“相互作用与运动定律”两个主题组成，其学业要求（即学习目标）为：① 能用位移、速度、加速度等物理量描述物体的直线运动，能用匀变速直线运动的规律解释或解决生活中的具体问题。能对物体的受力和运动情况进行分析，得出结论。能从物理学的运动与相互作用的视角分析自然与生活中的有关简单问题。② 了解建立质点模型的抽象方法和质点模型的适用条件，能在特定情境下将物体抽象为质点，体会物理模型建构的思想和方法。通过瞬时速度和加速度概念的建构，体会物理问题研究中的极限方法和抽象思维方法。知道证据是物理研究的基础，能使用简单直接的证据表达自己的观点。③ 会做“探究加速度与物体受力、物体质量的关系”等实验。能明确科学探究实验所要解决的问题，知道制订实验方案是重要的，有控制变量的意识。会使用基本的力学实验器材获取数据，能用物理图像描述实教数据，能根据数据得出实验结论，知道实验存在误差。能表达科学探究的过程和结果。④ 通过直线运动和牛顿运动定律的学习，认识物理学是对自然现象的描述与解释，具有学习物理学的兴趣。

本章内容小结

课程目标即学生课程学习应达到的结果及其程度要求。课程目标具有导向、调控、评价等功能。课程目标可分为：普遍性目标、行为目标、展开性目标、表现性目标；或认知目标、情感目标、运动技能目标。课程目标的制定是一项十分复杂的工作，目标制定要综合考虑学习者的需要、社会的需求、学科的发展，还要经过教育哲学与学习心理学的过滤。课程目标可大致划分为知识目标、技能目标、态度目标，或知识与技能目标、过程与方法（能力）目标、情感态度与价值观目标。还可按照不同学科（领域）的核心素养，设计与表述各个素养的目标，从而形成纵横交错的目标体系。

本章问题思考

1. 概念辨析：培养目标与课程目标；展开性目标与表现性目标。

2. 比较行为目标、生成性目标、表现性目标各自的优劣与运用范围，请结合学科实例加以说明。

3. 比较1965年版与2001年版布卢姆认知领域目标分类的差异，说明新旧分类的特点及其利弊。

4. 课程目标制定有哪些来源？为何要进行目标筛选，筛选课程目标的标准有哪些？

5. 如何认识和处理学生发展核心素养、学科（领域）核心素养与学科课程目标之间的关系？举例说明。

本章参考文献

1. ［美］布卢姆等编：《教育目标分类学·认知领域》，罗黎辉等译，华东师范大学出版社，1986年。

2. ［美］克拉斯沃尔、布卢姆编：《教育目标分类学·情感领域》，张云高译，华东师范大学出版社，1988年。

3. ［美］哈罗、辛普森编：《教育目标分类学·动作技能领域》，施良方、唐晓杰译，华东师范大学出版社，1989年。

4. ［美］安德森等编著：《学习、教学和评估的分类学——布卢姆教育目标分类学修订版（简缩本）》，皮连生主译，华东师范大学出版社，2001年。

5. 张廷凯：《新课程设计的变革》，人民教育出版社，2003年。

6. 盛群力等编著：《21 世纪教育目标新分类》，浙江教育出版社，2008 年。

7. ［美］沃克、索尔蒂斯：《课程与目标》，向蓓莉等译，教育科学出版社，2009 年。

8. ［美］艾略特 · W. 艾斯纳：《艺术视觉的教育》，郭桢祥译，浙江人民美术出版社，2016 年。

第三章 课程内容

课程内容是课程目标实现的手段，它指向“教什么”的问题，主要探讨与解决如何从人类知识与经验宝库中选择、组织学习材料。课程内容的选择与组织是课程开发的核心工作，涉及诸多问题，如课程内容选择的标准、课程内容组织的原则、不同类型课程的关系及其结构等问题。课程内容的选择与组织是课程开发研究的集结点。

第一节 课程内容的取向与构成

一、课程内容的概念

课程内容（curriculum content）是实现课程目标的手段，是学生成长的重要资源。课程内容的选择与组织，是课程开发的基本工作，也是课程设计的核心所在。课程内容的选择与组织涉及诸多问题，它不是简单的课程材料选择与安排，还关涉到是否与培养目标相一致，是否与课程目标相关联，内容本身的科学性、有效性，内容对学生和社会的意义，课程内容是否为学生接受等问题。

（一）课程内容的基本含义

什么是课程内容？国外课程理论对此存在较大分歧。一种观点认为，课程内容是在学校范围内要向学生灌输的知识；另一种观点认为，课程内容是在一门课程中所教授或所包含的知识，也指一些学科中特定的事实、观点、法则和问题等。[①] 国内学者对课程内容也有着不同的界说：课程内容是一系列比较系统的直接经验和间接经验的总和，是根据课程目标从人类的经验体系中选择出来，并按一定逻辑序列编排而成的知识和经验体系。课程内容系指由符合课程目标要求的一系列比较规范的间接经验和直接经验组成的用以构成学校课程的文化知识体系。课程内容指各门学科中特定的事实、观点、原理和问题，以及处理它们的方式。[②]

可见，国外学者主要将课程内容定位为间接经验或理论知识，而国内学者大多将课程内容定位为间接经验与直接经验的总和。如何看待这两种不同的取向？课程内容主要是间接经验，还是直接经验，抑或是间接经验与直接经验的总和？应该说，课程内容的基本性质是知识，而知识具有两种形态：间接经验与直接经验，任何形式的课程均应包括一定的间接经验与直接经验。间接经验是人类认识的基本成果，是人类智慧的结晶，它表现为符号化、系统化的书本知识。直接经验是个体亲身经历所获得的体验、认识，如技能、技巧、行为、习惯等。总体上讲，学校教育应以传授间接经验为主，这是学校得以产生的根本原因，也是学校存在的合法依据，因为学校是在人类知识积累到相当丰富的程度以至于在日常生活、生产劳动中已无法传递的背景下产生的。当然，强调间接经验在学校教育中的地位，并不否定直接经验的教育价值，这是由于间接经验的学习与掌握需要以直接经验为基础，正如陶行知所言“接知如接枝”，没有直接经验的沃土，就不可能结出间接经验的硕果。因此，学校课程内容除了间接经验，还应有一定的直接经验，以促进间接经验的理解与掌握，如，让学生参与社会生活，从事一定的观察、调查、操作、种植、养殖活动，获得一定的体验与感受。换言之，课程内容应以间接经验形态的知识为主，以直接经验形态的知识为辅。即，课程内容指各门学科中特定的事实、观点、原理和问题（间接经验），它表现为一定的知识技能、思想观点，同时，课程内容还包括处理它们的方式（直接经验），涉及学生亲身经历的实践活动，如观察、

---

① ［瑞典］胡森等主编：《简明国际教育百科全书·课程》，江山野主编译，教育科学出版社，1991 年，第 69、110 页。

② 廖哲勋、田慧生主编：《课程新论》，华中师范大学出版社，1991 年，第 182－183 页。靳玉乐：《现代课程论》，西南师范大学出版社，1995 年，第 189 页。施良方：《课程理论》，教育科学出版社，1996 年，第 106 页。

调查、访问、操作、设计、制作、尝试等。

（二）课程内容与教材内容、教学内容

教材内容是教材编写者基于学科性质、课程标准关于课程内容的规定、学生发展水平的认识而选择与组织的学习材料。就“课程内容”与“教学内容”而言，课程内容比教学内容的外延更广泛，课程内容包括间接经验与一定的直接经验，它既包括间接经验的知识，又包括直接经验的知识，而教学内容主要指间接经验，即学生必须学习、了解和掌握的人类科学文化成果，不包括直接经验。因为，在教学过程中，直接经验不是学生要掌握的东西，它服务于间接经验的学习，换句话讲，间接经验的学习是目的，而直接经验的学习是手段。从课程设计与教学设计的角度看，课程内容的设计涉及学习内容及“处理它们的方式”（如《科学（3－6年级）课程标准》（实验稿）中的课程内容设计（见表3-1），而教学内容的设计仅指学习内容本身，“处理它们的方式”则属于教学方法的范畴。

表3-1　多样的生物之一：常见的植物

具体内容标准	活动建议
1.1　能说出周围常见植物的名称，并能对常见植物进行简单分类。	·在校园内为树木挂标牌。 ·认识当地典型的植物，说出它们的一些典型特征（包括形状、颜色、气味等）。 ·在校园和社区中观察常见的树木。
1.2　了解当地的植物资源，能意识到植物与人类生活的密切关系。	·调查当地主要的经济作物、观赏植物、珍稀植物。 ·调查当地近年来新出现的食用植物品种。
1.3　了解更多的植物种类，感受植物世界的多姿多彩。	·参观植物园，观看图片、多媒体资料。 ·在教室里布置生物角。进行插花评比。
1.4　养成爱护花草树木的习惯。	

《普通高中物理课程标准》（2017年版）选修三中“宇观世界”的内容要求为：初步了解大爆炸宇宙论的理论模型及其观察证据；初步了解黑洞及对黑洞的观测方法；初步了解暗物质和暗能量；初步了解反物质与物质；初步了解宇宙论的一些进展。其活动建议有：观看影片，讨论大爆炸宇宙论的理论的观测证据；查阅资料，讨论人类探索反物质的历程。

总之，课程内容是指根据课程目标，有目的地选择的间接经验和直接经验的总和，是从人类经验宝库中选择出来，并按照一定逻辑加以组织的知识与经验体系。当然，需要说明的是，对于学科课程，其课程内容以间接经验为主，直接经验为辅，即“间接经验和一定的直接经验”，而对于活动课程、经验课程，其课程内容则以直接经验为主，间接经验为辅，即“直接经验和一定的间接经验”。课程内容的设计要保持间接经验和直接经验的适度平衡，否则课程内容就成为枯燥乏味的学科知识的堆积，变成“惰性知识”的集合体。

二、课程内容的取向

课程内容是根据特定的教育价值观及相应的课程目标而选择出来的学习材料，课程观、课程目标不同，人们对课程内容的定位也有差异。课程内容的取向主要有三种：

（一）课程内容即学科（教材）

这是一种传统的课程内容观。它认为，课程内容是由包含在各个学科中的知识、技能构成，以事实、原理与体系等形式存在的知识体系。学科知识取向背后隐含着“课程即学科”的课程本质观，甚至将课程内容狭化为教材内容。其实，教材不完全等于课程内容，因为课程内容所包含的直接经验、情感经验是教材难以再现的。把课程内容等同于教材，就可能把课程内容看成事先规定好的、学生必须接受的东西，学习内容成为外在于学生的强制力量，忽视了学生的兴趣与需要。由于教材脱离学生的生活，教师教学时设法引起学生的兴趣，让学生“在他正高兴地尝着某些完全不同的东西的时候，吞下和消化一口不可口的食物”①。

学科知识取向忽视了过程与方法，易脱离学生的实际经验。

（二）课程内容即学习活动

该取向基于课程研究早期的活动分析法。它认为，课程内容是由学生在学校所从事的各种学习活动构成的。博比特、查特斯、塔巴等主张，通过研究成人的活动，识别各种社会需要，把它们转化为课程目标，再把这些目标转化为学生的学习活动，即活动分析法。英国教育家怀特海曾说：“教育只有一种教材，那就是生活的一切方面。”② 该取向关注的不是系统化的理论知识，而是学生外显的学习活动，主张学生在活动中学习，如在立法活动中学习立法。它加强了课程与社会生活的联系，有利于增强学生的社会适应力。

但活动取向不易形成系统的知识，且可能停于外表的浅层活动，导致对成人活动的简单模仿。

---

① ［美］杜威：《学校与社会·明日之学校》，赵祥麟译，人民教育出版社，1994 年，第 130 页。

② 王承绪、赵祥麟编译：《西方现代教育论著选》，人民教育出版社，2001 年，第 120 页。

（三）课程内容即学习经验

该取向把课程内容等同于学习经验或教育经验，将课程内容等同于学生获得的各种学习经验，隐含着“课程即学习经验”的课程本质观。杜威认为，教育经验即学生同外部环境的相互作用。泰勒也认为，学习经验既不同于一门课程所涉及的内容，也不同于教师所从事的活动，而是学习者与使他起反应的环境中的外部条件之间的相互作用。该取向强调学生对课程的理解与体验，关注学生的兴趣与需要，关注学生内在经验的建构，有利于尊重学生在课程学习中的主体地位。

但“经验”一词模糊、宽泛，教师难以驾驭。同时，经验是生成的，它给课程设计带来困难。经验取向强调个人体验，容易导致对人类文化的忽视。

上述三种取向，各有一定的合理性，但也有各自的缺陷。我们在进行课程内容的选择与组织时，应保持学科知识、社会活动、学生经验三者适度的平衡。同时，根据学科性质、内容与目标的差异有所侧重，做出恰当的抉择。

三、课程内容的构成

一般来说，作为课程内容的知识可划分为两大类：直接经验的知识和间接经验的知识，但它不是学科知识与经验的简单移植和随意堆砌，它需要对学科内容进行选择、改造与重组。课程内容的内在要素包括认知性知识或经验要素、道德性知识或经验要素、审美性知识或经验要素、健身性知识或经验要素、劳动技术性知识或经验要素①，等等。

（一）认知性知识或经验

认知性知识或经验要素，是指直接指向学生认知领域素质发展的内容。它包括学生必须掌握的关于知识、社会和人的发展规律的基础知识，是学生个体发展必须具备的理论知识。学生在理解和把握这些理论知识的基础上，促进智力和能力的发展。

（二）道德性知识或经验

道德性知识或经验要素，是指直接指向学生的品德领域素质发展的内容。道德性知识或经验具有强烈的社会性和思想性，它隐性或显性地存在于课程之中，对学生品质形成具有一定影响。

（三）审美性知识或经验

审美性知识或经验要素，是指向学生审美素质发展的内容，包括审美

① 钟启泉主编：《课程论》，教育科学出版社，2007年，第150页。

知识和观念，以及学生个体的审美体验。学生在此基础上可形成正确的审美观，以及感受美、识别美、鉴赏美和创造美的能力。

（四）健身性知识或经验

健身性知识或经验要素，是指向学生身体素质发展的内容，主要包括正确的健身知识、生理卫生知识、心理健康知识等。

（五）劳动技术性知识或经验

劳动技术性知识或经验要素，是指向学生劳动技能素质发展的内容，包括基本的生产劳动知识和技术、技能及劳动经验。

上述分析是从全面发展教育的角度进行的设计，有利于实现课程内容的“五育”融合。我们亦可从知识技能、活动方法、价值规范几方面构建课程内容，保持课程内容与课程目标内在的一致性。由于不同课程的类型、性质不同，上述要素在不同课程中的体现方式会有一定差异。不过，无论是什么样的课程，均应保持课程内容要素之间的适当平衡，以追求多种课程效果的实现。

关于学校知识的构成，20 世纪 60 年代以来，许多西方学者从知识范围来探讨课程内容的整体构造。例如，美国教育学者费尼克斯（Phenix，P.）1964 年在《意义的范畴》一书中根据量和质两个维度把知识分为九大类，英国学者赫斯特（Hirst，P. H.）1972 年在《博雅教育与知识性质》一文中依据中心概念、逻辑结构、检验标准、表达方式的差异将知识划分为七至八个领域，美国学者泰克西纳（Joseph T. Tykociner）把人类所有系统化的知识划分为相互联系的十二个领域。这些研究能为学校课程内容的构造提供参照框架。

拓展阅读 3-1：

课程内容构成：

艺术领域：建筑学、戏剧、舞蹈、书画、文学、音乐、绘画、雕塑等。

信息符号领域：语言学、逻辑学、数学、信息论。

物质能量领域：物理学、化学、天文学、地质学、矿物学。

生物领域：植物学、动物学、分类学、形态学、细胞学等。

心理学领域：动物心理学、社会心理学、行为科学等。

社会学领域：人类生态学、人口统计学、人种学等。

演进领域：历史科学、生物演化、宇宙起源。

未来领域：农业、药学、技术、国防。

调节领域：法学、政治学、经济学、管理学和行政学。

传播领域：教育学、教育心理学、图书馆学、新闻学、大众通信。

探究领域：探究学、问题学、普通方法论等。

统合领域：哲学、神学、系统论等。

（资料来源：王伟廉：《课程研究领域的探索》，四川教育出版社，1988 年，第 52－64 页。）

需要指出的是，学校课程内容的组成，不能简单地等同于人类知识的构成，它必须根据课程目标，对知识进行一定的选择与转换，方能成为学校课程内容。“内容不仅是为实现教育目的而要掌握的信息，它还应是学生感兴趣的，是经过精心组织的，使学生感到有用并能掌握深层的意义。课程编制在选择学习内容时应考虑到该内容的潜在意义，要涉及学生认知能力、社会和心理背景等各方面。”[①] 就具体的学校课程开发而言，需要教材编制者、教学工作者将国家层面的课程内容转换为教材内容、教学内容，使“正式课程”真正落地，成为学生意义上的“体验课程”[②]。当然，课程内容设计还涉及对知识学习方式、经验获得途径的规划与安排，从而为学习者提供学习的路径。

第二节 课程内容的选择与组织

一、课程内容的选择

泰勒 1966 年将《课程与教学基本原理》中学习经验选择原则由 5 条扩展为 10 条：① 学生必须具有使他有机会实践目标所蕴含的那种行为的经验；② 学习经验必须使学生由于实践目标所蕴含的那种行为而获得满足；③ 使学生具有积极投入的动机；④ 使学生看到自己以往反应方式的不当之处，以便激励他去尝试新的反应方式；⑤ 学生在尝试学习新的行为时，应该得到某种指导；⑥ 学生应该有从事这种活动的足够的和适当的材料；⑦ 学生应该有时间学习和实践这种行为，直到成为他全部技能中的一部分为止；⑧ 学生应该有机会循序渐进地从事大量实践活动，而不只是简单重复；⑨ 要为学生制定超出他原有水平但又能达到的标准；⑩ 使学生在没有

---

① ［美］艾伦·C. 奥恩斯坦等：《课程：基础、原理和问题》，柯森主译，江苏教育出版社，2002 年，第 230 页。

② 倪岗：《初中语文课程内容重构》，商务印书馆，2017 年。

教师的情况下也能继续学习，即要让学生掌握判断自己成绩的手段，从而能够知道自己做得如何。① 此外，有人提出课程内容设计应遵循合目的、适时、整合、经验、量力、结构、灵活等原则。还有学者提出选择课程内容的具体标准：自我满足、意义、可靠性、兴趣、实用性、可学性、可行性②等。我们认为，课程内容的选择应遵循下述基本原则：

资料卡片：课程编制的新尺度

（一）注重学科基础

基础教育是为学生发展打基础的教育，其使命在于帮助学生掌握人类文化遗产的精华，并在此基础上获得多方面的发展，以适应未来社会发展的需要。因此，中小学课程的内容首先应是基础性的。课程内容的选择应着眼于基础知识的掌握、基本技能的获得与积极态度的养成，为他们今后的终身学习和持续发展奠定良好基础。学科基础包括学生终身学习与发展必备的基本知识、技能、方法、规范和价值，它表现为一门学科的基本事实、基本概念、基本原理和探究方法，这些内容涵盖了该门学科的基本结构和思想，是发展学生基础学力的重要资源。

强调学科基础，并不排斥吸收最新信息与研究成果，新的信息与成果能活化课程内容，引发学生的兴趣。但相对而言，学科基本事实、概念与原理浓缩了该门学科的精髓，“万变不离其宗”，学科基础内容的把握有助于增强学生对复杂社会的适应力。因此，课程内容的选择首先应保证学科知识的基础性和完整性，在此基础上处理知识的广度与深度之间的平衡。

（二）贴近社会生活

课程内容在注重基础的同时，应保持一定的开放性，及时将当代社会的新知识、新技能、新信息、新问题纳入课程之中，使课程内容充满时代气息。如果课程内容远离当代社会生活，一味地沉湎于过往历史与抽象的符号世界，学生则难以感受课程内容的丰富意义，无法看到学习内容与社会生活的关联，死记硬背势必降低学习兴趣，使学习成为一种苦役。因此，课程内容应适当贴近社会生活，引导学生关注社会现实，思考社会问题，

---

① ［美］泰勒：《课程编制的新尺度》，瞿葆奎主编《教育学文集·课程与教材》（上），人民教育出版社，1988 年，第 497 – 505 页。

② ［美］艾伦·C. 奥恩斯坦等：《课程：基础、原理和问题》，柯森主译，江苏教育出版社，2002 年，第 231 – 233 页。

感受时代脉搏，将课程内容的理论性与应用性、工具性与艺术性、事实性与价值性结合，以激发学生的探究动机，培养学生的社会责任感。在此意义上讲，课程内容不仅要包括学科的基础知识与基本技能，还应让学生接触社会、了解社会，掌握一些解决实际问题的技能。如将新的知识技能纳入课程，设置新的科目，或对传统科目进行改造、更新，补充新的内容，如语文课程增加现当代作家的作品选文，关注课程内容的时代化。

当然，贴近社会生活，不是简单地追赶社会时尚，也不是“社会需要什么，学校课程就要包括什么”的功利主义做法。基础教育有别于以就业为定向的职业教育，其主要任务是夯实学生的基础学力，为学生的终身发展奠定基础。当代科技发展迅猛，劳动市场不断变化，我们不可能准确预测未来十年职业技术与劳动市场的变化，只有基础扎实，学生才能应对未来社会的挑战。因此，课程内容贴近社会生活不能以牺牲学科基础为代价。

（三）联系学生经验

课程是学生发展的基本资源，如果它不能被学生同化，就不能成为他们自身的一部分，就可能永远是一种外在的东西，不会对学生产生什么实质性影响。课程内容要引起学生学习的兴趣，为学生接受理解和意义建构，课程就必须联系学生的生活经验，让他们感受到课程与生活的关联。如果课程内容选择能适应学生的兴趣、需要和能力，让学生参与其中，获得初步体验，则不仅有助于他们掌握科学文化知识，而且有助于他们对学校学习形成积极的态度。

因此，课程内容选择应关注儿童的兴趣、需要和经验，通过课程内容的统整，加强综合化、生活化、情境化，增强儿童对生活的感受、体验与领悟，满足儿童成长的需要，使学科知识进入儿童生活的世界，实现科学世界与生活世界、知识世界与经验世界的沟通，把儿童从成人世界的控制下解放出来，才能更好地促进儿童健康、快乐地成长。

美国学者塔巴讨论了课程内容选择与组织的三种水平的基础知识：基本概念、主要观念和具体事例。①

资料卡片：内容的选择和组织

二、课程内容的组织

为了使各种学习有效地联系起来，并产生累积效应，还

① ［美］塔巴：《内容的选择和组织》，瞿葆奎主编《教育学文集·课程与教材》（上），人民教育出版社，1988 年，第 525－536 页。

需要对选择出来的课程内容进行组织。泰勒曾经提出学习经验有效组织的三条准则：连续性、顺序性、整合性。连续性是指直线式地陈述主要课程要素，在不同学段予以重复，让学生有机会反复学习。顺序性强调后续经验建立在先前经验的基础上，同时更深入、更广泛地展开。整合性是指加强学习经验之间的横向联系，以形成统一的观点，并把自己的行为与所学课程内容统一起来。一般地讲，课程内容的组织主要涉及以下三对关系及其处理。

（一）纵向组织与横向组织

纵向组织，又称垂直组织或序列组织，它是将各种课程要素依照某种准则按先后顺序排列。纵向组织是课程内容组织的基本方式，在教育史上，许多教育家强调课程内容的纵向组织。如《学记》提出“不陵节而施”“先其易者，后其节目”。夸美纽斯主张按由简至繁的序列安排教学内容。孔德主张按照天文学—物理学—化学—生物学—社会学的顺序学习课程，使后面的课程学习建立在先前课程的基础之上。加涅主张由简单到复杂安排学习活动，提出累积学习模式。他认为，一种新的知识技能的学习总是以已习得的、从属于它的知识技能为基础，从具体到一般。他描述了学习的八个层次：信息学习、刺激—反应学习、动作连锁学习、言语联想学习、辨别学习、概念学习、规则学习、问题解决学习。其中，前四类学习是基础性的，大多在学龄前已经习得。因此，学校课程内容的组织可这样安排：先让学生进行辨别，然后学习概念，在此基础上掌握规则或原理，最后把原理或规则用于问题解决。[①] 此外，皮亚杰、科尔伯格提出根据儿童认知发展阶段，安排课程内容，使课程内容与儿童心理发展阶段相匹配。奥苏贝尔根据同化理论，提出从一般到具体组织课程内容，不断分化，并综合贯通。

20 世纪 60 年代以后，随着科学发展综合化趋势的增强，一些课程专家开始强调课程内容的横向组织。横向组织又称水平组织，是指将各种课程要素按横向关系组织起来。即打破学科的界限和传统的知识体系，让学生有机会探索社会问题，或用一些所谓的“大观念”“广义概念”和“探究方法”作为课程要素，将课程内容与学生的校外经验加以整合。课程内容的整合包括学科之间的整合，学科与社会生活、学生经验的整合，即加强学科之间的关联、学科与社会的关联、学科与学习者的关联。

---

① 施良方：《学习论》，人民教育出版社，1994 年，第 321–327 页。

纵向组织注重课程内容的独立体系和知识的深度。横向组织强调课程内容的综合性和知识的广度。两种组织方式是课程设计可供选择的基本方式。

（二）逻辑顺序与心理顺序

课程是按照逻辑顺序进行组织还是按照心理顺序进行组织，是课程史上争论最激烈的问题。"传统教育"强调逻辑顺序，而"现代教育"强调心理顺序。

逻辑顺序即按照学科本身的系统和内在的联系来组织课程内容。"传统教育"主张根据学科的逻辑顺序组织课程内容，强调科学固有的逻辑顺序，而较少考虑课程内容对学生的意义。因为，学科体系是客观事物发展和内在联系的反映，通过学习学科的体系，学生可以迅捷而有效地了解自然、社会发展的过程和规律，为学生的成长与发展奠定良好的基础。

心理顺序即按照一定年龄阶段学生心理发展的特点来组织课程内容。"新教育"、人本主义教育主张根据学生的身心发展特征，以及学生的兴趣、需要和经验背景来组织课程内容。在这里，学生成为课程设计的中心，学科的逻辑处于从属地位，它服务于学生的生长与发展。"现代教育"认为，课程内容如果不符合学生认知的特点，远离学生的生活经验与兴趣需要，学生就难以接受，即便能记忆背诵，也很快遗忘，不会对学生的发展产生实际的影响。

那么，如何认识与处理逻辑顺序与心理顺序的关系？杜威在1902年出版的《儿童与课程》中有过深入的讨论，他反对"非此即彼"的思维方式，主张把学科的逻辑顺序和学生的心理顺序统一起来。杜威提出将逻辑的东西心理化，"需要把各门学科的教材或知识各部分恢复到原来的经验。它必须恢复到它所被抽象出来的原来的经验"①。当然，杜威倾向于心理顺序一端。课程内容组织的逻辑顺序与心理顺序在不同学段、对于不同科目有着不同的要求。

（三）直线式与螺旋式

直线式就是把一门课程的内容组织成一条逻辑上前后连贯的直线，即前后课程内容基本上不重复。如苏联教育家赞科夫主张，课程不要过多地重复，应通过不断呈现新的内容，让学生总是觉得在学习新的东西，这样可保持学生的学习兴趣。

螺旋式就是课程内容的某些部分在不同学段重复出现，逐步扩展，不断加深。如美国教育家布鲁纳主张，一门学科的基本概念和基本原理可以从小学就开始教授，以后随着学年不断递升，在更高的层次上重复它们，

① 赵祥麟、王承绪编译：《杜威教育名篇》，教育科学出版社，2010年，第75页。

直到完全掌握该门科学为止。

直线式与螺旋式两种组织方式各有利弊，前者效率较高，但可能加重学生课业负担，后者可以照顾学生的认知特点，但比较费时。一般地讲，对于一些理论性相对较弱的学科知识、操作技能的内容，直线式较为适合。对于理论性较强、学生不易理解和掌握的内容，螺旋循环较为理想。

三、我国基础教育课程内容的设计

2001 年《基础教育课程改革纲要（试行）》指出，我国原有基础教育课程内容存在“繁、难、偏、旧”问题：“繁”指内容繁多、重复，“难”指教材难度过大、学科内容过深，“偏”指偏于书本知识传授，“旧”指课程内容陈旧，滞后于社会发展。课程内容改革需要对这些问题进行改进。

新课程内容设计的基本特点体现在：① 删减繁琐、臃肿课程内容，围绕培养目标、核心素养、学科大观念，关注学生的学习兴趣和经验，坚持“少而精”原则，精选学生终身学习和发展必备的基础知识、技能、价值，面向全体学生，夯实学生的共同基础，突出基础性。② 打破单纯地强调学科自身的系统性、逻辑性的局限，降低难度，提高广度，突破学科中心，强化学科之间或学科内部的知识整合，加强课程内容与学生生活及现代社会和科技发展的联系，突出综合性。③ 摒弃陈旧、过时的科目内容，及时更新教学内容，增加贴近现实生活的内容，增加学科实践活动的设计，突出现代性。例如：

加大语文阅读量和口语交际环节。重视培养语感，降低对语法、修辞、逻辑的要求。（语文课程标准）

通过主题的方式，让学生具体地感受历史，把握历史发展脉络，而不要求学生死记硬背繁杂的历史知识。（历史课程标准）

增加对日常生活和社会生活中图形与空间、统计与概率等现实问题的探究，降低对运算速度、证明技巧的训练。（数学课程标准）

加强地理基础知识与人口、资源、环境的密切联系。（地理课程标准）

反映现代生物技术的发展，削弱传统生物学按群详细介绍生物体外部形态和内部结构的知识。（生物课程标准）

加强化学与社会技术生活相联系的内容，降低化学计算（化学方程式配平、浓度计算等）的要求。（化学课程标准）

我国 2017 年《普通高中课程方案》强调高中课程要精选学科内容，重视以学科大概念为核心，使课程内容结构化，以主题为引领，使课程内容情境化，促进学科核心素养的落实，为高中课程内容的改革指明了新的方向。

第三节 课程的结构

课程结构是各门科目之间及其内部组成部分之间的相互关系。它是课程类型、具体科目、课程内容等要素经过一定的组织后所形成的形态。每一类要素组合方式和组合比例的不同，意味着将形成不同的课程结构。

一、课程结构的层面

根据课程内部各要素、各成分的内在联系和相互结合的组织形式，课程结构可大致分为宏观结构（体系结构）、中观结构（科目间结构）和微观结构（科目内结构）三个层面。中小学课程结构见表3-2。

表3-2 中小学课程结构

<table>
<tr><td colspan="4">宏观课程结构</td><td colspan="2">中观课程结构</td><td>微观课程结构</td></tr>
<tr><td rowspan="4">国家课程</td><td rowspan="11">正式课程</td><td rowspan="6">学科课程</td><td rowspan="4">必修课程</td><td>工具科</td><td>语言、数学、外语等</td><td rowspan="6">各科目内的结构（教材结构）</td></tr>
<tr><td>社会科</td><td>政治、历史、地理等</td></tr>
<tr><td>自然科</td><td>生物、物理、化学等</td></tr>
<tr><td>体艺科</td><td>体育、音乐、美术等</td></tr>
<tr><td rowspan="5">地方课程</td><td rowspan="2">选修课程</td><td colspan="2">限定选修课程</td></tr>
<tr><td colspan="2">任意选修课程</td></tr>
<tr><td rowspan="5">活动课程</td><td rowspan="3">必修课程</td><td>科技活动</td><td>各具体活动项目</td><td rowspan="5">各活动项目内的结构</td></tr>
<tr><td>文体艺术活动</td><td>各具体活动项目</td></tr>
<tr><td>生活实践活动</td><td>各具体活动项目</td></tr>
<tr><td rowspan="5">校本课程</td><td rowspan="2">选修课程</td><td colspan="2">限定选修活动项目</td></tr>
<tr><td colspan="2">任意选修活动项目</td></tr>
<tr><td rowspan="3" colspan="3">隐性课程</td><td>物质—空间类</td><td>学校建筑、教育布置等</td><td rowspan="3">各构成要素内的结构</td></tr>
<tr><td>组织—制度类</td><td>学校组织方式、课表、教育评价制度等</td></tr>
<tr><td>文化—心理类</td><td>教育语言、教师期望、心理环境等</td></tr>
</table>

（资料来源：郭晓明：《课程结构论》，湖南师范大学出版社，2002年，第79页。）

体系结构指特定学段中由各类课程所形成的关系结构。科目间结构指不同科目之间的结构比例，它们一般表现为课程计划、课程方案。科目内结构指某一具体科目中具体内容的结构，包括学科知识之间的结构关系、知识与技能的结构关系等。科目结构的呈现形式主要在课程标准（或教学大纲）之中，如普通高中物理课程结构（见图 3-1）。

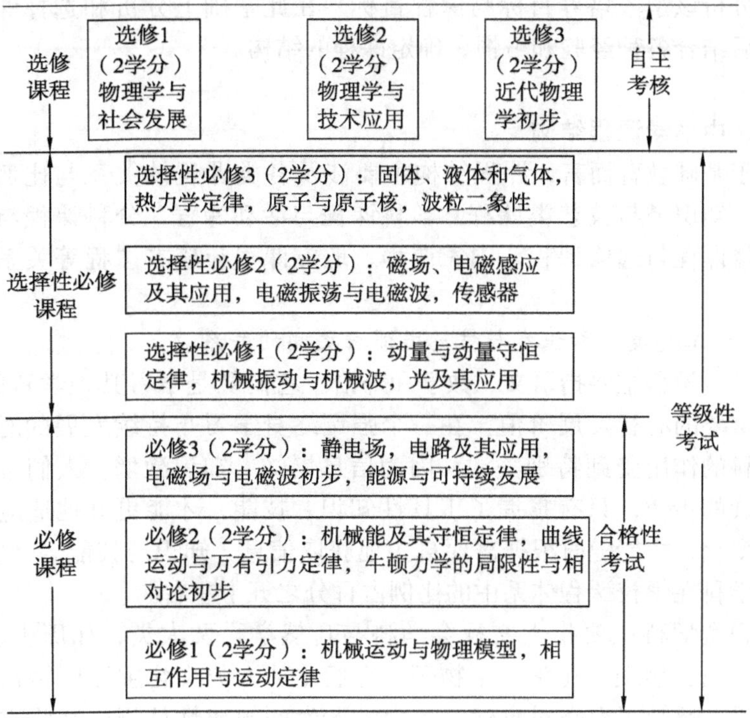

图 3-1　普通高中物理课程结构

［资料来源：教育部：《普通高中物理课程标准》（2017 年版），人民教育出版社，2018 年，第 9 页。］

课程结构设计要处理的关系有：一是比例关系。这种比例关系既包括各大类课程间的比例关系，如国家课程、地方课程、校本课程的比例关系，学科课程与活动课程的比例关系，必修课与选修课的比例关系，也包括各大类课程内部各构成要素间的比例关系，如学科课程内各科目间的比例关系，活动课程内各活动项目间的比例关系，选修课和必修课内各科目间的比例关系等。二是空间关系。它主要是指相邻课程成分和课程要素之间在课程目标和课程内容上的横向组合关系。这种关系如果是相互协调的，课程各成分、各要素间就能功能耦合，产生“非加和性”效应。相反，则可能产生功能矛盾，限制课程功能的释放。三是时间关系。它既表现在同一学段各类课程或教学科目和活动项目的开设顺序上，也表现在不同学段科目和活动的前后衔接上。

确定课程结构是课程设计的一项极其重要的任务。课程结构的确立首先需要分析该学段培养目标与课程目标，在此基础上分析和选择课程的类型，最后结合各种经验和习惯，确定课程的结构。

二、中小学课程结构

对于基础教育而言，课程结构主要涉及各类课程的关系与比例，包括工具类、知识类与技艺类课程，学科课程与活动课程，分科课程与综合课程，必修课程与选修课程，国家课程、地方课程与校本课程等关系的认识和处理。

（一）工具类、知识类与技艺类课程之间的关系

工具类学科主要指语文、数学和外语。它们既是学习其他学科的基础，也具有重要的心智发展价值。在一个强调终身学习与持续发展的时代，工具类学科的作用受到特别关注，因为信息爆炸、知识激增，人们难以追赶知识发展的步伐，只有掌握了工具性知识、技能，才能更好地适应社会与科技的变化，才能随时根据需要自主地获取信息、知识与技能。一般而言，工具类学科在学校课程体系中的比例占百分之五十左右。

知识类学科主要指人文社会学科与自然学科两大类，如历史、地理、政治、公民、物理、化学、生物等。它们是从人类文化宝库中精选出来的知识体系，反映了人类对自然、社会、人生的规律性认识。这些文化成就无论对社会延续还是个人发展，均具有重要意义，因而在学校课程体系中占有较大比例。当然，随着知识综合化趋势的发展，学校可以设置一些综合课程，如科学课程、社会研究，以加强学科知识的贯通，减轻学生的课业负担，发展学生的综合素质。

技艺类学科主要指体育、艺术与技能类课程，如体育、保健、家政、音乐、美术、劳动技术、计算机等，这些学科对于发展学生的身体素质、审美素质，培养学生的兴趣特长、劳动技能、信息素养具有重要的作用，尽管与其他学科相比，其课时比例并不高，但对于学生的和谐发展不可或缺。

以上三类课程均具有不同的价值，每一学科相对于学生的全面而个性

化发展都有着不可替代的作用，均应占有一定比例。课程设计应注意各类课程的合理平衡，那种视技艺类课程为“小儿科”的观点与做法缺乏合理依据，值得检讨与矫正。

（二）学科课程、综合课程与活动课程之间的关系

学科课程强调学科知识结构，综合课程注重学科之间的关联，活动课程关注学生的经验与需要。整体上看，以往中小学课程结构存在学科本位、科目过多和缺乏整合的问题，导致学生课业负担过重，综合素质低下，实践能力缺乏，影响了学生生动活泼而有个性的发展。新课程改革保留了部分学科课程（分科课程），同时对学科课程进行了综合化改造，增设了综合课程与活动课程。可以说，综合课程、活动课程的设置是在课程结构内对分科课程（学科课程）缺陷的补救。当然，在不同学段，考虑到学生的发展水平，三者可以有所侧重，我国小学、初中、高中课程结构设计体现了这一原则。

小学阶段以综合课程为主。主要课程有：语文、数学、科学、外语、道德与法治、体育与健康、艺术（或音乐、美术）、综合实践等。

初中阶段设置分科与综合相结合的课程。主要包括语文、数学、科学（或物理、化学、生物）、外语、道德与法治、历史与社会（或历史、地理）、体育与健康、艺术（或音乐、美术）、信息技术、综合实践活动等。

高中以分科课程为主。为使学生在普遍达到基本要求的前提下实现有个性的发展，课程标准提出不同水平的要求，在开设必修课的同时，设置丰富多样的选修课程。主要课程有：语文、数学、外语、道德与法治、历史、地理、物理、化学、生物学、技术（含信息技术和通用技术）、艺术（或音乐、美术）、体育与健康、综合实践（研究性学习、社会实践、志愿服务等）等。

（三）必修课程与选修课程的关系

必修课是指学生必须修习的课程，其设置是保证国家统一的教育标准和发展学生基本学力，它一般以国家课程的形式出现。选修课是为了适应学生兴趣爱好和劳动就业需要而开设的、可供学生自主选择的课程，它一般以地方课程和校本课程的形式出现。选修课程可分为学术性、职业性、技艺性课程，或分为限制选修课与任意选修课。长期以来，我国中学必修课程过多，选修课程太少，难以适应学生差异与多样化社会发展的需要。新课程改革对初中和高中提出明确的要求，初中阶段“学校应努力创造条件开设选修课程”，高中阶段“在开设必修课程的同时，设置丰富多样的选

修课程”，开设了学科选修与学校选修两大模块。开设选修课程有利于促进初中、高中学生个性的发展，有利于初中、高中主动适应本地经济和社会发展的需要。

此外，除了上述三对关系，课程结构还涉及国家课程与地方课程、校本课程的关系。一般地讲，国家课程是课程结构的主干，以体现国家意志，提高公民素养，保证国民教育的整体质量。同时，为了增强基础教育课程的适应性，应开设一定比例的地方课程与校本课程，保持国家课程、地方课程、校本课程的适当平衡。

三、我国基础教育课程结构的设计

2001 年以来，我国基础教育课程结构发生了较大变化。小学与初中课程整体设计、统一规划，高中课程结构与时俱进，不断调整。

资料卡片：
义务教育课程方案
（2022 年版）

（一）基础教育课程结构的变化

整体设置九年一贯义务教育课程。2001 年启动的课程改革将小学、初中作为义务教育的一个整体，九年一贯地进行课程设置。“整体”指将各类课程按横向关系组织起来，使各门课程在差异得到尊重的前提下互相整合，消除以往学科本位所造成的学科之间彼此孤立甚至壁垒森严的对立局面，追求各门课程、各个学科的整体效应，从而促进学生人格的整体发展。“一贯”指将各类课程按纵向的发展序列组织起来。就一门课程而言，强调课程内容在循环中加深、拓展；就各门课程关系而言，强调不同课程有序开设，前后连贯。

调整高中课程结构。2005 年改变以往高中文理分科的传统做法，普通高中课程规划为“学习领域、科目、模块”三个层次，增加技术、艺术、综合实践领域及其科目，除了必修课，设置了不同类型、不同层次的选修课，既有科目内选修模块，又有校级选修模块，适应社会对人才多样化的需要，促进学生的个性发展。采用学分制，制定了必修与选修的最低学分要求（必修最低学分 116 学分，选修 28 学分）。2017 年课程方案简化了高中课程结构，将课程分为必修、选择性必修与选修三类，学分要求调整为：必修最低 88 学分，选择性必修 42 学分，选修 14 学分（含校本课程 8 学分）。该方案调整了必修与选修比例，增加了选修课的弹性，为学生提供了较大的选择空间。

（二）基础教育课程结构的特征

我国新世纪课程改革突出课程的均衡性、综合性和选择性特征。

（1）均衡性。课程结构的均衡性是指学校课程体系中的各种课程类型、具体科目和课程内容能够保持一种恰当、合理的比重。我国课程结构涵盖了多种类型的课程，设置了与现实社会生活和学生经验密切相关的科目，通过课时比例调整，保持其适当的比重关系。

（2）综合性。课程结构的综合性主要表现在：第一，加强学科的综合性。第二，设置综合课程。如科学、历史与社会、体育与健康、艺术等。第三，增设劳动与综合实践活动。综合实践活动课程作为必修课，从小学至高中每周 2 ~ 3 节，它以学生的直接经验和体验为基础，体现学科知识的综合运用，由学校自主开发与管理。①

（3）选择性。课程结构的选择性是针对地方、学校与学生的差异而提出的，它要求学校课程要以充分的灵活性适应地方社会发展的现实需要，以显著的特色性适应学校的办学宗旨，以选择性适应不同学生的兴趣爱好与个性发展。2003 年高中阶段开设了学科内模块选修与学校开设的校本选修两大类，2017 年高中课程分为必修课程、选择性必修课程与选修课程三类，试图既保障学生共同的素养基础，又为学生的个性发展提供更多的选择。

附 1：各科目安排及占九年课时比例（见表 3-3）

表 3-3　各科目安排及占九年课时比例（2022 年）

<table>
<tr><th rowspan="2"></th><th colspan="9">年级</th><th rowspan="2">九年总课时（比例）</th></tr>
<tr><th>一</th><th>二</th><th>三</th><th>四</th><th>五</th><th>六</th><th>七</th><th>八</th><th>九</th></tr>
<tr><td rowspan="10">国家课程</td><td colspan="9">道德与法治</td><td>6% ~ 8%</td></tr>
<tr><td colspan="9">语文</td><td>20% ~ 22%</td></tr>
<tr><td colspan="9">数学</td><td>13% ~ 15%</td></tr>
<tr><td></td><td></td><td colspan="7">外语</td><td>6% ~ 8%</td></tr>
<tr><td></td><td></td><td></td><td></td><td></td><td></td><td colspan="3">历史、地理</td><td>3% ~ 4%</td></tr>
<tr><td colspan="6">科学</td><td colspan="3">物理、化学、生物学（或科学）</td><td>8% ~ 10%</td></tr>
<tr><td></td><td></td><td colspan="6">信息科技</td><td></td><td>1% ~ 3%</td></tr>
<tr><td colspan="9">体育与健康</td><td>10% ~ 11%</td></tr>
<tr><td colspan="9">艺术</td><td>9% ~ 11%</td></tr>
</table>

① 潘洪建：《我国活动课程发展 70 年》，《课程·教材·教法》，2019 年第 6 期。李俊堂、郭华：《综合课程 70 年：研究历程、基本主题和未来展望》，《课程·教材·教法》，2019 年第 6 期。

续表

	年级									九年总课时（比例）
	一	二	三	四	五	六	七	八	九	
国家课程	劳动									14% ~18%
	综合实践活动									
地方课程	由省级教育行政部门规划设置									
校本课程	由学校按规定设置									
周课时	26	26	30	30	30	30	34	34	34	
新授课总课时	910	910	1050	1050	1050	1050	1190	1190	1122	9522

附 2：韩国小学课程设置表（见表 3-4）

表 3-4　韩国小学课程设置①

类型		1 - 2 年级	3 - 4 年级	5 - 6 年级
科目（集群）	韩语	韩语 448 数学 256 道德生活 128 探究生活 192 快乐生活 348 1408	408	408
	社会研究/道德教育		272	272
	数学		272	272
	科学/实践艺术		204	340
	体育		204	204
	艺术（音乐/美术）		272	272
	英语		136	136
	小计		1768	1972
创造性经验活动		336 健康生活（64）	204	204
总教学时数		1744	1972	2176

① Proclamation of the Ministry of Education #2015 - 74 [Annex 1] The Republic of Korea Framework document, The National Curriculum for the Primary and Secondary Schools.

附3：普通高中课程设置表（见表3-5）

普通高中学校实施学分制，开设12～13门国家课程与校本课程，课程设置见表3-5。

表3-5　普通高中科目设置（2017年）

科目	必修学分	选择性必修学分	选修学分
语文	8	0～6	0～6
数学	8	0～6	0～6
外语	6	0～8	0～6
思想政治	6	0～6	0～4
历史	4	0～6	0～4
地理	4	0～6	0～4
物理	6	0～6	0～4
化学	4	0～6	0～4
生物学	4	0～6	0～4
技术（含信息技术和通用技术）	6	0～18	0～4
艺术（或音乐、美术）	6	0～18	0～4
体育与健康	12	0～18	0～4
综合实践活动	14		
校本课程			>=8
合计	88	>=42	>=14

本章内容小结

课程内容是指根据课程目标，从人类经验宝库中选择出来，并加以组织的知识与经验体系。课程内容的选择与组织，是课程设计的核心所在。课程内容的选择应注重学科基础、贴近社会生活、联系学生经验。课程内容的组织涉及纵向组织与横向组织、逻辑顺序与心理顺序、直线式与螺旋式等关系。不同门类、科目及科目内部组成部分相互关联，形成一定的课程结构。基础教育课程结构要正确对待工具类、知识类与技艺类课程的关系，学科课程、综合课程与活动课程之间的关系，以及必修课程与选修课程的关系。只有建立合理的课程结构，才能释放课程内在的整体功能，促进学生的健康发展。

本章问题思考

1. 概念辨析：课程内容与教材内容、教学内容；纵向组织与横向组织；逻辑顺序与心理顺序；直线组织与螺旋组织。

2. 课程内容的选择应遵循哪些准则？请结合学科实际举例说明。

3. 课程内容的组织方式有哪些？请结合学科实际分析说明。

4. 我国基础教育课程内容存在的问题有哪些？如何改革基础教育课程内容？

5. 我国基础教育课程结构存在的问题有哪些？怎样改革基础教育课程结构？

本章参考文献

1. ［美］James A. B. Beane：《课程统整》，单文经等译，华东师范大学出版社，2003 年。

2. ［英］麦克·杨：《未来的课程》，谢维和等译，华东师范大学出版社，2003 年。

3. ［美］多尔、［澳］高夫：《课程愿景》，张文军译，教育科学出版社，2004 年。

4. 郭晓明：《课程结构论》，湖南师范大学出版社，2002 年。

5. 课程教材研究所编：《课程改革整体论》，人民教育出版社，2003 年。

6. 张廷凯：《新课程设计的变革》，人民教育出版社，2003 年。

7. 林智中、陈健生、黄显华：《课程组织》，教育科学出版社，2006 年。

8. 安桂清：《整体课程论》，华东师范大学出版社，2007 年。

9. 王荣生：《语文课程与教学内容》，教育科学出版社，2015 年。

10. 李亮：《课程内容的文化选择》，人民出版社，2016 年。

第四章 课程实施

课程设计犹如描绘课程蓝图，只有课程实施才能将这张蓝图变成现实。但是，课程实施不是简单的教材采纳，也并非仅仅与教师教学相关。因为影响课程实施的因素较多，所以课程实施有着不同的取向且需要多种途径与方式。课程实施的研究有助于将课程计划付诸实践，达成课程理想。

第一节　课程实施概述

一、课程实施的概念

“课程实施”概念的出现与研究是20世纪70年代的事情。众所周知，20世纪60年代美国那场声势浩大的课程改革最后宣告失败。后来人们在分析失败原因时才发现，当初雄心勃勃、投资巨大、由专家组织编写的教材并未得到真正实施。于是提出了“课程实施”的概念，并进行了广泛而深入的研究。不过，对于什么是课程实施，人们却存在着不同的理解。

（一）课程实施就是教学

持这一观点的学者认为，课程实施的内涵是教学，只有当课程方案与文本进入教学领域时，课程才能得以实施。教学与课程是内在统一的。“课程实质上就是实践状态的教育，课程实施实际上就是教学”，“教学过程就是课程计划的实施过程”[①]。课程实施就是教学的观点试图整合课程论与教学论，解决课程与教学分离的难题。但它窄化了课程实施的内涵，忽视了影响课程实施的复杂因素，实际上课程实施涉及课程组织、变革、管理等，教学仅仅是其中的一个因素，尽管是其中最重要的因素。

（二）课程实施是将预期课程方案付诸实践的过程

持这一观点的学者认为，课程实施涉及国家、地方、学校和课堂各个层面。课程实施是将课程计划（方案）付诸实际的过程，是实现预期理想、达到预期效果的过程。“课程实施是指把新的课程计划付诸实践的过程。课程实施的研究所关注的焦点是课程计划在实际上所发生的情况，以及影响课程实施的种种因素”，“课程实施是把某项改革付诸实践的过程，它不同于采用某项改革（决定使用某种新的东西），实施的焦点是实践中发生改革的程度和影响改革程度的那些因素”[②]。课程实施就是课程的变革与革新。

（三）课程实施就是教学文化的重建

课程实施即在现实情境中，调和各种影响因素，创造教学新文化的过程。[③] 因为，课程实施是复杂的、系统的和整体的，整个实施过程有着许多不可预期性和不确定性。如课程实施价值取向、教师的支持程度及综合素质基础、地方教育当局的保障、新课程方案与原有方案的冲突、课程实施附加的利益等，都会使课程实施产生许多复杂性。课程实施需要在众多复杂性中求得平衡，最大可能地发挥每一个因素的功能，以期产生最大功效。课程实施是落实课程理想、变革课程现实以接近新的教学文化的过程。

我们认为，课程实施是指把课程计划付诸实践，达到预期目标的过程。课程实施包括课程采纳、课程调适、课程应用等环节。课程采纳是实施的开始，课程调适代表一种主观努力，课程应用特别是制度化应用才是课程方案的实际运作。教学是课程实施的基本途径，文化变革是课程实施的内在要求。

二、课程实施的取向

对课程实施本质的不同理解，隐含了人们相应的课程价值观，辛德

---

① 黄甫全：《大课程论初探——兼论课程（论）与教学（论）的关系》，《课程·教材·教法》，2000年第5期。黄政杰：《多元社会课程取向》，台北师大书苑发行，1995年，第131页。

② 施良方：《课程理论》，教育科学出版社，1996年，第128页。［瑞典］胡森等主编：《简明国际教育百科全书·课程》，江山野主编译，教育科学出版社，1991年，第156页。

③ 李臣之：《课程实施：意义与本质》，《课程·教材·教法》，2001年第9期。

(Snyder) 等于 1992 年归纳出课程实施的三种取向：忠实取向、相互调适取向、缔造取向。

(一) 忠实或精确取向 (fidelity orientation)

忠实取向把课程实施过程看成准确理解设计者的意图，忠实地执行课程方案，按部就班，不折不扣，以便达到预期目标的过程。根据这一取向，预期课程方案的实现程度，就是衡量课程实施成功与否的基本标准。符合程度越高则课程实施越成功。忠实取向强调课程专家在课程变革中的重要地位，视课程实施为教师机械执行专家意志，它容易陷入教条主义。

(二) 相互调适取向 (mutual adaptation orientation)

相互调适取向认为，课程实施过程是课程变革计划与班级或学校实际情境在课程目标、内容、方法诸方面相互调整、改变与适应的过程。换言之，课程实施不可能只是一个事件，更重要的是一个过程，是实施者与学校情境的相互适应。课程方案为适应学校情境和学生特点而进行调整，学校实际情境在实施课程方案中发生相应的改变。相互调适取向强调学校课程实践的情境性、特殊性和复杂性，主张课程方案要在具体实践中进行修改，而教师与学生也要在执行课程计划过程中做出相应的调整。

(三) 创生或缔造取向 (curriculum enactment orientation)

课程缔造取向认为，真正的课程是教师与学生联合缔造的教育经验，课程实施本质上是师生在具体教育情境中联合缔造新的教育经验的过程。在缔造过程中，设计好的课程方案仅仅是一种课程资源或背景，借助这种资源，师生共同建构教育经验，不断生成新的经验。缔造取向强调教师和学生在课程开发中的创造性，重视教师和学生在课程制订过程中的作用。

以上三种取向在对课程知识的产生、课程变革的假设及教师角色的理解上有着很大差异，三者各有其适用的条件和优缺点。由于教育和社会情境极其复杂，教育变革的需求多种多样，三者并非完全排斥，而应视为一个连续体，它们在不同的情境中可以得到不同程度的体现。除了上述分析，侯斯 (House, E.) 分析了课程实施的技术观、政治观和文化观，指出：技术观诞生于经济学，关注的主要是效率；政治观诞生于政治科学和社会学，关注的是权威系统的合法性；文化观诞生于人类学，关注的是意义和价值观。①

资料卡片：再论课程实施取向

① 尹弘飚、李子建：《再论课程实施取向》，《高等教育研究》，2005 年第 1 期。

三、影响课程实施的因素

课程实施是一项系统工程，影响课程实施的因素众多，可大致分为课程方案、实施主体与实施条件三大因素。

（一）课程方案本身的特性

成功的课程实施来自切实的课程方案。一般而言，课程方案设计自身的合理性，对课程实施有着重要的影响。有学者分析了影响课程实施的课程计划的特性：可传播性，即向各地学校推行的难易程度；可操作性，即使用时的方便程度；和谐性，即与流行的价值观和行为方式之间的一致性；相对优越性，即相对于原有课程计划的长处。①

我们认为，课程方案本身的特点诸如科学性、清晰性、可行性对课程实施有着重要的影响。科学性是指方案的理论基础、内容、观点是否科学、合理。清晰性即课程目标、内容和方法是否明确。可行性即课程方案与现实需求、公众认识是否吻合，是否具备实施的条件，实施者是否力所能及。如果课程方案科学合理、思路清晰、易于操作，那么课程实施就会顺利有效。

（二）课程实施的主体

影响课程实施的主体主要有校长、教师和学生。① 校长是学校课程的领导者、组织者、推动者。校长在学校课程实施中的主要职责是：根据新的课程方案，协调国家课程、地方课程和校本课程，规划学校具体的实施；制定课程实施规章制度，如任课规则、教研制度等；组织创建合作性文化，促进教师之间的交流与合作。② 教师是直接的课程实施者，教师参与的态度、教师对新课程的理解、教师的知识技能对课程实施成败起着关键作用。任何课程理论与方案，都需要教师的充分理解、参与和转化。没有教师的参与，课程改革就难以获得期望的结果。③ 学生作为课程实施的重要参与者，也是一种重要的课程资源，他们对课程实施进程有重要影响。学生对于课程改革的理解、他们的知识经验和学习态度均影响着课程实施。

此外，教育行政与管理人员、社会人士和课程专家等通过课程实施的指导、参与、引领，对课程实施发挥一定影响。

（三）课程实施的条件

（1）物质条件。课程方案的顺利实施需要一定的物质条件与外部力量的支持。政府的资金投入，财政的拨款，必不可少的设备设施与教学条件，

---

① 施良方：《课程理论》，教育科学出版社，1996 年，第 145 页。

以及社会其他机构、人士必要的协助，制约着课程的实施水平。

（2）文化环境。国家和地方政策、社会舆论影响课程实施。如，政府为课程改革提供的政策保障，政府给予的政策倾斜，新闻媒体的宣传报道，社会的理解、支持，有利于课程的实施。改革考试评价制度，落实课改理念与目标，加强师资培训，开展课程实施的交流和合作，也有利于课程改革的推进。

第二节 课程实施的基本方式

一、课程学习

课程学习是课程实施的基本方式。为了适应新世纪社会、科技、文化的发展，我国新课程改革提出了新的目标与理念，需要转变传统的学习方式，促进学生积极主动、全面而富有个性地发展。针对原有课程实施存在的问题，新课程实施强调学习方式的自主化、多样化、个性化，改变单一的记忆、接受、模仿的被动学习方式，通过主动参与、亲身实践、独立思考、合作探究进行学习。

（一）学习方式的含义与特征

“学习方式”（Learning Approach）是美国学者塞伦（H. Thelen）于1954年首次提出的一个概念，也有学者使用学习风格（Learning Style）一词。人们对学习方式有多种解释与定义。其基本规定为：学习者在学习过程中经常表现出的相对稳定的认知与行为的方法、策略及其倾向的总和。学习方式不仅包括学习的操作形式如感知偏向、思维方式、学习方法与学习策略，而且包括一些学习品质如学习习惯、学习态度、学习情感等。学习方式的基本特征有：

（1）个体性。学生的学习客观上存在着个体差异，不同的学生在学习同样内容时，在感知通道、场定向、大脑优势半球等方面存在差别。同时，学生已有的认知基础、情感准备及学习能力、倾向也不尽相同，学生的学习方法、速度、所需时间及需要的帮助亦因人而异。因此，每个学生的学习方式本质上都是其独特个性的体现，有效学习方式总是个性化的。

（2）稳定性。学生的学习方式受个体生理素质的影响，具有一定的稳定性。同时，学习方式是个体在长期的学习过程中逐渐形成的惯习，一经形成就相对稳定。当然，学习方式的稳定性是相对的，在一定的条件下，学习方式是可以改变、培养和转化的。

（3）多样性。知识类型的多样性、复杂性及学习目标和学习内容的多方面性，使学生需要采用多种方式进行学习。可供选择的学习方式多种多样，如听讲、背诵、记忆、实验、参观、练习、作业、阅读、讨论、交流、查阅、调查等。学习方式的丰富多彩为学习活动的组织提供了多种可能性，使学生可以从多种途径与层面进行学习，为学生全面发展提供了广阔的空间。

（4）互补性。每种方式都有其长处和优势，也存在劣势与不足，同时需要一定的适用条件。各种学习方式可以相互补充、相互渗透。个体应根据不同的知识性质、学习任务及个人差异进行选择、组合，并随着学习情境的变化适当调整，发挥各种学习方式的优势，释放学习方式的整体功能，完成多方面的学习任务。

（二）学习方式的类型

学习方式有多种类型，不同的研究者根据不同的标准将学习方式分为不同类型。学习方式的划分列举如下：

有论者提出了划分学习类型的多个维度：根据学习的组织化和专门化，将学习方式分为正规学习和非正规学习；根据经验的载体和学习的手段，将学习方式分为阅读式学习、观察式学习、交往式学习、听讲式学习和实践式学习；根据学生在学习中有无伙伴，将学习方式分为合作学习和独立学习；根据学习有无指导和帮助，将学习方式分为有指导的学习和自学；根据学生独立思考和探究的程度，将学习方式分为接受式学习和发现式学习。①

有学者根据学习对象的不同形态，区分出五种学习方式，即以文字符号作为对象和媒介的符号学习，以对实际事物的操作或身体器官动作为对象的操作学习，以他人为活动对象的交往学习，以自身经验、生活过程和身心结构为对象的反思学习，以对实际事物及其模型、形象的感知为对象的观察学习。②

资料卡片：学习方式类型划分

还有学者将学习方式分为五种：读中学、研中学、做中学、生活中学和交往中学。③

---

① 钟祖荣：《论学习方式及其变革的规律》，《北京教育学院学报》，2005年第6期。

② 陈佑清：《关于学习方式类型划分的思考》，《课程·教材·教法》，2010年第2期。

③ 王道俊、郭文安：《主体教育论》，人民教育出版社，2005年，第37－38页。

学习方式类型的划分有助于我们认识学习方式的多样化，在实践中灵活运用学习方式，避免对某一学习方式的过度依赖与泛用。总体上讲，学习方式及其学科运用需要实现：由被动学习转向主动学习，由接受学习为主转向接受学习与探究学习并重，由封闭式学习转向开放式学习，由单一学习转向个性化、多样化学习。

（三）几种基本的学习方式

1. 接受学习

接受学习是指教师以确定的形式向学生呈现学习材料，通过讲解、阐释、示范、指点，让学生在已有知识经验基础上学习新的知识与技能，将新知识、技能纳入已有认知结构之中，吸收、消化新的知识技能。接受学习不能简单地等同于机械学习、被动学习。接受学习可能是机械的学习，也可以是有意义的学习，这取决于学生的知识基础。接受学习与被动学习无必然关系，接受可能是被动的，也可能是主动的，这取决于学习者的学习态度。

尽管接受学习存在这样那样的弊端，但面对人类数千年的文化成就与知识成果，接受学习简便易行，经济有效，成为学生在校学习的基本方式。那么，接受学习如何成为有意义的学习呢？

按照奥苏贝尔的观点，只要具备三个条件，接受学习就能成为有意义的学习。这三个条件是：① 学生必须具备有意义学习的心向，具有积极主动地把新知识与原有认知结构中的适当观念联系起来的倾向性。② 学生的认知结构中必须有适当的可利用的观念，可用来联系新知识。③为了实现有意义学习，在新旧知识之间建立联系，教学内容必须具有潜在的意义，可以与学生原有的适当观念建立起实质性的非人为的联系的逻辑意义。只要满足这三个条件，经过教师的精心组织和适当指导，接受学习就成为有意义的了。当学生缺乏同化新知识的经验时，教师可以设计“先行组织者”，为新知识的同化提供支撑，促进新知识的理解。

2. 自主学习

自主学习又称自我调节学习、自我监控学习、自我指导学习。对于自主学习的理解，有的视自主学习为一种学习方式（与他主学习相对立），有的把它看成一种学习模式，或把它定义为一种自我调节、监控的学习过程。我们把自主学习理解为一种学习者自我导向和监控的学习。在自主学习中，学习者处于主体地位，学习者对自己的学习负责，明确学习目标，制订学习计划，并时时监控和评价自己的学习过程。

自主学习的指导策略：① 增强自我效能感。自我效能感是个体对自己能否在一定程度上完成某项活动所具有能力的判断、信念。自我效能感培养的途径有：对学生的学习给予适当的归因训练，提高学习者对某门学科学习的自我判断水平，为学生提供更多的学习机会，为学生树立合适的榜样。② 创设自主学习环境。如在班级营造自主学习的浓厚氛围，强化学习自主意识。③ 指导学生制订计划。如设置合理的目标，制订切实可行的学习计划。④ 指导学生自主学习。引导学生运用复述策略、精加工策略、编码与组织策略、注意策略进行学习。⑤ 指导学生解决问题。

3. 合作学习

对于合作学习，人们有着不同的定位。有的视合作学习为一种以小组为单位完成学习任务的教学组织形式，有的把合作学习视为一系列促进学生共同完成学习任务的教学方法，有的把合作学习看作学生之间或师生之间的互动。我们认为，合作学习是以同质或异质学习小组为基本形式，通过教学主体之间的互动，促进学生共同学习，达成教学目标的学习方式。

合作学习的指导策略：① 选择有意义的合作主题。有效合作主题应该为学习重点、难点，具有开放性，能激发学生内在的求知欲望。② 选择适当的合作时机。如学生思维受阻时，学习任务比较复杂无法独立完成时，学生意见产生分歧时，可以组织学生开展小组合作学习。③ 加强合作意识和技能的培养。包括：创设一个适宜合作的情境，激发学生的合作需要；训练学生的合作技能和技巧（如听取、说明、求助、反思、自控、帮助、支持、建议、协调）；加强对学习小组组长的培养；教师要做学生合作学习的促进者，如营造和谐平等的合作氛围；参与合作过程，为学生的合作学习提供指导和帮助。

4. 体验学习

体验学习是指立足学生的心理特点，通过真实活动或情境创设，呈现或再现教学内容，使学生亲身经历，理解并建构知识，生成意义与情感。库伯认为，体验学习包含着个体思维、感受、理解与行为的整合，具体体验、反思观察、抽象概括和行动应用构成一个完整的“体验学习圈”（见图4-1）。体验学习过程可划分为感官刺激、观察感受、分享交流、反思领悟、经验总结和运用丰富等阶段。

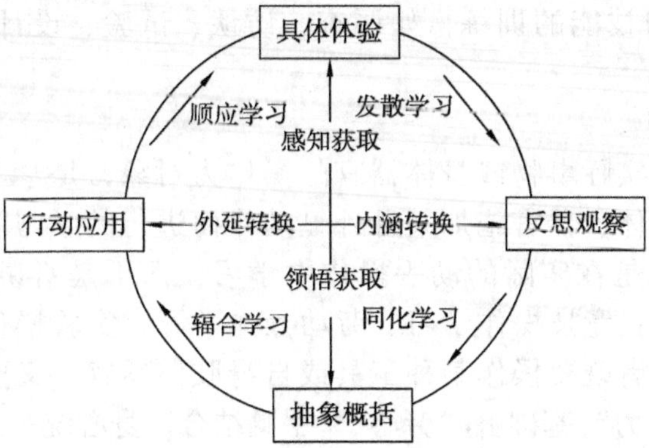

图 4-1　库伯的"体验学习圈"

体验学习的指导策略：① 组织参观、考察、亲历活动，让学生在真实活动中体验。② 模拟活动，如动手操作、现场演示、角色表演，使学生获得一定体验。③ 借助语言、体态、音乐、图形、图像创设情境，促进学生间接体验。④ 通过阅读汇报、分享交流，深化知识理解，升华学生的个人体验。

5. 探究学习

探究学习是在教师的指导下，学生以一种类似科学研究的方法对问题进行分析和研究，从而解决问题和获得知识。从探究对象看，探究包括对自然现象进行的科学探究、对社会与人文科学问题或现象进行的社会研究、对数理逻辑问题进行的数学探究和针对各种符号体系进行的符号探究等。从探究方法看，探究包括调查访谈、资料分析、观察与实验、思考与讨论、设计与制作等。

探究学习的指导策略：① 培养学生的探究意识，特别是问题意识、质疑态度、批判精神。② 选择运用适合特定学科的探究模式，比较经典的探究学习模式主要有：萨奇曼的探究训练模式、施瓦布的生物科学探究模式、兰本达（B. Lansdown）的"探究—研讨"教学法（"investigation-colloquium" method）、马西亚拉斯和考克斯（B. Massialas & B. Cox，1966）的社会探究模式（social inquiry model）。这些模式为不同类型探究活动的开展提供了可以参照的框架与路径。③ 让学生经历较为完整的探究过程。《美国国家科学课程标准》提出的探究学习环节为：提出问题，制订调查研究计划并付诸实施，利用有关工具和技术收集数据，对数据和解释之间的关系进行批判性和逻辑性思考，构造其他解释方法，与他人交流结论和观点。④ 对学生进行探究方法与技能的训练，如调查、访谈、试验、设计、制作、交流、辩论的方法。

6. 操作学习

操作学习以实际事物或身体器官的操作为对象，是学习者通过对外部事物或自身的肢体、器官施加某种外显动作而进行的学习。操作学习的突出特征是学习者是在实际的动手操作中学习，而不是听讲、观察、问答。操作学习可分为：竞技操作学习、劳动操作学习、实验操作学习等。在操作学习中，学习者既要操作某种工具或自身肢体器官，又要将已有知识经验外化，在“劳力”基础上“劳心”，手脑结合，身心统一。

操作学习的指导策略：① 营造宽松的操作情境，激活学生已有的知识、经验。② 采用讲解、描绘、演示等方式，促进学生对操作的理解。③ 指导学生模仿、练习、观摩，掌握操作要领，形成连贯动作。④ 加强对话交流，分享操作经验。⑤ 引导学生反思，对操作得失进行反省，优化操作活动，提高操作水平。

此外，还有一些基本的学习方式，如游戏学习、表现学习、反思学习等，由于篇幅有限，就不展开了。①

新课程特别强调学习方式的多样化，提出变革学习方式，形成多元、丰富、个性化学习。我国中小学课程标准提出了学习方式的多样化要求，以丰富学习过程。如：

组织学生拟定调查提纲，对经历过“大跃进”“文革”的长辈进行访谈，并在课堂上交流、讨论，认识这段历史的原因及危害。（历史与社会课程标准）

组织学生观看《林则徐》《鸦片战争》《甲午风云》等影片，感受中国人民反抗侵略的斗争精神，并运用所学历史知识说明影片的历史背景，讲述历史故事。（历史课程标准）

组织学生通过各种途径调查，收集生物园的相关资料，模拟召开“国际生物园”研讨会，结合本地实际讨论如何保护生物园。（生物课程标准）

分组调查一个民族不同地区的艺术，并将艺术形式与该地区的建筑、服饰、方言等联系起来，全班分享调查结果。（艺术课程标准）

---

① 潘洪建主编：《有效学习与教学——9种学习方式的变革》，北京师范大学出版社，2012年。

二、课程教学

教学是课程实施最重要的方式，正因如此，有学者将课程实施等同于课程教学。课程教学主要指将课程方案的精神、理念、要求转化为教学设计，根据课程改革理念设计教学目标、处理教学内容、选择教学方法、开展教学评价。课程教学需要将“理想课程”“正式课程”转化为“运作课程”“经验课程”。一般地讲，一项新的课程计划或方案的实施不仅仅是教材或教具的简单使用，它往往需要教师变革传统的知识观、课程观、教学观、学习观，转变工作角色，采用新的教学行为与教学方式，实现课程的理想。正如英国课程专家斯滕豪斯所说，“真正有意义的课程变革几乎总是包括工作方法的变革”。

对课程实施重要主体——教师而言，教学行为方式的转变包括：从知识的传授者转向学习的促进者，善于引导、激励、协助、支持学生的学习；从经验型教师转向研究型教师，善于思考、探索教学实践中的问题、难题；从课程的执行者转向课程的开发者，对教材进行二次开发，或开发新的课程与教材；从封闭型的教师转向开放型教师，与同事分享教学经验，研讨教学问题。

课程教学是教学论研究的重要领域，课程教学的基本问题将在本书“教学篇”中进行详尽的分析与讨论。

三、课程变革

课程变革是对旧课程方案进行变革，改变原有课程实践的某些做法，形成与课程改革理念相适应的新的思想观念、行为方式与组织制度。课程变革是一个不断解决问题，打破旧的平衡和重建新的平衡的持续过程。在课程变革过程中，总是存在这样或那样的冲突、矛盾、不适与难题，需要运用多种方式如替代、改变、搅乱、重建，消除课程实施的各种阻力（包括内外部阻力），促进思想、观念与行为方式的转变乃至组织制度的变革。国外学者总结、提炼出一些促进课程变革的模式，这些模式可供我国课程改革参考与借镜。

拓展阅读 4-1：

课程变革的模式

ORC 模式（阻力消除模式）：Overcome resistance to change model

格罗斯指出，教师习惯于传统的做法，对新课程有潜在的抵制情绪，课程改革能否成功，取决于领导怎样对待、处理教师的抵制。对策：让教师参与课程编制，拥有一定的发言权、决策权，感受变革的必要性、意义。

LOC 模式（领导—障碍过程模式）：leadership overcome

美国学者布赖恩、霍尔姆斯指出，阻碍课程实施变革的因素很多，既有教师方面的原因（不了解、态度消极、缺乏必要的知识技能），也有管理制度方面的原因，还有物质条件方面的原因，要消除变革的阻力必须多方面努力，关注实施的条件、人员、管理。

RM 模式（兰德变革动因模式）：Rand Model

既有的学校组织方式是课程变革的主要障碍。对策：关注学校政治结构（管理人员的思想观念、素质、管理作风，考核方式、社区环境等）。从学校层面入手，动员宣传、培训、引导、交流。

OD 模式（组织发展模式）：organizational development

斯迈克、达尔斯认为：教育团体有自我更新、不断发展的需要。建议：促进组织不断发展，强调团队合作，强调组织文化的建设，自上而下，成员相互作用，师生共同发展、进步。

OL 模式（组织部门、单位和组织圈）：organizational Loops

组织的相互影响和重叠，领导起“连接栓”作用，各层组织组织学习，将变革变为双赢。人员、团体、部门可能发生冲突。要想成功地实施新课程，需要付出时间、精力和耐心；需要各种人员、部门长时间的合作。部门、单位与整体相一致，个人与团体相互联络。

富伦的教育改革模式：Fullan Model

影响课程实施的因素有：改革本身的特点（如意义、明确性、复杂性、实用性）、学区层面（如变革的历史、地方支持、信息系统）、学校层面（校长的特点和领导、教师的特点和关系、学生的特点和需要）、校外（政府部门的作用、外部资金）。

（资料来源：［美］艾伦·C. 奥恩斯坦等：《课程：基础、原理和问题》，柯森主译，江苏教育出版社，2002 年，第 330－331 页。）

第三节　课程资源的开发与利用

一、课程资源的概念

“课程资源”并非一个全新的概念。以往的教学手段、教学技术、教学条件、教学设备、教学场地、教学人员等均被纳入课程资源的范畴。可以说，课程资源扩展了原有的概念，涵盖更多的要素。

（一）课程资源的含义

课程资源有广义和狭义之分。广义的课程资源是指凡是有利于实现课程目标的各种因素，如人力物力、时间空间、环境设施、教材教参、教师经验、学生经历等。这些资源广泛蕴藏于学生生活、学校、社会、自然界中，如图书资料、音像资料、风俗习惯、文史掌故、名胜古迹、自然风光、与众不同的人和事等。狭义的课程资源则仅仅指形成课程的直接因素来源，如教材、学科、知识、技能、活动方式和经验方法等。

我们认为，课程资源既指那些形成课程要素的来源，又指那些课程实施必要而直接的条件。正是在这种意义上，可以说，课程资源的合理开发与有效利用是课程目标顺利达成的内在要求和必要条件。

（二）课程资源的特点

课程资源既不同于一般的社会资源，也不是现实的课程成分，它具有客观性、多样性、潜在性和多质性等特点。课程实施者只有把握其特点，才能对课程资源进行有效的开发与利用。

（1）客观性。课程资源存在于自然、社会、人生的方方面面，不管这些课程资源是否在教育教学中得到利用，它们都可能对学生发展产生潜移默化的影响。当然，这些资源被开发和利用的广度与深度，以及实际效果则取决于开发利用的水平。

（2）多样性。教材无疑是重要的课程资源，但课程资源绝不仅仅是教材，也绝不仅仅限于学校内部。课程资源涉及学生学习与生活环境中一切有利于达成课程目标的资源，它弥散于学校内外的方方面面，因而课程资源具有广泛多样的特点。

（3）潜在性。课程资源是一种“自然”因素，各种资源在未被课程实施主体开发之前，仅仅具有潜在的意义，只有经过课程实施主体赋值、开发和利用，才能转化为现实的课程成分和相关条件，发挥课程作用和教育价值。

（4）多质性。同一资源对于不同课程具有不同的用途和价值。例如，学校附近的山，既可以用于体育课程中的体育锻炼，也可以用于劳动技术教育中的植树绿化；既可以用于语文课中的写作，也可以用于数学课中的测量；既可以用于地理课中的地形绘制，也可以用于美术课程中的写生；等等。课程资源的这一特点，要求教师独具慧眼，善于挖掘课程资源中的多种价值。

二、课程资源的类型

课程资源丰富多样，可从不同角度进行分类。课程资源分类有助于更好地认识、开发和利用课程资源。

按资源空间分布和支配权限，课程资源可分为校内课程资源和校外课程资源。前者主要包括学校中的图书馆、资料室、实验室、专用教室、多媒体教室、各类教学设施设备等；后者主要包括社会中的图书馆、科学宫、少年宫、文化宫、体育馆、博物馆、展览厅、工厂、农村、部队、科研院所等。

按资源功能特点，课程资源可分为素材性课程资源与条件性课程资源。其中，素材性资源指作用于课程，并且能够成为课程的素材或来源，比如，知识、技能、经验、活动方式与方法、情感态度和价值观等方面的因素。条件性资源指课程实施的基本物质技术条件，如时间、经费、场地、设备设施等。

按资源的物理特性和呈现方式，课程资源可分为文字资源、实物资源、活动资源和信息化资源。

按资源的性质，课程资源可分为：社会资源与自然资源；物质资源与信息资源；人力资源（学生资源、教师资源、家长资源等）、物力资源与财力资源；纸质资源与电子音像资源；时间资源与空间资源；等等。

以上分类既显示了课程资源的丰富性，又能为课程资源的开发与利用提供参照框架，拓宽课程实施的途径。

三、课程资源开发与利用

课程资源的开发与利用对课程实施、学生发展和教师的专业成长均有着重要意义。课程资源开发与利用的水平决定课程实施的范围和水平，直接影响课程实施的效果。课程资源开发与利用有助于转变学生的学习方式，促进学习方式的多样化，丰富学习生活；有助于拓展教师的课程视野，转变教育观念与教学行为，促进教师专业成长。课程资源开发和利用的层面有：

（一）教师层面的资源开发和利用

在课程实施过程中，课程资源的开发离不开教师的介入。教师不仅影响着课程资源的鉴别、开发、利用和积累，而且是素材性课程资源的主要载体。只有把教师的智力资源开发出来，才能最有效地开发课程资源。

（二）学生层面的资源开发和利用

学生既是课程资源的消费者，又是课程资源的开发者。在现代信息技术背景下，学生获取知识与信息的途径多样，学生本身成了特殊的课程资源，学生之间的相互交流日益重要。在教学过程中，教师应注意开发学生的经验资源，促进学习者之间的交流与合作。

（三）学校层面的资源开发和利用

学校课程资源的开发与利用除了传统的教材资源，应加强对学校中图书馆、资料室、实验室、多媒体教室及校园文化建设、各种非正式教育资源的利用。这些资源尽管存在，但没有得到很好的利用，如学生迫于考试压力，无暇顾及学校丰富的图书资源，其课程价值有待释放。

（四）社会层面的资源开发和利用

社会课程资源范围极为广泛，包括图书馆、科技馆、博物馆、展览厅、青少年活动中心、工厂、农村、部队、政府机关、企事业单位、高等院校和科研院所，以及网络资源、乡土资源、社区资源和环境资源等。其中，社区的管理者、企业界人士、专家学者、离退休干部、学生家长、社会各界的先进人物，以及具有各种专业特点或专长的居民等人力资源，目前开发和利用得不够充分，有待开发与利用。

本章内容小结

课程实施是将预期课程方案付诸实践的过程。课程实施有三种取向：忠实取向、相互调适取向、缔造取向。课程方案本身的特性，校长、教师和学生的态度与参与，物质条件，文化环境等影响课程实施。课程学习、课程教学、课程管理制度变革是课程实施的基本方式。课程资源既指那些形成课程内容要素的来源，又指那些课程教学必要而直接的条件，它具有客观性、多样性、潜在性和多质性等特点。课程资源极为丰富，可从不同角度对课程资源进行分类。课程资源开发与利用途径多种多样，可以从教师、学生、学校、社会等层面进行规划与实施。

本章问题思考

1. 概念辨析：课程实施与教学；课程资源与教学手段（教具、学具）。

2. 课程实施有哪些取向？这些取向隐含了怎样的课程观、教师观？

3. 影响课程实施的社会文化因素有哪些？请结合新课程改革现状试做分析。

4. 学科课程与活动课程是两种基本的课程形态，试比较两者在学习方式上的异同。

5. 为什么说教师、学生都是课程资源？教师资源、学生资源分别包括哪些要素？

6. 选择课程资源某一分类框架，结合学科主题或单元，勾勒课程资源开发与利用的类型和范围。

本章参考文献

1. 张天宝：《新课程与课堂教学改革》，人民教育出版社，2003 年。

2. 任长松：《新课程学习方式的变革》，人民教育出版社，2003 年。

3. 严先元：《课程实施与教学改革》，四川大学出版社，2004 年。

4. [美] 霍尔等：《实施变革：模式、原则和困境》，吴晓玲译，浙江教育出版社，2004 年。

5. 李志厚主编：《变革课堂教学方式》，广东教育出版社，2010 年。

6. 张新海：《反对的力量：新课程实施中的教师阻抗》，科学出版社，2011 年。

7. 潘洪建主编：《有效学习与教学——9 种学习方式的变革》，北京师范大学出版社，2012 年。

8. 潘洪建、沈文涛主编：《大班额教学新视野：学习共同体构建与教学方式变革》，江苏大学出版社，2012 年。

第五章 课程评价

课程评价是以具体的课程为对象，判断课程价值实现程度的实践活动。课程评价作为一个独立的领域，20 世纪 60 年代后逐渐从教育评价中分化出来，并受到越来越多的关注。[①] 狭义的课程评价不同于学生学业成就评价、教师授课质量评价，它主要指对课程设计成果（课程文件）的评价。课程评价对于优化课程设计、选择课程方案、改进课程实施具有导向、调控和促进作用。

资料卡片：
方案评价

第一节 课程评价概述

一、课程评价的概念

在课程设计、实施、评价三大环节之中，课程评价属于课程开发的重要环节，对于课程方案的改进与完善不可或缺。但人们对课程评价的概念存在不同的理解。

---

① ［美］马道斯、斯塔弗尔比姆、斯克里文：《方案的评价：历史的概观》，瞿葆奎主编《教育学文集·教育评价》，人民教育出版社，1989 年，第 70－90 页。

（一）课程评价含义的不同理解

不同学者对课程评价的理解存在较大差异。①

（1）课程评价“实质上是一个确定课程与教学计划实际达到教育目标的程度的过程”。（泰勒）

（2）评价是“搜集和使用信息来作出关于教育方案的决策”的过程。（克龙巴赫）

（3）评价“最重要的意图不是为了证明，而是为了改进”，是“为决策提供有用信息的过程”。（斯塔弗尔比姆）

（4）课程评价是指根据一定的标准和系统的信息对一定课程产生的效果所作出的价值判断。（廖哲勋）

（5）课程评价是“研究课程价值的过程，是判断课程在改进学生学习方面的价值的活动构成的”。（施良方）

（6）课程评价是在课程开发过程中通过对课程价值的调查、分析、协商、判断，逐步达成共识，促进课程不断改进和发展的反馈调节系统。

（7）评价是一种政治活动，不仅检视课程的效率和管理课题，也理解评价所涉及的道德及美学含义，并探讨谁会从中受益。

在整个课程研究中，由于人们对课程的定义多种多样，以及人们对价值、评价等概念有不同的理解，因此“课程评价”一词是最难理解的概念之一。以上定义尽管存在较大差异，但也有一些共同之处，即价值判断与价值引领是课程评价的关键所在。

（二）课程评价的内涵

资料卡片：教育评价概念

一般认为，课程评价有广义和狭义之分。广义的课程评价即教育评价②，是指按照一定的价值标准，通过系统地收集有关信息，对教育活动的效果与质量作出判断的活动。它既包含对课程设计过程及其结果的评价，也包括对实施过程和结果的评价，同时还包括对整个课程系统乃至课程评价本身的评价（元评价）。狭义的“课程评价”特指对课程方案（课程计划、课程标准、教材）在改进学生学习方面的价值作出判断的活动，它包括课程计划的评价、课程标准的评价、教材的评价。课程评价的

① 李定仁、徐继存主编：《课程论研究二十年》，人民教育出版社，2004年，第153－155页。

② ［以色列］内伏：《教育评价概念的形成：对文献的分析评论》，瞿葆奎主编《教育学文集·教育评价》，人民教育出版社，1989年，第343－359页。

运行一般是由受过专门培训的评价人员，借助于专门的评价方法和技术而展开的。

总之，课程评价是根据一定的标准、运用科学的方法收集课程系统的信息，并对课程设计、课程实施与课程产品做出价值判断和引领的过程。本章中的“课程评价”主要指对作为课程设计成果的课程方案包括课程计划、课程标准、教学材料的评价。

（三）课程评价的类型

1. 效果评价和内在评价（根据评价关注的焦点）

效果评价（pay-off evaluation）是对课程计划实际效用的评价，它注重课程实施前后学生或教师所产生的变化，而相对忽视课程运作的具体状况、变化产生的原因等。因此，效果评价往往是通过对前测与后测之间、实验组与控制组之间的差异做出判断而进行的。这种评价关注输入、输出之间的不同，忽略中间的过程。

内在评价（intrinsic evaluation）是指仅仅对课程计划本身进行评价，不涉及课程计划可能产生的效果。比如，对课程计划做出判断主要关注课程计划所涉及的学生经验的类型、课程内容的性质和组织等，而课程计划可能产生怎样的效果，则在评价关注的范围之外。

2. 内部评价和外部评价（根据评价主体）

内部评价（insider evaluation）是指由课程设计者或使用者自己实施的评价。内部评价的优点在于评价者了解课程设计方案的内在精神和技术处理，评价的结果亦可进一步用于课程方案的修订和完善。其缺点是，评价者有可能蔽于自己的设计思想，不了解其他人对课程设计的需要，致使评价缺乏客观性。

外部评价（outsider evaluation）是指由课程设计者或使用者以外的其他人实施的评价。外部评价可以克服内部评价的缺点，评价者虽然对计划的基本精神不太了解，但评价视野更加开阔，可能取得客观的、令人信服的结论。

此外，根据评价的功能，课程评价也可分为诊断性课程评价、形成性课程评价与终结性课程评价。

二、课程评价的取向

课程评价是一项复杂的工作，不论评价者对评价对象做出何种决定，他们在评价时必然会反映出某种基本的价值取向。评价的取向支配或决定着评价的具体模式和操作取向。所以，评价的取向集中概括了评价的本质。比较典型的取向有：技术取向、实用取向和批判取向。①

（一）技术取向

该模式侧重于控制，把课程当作一种“产品”，根据预先确定的准则或其他标准进行评价。技术取向的课程评价认为，评价者能够收集到可靠的资料，并使教育工作者对课程计划、课程实施活动的效果做出良好的判断。技术取向的课程评价通常有三个基本要求：对课程目标形成一致的看法；明确、详尽地说明课程结果；广泛选择收集资料的方法，借此确定课程目标的达成度。技术取向的课程评价主要有：泰勒的目标达成模式、普罗沃斯的差距模式、斯塔克的外貌模式、斯塔夫尔比姆的 CIPP 模式等。

资料卡片：课程评价

（二）实用取向

该模式侧重于“自然性”与“适应性”。“自然性”关注课程活动本身而不是课程目标达成；“适应性”即不受预先计划和设计的限制。实用取向的课程评价把课程视为一种“过程”和“实践”，评价的意义在于判断这种过程和实践如何使参与者达到臻善的程度。评价主要不是依靠外部人员的判断，而是有赖于参与者及其个人知识。实用取向的课程评价通常有三个基本要求：描述特定情境下的创新活动；记录一系列现象、判断和反应；以适合评价委托人的方式报告评价结果。阐明性模式、应答模式、鉴赏模式都属于实用取向的课程评价模式。

（三）批判取向

该评价侧重于“解放”（emancipation）与公正，即将实践工作者从外来评价中解放出来。批判取向的课程评价认为，评价不只是一项技术活动，也是一项政治批判活动。主张通过评价揭露课程中的不公正、不合理的现象，强调参与者的权利，倾听实施者的声音，谋求个人解放与精神自由。批判模式、反对者模式是典型的批判取向的课程评价模式。

三、课程评价的模式

根据评价假设与理论的差异，课程评价可划分为多种模式。课程评价

① ［美］麦克内尔：《课程评价》，瞿葆奎主编《教育学文集·教育评价》，人民教育出版社，1989 年，第 390－420 页。

的不同模式具有不同的理论基础、价值追求与问题导向。理解课程评价的前提假设与理论基础，有助于把握课程评价模式，并明智地加以运用。

（一）目标评价模式

目标评价模式（objectives-oriented evaluation model）强调以目标为基础进行评价，旨在测定教育目标在课程与教学中的实现程度。其典型代表是泰勒的评价模式和布卢姆的评价体系。它是在美国进步教育协会“八年研究”的过程中形成和发展起来的，由美国课程评价专家泰勒（R. W. Tyler）倡导。泰勒认为，所谓教育评价、课程评价，就是评价实际的课程方案在何种程度上达成了教育目标，评价就是要衡量学生行为实际发生变化的程度，通过预先规定的行为目标设计与评价课程。泰勒提出的课程评价步骤和方法是：① 拟定一般目标或具体目标；② 将目标加以分类；③ 用行为术语界定目标；④ 确定应用目标的情境；⑤ 发展或选择测量目标的技术；⑥ 收集学生的行为表现资料；⑦ 将收集到的资料与行为目标做比较。

目标评价模式推进了课程评价科学化的进程，它简便易行、操作性强，在课程评价中至今仍占有重要地位。但这种评价存在下述缺陷：过分强调预设目标，往往窄化了评价的内容，忽略教师生活的丰富意义，压抑教学的自主性；忽视学生的主体性、创造性和课程活动的不可预测性；忽略了课程过程本身的价值，对于人的高级心理过程而言它的作用非常有限。

（二）目标游离评价模式

目标游离评价（goal-free evaluation model）是斯克里文针对目标本位评价的缺陷而提出的一种评价模式，它要求脱离预定目标，重视课程与教学的所有结果，包括非预期结果。目标游离评价的倡导者提出，不应事先把课程的目的、目标告诉评价者，而应当让评价者全面地收集关于课程实际结果的各种信息，不管这些结果是预期的还是非预期的，积极的还是消极的，这样才能真正对课程做出正确的判断。他们认为目标本位评价容易受预设目标的限制，缩小了评价的范围，削弱了评价的意义。他们主张将评价重点由“计划想干什么”转变为“计划实际干了什么”，评价者就可以在没有偏见的情况下自由地肯定其优点。

但也有学者认为，在理论上目标游离评价似乎是可行的，但却不切实际。即使评价对象很明确，要了解评价的情境依然需要花费大量的时间。缺乏对目的的预知，目标游离评价者要么会陷入盲目，要么会形成一家之见。其理论自身的不完善，导致其未能在实际评价中广泛应用。它仅仅提供了思路，有待完善。

（三）背景—输入—过程—成果模式（CIPP 模式）

背景—输入—过程—成果模式（context-input-process-product）又称 CIPP 模式，是美国教育评价学家斯塔弗尔比姆（D. L. Stufflebeam）于 20 世纪 60 年代后期倡导的课程评价模式。斯塔弗尔比姆认为，课程评价不应局限在评定目标达到的程度，评价最重要的目的不是证明，而是为课程决策提供有用信息，因此，重要的是为课程决策提供评价材料。CIPP 模式包括搜集材料的四个步骤：① 背景评价，目的是提供整个课程方案运行的各种依据和信息；② 输入评价，目的是通过对可供选择的各种课程计划进行评价，帮助决策者选择达到目的的最佳手段；③ 过程评价是通过记录课程实施过程，为决策者提供修正课程方案的有效信息；④ 结果评价，目的是测量、解释、评定课程方案的状况，帮助决策者决定课程方案是否终止、修正或继续使用。[①]

资料卡片：
CIPP 模式

CIPP 模式考虑到影响课程计划的种种因素，可以弥补其他评价模式的不足，相对来说是比较全面的，但由于它的操作过程比较复杂，所以难以被一般人所掌握。CIPP 模式强调的是提供改进教学计划的依据，而不是简单地评价一方案的好与不好。

（四）CSE 评价模式

CSE 是美国加利福尼亚大学洛杉矶分校评价研究中心的简称，它是一种与 CIPP 模式较为接近，旨在为教育改革服务的综合性评价模式。CSE 评价模式包括四个阶段：① 需要评估阶段，即调查人们有何种需要，核心问题是确定评价的目标。② 选择计划阶段，即通过分析研究，在各种方案中选择方案。③ 形成性评价阶段，旨在发现课程方案实施的情况，以便根据情况修正方案。④ 总结性评价，即对课程方案质量做出全面的调查和判断，做出终止、修订、保留和推广的决定。

CSE 模式在课程评价中运用得相当广泛，因为其目的是为课程计划改革服务，评价活动贯穿课程改革的全部过程，使评价的形成性职能与总结性职能得到了较好的统一。

资料卡片：
评价基础

美国学者豪斯（House，E. R.）概括了西方影响较大的课程方案评价模式，从判断准则、认识论、政治哲学等方面

① ［美］斯塔弗尔比姆：《方案评价的 CIPP 模式》，瞿葆奎主编《教育学文集·教育评价》，人民教育出版社，1989 年，第 297－322 页。

展开比较与分析，并以简表的形式呈现出来（见表5-1）。①

表5-1 主要评价模式分类表

模式	代表人物	主要听取人	假设基础	方法论	成果	典型问题
系统分析	里夫林	经济学家、经理	目的、已知的原因和结果、定量变量	PPBS、线性规则、预定变化、费用-效果分析	效率	期望的效果是否达到？能否更经济地达到？什么是最有效的方案？
行为目标	泰勒、波帕姆	经理、心理学家	预定的特殊目标、定量的成果变量	行为目标、成绩测验	生产率、责任制	学生是否达到了目标？是否是教师引导的？
决策	斯塔弗尔比姆、艾尔金	决策者，尤其是管理者	一般目的、准则	调查、问卷访问、自然变量	效果、质量控制	方案是否有效？哪些部分有效？
目的游离	斯克里文	顾客	结果、准则	成见控制、逻辑分析、操作法	顾客选择、社会有用性	全部效果是什么？
文艺评论	艾斯纳、凯利	内行、顾客	批评标准	评说、评论	改进的标准	批评者赞同这一方案吗？
鉴赏	北部中央协会	教师、公民	准则、座谈小组、程序	专家组评论、自评	专家认可	专家对这一方案的评定怎样？
反对者	欧文、列文、沃尔夫	评委会	程序与判断	准法律过程	答案	关于方案赞同与反对的意见是什么？
相互作用	斯塔克、史密斯、麦克唐纳、帕莱特-汉密尔顿	委托人、参加者	谈判活动	个案研究、访问、观察	理解差异	不同的人怎样看待这一方案？

① ［美］豪斯：《作为评价基础的假设》，瞿葆奎主编《教育学文集·教育评价》，人民教育出版社，1989年，第363－389页。

拓展阅读 5-1：

其他评价模式

1. 外貌评价模式（一致性—偶然性评价模式）

斯塔克（Stake）提出。该模式主张收集多方面的信息：前提条件（先期信息）如师生特征、教材等；相互作用信息（教学过程）；结果信息（课程计划的实际效果）。然后将评价分为描述（预期信息和观察信息）和评判（标准与实际），描述偶然性（三种信息之间的关系）与一致性（预期的前提、预期执行情况、预期结果与观察到的实际前提、实际执行情况、实际结果之间的关系），进而做出判断。它从三个方面收集课程资料，采用两个维度展开评价，在整个实施过程中进行观察和收集资料，且前后资料相互对照，因而较为全面、周到。但以个人观察、判断为主要依据，因此，主观性较强。

2. 差距评价模式（落差评价模式）

该模式由普罗沃斯（Provus）提出。他认为，学校在课程实践中，往往不是完全地执行课程计划，而是有所偏离。因此，他提出了差距评价模式，其目的在于将设计的课程标准与实际的课程表现加以比较，找出彼此之间的差距，找出造成差距的原因，并以此作为改进课程的依据。这一评价把课程评价与系统管理结合起来，揭示计划的标准与实际表现之间的差距，以此作为改进课程计划的依据。

3. 应答模式

应答模式（responsive model）由美国学者斯塔克首先提出，并经他人进一步完善。斯塔克认为，课程评价应该向听取评价结果的人提供他们所关心的信息，要充分地了解他们所关心的问题。这一模式强调评价活动从当事人的需要出发，通过信息反馈，使活动结果能满足大多数人的需要，通过对方案的调整和修改，对大多数人的愿望做出应答。具体地说，通过评价者与同教育活动有关的各种人员接触，了解他们的愿望，然后把它同实际活动进行比较，对教育决策或方案做出修改，对大多数人的愿望做出应答，以使教育能满足各种人的需要。应答模式强调课程设计人员价值观念的多元性，注重使用自然主义方法（如非正式的观察等）来对课程运行状况做出定性描述。与泰勒模式相比，应答模式更强调“多元现实性”和价值观念的发散性。在方法上，它注重非正式的观察、交往、描述性的定性分析方法。斯塔克认为，评价是对事物的价值和优缺点的系统判断，评价不应受预设目标的限制，而要判断所达成的目标是否对消费者的利益有贡献。它以活动参与者的意图而不是方案目标为评价依据，比较民主。

4. 反对者模式（对手法、审判法）

由欧文斯等人于20世纪70年代提出。它是一种为了接受方案正、反两方面长短得失，采取法律评审委员会形式的评价模式。该模式十分重视听取关于教育方案和教育活动的争议意见，尤其是反对者的意见。有人认为，反对者模式有助于决策者获得较为广泛的信息和各方面的意见，有助于克服各种偏见，澄清各种潜在的冲突意见。但也有人认为，这种评价的结果易为辩论的技巧所左右，且评价费用较高。

5. 教育鉴赏评价模式

由艺术教育家艾斯纳提出。他尝试性地将艺术评价引入教育评价领域，要求评价者做一个出色的艺术批评家，审视课程活动，欣赏教育的寓意，对新课程所带来的教育生活做出丰富的质性描述。评价者参与教室的实地观察，细致深入地分析学生们的学习情况，努力描述课程活动的特性，揭示行动中课程实施者的"声音"。

6. 解释模式

解释模式又称阐明性评价模式。这一模式是由帕莱特和海密尔顿提出的。这种模式的目的在于向关心评价结果的人士阐明对某种课程或方案的理解，它关注的是对课程所做的描述与解释，关注课程如何受到课程发展脉络和环境的影响等。这种评价模式还强调按照观察、探究、解释的步骤，对课程与学习环境之间的相互关系做全面的描述与解释。帕莱特和海密尔顿还提醒人们，如果没有对发现结论的反复核对，这种方法就可能变成完全主观性的方法。这种模式在运用时会涉及各种复杂的关系，对评价者要求较高。

7. 自然探究模式

它建立在现象学、解释学、日常语言分析及符号互动论基础上，认为人所生活的世界是一个充满意义和价值的世界，主张评价采用质性的、个案的、情景性的、直觉的、开放性的、相互作用的方式。

（资料来源：施良方：《课程理论》，教育科学出版社，1996年，第155－163页。张广君、王玉凤、周云虹：《课程评价模式研究综述》，《天中学刊》，2006年第4期。［美］斯塔克：《方案评价的特殊方法——应答评价》，瞿葆奎主编《教育学文集·教育评价》，人民教

资料卡片：
应答评价

育出版社，1989 年，第 325－340 页。）

第二节　课程文本的评价

课程文本主要表现为课程计划、课程标准（教学大纲）、教学材料等，因此课程文本评价主要指对课程计划（教学计划）、课程标准（教学大纲）、教学材料的评价。

一、课程计划（教学计划）的评价

课程计划（教学计划）是根据一定教育目的和一定学校的性质任务对一定学段的课程进行总体设计的课程文件。它规定学校课程总体设计的指导思想、培养目标、课程设置、学业评价及实施要求，是学校开展教育工作和制定课程标准的依据。与此相对应，课程计划评价就是对课程的指导思想、培养目标、课程设置的评价。

课程指导思想评价包括该计划是否能促进学生德、智、体、美、劳全面发展，落实学生发展核心素养，全面推进素质教育。

培养目标评价包括目标所体现的价值取向、目标本身所包含的内容及目标的呈现形式等，培养目标与课程计划的一致性，培养目标实现的可行性，培养目标表述的准确性。

课程设置评价包括课程结构、门类、开设方式、科目顺序、课时比例、学年编制和学周安排是否科学、合理，是否可行，等等。

二、课程标准（教学大纲）的评价

课程标准（教学大纲）是国家对基础教育课程的基本规范和质量要求，是对单科课程的总体设计。它规定某一学科课程的性质、理念、设计思路，提出课程目标、内容标准与实施建议。它是教材编写、教学、评估和考试命题的依据，是国家管理和评价课程的基础，体现国家对不同阶段学生在知识与技能、过程与方法、情感态度和价值观等方面的基本要求。课程标准也是检查、衡量教学质量的重要标准，是教师教学的主要依据。对课程标准的评价着重考察标准是否符合教育目的和培养目标的要求。

学科目标的评价。它包括：评价学科目标与课程计划的一致性程度，如学科目标是否在总体上涵盖了课程计划中的培养目标；学科目标与学科性质的一致性，预定的学科目标必须符合该学科的性质；学科目标与学生身心发展水平的衔接性，一方面，目标的设置要以学生现有身心发展水平为基础，是学生通过努力可以达到的，另一方面，学科目标要具有一定的挑战性，以最大限度地促进学生的发展。

学科内容的评价。它包括：内容的有效性与意义；内容广博与深度的平衡性；满足学生需要与兴趣的适当性；内容重点部分的时效性；内容的可学性；内容的跨学科性。

三、教学材料（教科书）的评价

（一）教材评价的意义

教材（教科书）是根据课程标准编写的教学用书。它明晰而系统地阐述课程标准规定的教学内容，是学科课程标准的进一步展开和具体化，也是学生学习的主要材料和教师进行教学的主要依据。教材评价的意义体现在：首先，它是国家、地方、学校教材审定工作的重要组成部分。其次，通过教材评价，可以提供有关教材多种版本的清单，为学校选择课程提供依据。再次，教材评价能为教材调整、补充提供信息，有助于教材的修订与完善。

（二）教材评价的标准

教材评价以学生个体和人类社会对教材的需要为基础，教材评价的标准应既体现学生主体需要的共性和个性，同时又满足社会需要。其评价标准如下①：

1. 教材目标的评价标准

（1）目标是否既符合学生当前心理发展水平，又对他们的心理发展有促进；

（2）目标是否有一定弹性，可为不同特色的学生提供发展空间；

（3）目标是否符合社会需要，特别是社会未来发展的需要；

（4）目标是否符合学科特点，体现学科特色；

（5）目标是否具有可操作性与可检验性，便于教学实施。

2. 教材内容选择的评价标准

（1）内容是否有科学性，是否反映了科学研究的新进展；

（2）内容的广度与深度是否符合学生年龄特征，能否为他们理解；

（3）能否为不同特点的学生提供发展空间；

---

① 参见丁朝蓬：《教材结构分析与内容质量评价》，《教育理论与实践》，2001 年第 8 期。

（4）内容是否联系社会生活与生产实际。

3. 教材内容组织的评价标准

（1）是否符合学生的心理规律，便于他们理解和掌握；

（2）是否符合教育教学规律，有利于最大限度地发挥教材的功能；

（3）组织体系是否违反知识的内在逻辑。

4. 内容呈现与表达的评价标准

（1）文字与图表的使用是否科学、严谨、规范；

（2）表达方式是否适合学生心理特点，易于为他们接受和理解；

（3）表达方式是否有利于学生自主使用教材。

此外，教材的内容阐述要层次分明。文字表述要简练、准确、生动、流畅。篇幅要详略得当。标题和结论要用不同的字体或符号标出，使之鲜明醒目。封面、图表等，要力求清晰、美观。字体大小要适宜。装订要坚固，规格大小、厚薄要合适，便于携带。

拓展阅读 5-2：

教科书质量的评价：

1. 知识的维度

即教科书内容对学生素质发展的必要性和典型性；教科书内容反映学科基本结构和发展方向的水平；教科书内容与学生生活环境的联系程度；教科书内容及组织、表达方式的科学性；教科书内容与其他学科的配合协调程度。

2. 思想品德和文化的维度

即教科书所体现的辩证唯物主义和历史唯物主义思想；教科书所体现的价值观、人生观和道德观；教科书在激励学生的探索精神、创造精神和实践能力方面的水平；教科书对科学精神和科学态度的倡导水平；教科书对中华文化和人类文化的认识。

3. 学生发展维度

即教科书能否调动学生的兴趣、激发学生的求知欲；教科书能否从多方面来强化学生的感知和知识发生过程；教科书能否引导学生主动建构新知识；教科书对学生的起始程度和预定发展目标是否合适；教科书是否符合学生心理发展的成熟程度，遵循学生心理发展的规律。

4. 编制水平维度

即教科书文字的编写水平；教科书插图与文字的配合程度及制作水平；

教科书编写形式的丰富程度和相互配合水平；教科书的版式设计水平；教科书的印刷工艺质量。

5. 适应和效果维度

即教科书与学生水平的适应程度；教科书与教师水平的适应程度；教科书与学校资源环境的适应程度；教科书与所在地区的经济与社会发展的适应程度；教科书的教学设计与实际使用情况的符合程度；教科书预定的教学目标在实际中的达成情况。

（资料来源：高凌飚：《教材分析评价的模型和层次》，《教育理论与实践》，2001 年第 3 期。）

本章内容小结

课程评价是根据一定的标准、运用科学的方法收集课程系统的信息，并对课程设计及其产品做出价值判断与引领的过程。课程评价具有优化课程设计、选择课程方案、改进课程实施等功能。参照一定的标准，课程评价可划分为：效果评价和内在评价，内部评价和外部评价等。比较典型的评价取向有：技术取向、实用取向和批判取向。代表性课程评价模式有：目标评价模式、目标游离评价模式、背景—输入—过程—成果模式（CIPP 模式）和 CSE 评价模式。课程文本评价主要指对课程计划（教学计划）、课程标准（教学大纲）和教学材料的评价。课程计划的评价就是对课程的指导思想、教育理念、培养目标、课程设置的评价。课程标准的评价包含学科教学目标的评价和学科教学内容的评价。教材的评价包含教材目标、内容、呈现方式等方面的评价。

本章问题思考

1. 概念辨析：课程评价与教学评价；目标评价与目标游离评价；CIPP 评价与 CSE 评价；内在评价与内部评价。

2. 课程评价类型主要有哪些，这些类型各有什么特点？

3. 选择一本小学或中学教材，参照某一教材评价标准，对该教材进行简要评析。

本章参考文献

1. 陈玉琨：《课程改革与课程评价》，教育科学出版社，2001 年。

2. 李雁冰：《课程评价论》，上海教育出版社，2003 年。

3. ［美］艾斯纳：《教育想象——学校课程设计与评价》，李雁冰等译，教育科学出版社，2008 年。

4. 丁朝蓬：《新课程评价的理念与方法》，人民教育出版社，2008 年。

5. 严育洪编著：《新课程评价操作与案例》，首都师范大学出版社，2010 年。

6. 罗贵明：《美国中小学课程评价：理论、实践与借鉴》，武汉大学出版社，2016 年。

第六章 课程开发与设计

1935年美国课程学者卡斯威尔与坎贝尔合作出版 *Curriculum Development* 一书之后，"课程发展""课程开发"术语便被广泛采用。"课程发展"一词大致包含课程的开发、发展、形成等含义，它意味着课程开发是一个不断发展、改进与完善的过程，而不是简单地制作课程材料。课程开发由课程设计、课程实施、课程评价、课程管理等部分构成。其中，课程设计是课程开发的基本活动，它的主要任务是形成课程方案与文本，包括课程计划、课程标准、教科书，为课程教学提供基本框架。

第一节 课程开发

"课程开发"（Curriculum Development）是完成一项课程计划的整个过程，它不是简单地将某一课程原理或方法技术运用到课程领域中，制作某一课程产品。它通过对学生与社会的需求分析，确定课程目标，再根据该目标选择与组织教学内容，安排教与学的活动，最后进行课程评价，并以此为基础进行课程的修订。同时，如同工程开发、项目开发，课程开发是一个复杂的系统工程，它需要教育行政部门、课程专家、教育心理学家、学科专家、教师、学生的广泛参与、协商和探索。因此，课程开发不是一个事件，而是一个过程，是课程不断改进、完善的过程，课程开发具有探究、发展的性质。

由于对课程本质及宗旨的认识与理解不同，人们在课程开发涵盖的范围、侧重点和理想追求等方面也存在分歧，因而形成了多种课程开发理论与模式。本节主要介绍几种基本的课程开发模式。

一、目标模式

目标模式又简称“泰勒原理”，是美国1934—1942年“八年研究”的产物。它是美国课程专家泰勒在总结、概括“八年研究”的基础上提出的一个经典的课程开发模式，其代表作为泰勒1949年出版的《课程与教学的基本原理》一书。该模式已在课程领域产生了广泛而深刻的影响，至今仍是课程开发的主导范式。

（一）泰勒原理的基本内容

泰勒在《课程与教学的基本原理》一书中提出并讨论了四个问题：① 学校应该达到哪些教育目标？② 提供哪些教育经验才能实现这些目标？③ 怎样才能有效地组织这些教育经验？④ 我们怎样才能确定这些目标正在得以实现？这四个问题既是课程开发的核心要素，又是课程开发的基本步骤：确定目标、选择经验、组织经验、评价结果。其中，确定目标最为关键，其他步骤都是围绕目标展开的。由于其主要内容在前四章均已探讨，这里提纲挈领地做些回顾，以把握其概貌。

1. 学校应达到哪些教育目标？

泰勒认为课程设计的首要任务就是确定所要达到的目标。首先，他提出了目标的三个来源，即对学生的研究、对当代社会生活的研究、学科专家对目标的建议。他认为，任何单一的信息来源都不足以明智而全面地确定教育目标，必须在三个来源的基础上收集信息。其次，泰勒提出了教育目标筛选的原则，以剔除那些不重要的和相互矛盾的目标，一是“学校信奉的教育和社会的哲学”，二是“学习心理学所提示的选择教育目标的准则”。即教育目标只有接受哲学和心理学的甄选，才能成为恰当的教育目标。再次，泰勒还规定了有效陈述目标的形式：“既指出要使学生养成的那种行为，又言明这种行为能在其中运用的生活领域或内容。”只有这样，教育目标的表述才能有助于选择学习经验和指导教学过程。

2. 提供哪些教育经验才能实现这些目标？

教育目标必须通过特定的教育经验才能实现，学生通过经验学习，养成教育目标所规定的行为，因此，能否选择适当的经验，决定着教育目标实现的程度。这里的教育经验与学习经验同义，主要指学习者与学习对象及环境的相互作用。泰勒制定了选择经验的五条原则：

（1）为学生提供的学习经验必须既能使学生有机会实践这个目标所隐含的行为，又能使学生有机会处理该目标所隐含的内容。

（2）学习经验必须使学生在从事实践目标所隐含的那种行为中获得满足。

（3）学习经验所期望的反应，是在学生力所能及的范围之内的。

（4）有许多特定的经验可以用来达到同样的教育目标。

（5）同样的学习经验往往会产生几种结果。

同时，泰勒还讨论了有助于达到目标的学习经验：培养思维技能的学习经验，获得信息的学习经验，形成社会态度的学习经验，培养兴趣的学习经验。

3. 怎样有效地组织学习经验？

泰勒提出学习经验的组织有两种：一是纵向组织，即不同阶段学习经验之间的联系；二是横向组织，即不同领域学习经验之间的联系。学习经验有效组织的标准主要包括连续性、顺序性和整合性。连续性是“直线式地重申主要的课程要素”，对主要内容要让学生有机会反复涉及，以便于理解和掌握。顺序性强调后续经验建立在先前经验的基础上，同时对有关问题进行更广泛、更深入的探讨，也就是说有关内容不能停留在同一种水平上简单重复，其难度、深度要在各种练习中不断增加。整合性是指课程经验之间的横向联系，即学习经验的组织应有助于学生获得统一的观点，并把自己的行为与学习过程的要素统一起来。

学习经验的组织还要确定组织的要素及其策略。组织的要素通常指概念、技能、价值观、态度等内容。课程要素的组织必须考虑学科的逻辑组织和学习者的心理组织。组织的策略有：第一，年代顺序，如历史科目。第二，增加应用的广度，如物理、化学科目。第三，扩大活动的范围，如社会科。第四，先描述，后分析，如科学、道德课。第五，先具体例证，再抽象概括，如几何。第六，从部分到整体，形成统一的观点，如公民科。

学习经验的组织还需要确定组织结构，即课程的呈现方式。它有若干层次，主要有三个层次。

最高层次：具体科目、广域课程、核心课程、单元课程等。

中间层次：时间顺序、学期或学年等。

最低层次：课、课题、学习单元等。

4. 怎样才能确定这些目标正在得以实现？

泰勒第一个将评价引入课程开发过程。泰勒认为评价就是要找出课程实际效果与教育目标之间的差距，他给出评价的基本程序，一是界说教育目标，二是确认评价情境，三是编制评价工具，四是利用评价效果。在此基础上判断预定教育目标实现的程度，修正或改善教学计划。评价环节的存在，使得整个课程开发过程不断地反馈调节，成为一个往复提升、不断完善的动态系统。

在上述四个问题之中，确定目标是课程开发诸问题中最主要的、最关键的问题，其他问题的分析和解决都是围绕着目标加以展开的，因此，泰勒原理又被称为“目标模式”。

泰勒的学生塔巴发展了泰勒的模式。塔巴 1962 年提出了课程开发的八步模式，主要包括：诊断需要、建立目标、选择内容、组织内容、选择学习经验、组织学习经验、确定评价的对象与方法、检查平衡和顺序。即，第一，确定学生的需求，了解学生的不足、缺陷及其背景差异；第二，在确定学生需求的基础上陈述要达成的目标；第三，依据陈述目标，同时参考题材或主题本身的效度和重要性，选择学习题材和主题；第四，按照学习者的成熟程度和学业水平，安排学习题材和主题的恰当顺序；第五，选择完成题材或主题的学习活动，如听讲、观察、实验等；第六，对选择的学习经验加以组织，合理安排其内涵及实施顺序；第七，设计适当的方法和工具，评价学生的学业成就；第八，对课程进行检查和评价。此外，惠勒(Wheeler)、凯尔、奥利瓦等人也对目标模式进行了一定的发展与完善。[①]

资料卡片：
泰勒原理

（二）泰勒原理的影响

泰勒原理的四个问题基本上涵盖了课程研究的主要范围，是对课程现象合乎规律的认识。泰勒原理对课程理论的贡献主要有以下几方面：首先，以目标为课程开发的出发点和工作中心，明确了课程开发的方向，提高了课程开发的效率。其次，首次将评价引入课程开发过程，提高了课程开发的科学性，加强了课程开发的反馈、调节，使课程开发过程成为动态开放

① 施良方：《泰勒的〈课程与教学的基本原理〉——兼述美国课程理论的兴起与发展》，《华东师范大学学报（教育科学版）》，1992 年第 4 期。

的过程。再次，将目标贯穿于课程开发全过程，并将学生、社会、学科三方面共同作为目标的来源，使目标模式获得了合理的基础。正如瑞典教育学者胡森所言："不管人们是否赞同'泰勒原理'，不管人们持什么样的哲学观点，如果不探讨泰勒提出的四个问题，就不可能全面地探讨课程问题。"

总之，泰勒原理是一种明晰的、连贯的、便于操作的课程开发模式，增强了课程开发的科学性、可行性和有效性，在课程领域产生了广泛而巨大的影响。直到今天，它依然在课程理论与实践领域占主导地位。当然，泰勒原理也存在不足之处，受到多方面的批评。斯滕豪斯在反思泰勒原理的基础上提出"过程模式"，施瓦布在批判泰勒原理基础上提出"实践模式"。

二、过程模式

过程模式是英国课程论专家斯滕豪斯（Lawrence Stenhouse）在批判目标模式、吸收过程原则与内在价值哲学思想的基础上提出的课程开发模式。[①]

资料卡片：目标模式批判　　资料卡片：一种过程模式

（一）对目标模式的评判

1968 年波帕姆在《关于反对行为目标的争论之合理性探讨》一文中列举了人们对行为目标的种种批判，并对行为目标进行了辩护。有关行为目标的检讨主要有：① 琐碎的学习行为是最容易操作化的，因而真正重要的教育结果将被忽视。② 预先制订明确的目标妨碍教师利用课堂上意外出现的教学机会。③ 除了学生行为的变化之外，还有其他类型的重大教育成果，如家长态度、教师及社区价值观的变化等。④ 可测量性指可以客观地、机械地加以测量的行为，因而目标方法中必然有某些否定人性的东西。⑤ 事先精确地计划学习者在受教育之后应怎样做是某种形式的不民主。⑥ 目标模式并非真实的教学方式，教师们很少按照学习者的可测量行为制订其目标。⑦ 在某些学科领域如美术与人文学科，识别可测量的学生行为更加困难。[②]

---

① ［英］斯滕豪斯：《目标模式批判》《一种过程模式》，《课程研究与课程编制入门》，诸平等译，春秋出版社，1989 年。

② ［英］斯滕豪斯：《课程研究与课程编制入门》，诸平等译，春秋出版社，1989 年，第 89－94 页。

无独有偶，1967 年，艾斯纳发表论文《教育目标：帮助还是妨碍?》指出：第一，行为目标没有足够地强调不能准确预测教育成果的程度。第二，它没有讨论在规定教育目标时学科内容影响目标准确性的方式。第三，在那些教育目标只能用来作为判断标准的领域，它把教育目标与测量标准的使用混同起来了。第四，它没有区分课程中作为结果的、联系手段与目的的逻辑要求与用以建构课程的心理条件。正是在对行为目标检讨的基础上，艾斯纳提出表现性目标主张，以弥补行为目标的不足。

斯滕豪斯回应了波帕姆的辩护，评述了艾斯纳的观点，并阐明了自己的观点。在他看来，目标模式具有下述问题：① 它“误解了知识的本质”，把课程内容分解成行为。他认为，知识的本质“是一个支持创造性思维，并为判断提供框架的结构”。“知识基本上与综合相关，目标模式中暗示的分析途径很容易将知识变琐碎”[①]，知识不能还原为行为，尤其是不能用预设的行为目标来规定。② 它“误解了改进实践的过程的性质”，忽略了教学过程的动态性。目标模式并不以对课堂教学的经验研究为依据，而只是强调预设和程序，无法正视课堂教学的动态性和变化性。③ 它限制了学生自由的发展。“知识形式最重要的特点是人们可以用它进行思维”，把知识、技能本身作为目的，把目标作为衡量教学的唯一标准，忽视了教师与学生各自的知识与能力，同时也束缚了教师创造性的发挥。[②]

（二）过程模式的基本假设

斯滕豪斯在《课程研究与课程编制入门》一书中，用三章的篇幅讨论了与课程编制有重要关系的知识本质、教学本质、学校本质三个问题的某些方面。他认为：

（1）知识是激发思考、促进探究的材料。他赞同费尼克斯的“普通教育是形成基本意义的过程”的观点，欣赏赫斯特关于七种知识形式的分析，他认为知识并非由事实组成，而是由被理论所组成从而获得其意义的事实组成的。知识只是思考的材料而非目的，它不能细分为各种琐碎的目标。“除了使质量标准形式化并因此降低了质量标准外，目标模式也倾向于使知

---

① ［英］斯滕豪斯：《课程研究与课程编制入门》，诸平等译，春秋出版社，1989 年，第101－104 页。

② 石伟平、周加仙：《斯滕豪斯课程理论概述》，《外国教育资料》，1999 年第 2 期。汪霞：《课程开发的过程模式及其评价》，《外国教育研究》，2003 年第 4 期。纪德奎：《斯滕豪斯“过程模式”探微》，《沈阳师范大学学报》，2005 年第 2 期。

识工具化"[①]，他主张不能为了满足目标而使用损害内容的方法。邓（Deng Z）2015 年撰文亦持类似的观点，他指出"如果教育的中心目标是培养学生的智力和道德能力，那么学科知识本身不应被视为目的，也不应被视为交付和获得的东西，而应被视为实现这一目标的重要资源"[②]。

（2）教育活动具有内在价值，而不是实现别的目标的手段。教育活动的"最终产品"不能按照行为事先指定出来。"幼儿班思考运动场上争端的起因与历史学家思考第一次世界大战的起因基本上是在从事同样的工作，他们都是试图用因果关系的概念进行理解；并且他们试图既理解事件又理解他们寻求解说与分析该事件的概念。""历史因果关系的本质是什么？因果关系的概念能否用来成功地理解复杂的情况？怎样能够使用这种概念抓住第一次世界大战的起因？怎样才能获得成功？这些都是历史中使用原因作为关键概念而产生的各种问题。对这些问题没有共同接受的与预先指定的答案。目标模式的应用导致了提供第一次世界大战起因的特定形式的、武断的答案。这些答案能够被测验，被评分。这就必然歪曲了课程中包含的知识。"[③] 教育是为了使人获得理性自主，形成反思能力、批判能力和自我负责的精神。教育的使命是使人变得更自由，更有创造力，而非实现他人制订的目标。

（3）教学活动不是由外在目标决定的。在斯滕豪斯看来，学校的教育至少要包括四个过程：传授知识、发展社会准则和价值观、训练、教学。目标模式对训练过程和教学过程都是合适的，但如果用这个模式向学生传授知识，往往会失败。传授知识是要使学生对各种知识形式的"内部"有所认识，使他们创造性地进行思维并做出成熟的判断。目标模式"为人们的努力建立了一种武断的地平线。实践的改善基于诊断而非预知。我们并不是通过集中分析健康状况治好自己的病痛的"[④]。"各学科表面性的东西可以单纯依靠讲授，然而，在那些学科内进行思维的能力却只能依靠探究来传授。在这个意义上说，倡导以探究为基础的教学之特点就在于断言无论在初级还是在高级学习水平，人都能在一个学科内进行思维。"[⑤] 他认为，斯金纳的程序性学习"倾向于将信息的掌握与理解当作技能对待而避开各种评判性问题"，"不要求学习者进行批判的思维，仅仅提供设计以内的学

① ［英］斯滕豪斯：《课程研究与课程编制入门》，诸平等译，春秋出版社，1989 年，第 102 页。

② Deng Z. Content, Joseph Schwab and German Didaktik. Curriculum Studies, 2015 (6).

③ 同①，第106－107 页。

④ 同①。

⑤ 同①，第 47 页。

习；它为学习的迁移提供的机会很有限，即迁移的机会必然是前定的、由设计者建立的”。实际上，“过程模式从根本上说是一种批评模式，而不是一个评分模式。由于考试的标准压制了学科内在的标准，将考试作为一种目标必将失去学科教与学的特点。这不等于说在过程模式指导下的教学中进行学习的学生不能被测验，但这的确意味着在学生追求其他理想时，考试应随之轻松地进行。而且，如果考试是一种副产品的话，就存在一种含义：学生在考试中显示出来的水平一定是对其真实水平的一种低估”。“在化学、历史或文学中，学生很可能获得‘及格’或‘优’级成绩而没有在掌握学科深层结构与该学科中学者所关注的问题的意义上真正理解学科。”①

彼得斯的过程原则为过程模式提供了重要理论基础。1959 年彼得斯在《权威、责任与教育》（*Authority, Responsibility and Education*）中指出：“大多数关于教育目的的争论是关于过程的争论，而不是关于‘目的’的争论。这一目的是在通过采取适当的手段达到的目标的意义上说的。所谓‘目的’是涉及各种不同评价的方式，这些不同的评价被装入不同的过程，如训练、管理、权威的使用，用实例与推理进行解释的教学。”② 换言之，有关目标的规定实际上集中在学习过程的周围，对目的的规定不过是为积极的过程原则提供基础，分析有价值的活动标准与活动结构能帮助我们更清楚地指向教学中的过程原则。基于上述认识，1966 年彼得斯在《伦理与教育》（*Ethics and Education*）一书中对知识内容的内在合理性进行了令人信服的辩护。他认为，诸如科学、历史、文学赏析与诗等，在阐明人生的其他领域与提高生活质量方面是重要的。“关于骑自行车、游泳、打高尔夫球一类的事没有多少好理解的。这些主要是一种‘知道怎样做’而不是‘知道原理’的事情，是技巧而不是理解的事情。此外，在这些事中学到的东西几乎不启发人们对其他事情的理解。而另一方面，历史、科学或文学负载着大量未知事物，如果这些知识被适当吸收，他们就会不断地启发人们对无数其他事物的理解，并加深、加宽他们对这些事物的认识。”③ 所以，这些知识领域的合理性能够被内在地加以证明，而不必作为达到目的的手段被证明。对它的选择是基于内容而不是基于学生行为的具体结果。

此外，拉斯（J. D. Raths）1971 年在《教育领导》（*Educational Leader-*

① ［英］斯滕豪斯：《课程研究与课程编制入门》，诸平等译，春秋出版社，1989 年，第 119 页。
② 同①，第 109 页。
③ 同①，第 105 页。

ship）杂志上发表了一篇题为《没有特定目标的教学》（Teaching Without Specific Objectives）的论文，提出了鉴别教育活动内在价值的 12 条标准。斯滕豪斯引用拉斯的标准，就如何选择和鉴别知识及活动的内在价值进行了初步讨论。①

（三）过程模式的基本内容

基于上述认识，斯滕豪斯在《课程研究与课程编制入门》（1975）一书中提出了关注教学过程内在价值及其实现的过程模式。其基本思想是：

课程开发过程，不应以事先确定的、由仔细分解的行为目标作为依据，而应关注整个展开过程的基本规范，使之与宽泛的目标保持一致。在他看来，课程开发不是设计一系列表现学习最终行为或教学结果的课程目标，不是生产出一套"计划""处方"，然后予以实施和评价，而是详细说明所要学习的内容、采取的方法及评价的标准。人们可以通过详细说明内容和过程中的各种原理设立课程，而不必用目标预先指定所期望达到的结果。课程开发是一种研究的过程，其中贯穿着对整个过程所涉及的变量、要素及其相互关系的不断评价和修正。这一过程将研究、编制和评价合而为一，连续不断，整个过程没有确定不变的、必须实施的东西。总之，过程模式更加关注具有内在价值的教育活动过程，反对把教育当成工具，认为教育不仅是达到目标的手段，更具有自身的内在价值。

那么，如何进行具体的课程开发呢？能否以过程原则为基础进行课程开发呢？

1967 年斯滕豪斯在主持人文学科课程的开发研究时，提出了课程开发的原则与要求。

人文学科课程的内容领域为：学生、家长和教师普遍关心的真实问题，诸如社会中男女的角色、两性关系、流产、家庭、离婚、城市生活、人与工作、贫困、吸毒、法律与秩序、战争与和平、核武器等。这些问题不一定有明确答案，师生都有发表意见的权利，可以共同讨论、探索，通过讨论加深学生对人类行为、社会情境复杂的、有争议的问题的理解。

人文学科课程教学的原则为：（1）应该在课堂上与学生一起讨论研究有争议的问题；（2）教师在教有争议的内容时，要提出中立的准则；（3）在有争议的领域进行探究的方式方法是讨论，而不是讲授；（4）讨论时应保护参与者不同的观点，而不是试图达成一致意见；（5）教师作为讨

① 参见施良方：《课程理论》，教育科学出版社，1996 年，第 178－179 页。

论的主持人，应对学习的质量和标准承担责任。[①]

在斯滕豪斯看来，20 世纪 60 年代布鲁纳主持的一门以 10 ~ 12 岁儿童为主要对象的美国社会科学课程“人：一门学习之课”充分体现了过程模式的基本思想。该课程聚焦于三个核心问题：“人类所独有的特性是什么”“人类如何获得这些特性”“人类怎样才能更富有人性”。为了探索上述三个问题，布鲁纳和三位社会科学家将 5 个基本主题——制造工具、语言、社会组织、儿童养育和宇宙观扩展到整个课程中去。该课程采用大量影片，内容包括对太平洋鲑鱼、鲑鱼鸥、狒狒与内蒂西里克的爱斯基摩人的详尽研究，将此与学生自己的社会及经历进行对照，开展对人的问题的探究式学习，而不是简单的知识传授。该门课程的设计基于详细说明的内容——主要概念和社会科学观点——以及按照过程原则表述的教师做什么的详细说明，而不是预先指定的行为目标。当然，作为课程的结果，学生行为将发生变化，但许多最有价值的东西并没有事先详细预测。[②]

资料卡片：人类学课程

（四）过程模式的影响

过程模式提出了下述教育理念：

“教师即研究者。”斯滕豪斯认为教师是整个课程开发的中心人物，“没有教师的发展就没有课程编制”，课程的研究和变革依赖教师的参与，需要教师在教育活动中不断反思。为此，必须发展教师对过程的理解和判断能力，扩大教师的专业自主性，让教师参与确定研究任务，探索课程和教学中许多重要的实践问题，把教学与研究结合起来，改善教师的专业实践。总之，“没有教师的发展就没有教育的发展，而且发展最好的手段不是通过明晰目的，而是通过批评实践”[③]。

“学校是课程开发的中心。”学校是课程开发的中心，每一节课都是一次实验，每一位教师都是课程研究团体中的一员。课程开发不是专家的独断，教师不能外在于课程开发过程。在课程开发过程中，专家小组必须与教师一起设计，共同研究与开发课程。

过程模式弥补了目标模式的种种局限。它关注教学过程的动态性质，致力于教育活动内在意义的创生；注重教师与学生主动性、创造性的发挥。

---

① 施良方：《课程理论》，教育科学出版社，1996 年，第 182 页。

② ［美］布鲁纳：《人类学课程》，《教学论》，中国轻工业出版社，2008 年。

③ ［英］斯滕豪斯：《课程研究与课程编制入门》，诸平等译，春秋出版社，1989 年，第 103 页。

在斯滕豪斯看来，在强调知识与理解的课程领域，过程模式比目标模式更适用，而目标模式看来更适于强调信息与技能的课程领域。当然，与目标模式相比，过程模式不够清晰，它仅仅是一个思路、一种理念。同时，该模式对教师能力要求过高，一般教师难以胜任。该模式还有待完善、深化。目标模式与过程模式的比较见表6-1。

表6-1　目标模式与过程模式的比较

比较项目	目标模式	过程模式
目　标	特定的行为目标	一般的非行为目标
教　材	教材库中选取教材，加以编排	在教学活动中发现教材的价值
教学过程	预先计划	重视偶然
重　点	教材的精选与排列	教师的养成和进修
评　价	目标参照评价（判分）	不受目标限制的评价（批评）
研　究	抽样法	个案法

三、实践模式

如果说，斯滕豪斯是从教育价值的角度去抨击目标模式弊端的话，那么，美国课程论专家施瓦布（J. J. Schwab）则站在实践的立场反思课程编制的“理论取向”，对泰勒原理发出质疑：它是否能真正解释复杂多样的教育实践？从1969年至1983年，施瓦布陆续发表了《实践1：课程的语言》《实践2：折中的艺术》《实践3：课程的转化》《实践4：课程教授要做的事情》，系统阐述了他的课程思想，被认为是对传统课程理论最有力的挑战，是一种“范式”的转换。

（一）实践模式的基本观点

实践模式的基本观点主要体现在施瓦布的《实践1：课程的语言》中，他总结说：

“首先，课程领域已到了穷途末路之时，依据现在的方法和原理已不能维持其研究，也难以对教育进展作出重大贡献。课程领域需要新生的原理，以便我们对课程领域中问题的特点和多样性形成一种新观点。它需要有适合于这一整套新问题的新方式。”

“其次，课程领域达到如此地步，其原因在于习惯性地、不假思索地、错误地依赖理论。”

"最后，课程领域复兴的希望在于，把主要精力从用于追求理论（如追求普遍的原理和复杂的模式，追求固定的次序和不变的因子），转向另一种运作方式，即实践—准实践—择宜。"①

施瓦布吸收了亚里士多德实践哲学的基本思想和杜威的民主主义教育主张，表达了自己对课程理论与课程实践关系的看法。施瓦布认为，理论和实践之间在目的或结果、研究对象、问题来源和方法等方面都是截然不同的，理论的目的是知识，是关于一般的或普遍的知识，它的真理性、可证明性或可信度被认为是持久的、广泛的。也就是说，理论的知识能长久保持并清楚地应用于已发生的事情或正在发生的事情。而实践的目的是对各种可能的行动做出抉择，一项决定从来不具有真理性：在产生实际影响之前，只能确定其余决定的相对好坏；就下一个决定而言，这个决定本身已经无效了。所以，一项决定不会有多大的持久性和广泛运用性，它只是要解决实际问题。理论的研究对象被认为是一般的、普遍的，是不会时过境迁的。而实践的内容总是具体的、特定的，并且是受环境影响的。理论的问题产生于心态（states of mind），产生于已经确认的或公认的抽象理论体系；而实践的问题总是来自于与我们自身息息相关的事态（states of affairs）。理论的方法往往受一种指导性原理的控制，这一原理决定了问题的提出与形成、事实材料的搜集与解释。实践的方法并不完全是一个步骤紧跟一个步骤的直线过程，而是一种旨在识别期望、改变期望和实现期望的复杂的、不断变化的过程。总之，理论是抽象的、概括的，理论的方法是研究者超然于现象之外，通过归纳得出"规律"，然后演绎、类推于其他现象。实践是具体的、特定的，实践的方法是研究者参与实践活动，在具体情境中进行研究。

资料卡片：
实践模式

那么，如何处理理论与实践的关系？施瓦布提出"实践艺术""准实践的艺术""择宜的艺术"的概念。

（1）实践艺术就是运用、修正、调整理论的艺术，促进抽象理论与实践情境相结合。实践的艺术是针对每个人所感知的、具体的、特定的情境而言的。每一个实践情景都是多样性的统一，我们可以从不同侧面去认识、把握其丰富的特质。实践的艺术好像一把透镜，对课程的各个侧面进行扫

① ［美］施瓦布：《实践：课程的语言》《实践：折中的艺术》《实践：课程的转化》，《科学、课程与通识教育——施瓦布选集》，中国轻工业出版社，2008 年。

视，把实践情景中学生的丰富细节展现在我们眼前，从而正确地认识课程问题。从过程看，实践艺术分为三个环节：通过观察感知问题、进行诊断表述问题、选择方案解决问题。

（2）准实践的目的是增加研究问题的多样性，而这种多样性的增加使准实践能被有效地实践变得越来越困难，因而准实践是实践方法的延伸。由于我们所遇到的问题情境往往不是一种单个的、孤立的“纯”实践的情境，而是由相互关联的、多样的个别情境所组成的准实践情境，因此，处理准实践中的问题远比处理“纯”实践的问题更复杂，而且准实践问题解决的决策也随着使用范围的扩大而越发受人怀疑。准实践必须识别情境的变化，预测情境不同的变化趋势、变化的程度，明辨不同的变化方式对正确决策的不同影响。为了使决策适应不同的变化情况，准实践还必须有决策过程的艺术。①

（3）择宜的艺术在于使理论处于一种备用状态。择宜的作用是识别理论对课程决策的有用性，思考作为决定依据的理论的某些缺陷，并为课程决策提供辩护。理论有两个主要用途：第一，最通常的，理论被用作知识体系。第二，理论架构中的术语和对理论的分类能够经受实践的检验。但理论有两个方面的缺陷：理论学科不可避免的不完整性；人们对理论已有的不完整性持有的带偏见的看法。择宜的方式通过两种途径为这些缺陷辩护：第一，择宜方式使人对一个既定理论的学科特性的片面性有清晰的认识，使人明白其中的理论偏见；第二，择宜方式允许在实践问题上继续使用或结合使用两种或两种以上的理论。② 在解决特定的实践问题时，多样化理论中的某一部分比其他的更适用。没有一种理论能解决学科领域的所有问题。某理论可能比其他理论更有效或更及时地弥补另一种理论的不足。通过择宜，发现和克服理论的局限性，多种理论相互结合，复归具体实践，实现理论与实践的结合。

当然，三种艺术并不是完全彼此分离、毫无关联的。实践的艺术确实都集中地应用于具体的情境中。正是这些具体的情境引起我们对实践的关注，促使我们对理论进行修改。折中的艺术集中应用于理论中，正是这些理论引起我们对实践的兴趣。但总的来说，这些艺术主要关注的是将某一

---

① ［美］施瓦布：《科学、课程与通识教育——施瓦布选集》，中国轻工业出版社，2008 年，第 240 页。

② 同①，第 243－244 页。

原理应用到具体的情境中。这并不是仅将理论应用到情境中，而是通过两者的相互磨合和相互适应来实现的。所运用的原理必须要经过挑选以适应具体的情境，但这个具体的情境对理论进行改造，使其成为独特的理论范式：我们从具体情境中选出我们认为与理论相关联的事实，然后将这些相关的事实划分为固定不变的和可变的。在理论和实践相互磨合和相互适应过程中，实现从一方面采取以上步骤，然后再从另一方面进行。因此，择宜的艺术和实践的艺术是相互融合的。①

怎样进行实践的课程开发与探究呢？施瓦布认为，传统的课程探究是“理论的”，而他的探究路径则是“实践的”。该模式以实践为取向，从课程实践的各种事实出发，采取“课程审议”的运作方式，把学术性材料转换成课程内容。课程开发就是教师、学生、教材、环境四个要素间持续的相互作用，寻求动态平衡。其中，学科内容，指以教材形式呈现的学科的教育内容，而非学科的学术内容；学生，不仅要考虑学生的思维特点、情感生活、成绩表现，还要关注学生的个别差异、社会背景等；环境，包括课堂、家庭、社区、特定的阶级或种族群体等；教师，不仅是课程的实施者，也是课程的研制者。四要素相互作用，推动着课程的发展，形成课程的生态系统。课程审议需要集体的共同合作，即由教师、校长、学生、家长、社区成员、教材编写者、课程专家、心理学家和社会学家等组成课程审议小组，采取“自下而上”的课程决策方式，通过审议阐明各自的教育理想和价值观，弄清应学习什么、教授什么，从而形成民主参与的课程开发模式。

（二）对实践模式的评价

该模式反对片面依赖抽象理论，强调实践情境的具体性、复杂性与多变性，有利于开发出符合实际的灵活的课程。同时，集体审议是一种民主的方式，有利于集思广益。但是，实践模式也存在不足，首先，“实践”一词含义不清；其次，过于强调具体情境的特殊性，可能导致相对主义；再次，对各种理论采取各取所需、折中调和的做法，容易造成逻辑上的混乱；最后，由于课程审议小组成员背景各异，通过集体审议达成共识非常困难。

---

① ［美］施瓦布：《科学、课程与通识教育——施瓦布选集》，中国轻工业出版社，2008 年，第 271 页。

以上是对当代课程开发基本模式的简单介绍，实际上，课程开发（有学者称为“课程编制”）有着较为漫长的历史，正如美国学者麦克内尔（McNeil，J. D.）指出的那样：“对课程理论与实践的历史考察，也可以使我们在接受新的课程建议时进行更多的思考”。为此，他对课程编制的历史进行了回顾与评论。①

资料卡片：课程编制的历史透视

拓展阅读 6-1：

批判模式：弘扬个体彻底解放

批判模式是一个庞杂松散的理论体系，历时较长，并不存在一个唯一的模式或公认的代表人物。它汇聚了多种思潮，如西方马克思主义、现象学、知识社会学、解构主义、人本主义心理学等等，卷入了众多的人物，如20世纪60年代的美国的鲍尔斯和金蒂斯，80年代后至今的阿普尔、吉鲁和巴西的弗莱雷等。他们在对“批判”的理解、研究的取向和关注的问题等方面不尽相同，但有一个基本思想是共同的，即认为课程编制不再是一个中立的不带偏见的纯技术问题，而是一个隐含了政治、意识形态、价值判断的问题，课程的内容和设置反映了统治集团的霸权意识，目的是维护社会的不平等机制。

批判理论在课程探究上的基本命题是：（1）谁的知识最有价值？课程问题始终与阶级、种族、宗教、性别等冲突密切相关，不含意识形态偏见、完全客观的知识是不存在的。资本主义的主流价值观，在很大程度上决定了知识的性质和分类。教科书作为课程的载体，是符号化的浓缩了的资本主义制度。（2）教育为谁的利益服务？既然学校的课程是占支配地位的文化，是统治阶级通过一套经过伪装的特定代码强加给学生的，无疑学校几乎总是为社会权势集团的利益服务的。（3）学校如何进行知识的再生产？意识形态通过三个方面来影响学生：第一，学生的家庭背景极大地影响着他在学校里的表现与发展。第二，课程编制者的中产阶级偏见。学校里的知识往往是按中产阶级的趣味编写而成的，加上大多数教师都来自中产阶级，这就使课程内容更容易为这一阶级的子女掌握，而不利于工人阶级子女的理解。第三，隐蔽课程，如教材所使用的语言、校规、学生行为守则、

① ［美］麦克内尔：《课程编制的历史透视》，瞿葆奎主编《教育学文集·课程与教材》（上），人民教育出版社，1988年，第133－161页。

教师对来自不同社会阶层的学生所抱的态度和期望等等，这是“学校中可获得的、最强大的、最有效的促进重建阶级结构的手段”。

关于如何去建构新的课程，他们认为，教育追求的最终目标就是“人的彻底解放”，即将个体从强权的奴役和别人的操纵下解放出来，独立掌握自己的命运。为此，批判取向的课程论者反对课程中的普遍性、统一性与整体性，反对一切权力控制，呼吁在课程编制和教学过程中保持批判性的思考和态度，去建构一种完全不同的教育。

批判模式把教育置于社会政治背景下加以考察，课程设计者要考虑和尊重文化差异，消解教师权威，充分发挥学生的主体性等等见解发人深省。该模式为我们提供了一个全新的视野，有助于扩展我们对课程的理解力，使我们理性地判断教育活动。但是，批判模式破坏有余而重建不足。否定实证性目标及操作程序，使课程开发方法论滑入相对主义泥潭。它以反抗的姿态出现，要把教育从意识形态的“监狱”中解放出来，即使在一些西方国家，批判模式也常常是理论家们的纸上谈兵。

（资料来源：陈振中：《西方课程编制思想的变革及对我们的启示》，《宁波大学学报（教育科学版）》，2001年第6期。郝德永：《课程研制方法论》，教育科学出版社，2000年，第四章。施良方：《课程理论》，教育科学出版社，1996年，第十章。）

第二节 课程设计

一、课程设计的概念

（一）课程设计的含义

通常意义上讲，课程设计（curriculum design）就是对课程的各个方面做出规划和安排。课程设计的核心是编制课程文件，形成课程方案，包括课程计划、课程标准、教科书。课程设计要解决的基本问题是确立课程决策的理念，制订课程目标，选择与组织课程内容，计划课程实施的原则与要求。课程设计主要解决如何把课程理念、思想、内容转化为现实的课程计划、课程标准、教科书的问题。目前学术界虽对课程设计概念界说不一，但大多包括课程的理论基础和方法技术两个部分，即课程设计要明确课程设计的基本理念、思想，制定课程设计的具体方法、要求。

拓展阅读 6-2:

课程设计的定义

"课程设计是指拟订一门课程的组织形式和组织结构。"课程的组织形式主要涉及课程类型的选择，课程的组织结构则是指课程内各要素的组合。课程设计取决于两种不同层次的课程编制的决策。广义的层次包括基本的价值选择，具体的层次包括技术上的安排和课程要素的实施。关于课程要素，蔡斯等人认为，课程要素通常包括目标、内容、学习活动、评价程序、学习材料、时间、空间和环境、分组、教学策略等。

"课程所采纳的一种特定的组织方式，它主要涉及课程的目标以及课程内容的选择和组织。"

"课程设计就是指课程的组织形式和结构。"课程设计基于两个层面：一是理论基础，二是方法技术。所谓"理论基础"，系指课程设计的三大基础——学科、学生、社会。课程设计必须基于三大基点，据以产生均衡的课程。所谓"方法技术"，系指依照理论基础对课程各要素——目标、内容、策略（活动、媒体、资源）、评价做出安排。课程设计是随教育观、课程观的不同而不同的。

课程设计就是对课程的各个方面做出规划和安排。包括从基本理念的确定到选择具体程序方法的整个过程。不去考虑所使用的名词概念的区别，而是从课程设计的实际过程分析，那么，"根据课程设计所承担的任务和产生的结果，大致可分出宏观、中观、微观三个层次，不同层次的设计，完成不同的任务，产生不同的结果"。

"课程设计是按照育人的要求和课程内各要素、各成分之间的必然联系而制定的一些学校的课程计划、课程标准和编制各类教材的过程，是课程建设系统工程的一个组成部分。"

课程设计是指对学校课程的整体设计，通过对学校教育目标的规定和教育内容的安排，开发学生的潜能，促进学生的发展。

（资料来源：李定仁、徐继存主编：《课程论研究二十年》，人民教育出版社，2004年，第53－54页。刘家访：《我国"课程设计"研究问题的检视》，《福建师范大学学报》，2007年第6期。）

（二）课程设计与课程开发

课程设计与课程开发（课程编制）两个概念在不同作者那里，含义不尽一致。有的认为，课程设计包含课程开发，有的认为课程开发包含课程设计，至于究竟是什么含义，只有在具体的语境中根据上下文方能确定。有学者认为，课程编制是“完成一项课程计划的整个过程，它包括确定课程目标、选择和组织课程内容、实施课程和评价课程等阶段”。而课程设计是“课程所采用的一种特定的组织方式。它主要涉及课程的目标以及课程内容的选择与组织”。[①] 这一区分主要是从设计的内涵出发的，即设计并不包括实施与评价，而只是对课程目标和课程内容选择与组织的研究，其主要任务是形成课程的基本结构和基础形态。有人则认为，课程设计与课程编制是课程工程中的两个组成部分，其中，课程设计包括课程计划的规划、课程标准的制定和各类教材的编制；课程编制（curriculum construction）包括各类文字教材的编写和音像教材、电脑软件的制作；课程开发（curriculum development）是一类或多类新教材的编制、印刷、发行和推广。[②]

我们认为，课程设计主要指对课程所做的规划、决策，其核心工作是课程方案的拟定与课程文本的编写。课程设计涉及课程目标、内容、经验组织、评价等要素安排，但重点是课程目标制定与课程内容的选择和组织。课程设计工作主要包括课程计划的制定、课程标准的研制和各类教材的编写。

二、课程设计的类型

知识、学生和社会是影响课程发展的三个最基本的因素。依据三者在课程编制中的不同地位和作用，可以把课程设计分为三种类型：知识中心课程设计、学生中心课程设计和社会中心课程设计。

（一）知识中心课程设计

知识中心课程设计关注知识自身的价值，倾向于从知识本身出发，以学科内容为主要材料，强调对所学内容进行合乎逻辑的组织。即，以学科知识为中心，按学科逻辑编制课程，它关注知识的系统性、完整性，内容的选择和组织是编制课程的主要工作。其具体形式有：独立学科设计、关联学科设计、跨学科设计、大领域设计（综合学科）等；主要代表有赫尔巴特、赫钦斯（R. M. Hutchins）、巴格莱（Bagley）、布鲁纳等。永恒主义教育认为，中小学课程过去、现在和未来都应是“不变的学问”，教育的永恒教育内容是“3RS”（读、写、算和宗教）和人类的伟大文化遗产，教育

① 施良方：《课程理论》，教育科学出版社，1996 年，第 81 页。

② 廖哲勋、田慧生主编：《课程新论》，教育科学出版社，2003 年，第 262 页。

要用永恒的学科对学生进行理性训练。要素主义教育主张，教育要授予具有严谨学术体系的各门学科，传授人类文化的宝贵财富。学科结构主义主张，要按照学科的基本结构设计课程，以实现课程的现代化。

根据学科逻辑设计课程，保持了学科内容的系统性，反映了人类的集体智慧，有利于人类文化遗产的传承和系统知识的掌握。但重视学科逻辑的系统性，可能忽视学生认识的发展顺序。各学科独立设置，学科之间缺乏沟通，容易脱离社会生活。

（二）学生中心课程设计

学生中心课程设计坚持从儿童的心理发展出发，强调儿童的兴趣和需要，以学生的经验与能力作为课程设计的主要基础。根据学生的需要、兴趣组织课程内容，安排课程活动，这是一种具有高度灵活性和个别化的课程设计，它常常被称为发生课程、活动课程或以经验为基础的课程，其具体形式有：儿童中心设计、经验中心设计、人本主义设计。杜威认为，传统的学校课程以学科为中心，没有考虑儿童的兴趣和需要，学科划分过细，脱离生活实际，主张“教育即生活”“教育即生长”，学校一切活动均要从儿童的生活中引出。为此，他在芝加哥大学创办实验学校，进行了八年（1896—1904 年）的教学实验。在这所学校，课程是以儿童活动为中心编订的，没有固定的教材，而是根据儿童的兴趣和需要，依据儿童的社会动机、建造动机、探索动机、表演动机，设计、组织种种作业活动，例如游戏、木工、编织、烹饪、园艺、唱歌、戏剧等活动。① 英国尼尔（Neil）1920 年创办的萨默希尔（Summerhill）进步学校中的课程设置，也是一种典型的儿童中心课程设计。②

该类课程设计从学生的兴趣、需求和经验的角度出发，突出了学习者的主体作用，但容易忽视系统知识和种族经验，不利于传授系统的人类文化，欲同时满足众多学生的独特要求，使得课程设计无从着手，因为我们不可能事先知道学生在与课程教材相互作用时会获得什么经验。

（三）社会中心课程设计

社会中心课程设计立足社会现状，强调当前社会需要，将社会作为课程设计主导的或唯一的依据。该设计关注社会问题，从社会需要出发，跨学科选择、组织内容，追求社会公正与个人自由。其具体形式有：生活情

---

① ［美］凯瑟琳·坎普·梅林等：《杜威学校》，王承绪等译，华东师范大学出版社，1991 年。

② ［英］马克·沃恩编著：《夏山学校的百年故事》，沈兰译，教育科学出版社，2011 年。

境设计、核心课程设计、社会问题或改造主义设计。社会中心课程论产生于20世纪30年代的美国，其代表人物是美国教育哲学家布拉梅尔德（H. Brameld），他不把教育过程视为“将传统的文化遗产传授给新一代的过程”，也不同意“教育即生长”的观点，而认为教育的过程就是儿童构想未来社会的过程。他认为，按社会问题组织课程，既可避免学科本身距实际生活过于遥远，又可以对学生的兴趣和动机给予必要的引导。社会中心课程设计主张打破学科界限，编写教材由近及远，逐步扩大，以社会生活需要决定课程内容。社会研究课程常常采用这种设计方式。

社会中心课程设计强调课程要适应社会发展的需要，有利于联系生活实际，培养学生的社会责任感，也有利于将新的科学成就纳入教学过程，实现知识的综合化。但课程内容组织比较困难，学生可能难以获得系统的学科知识。

对于上述三种课程设计，美国学者蔡斯（Zais R. S.）进行了较为充分的讨论。①

资料卡片：课程设计的模式

此外，还有能力本位设计、过程技能设计等。上述三种设计取向反映了课程的不同属性——文化属性、人本属性和社会属性。② 实际的课程设计需要知识、学生、社会的适度平衡，只不过需要根据不同课程性质、教育任务、教育对象，侧重点有所不同。对于一所学校来说，重要的是各种课程设计应保持适度的平衡，因为每一种设计有其优点，也有其不足，而这种不足可以通过其他课程设计得以弥补。

三、课程设计的层次

（一）制订课程计划

课程计划又称“课程方案”“教学计划”，它是根据教育目的和不同层次、类型学校的培养目标，由教育主管部门制订的有关学校教育教学工作的指导性文件。课程计划是学校课程的总体规划与结构框架，是学校教育工作的基本蓝图。课程计划体现了国家对学校的统一要求，是办学的基本纲领和重要依据。课程计划的内容一般包括：

---

① ［美］蔡斯：《课程设计：有代表性的模式》，瞿葆奎主编《教育学文集·课程与教材》（上），人民教育出版社，1988年，第283－328页。

② 汪霞：《课程设计取向》，《江苏教育研究》，2001年第11期。

指导思想与培养目标。我国课程计划的指导思想是，以促进学生全面发展，培养创新精神和实践能力为根本目标，增强课程设置的灵活性、多样性，给学生更多的时间和空间，让他们自主学习与发展。不同学段的培养目标有着不同的规定。

课程设置。根据各级各类学校的任务、培养目标和修业年限，设置不同的学科，安排多种活动。针对以往课程结构的弊端，新的课程结构正在发生重大转变。一是在小学以综合课程为主，初中分科和综合并重，高中以分科为主。语、数、外等课程保持分科特色。小学品德与生活、品德与社会、科学为综合课程。二是设置综合实践活动课程，从小学到高中均开设。三是国家课程、地方课程、学校课程并举。

课程开设顺序。各门课程的安排要保证一定的顺序，以保证课程系统地、循序渐进地进行；课程前后连贯、相互衔接，不同阶段学生学习多种科目。在安排顺序时，各门学科不能齐头并进，也不能单科独进，要根据学校学习年限、各门学科内容及相互间关系、学生心理特点等，由易到难，由浅入深，由简到繁，合理安排。

各门学科和活动的课时数分配。根据学校培养目标，各门课程的教学任务及其在课程体系中的地位、教材的分量、难度及教学法上的要求确定课时数，包括每门课程的总时数和每学年每周的授课时数。课程计划要在确保主要课程的教学时数的前提下恰当地分配各门学科的学时数，并使每门课程的课时比例有一定弹性。

地方与学校课程的安排。为适应不同地区文化、经济发展和学生发展的不同特点，地方课程由各地根据本地区实际情况制定不同的课程纲要，学校应针对学生的学习需求设置一定比例的校本课程。

学年编制与学周安排。学年编制包括学年的阶段划分，各学期的教学周数（包括上课、复习、考试时间等），校传统活动、社会实践活动、节假日的时间规定等。学周安排是在学年编制基础上的具体安排，包括每周上课总时数、活动时数等。课程计划应在突出教学活动时间的同时，对学校的各种活动进行合理安排。

义务教育课程设置表见表6-2。

表 6-2　义务教育课程设置表

类别	科目	年级
国家课程	道德与法治	一至九年级
	语文	一至九年级
	数学	一至九年级
	外语	三至九年级
	历史、地理	七至九年级
	科学	一至六年级
	物理、化学、生物学（或科学）	七至九年级
	信息科技	三至八年级
	体育与健康	一至九年级
	艺术	一至九年级
	劳动	一至九年级
	综合实践活动	一至九年级
地方课程	由省级教育行政部门规划设置	
校本课程	由学校按规定设置	

（二）研制学科课程标准

课程标准是学科教学工作的基本框架。“课程标准”又叫“课程纲要”“教学大纲”。课程标准是对学生学习结果与素质发展的基本描述，是教育质量所应达到的具体指标。课程标准的核心内容包括学科性质与地位的界定，课程理念、设计思路的说明，课程目标、课程内容及各学段的安排的说明，以及教材编写要求、教学要求、课程资源的利用与开发建议、教学评价建议等的规定与要求。课程标准是国家对各门课程提出的要求和建议，是编写教科书和教师教学的直接依据，是检查、衡量教学质量的重要标准，对教师的教学有直接的指导意义。

学科课程标准具有下述特点：① 学科课程标准只是对学生在经过某一学段之后的学习结果的描述，而不是对教学内容的具体规定。② 它是国家（地方）制定的某一学段的共同的、统一的基本要求，而不是对教学内容的最高要求。③ 它是对学生学习结果的描述，应尽可能是可理解的、可达到的、可评估的要求。④ 它隐含着教师不是教科书的执行者，而是教学方案

（课程）的开发者，即教师是“用教科书教，而不是教教科书”。⑤ 学科课程标准的范围涉及学生发展的基本领域：认知、情感与技能，而不仅仅是知识方面的要求。课程标准的框架大致如下：

前言。结合本门课程的特点，阐述课程改革的背景、课程性质、基本理念、设计思路和设计思路。

课程目标。按照国家的教育方针及培养目标，从知识与技能、过程与方法、情感态度与价值观三方面阐述学科课程的总体目标与学段目标。

内容标准。根据课程目标，结合具体课程内容，用尽可能清晰的行为动词阐述目标。

实施建议。主要包括教与学的建议、评价建议、课程资源的开发与利用建议、教材编写建议等。

学科课程标准的研制要注意下述问题：① 研究学科在课程体系中的性质、意义、功能，掌握学科的发展变化趋势，由此确定本课程的知识体系与结构内容范围。② 研究学生的认知水平、认知方式及课程的知识基础，按学科的逻辑顺序与学生的认知特点和顺序，科学地设计课程的逻辑结构和难易程度。高中阶段的课程标准还应具有多样性、层次性，为学生提供选择和发展的空间，促进学生个性发展。③ 要考虑学科知识内容之间的衔接关系，还要研究本学科与相应学科之间的横向关系。④ 根据课程计划的有关规定，科学地确定课程教学的内容分量、教学时间和教学要求，并注意设计学生参与实践、自主探索、阅读、访问、调查、实验、实习等项目的时间。

（三）编写教学材料

1. 教学材料的基本形式

教学材料包括教科书与其他教学材料，如教师教学指导手册、教学指南，学生学习辅导资料、练习册、习题集等。其中，教科书是最基本的教材。

教科书是根据课程标准编写的教学用书。它以准确的语言和鲜明的图表等，明晰而系统地阐述课程标准规定的教学内容。教材是知识授受活动中的主要信息媒介，是学科课程标准的进一步展开和具体化。教科书是学生在学校获得系统知识、进行学习的主要材料，也是教师进行教学的主要依据。

教材的形式主要有三种：第一种是印刷品，主要包括教科书（又称课本）、教学指导书、补充读物、图表等；第二种是声像制品，包括幻灯片、电影片、录音带、磁盘、光盘等；第三种是正在兴起的电子教材。其中，教科书是教师教与学生学的主要材料，教科书一般包括目录、课文、练习题、实验、图表、注释、附录、索引，课文是教科书的基本部分。

2. 教学材料编写的要求

编写教材是一项严肃的工作，是一项创造性劳动。编写教材要注意以下方面：① 教材要体现科学性与思想性的统一。教材中的知识应当是经过实践检验的、准确无误的科学知识，科学上尚无定论的东西不宜编入中小学教材。同时，各科教材的编写要寓思想教育于学科教学内容。② 教材内容要联系社会生活与学生经验实际。教材内容要处理好基础知识与时代发展之间的关系，中小学学生主要学习的是基础知识，教材也应及时补充科学研究的最新成果，体现现代社会的思想、观念，反映人类关注的重大问题，使教材内容具有时代性。同时，教材内容要联系学生的生活经验，适应学生的兴趣与需要。③ 教材编排要做到知识内在逻辑与学生认知发展相统一。教材内容的编排应考虑知识的系统性，反映知识的内在逻辑结构，但又要注意学生的认知发展水平，符合人类认识发展的规律，循序渐进，由感性到理性、一般到具体地安排知识。学科课程标准和教材的编排通常采取直线式和螺旋式两种或将二者有机结合。④ 教科书的编排形式既要注重结论，又要注重过程与方法。教材既要关注知识体系，向学生呈现系统的科学文化知识，又要注重过程与方法，引导学生学会学习。教材编写要重视从学生的生活经验和需要出发，注意设计问题，体现内容和要求的弹性，给学生留有思考的空间。教材的呈现方式不应仅仅是告诉式，还可以让学生去猜测，鼓励学生想象，促进学生思考和探究。此外，教材的文字表达要简明扼要、条理清楚，不过分雕琢，有些抽象的、难懂的知识可以用举例、对比、逻辑演绎、图文并茂等手段和方式，深入浅出，使学生易于理解。

本章内容小结

课程开发是课程领域的中心工作。课程开发是完成一项课程计划的整个过程，它包括课程设计、课程实施、课程评价等内容。课程开发存在多种理论与模式，主要有：泰勒的目标模式（“泰勒原理”）、斯滕豪斯的过程模式、施瓦布的实践模式等。

课程设计是课程开发的基本工作，主要任务是形成课程方案与文本，包括制订课程计划，研制课程标准，编写教科书。课程设计有知识中心课程设计、学生中心课程设计和社会中心课程设计等类型，实际的课程设计需要在知识、学生、社会三方面寻求适度的平衡。

本章思考问题

1. 概念辨析：课程开发与课程设计；课程计划与课程标准；教材与教科书。
2. 什么叫课程开发？为什么说课程开发是一个系统工程？
3. 简述泰勒原理（目标模式）的基本思想。
4. 过程模式的基本主张是什么？支持过程模式的假设有哪些？
5. 课程设计的层次有哪些？不同层次的要求有何差异？

本章参考文献

1. ［美］斯滕豪斯：《课程研究与课程编制入门》，诸平等译，春秋出版社，1989 年。
2. ［美］泰勒：《课程与教学的基本原理》，施良方译，人民教育出版社，1994 年。
3. ［美］艾伦 · C. 奥恩斯坦等：《课程：基础、原理和问题》，柯森主译，江苏教育出版社，2002 年。
4. 张廷凯：《新课程设计的变革》，人民教育出版社，2003 年。
5. 李定仁、徐继存主编：《课程论研究二十年（1979—1999）》，人民教育出版社，2004 年。
6. ［美］亚瑟 · K. 埃利斯：《课程理论及其实践范例》，张文军译，教育科学出版社，2005 年。
7. ［美］威尔斯、邦迪：《课程开发：实践指南》，徐学福等译，中国轻工业出版社，2007 年。
8. ［美］施瓦布：《科学、课程与通识教育——施瓦布选集》，郭元祥等译，中国轻工业出版社，2008 年。
9. ［美］约翰 · 富兰克林 · 博比特：《课程》，刘幸译，教育科学出版社，2017 年。
10. 蔡清田：《核心素养与课程设计》，北京师范大学出版社，2018 年。

第七章 校本课程开发与综合实践活动设计

《基础教育课程改革纲要（试行）》指出："学校在执行国家课程和地方课程的同时，应视当地的社会、经济发展具体情况，结合本校的传统和优势、学生的兴趣和需要，开发或选用适合本校的课程。"三级课程管理的实施是课程制度改革的重大创新。校本课程属于课程管理范畴，它同国家课程、地方课程相互补充，彼此支撑，共同实现人才培养目标。同时，开设综合实践活动课程，并将其作为国家必修课程。本章主要探讨校本课程开发与综合实践活动设计的相关问题。

第一节　校本课程开发

一、校本课程开发的含义

校本课程开发可以归入情境模式。情境模式的主要代表是斯基尔贝克（Skilbeck，M.）。斯基尔贝克在1976年出版的《课程编制过程：学校使用的一种模式》中认为，课程编制不能脱离特定的文化框架，要尊重学生心理特点。其课程开发包括五个组成部分：情境分析；目标表述；制定教学方案；阐明和实施；检查、反馈、评价和改进。情境模式强调以学校为基础的课程开发，课程编制活动在学校水平上进行。它不预先进行某种"手段—目的”的分析，而是立足学校现存的课程与结构，在弄清现有问题的基础上，搜集资料，具体问题具体分析，以适应学校的不同特点与需要。

（一）基本含义

校本课程开发（School-based Curriculum Development）一词是1973年由菲吕马克（Furumark，A. M.）和麦克米伦（McMullen，I.）两位学者在爱尔兰阿尔斯特大学召开的国际课程研讨会上提出的。该概念后来得到广泛认同。校本课程的概念有着不同理解，许多学者对这一概念进行了界定①，比如：

校本课程开发是在实际的教育场所中发生的并渴望能够使教师们积极地参与并卷入到广泛的相互作用和课程决策之中的一种课程开发策略。

校本课程开发是基于学校课程需要的自发的行动，促使地方和中央教育当局之间的权利和责任重新分配，使得学校获得法律、行政和专业的自主权，进而得以从事自身的课程开发过程。

校本课程开发是由学校共同体设计并实施的课程变革的草根模式。

校本课程开发是指在学校现场发生并展开的，以国家和地方制定的课程纲要的基本精神为指导，依据学校自身的性质、特点、条件及可利用和开发的资源，由学校成员自愿、自主、独立或跟校外团体或个人合作开展的旨在满足学校所有学生学习需求的一切形式的课程开发活动，是一个持续和动态的课程改进过程。

尽管人们对校本课程开发有不同的理解，有的把它视为一种新的课程开发策略，有的把它视为一种课程管理制度的变革，也有的将它作为一种课程变革的新模式；但也存在共识之处，如大多强调以校为本，基于学校的实际情况，为了学校的整体发展，学校自主开发。我们认为，校本课程开发可定为一种课程管理类型，它有广义与狭义之分。广义的校本课程开发是学校教育共同体在学校一级对课程的规划、设计、实施与评价的所有活动，它包括国家课程、地方课程的再开发。狭义的校本课程开发仅仅指学校自主设计、开发和管理的一些课程。

（二）校本课程开发的特点

1. 涉及课程开发的所有要素

校本课程开发作为一种课程开发活动，它涉及课程目标的制定、课程内容的选择、课程实施、课程评价等要素。而以往的课外活动、兴趣小组

① 徐玉珍：《校本课程开发：概念解读》，《课程·教材·教法》，2001年第4期。

活动仅仅是课堂的补充或延伸，不是一种课程开发活动，缺乏课程开发的基本要素。

2. 以校为本

校本课程开发是基于学校、为了学校、属于学校的课程开发活动，即以学校为基地、以学校为基础、以学校为主体的课程开发。校本课程开发重视学校及社区资源的开发与利用，强调学校办学特色与理念的凸现，关注教师作为课程开发的主体作用的发挥。

3. 一种持续、动态的过程

校本课程开发能依照社会变迁与学生需求随时做出调整与改变，课程更富机动性、多样性与弹性。它不提倡编写固定的、正规的教材，而是强调活动、过程，以保持较大的开放性、灵活性与适应性。

总之，校本课程开发强调行动与过程，而不是自编教材，它可以是活动方案，也可以是活页资料。与国家课程、地方课程相比，校本课程开发归属于儿童中心、兴趣中心、问题中心的课程。在学术性课程与非学术性课程、必修课程与选修课程、学科课程与活动课程诸关系网络中，校本课程开发更定位于非学术性、选修类、活动类课程。

二、校本课程开发的意义

（一）校本课程开发有利于学生主体性的发展

尊重学生的个性差异，提升学习者的主体性，培养学习者的创新意识、创新能力，已成为新世纪课程改革的主要趋向。校本课程开发正体现了这一方向，它充分考虑到时代的特点、学生的需求，适应学生不同性格发展的需要，充分发挥学生的自主性、独立性，充分发挥其主体地位和主观能动作用，能更好地发展学生的特长和个性。

（二）校本课程开发有利于教师专业水平的提高

校本课程开发赋予了教师一定的课程权利，充分调动了教师积极参与课程开发的热情，为教师提供了专业发展的机会。教师参与课程开发有助于提高教师的专业水平和课程意识，促进教师从教书匠到专业工作者的角色转变。

（三）校本课程开发可以弥补国家课程的不足

国家课程是由国家教育行政管理机构组织专家决策、编制的课程，它体现国家意志，统一教育标准。但它难以适应地方社会生活社会发展需求的实际变化，没有也不可能充分考虑到各地方、各学校的实际，更不可能照顾到众多学习者的背景及特点。而校本课程开发尽可能地反映社区、学校和学生的差异性，及时融进最新的科技成果、社会问题，充分考虑到教师的积极参与、学生的认知背景与需要，为学生提供多样化的课程选择，它在一定范围内可以弥补国家课程开发的不足。

（四）校本课程开发有利于形成学校办学特色

以往统一的课程设置，难以反映不同地区、学校的实际情况和特殊需要。把课程编制权力部分下放到地方和学校，让中小学校长和教师参与校本课程的开发，开发更多有特色的课程，满足学校“个性化”发展需求，体现学校办学理念。

三、校本课程开发的程序

校本课程开发是一个持续的、动态的课程改进与完善过程，校本课程开发要经历多个程序。

（一）组织建立

成立课程开发委员会或工作小组，确立参与成员及工作程序，进行校本课程开发准备，是保证校本课程开发质量的前提条件。校本课程开发委员会或相应的工作小组的成员一般由校长、教师代表、学生代表、校外课程专家、家长代表及社区人士代表组成，各方代表共同参与学校课程方案的规划、实施和评价活动。校长是主要的指导者、组织者和决策者；教师是校本课程开发的中坚力量和主力军；吸引学生参与是因为校本课程开发的起点是学生，校本课程开发的最终目的是促进学生个性的充分发展；课程专家掌握课程理论和开发技能，可以为校本课程开发全过程提供咨询或技术指导；家长参与校本课程开发是因为校本课程开发需要吸收家长的意见、获得家长的认同；社区人士参与校本课程开发主要包括为校本课程开发提供设施、场地、经费等资源支持。

（二）情境分析

不同学校在地域特点、学生结构、师资质量、学校经费、教学设备、社会物质环境及精神文化环境等方面存在差异，因此，学校必须对学生的需求、学校及社区的课程资源进行分析，以便充分利用环境因素，设计并实施适合本校学生的有特色的课程。进行校本课程开发，首先要对学生的需求进行合理的评估，如通过发放问卷、开座谈会等方式，让学生自己确定感兴趣的领域和知识，使课程的开发真正体现学生的需要。其次要对学校及社区的课程资源进行评估，使课程植根于学校和社区现有的课程资源。

整个情境分析的过程就是要进行需求评估、问题反思、资源调查。

（三）目标拟定

校本课程开发是对国家课程、地方课程的补充，校本课程开发目标既要促进学生的个性发展，也要促进教师的专业发展。课程目标又可以分为一般目标与具体目标。一般目标即在澄清办学理念的基础上确定的校本课程总目标，具体目标即每门课程结束时学生应该获得的知识、能力与态度。

（四）方案编制

编制校本课程开发的总体方案是校本课程开发的关键环节，它包括确定校本课程结构，制定课程纲要，并对校本课程实施和评价提出要求。校本课程的结构，包括校本课程的类型、每门课程的课时要求及限制性条件等。课程框架确定以后，可由教师提出申请，撰写简要的课程纲要，交给学校课程开发委员会或工作小组初审，初审通过后，列入《校本课程目录》，提供给学生选择。教师拟订的课程纲要包括两个基本部分：一是一般项目（包括开课教师、教学材料、课程类型、授课时间、授课对象等的简要说明），二是具体方案（包括课程目标、课程内容与活动安排、课程实施与学习说明、课程评价要求等）。在校本课程开发的总体方案中，还应对校本课程的实施和评价提出要求。

（五）解释与实施

在这一阶段，要根据预定的方案组织学生开展一系列学习活动，以实现预定的目标。校本课程的实施应突出自主性、探究性、合作性等特点。自主性指学生可根据兴趣及经验自主选择课题研究方向，自主设计研究方案，自主选择合作伙伴，自主决定成果形式。探究性是指校本课程的实施要引导学生在“做”“考察”“实验”“操作”等一系列活动中分析和解决问题，体验和感受生活，发展和提高实践能力与创新能力。合作性指校本课程实施可采取合作小组的形式，依靠集体的力量和智慧来解决问题，它可以是学生与学生合作、学生与家长及社区人士合作等。总之，在校本课程方案实施中要营造课程实施的氛围，统筹教育资源。

（六）评价与修订

评价与修订阶段的主要任务是设计监控和交流系统，准备评价方案，追踪课程实施效果，收集反馈意见，修订课程开发方案。校本课程开发的评价是一个搜集信息和分析信息，对校本课程开发进行价值判断，进而做出合理决策的过程。对校本课程开发进行评价时应注意评价内容的全面性、评价主体的多元性和评价方式的多样性，不断修订校本课程开发方案，以促进学生的全面发展、教师的不断提高和学校课程实践的不断完善。

四、校本课程开发的框架

课程开发的泰勒原理为校本课程开发提供了一个基本的框架，它主要包括课程目标的制定、课程内容的选择与组织、学生课程学习方式的安排、学生学业成绩的评价。

(一) 课程目标

校本课程目标是学校通过校本课程的修习应该达到的标准，是学生校本课程修习后应产生的行为变化。因此校本课程目标主要是对学生学习结果的预期，应从学生角度进行规划与描述。就一门科目、一个项目而言，校本课程目标可以从知识技能、过程方法、情感态度三个维度进行设计，也可从技能与操作、情感与体验、知识与理解三个维度进行设计。当然，亦可不严格按照上述维度进行目标设计，如校本课程“数学文化”的学习目标可这样表述：了解数学的发展史，知道一些重大的数学事件；熟悉一些数学家的故事，会讲数学家的故事，感悟数学家的人格魅力；通过数学游戏、数学活动感受数学与生活的联系，掌握一些简单的数学思想方法，解决实际问题；养成学生对数学的兴趣，产生对数学的热爱。

对于不同科目，校本课程目标也可进行个性化设计，以凸显科目特点。又如校本课程“陶艺”的总目标与阶段目标：

总目标：学生以个人或集体合作的方式参与活动，尝试各种陶艺材料、工具、制作方法，丰富视觉、触觉和审美经验，体验陶艺活动的乐趣；了解基础的表达方式方法，个性地表达自己的情感和思想，提高美化环境的能力和生活的质量，形成对自然、社会、自我之间内在联系的整体认识；在过程中合作、分享、积极进取，激发创造意识，提高发现问题解决问题的能力，发展实践能力，初步形成基本的美术素养和信息素养，促进学生的全面、整体发展。

阶段目标（3、4 年级）：① 造型与表现。初步认识、尝试各种形、肌理、色等美术语言在陶艺作品中的运用，使用各种工具体验制作中不同的效果；用丰富的想象力、创造力表现自己的见闻、感想。② 设计与应用。感受设计制作与其他美术活动的区别，在陶艺设计制作中强调个性的同时，注意美学组合原理。③ 欣赏与评述。利用信息技术等途径观赏自然、陶艺和其他美术作品的形、质感，用口头或书面语言进行描述，说出其特色；了解陶艺史，表达自己的感受和观点。培养学生爱国、爱科学的情感。

④ 综合与探索。采用陶艺造型游戏的方式，结合语文、音乐、社会、思想品德、信息技术等课程内容，进行陶艺创作、展示，并发表自己的创作意图。对各地民俗有所了解。

（二）课程内容

总体上看，校本课程内容组织有五种方式：① 课程补充。在国家课程实施中补充一些新的例证、材料，不必单独开设课程。② 课程拓展。对国家课程内容进行拓展，形成一门新的课程，如英语会话、数学思想研究、唐诗欣赏等。③ 课程改造。对其他学校已有课程进行改编，形成一门切合本校学生需要的课程，或对国外引进课程进行本土化改造。课程改造涉及目标、内容选择与组织、实施方式、评价方式的修订。④ 课程新编。基于学生需求的评估及可获资源的分析，在学校教育哲学的观照下，开发全新的课程板块或课程单元。如特色课程、乡土教材、兴趣课程、专题课程、主题模块等。⑤ 课程整合。选择某个主题、课题、问题，吸收多门学科知识、技能与方法，进行跨学科课程设计，以减少知识的分割和学科的隔阂，弥补分科课程的不足，实现课程的统整。如灾后心理辅导、校园垃圾处理、太湖水污染治理、街头地摊研究、广场舞研究等。上述方式对课程开发具有不同的要求，学校可以根据实际加以选择。

就一门课程而言，校本课程项目、主题确定之后，需要选择课程内容，处理不同学习内容之间的关系。首先，课程内容的选择要考虑学生的发展水平、兴趣爱好，尽可能适合学生特征，坚持儿童立场与“生本化”取向，克服成人化、“师本化”倾向。其次，要处理不同主题、项目、内容之间的逻辑关系与时空序列，不能随意拼凑、简单罗列。可按照由浅入深、从古到今、先理论后操作等顺序组织学习内容，同时考虑不同年级课程内容的多少、先后、难易、层次，合理安排。此外，还要兼顾课堂学习与课外学习，有的内容在课堂中学习，有的则需要在课外学习。

（三）课程学习

选择与组织课程学习内容之后，需要设计课程学习方式。不同于国家必修课程，校本课程更多地属于选修课程、活动类课程、兴趣类课程、学校特色课程，因此，这些课程的学习应更多地考虑学生的兴趣、需要、志向和学校资源，采用学生中心的学习方式，给学生较大的自主活动空间。除了一般意义上的课堂讲授、问答、讨论、练习、作业，应该更多地鼓励学生采取活动的、实践的、研究的、开放的学习方式，如著作阅读、问题探究、调查访谈、观察实验、设计制作、动手操作、活动体验、专题研究、成果报告等。超越单一的接受、内化、封闭、训练的学习模式，运用生动活泼、多姿多彩的学习方式，实现学习方式的变革。校本课程实施要善于激发学生对校本课程的兴趣，让他们积极、主动地投入校本课程的学习与活动之中。

（四）课程评价

校本课程开发的评价包括方案的评价、实施过程（教学过程）的评价、实施效果的评价。校本课程方案评价主要指对学校校本课程规划、科目校本课程纲要、校本教材的评价。实施过程评价主要是描述课程实施过程，确定课程中存在的问题。实施效果评价主要指对学生成长、教师专业发展的评价。通过评价对校本课程的方案进行改进、完善，促进学生成长与教师发展，不断提高校本课程开发的质量。

校本课程评价重点是学生成长状况。评价内容包括：学生是否经历和体验学习过程，并表现出积极的情感和态度；学生个性化的兴趣和发展需求是否得以满足；学生是否获得一定的知识、技能；学生的创新意识、创新能力是否得以发展；等等。

校本课程的评价方法有：学生的出勤情况、活动参与、过程表现（观察与记录）；学生的需求满足、内在感受与存在问题（访谈与日记）；实践能力、问题解决（活动表演）；技能发展、创新水平（作品展示）；等等。可根据主题性质与学生发展水平，选择 2～3 种评价形式，评定学生的课程学习水平与效果。

第二节　综合实践活动设计

一、综合实践活动课程的含义

综合实践活动课程是国家课程计划中的一门国家课程，是国家规定、地方指导与校本开发的课程。作为国家必修课程，从小学到高中均需开设综合实践活动课程。综合实践活动的开展，可以弥补分化过细的学科课程的不足，充分发展学生的实践能力、创新精神，提高学生的综合素养。

（一）综合实践活动课程的含义

综合实践活动课程是基于学生的真实生活和发展需要，密切联系当代社会生活实际，综合运用所学知识解决实际问题，强调社会责任感、创新精神、实践能力的培养，提高学生综合素质的跨学科实践性课程。

在我国，综合实践活动课程包括研究性学习、考察探究、社区服务、社会实践、志愿活动、设计制作、职业体验等领域，这些领域的活动具有不同的特点，对学生的发展具有不同的影响。多种活动类型的选择与实施，有助于培养学生多方面的素质，促进学生和谐发展。

（二）综合实践活动课程的特点

与学科课程相比，综合实践活动课程在课程目标、内容、学习、实施等方面存在差异，同时，它是对20世纪90年代活动课程的提升。综合实践活动课程与学科课程的区别如表7-1所示。①

表7-1　综合实践活动课程与学科课程比较

	综合实践活动课程	学科课程
课程目标	培养实践能力、综合素质	发展基础学力、学科能力
课程内容	生活经验、社会问题、跨学科知识	系统的学科知识
学习方式	探索体验为主、重视实践活动	接受学习为主、重视理智活动
实施空间	走向自然、走向社会、走向生活	课堂学习
实施主体	学生自主实践	教师讲授为主

通过上述比较，可以概括综合实践活动课程的一般特征：

（1）整合性。综合实践活动面向自然、社会生活与学生发展，自然、社会、学生生活的整体性决定了综合实践活动的整合性。它超越学科界限及其逻辑体系，走向广阔而鲜活的生活世界，直面综合而真实的问题、课题，在活动中实现科学、技术、社会、道德、艺术的统整。

（2）实践性。它以学生的现实生活和社会实践为基础，强调学生的亲身经历、体验、劳作，如“考察”“调查”“实验”“制作”“探究”“服务”“劳动”，让学生在丰富多彩的活动中发现与解决问题，体验与感受生活，实现个体的整体发展。

（3）自主性。综合实践活动是一门学生自己做主的课程，学生自主地选择活动项目与课题，拟定活动计划，开展实际活动，决定活动成果呈现形式，并进行自我评价。教师的作用在于激发、指导、支持、协助，教师与专家不能完全预设、掌控学生的活动。

（4）开放性。与封闭的学科课程不同，综合实践活动是一个开放的领域，它冲破了学科固有知识体系的限制，冲破预设课程的约束，面向每一

① 潘洪建：《中学综合实践活动指导》，高等教育出版社，2010年，第4页。

个学生的经验世界，在活动对象、活动内容、活动时间、活动空间方面具有较大的开放性。

（5）生成性。综合实践活动课程是一种过程取向的课程，它强调学生亲历、体验、感受。随着实际活动的展开，活动的主题、目标、内容、方式往往不断变化、生成，需要在活动过程中不断调整、改变。正是由于情境的不断变化、内容的不断生成和方式的不断改变，综合实践活动才充满挑战性，生机勃勃，魅力无穷。

二、综合实践活动课程的价值

（一）满足发展需要，促进学生个性化发展

学生是一个个完整的、有着多方面发展渴求的人，他们不仅需要在科学世界中漫游，而且需要在生活世界中徜徉，不仅需要在书本的世界中认知，而且需要在真实的世界中体验。科学的、书本的世界能向学生展示人类辉煌的知识成就，为学生的基础发展夯实认知根基，而现实的、生活的世界能让学生感受生活的丰富与文化的绚丽，获得初步的人生体验。综合实践活动走进真实情境，将学生置于一个真切的现实环境，使学生在面对开放的、复杂的事实与非结构化问题中运用学科知识、技能，观察、体验、探究、认识、经历、活动、操作、感悟、交往、合作，获得多维的、生动的历练与个性发展。

（二）转变学习方式，提高学生的综合素质

综合实践活动课程具有跨学科性、实践性，它的设计与实施需要整合多个学科，运用多领域的知识、技能、经验，采用多种实践性学习方式，并在实施过程中不断生成。综合实践活动要求学生跨越学科界限，转变学习方式，综合运用相关知识、经验，沟通自然、社会、自我，整合科学、艺术、道德，通过探究发现、大胆质疑、调查研究、理论论证、劳动操作、合作交流、社会参与、社会服务，培养自己的探究能力、服务意识、劳动情感、社会责任、合作精神、信息素养，促进综合素质的提高。

（三）发展实践能力，培养学生的创新精神

综合实践活动课程强调实践性学习方式的运用，诸如操作、制作、参观、访问、考察、调查、尝试等，重视学科知识技能的实践性运用，有助于克服知行脱节、理论与实践的分离，在活动中、实践中增长才干，发展学生的实践能力。综合实践活动课程强调面对现实情境，关注实际问题，提出真实任务，超越学科视界，要求学生学会运用已有知识、经验去探索

自然、社会、人生，解决实际问题，探索性、研究性的活动学习与实践有助于培养学生的创新意识与创新能力。①

总之，综合实践活动课程是学校课程的有机组成部分，它不是可有可无的点缀，而是学生必须修习的课程，它不从属于某门科目，而是一门与其他科目并列的课程。综合实践活动课程在学校课程体系与结构中不可或缺，与其他学科课程或综合课程具有互补性、等价性。

三、活动方案的结构要素

综合实践活动是教师指导下学生自主进行的跨学科、跨领域的实践性、体验性、探究性的学习活动过程。

活动方案的设计是依据综合实践活动的理念，根据学校资源状况和学生发展需要，对活动主题、目标、内容、过程、方法等进行设计和规划的过程。综合实践活动方案设计实际上是为活动开展制定基本框架，描绘综合实践活动实施的蓝图，是将教育部门制定的指导纲要和实施指南与不同地区、不同学校、不同学生的现实情况链接的过程。因此，活动方案的设计要充分考虑到学校的教育条件包括学校的学生、教师的实际情况，以及学校周围的自然资源和社会文化资源，依据综合实践活动理念进行设计。

综合实践活动方案的基本要素大致包括：活动主题、活动背景、活动目标、活动内容与方式、活动准备、活动过程及其指导、活动结果展示与评价等。

（一）活动主题

综合实践活动主题的题目要醒目具体，要准确反映活动的内容、范围与焦点。活动主题不能太模糊，否则就会导致活动目标空泛，活动过程蜻蜓点水，难以深入、持久。比如，“洗洁精对于生态环境的影响”这个主题表述就显得空泛，学生会感到无从下手，如果修改成“×××洗洁精对于生态环境的影响”，范围就小很多，学生容易把握。主题表述要准确，特别是关键词选用要准确、贴切，切忌模糊。综合实践活动主题要一目了然，直截了当地说明所要研究的问题。

（二）活动背景

活动背景主要介绍主题产生的经过或起因，说明活动开展的基本条件、资源、基础，诸如学校实际、社区资源、学生的知识基础和经验背景、社

① 潘洪建、杨金珍：《小学综合实践活动指导》（第2版），江苏大学出版社，2018年，第18页。

会政策、流行时尚、时代思潮、历史传统等，说明主题活动选择的理由根据与价值追求，主题活动开展的个体意义与社会价值等。

（三）活动目标

这里的活动目标是某个主题活动的目标，它是总体课程目标的具体化。综合实践活动目标包括“知识与技能”“过程与方法”“情感态度与价值观”三个维度。也可按照“价值体认”“责任担当”“问题解决”“创意物化”的维度进行目标设计。不过，对于不同类型的主题活动而言，活动目标的表述应该有所不同。

（四）活动过程与方式的设计

综合实践活动的方式、方法是根据综合实践活动的主题内容、目标而定的。综合实践活动实施过程可以分为三个阶段：信息搜集、信息处理、信息整合。在信息搜集阶段，往往需要实验、调查、实地考察、访谈、查阅资料等，通过各种途径搜集有关活动主题所需资料。信息处理阶段往往对每个人从不同角度搜集到的信息进行汇总、筛选、整合，这一阶段一般需要讨论、对话、论证、查阅资料等方法。信息整合阶段，开展小组成果汇报，其基本方法有宣传展板、汇演、调查报告、项目制作等。本部分是活动方案设计的重点。

（五）活动准备的设计

为了保证综合实践主题活动顺利、有效地开展，教师与学生要做好物质上、心理上、组织上的准备。物质上的准备包括图书、材料、工具、场地、设备等。心理上的准备，主要对活动过程中需要注意的问题及可能遇到的困难进行提前指导，让学生以积极的态度进入活动准备状态。组织上的准备主要指成立活动小组，加强与校外相关单位、人员的联系、沟通，争取社会力量对活动的支持等。主题确定之后，教师可以根据具体情况如学生的兴趣、特长、爱好划分活动小组，或由学生自由组成活动小组，并通过竞选或者集体推选等方式产生活动小组负责人，负责人负责组员联络及安全等问题。随后，引导小组进行主题分解，各组确定分主题，指导学生在此基础上制订本小组的活动方案，从不同的侧面对活动主题展开探究。

（六）活动结果展示与评价的设计

在活动成果展示阶段，教师要引导学生对活动资料进行整理、归类，结合本小组活动方案选择活动成果的表现形式，可以是调查报告、研究论文、心得体会、活动日记、访谈记录等，也可以采用文艺的形式，比如短剧、相声、朗诵、歌舞等，还可以把学生的各项成果汇编成册向社会宣传。

学生根据主题内容，选择合适的展示方式，可以在班级内部，也可以在学校范围内展示，还可以走出校门，到社区进行成果展示。成果展示的目的不仅仅是宣传学生的研究成果，更重要的是通过这种方式鼓励学生参与综合实践活动的积极性和创造性，认可学生的亲身体验。

综合实践活动方案初定之后，需要通过论证才能实施。方案论证是制定综合实践活动方案的重要组成部分。方案论证的方式有专家评议、开题报告等。

四、活动方案的设计理念

（一）整合活动内容

综合实践活动的基本特征是综合性。综合实践活动指导纲要倡导“以融合的方式设计和实施综合实践活动”。尽管每个活动主题有其特定的内容，但是仅仅围绕特定内容展开，不符合综合实践活动的性质，不利于学生多种素质的发展。因此，方案设计应将活动主题置于学生的实际生活中，把活动主题与学生的生活经验、不同学科内容、学生的知识结构结合起来，帮助学生利用家庭生活、学校生活、社会生活的经验去实践与探索，引导学生处理好人与自然、人与社会、人与自我之间的内在关系。此外，要充分利用学校的教育条件，比如，所处地区的自然资源、人力资源、文化资源等，让学生把课堂中学习的学科知识与社会生活充分结合起来。因此，进行综合实践活动设计时，要实现最大限度地整合课程内容，通过专题、项目将研究性学习、志愿服务、社会实践、劳动教育、职业体验、设计制作等领域加以整合，锻炼学生的实际工作能力，提高学生的综合素养。

（二）联系学生经验

学生经验包括直接经验和间接经验，直接经验是指通过直接认知获得的感性知识，而间接经验是通过间接认知而获得的理性知识。与注重间接经验的学科课程相比，综合实践活动课程特别强调学生的直接经验，尤其强调学生亲力亲为的体验活动，因此，综合实践活动方案设计要充分考虑学生的直接经验，与学生的经验相融合。要以学生的生活实际为源泉，从学生的兴趣和直接经验出发去选题、设计，让学生在活动中独立地发现问题、解决问题。

（三）运用多种活动方式

综合实践活动方案的设计要着重考虑活动方式的多样性，通过不同的方式方法，调动学生参与活动的积极性，激发学生的探究欲望。一方面，要根据学生的特点与发展要求指导学生恰当地选择学习活动方式。另一方面，也应该根据综合实践活动课程目标，创造性地将多种活动方式在学生的活动中加以综合运用。比如，适当运用参观、访问、调查、实验、测量、宣传、郊游、义务劳动、设计等方式，充分调动学生多种感官的参与、动手与动脑相结合。其次，设计中应该通过多种途径为学生提供具体的现实情境，让学生通过亲身经历、实际操作，在大自然、大社会中活动，丰富感受与体验。①

案例："纸和我们的生活"综合实践活动方案②

一、课题的由来

纸是人类必不可少的文化用品，在日常生活、学习、工作中有着广泛的用途。同时，造纸术还是我国的四大发明之一。纸的出现促进了人类文明的进步，改变了人类生活，给人类带来了极大的便利。学生与纸交往得也不少，可对纸的知识又了解多少呢？学生对纸的发明、种类、用途等知识有一定的了解是很有必要的。

恰巧在一次与学生的课外座谈中，我请他们谈一谈对身边的哪些事情有个人的想法。学生们情绪高涨，提出了很多。我认真倾听，细心观察，当有一位同学提出，"每天扫地时，总要扫出很多纸，一次两次都撮不干净，能否想个好办法来解决"时，全班同学响应强烈，各抒己见。由此，我做出判断，这个问题在学生中间肯定是他们比较关心的。果然，在其他班也出现了这种情况。由此，在全体学生的主动参与下，我们确定了以"纸"为主题开展一次综合实践活动。课题是"纸和我们的生活"。此次活动，学生表现出了空前的热情，他们不但积极参与活动的全过程，而且提出了很多解决这一问题的好办法。

二、活动目标

1. 认知目标：了解纸的历史，纸与人类生活的密切关系。

2. 能力目标：形成运用调查、访问获取信息的能力，查阅参考书籍的能力，观察、访谈能力，动手能力与创意设想的能力，团队合作能力和人际交往能力。

3. 情感目标：围绕"纸和我们的生活"这一主题研究，激发学生探究

① 潘洪建：《中学综合实践活动指导》，高等教育出版社，2010 年，第 81 - 82 页。

② 作者：林巧莺，网址：http：//www. xxjxsj. cn/article/17218. html，2008 - 3 - 18.

欲望、兴趣及培养环境保护意识，养成节约用纸的习惯，同时在研究实践中培养学生良好的学习态度，鼓励学生勤于思考，勇于创新。

三、活动准备

1. 教师依据课程标准，根据身边环境和学生的年龄特点，设计问题，准备教具和学具。

2. 教会学生利用网络搜索和利用图书馆资源查询的方法。把学习的主题告诉学生，让学生在活动前收集有关资料和信息。教师将查找与纸有关资料的网站告诉学生，旨在通过现代信息技术解决纸的制造、造纸原料等学生比较陌生的问题。

3. 教师了解学生收集到的生活中的纸制品和常见的纸。

4. 教师通过查找资料，针对本课学习内容，制作多媒体课件和教具。

四、活动资源

网站链接表：纸易 http：//202.109.114.198/paperknow/xingneng10.htm；纸的发明与应用 http：//www.kepu.com.cn/gb/technology/printing/evolve/evl127.html

书籍：《十万个为什么》《少儿百科全书》《成语故事》《蔡伦的故事》……

五、活动基本设想与计划

第一阶段：启动课（40分钟）。

第二阶段：教师、学生活动（两周）。

第三阶段：活动成果展示（40分钟）。

六、活动形式

1. 分小组进行研究性学习

班内同学随机组成6个小组，每组6~7人，推选出组长，并为小组分别选定一个以纸为题的个性化名字（如太阳组、红花组、春芽组等）。研究过程中，课题组成员各有独立的任务，既有分工，又有合作，各展所长，协作互补。

实践活动采用个人研究与小组集体讨论相结合的“开放式作业”形式，即先由教师和学生共同确定研究的内容，由大家一起讨论提出研究的课题，从中确定自己小组的子课题，各自相对独立地开展研究活动，用两周的时间完成研究性学习作业。小组成员围绕同一个研究子课题，各自搜集资料，开展探究活动，取得结论或形成观点。再通过6个组的全体成员讨论或辩论，分享初步的研究成果。

2. 汇报展示活动

七、活动过程

第一阶段：启动课（40 分钟）。（略）

第二阶段：教师、学生活动（两周）。

第一小组（6 人）。学习内容：探究纸的历史（你知道古时候的人把字写在什么上面吗？纸是谁发明的，纸是怎样发展演变的?）。

方法：查阅书籍，上网收集资料。

第二小组（6 人）。研究性学习内容：纸的种类和用途（在日常生活和学习中，哪些地方用到了纸？纸的种类有哪些?）。

方法：观察法、访问法、统计法。绘制纸的种类和用途统计表（包括：纸的种类、特点、用途等）。

第三小组（7 人）。学习内容：我们每天的用纸量（调查班上的同学，看看每天要用多少纸。调查身边的老师、同学家庭用纸情况怎样，对节约用纸的认识及有没有浪费纸张的现象）。

方法：调查法、采访法、列表统计法、写一份节约用纸的倡议书。

绘制班级用纸情况统计表（包括：时间、学生姓名、合计、平均等）。

绘制家庭用纸情况统计表（包括：时间、用途、数量等）。

绘制教师用纸情况统计表（包括：时间、用途、数量等）。

第四小组（6 人）。学习内容：纸与环境（造纸的原材料有哪些？造纸给环境带来什么影响？纸与森林有什么关系？节约用纸与保护环境的关系是什么?）。

方法：到造纸厂参观采访、查阅资料、上网搜集信息、绘画。

第五小组（6 人）。学习内容：纸文化知识（纸有哪些文化？有关纸的成语故事有哪些?）。

方法：访问、查阅资料、上网搜集信息。

第六小组（6 人）。学习内容：废纸的妙用（怎样变废纸为“宝”？纸能成为哪些艺术作品?）。

方法：查阅书籍、上网搜集、调查访问、请教他人。

各小组按照活动计划，在组长的组织下开展研究活动，各小组所聘教师跟随活动进行必要的指导。

第三阶段：活动成果展示（40 分钟）。

各小组开展研究活动，在指导老师的帮助下，各自完成研究报告。带上采访录音、图片、照片、问卷表、统计图等。可利用活动课，组织学生进行成果交流。

展示内容：

第一小组：纸的网页。介绍收集到的“纸的历史”资料，谈谈学习体会等。

第二小组：出墙报、访问报告。展示收集到的纸的种类和用途的资料，在访问报告中谈谈自己的想法。

第三小组：调查报告。汇报班级用纸情况，交流确定节约用纸的倡议书。

第四小组：搞展板、演小品。交流收集的“纸与环境”资料，展示绘画作品等。

第五小组：开展纸文化知识竞赛，讲述“纸”的成语故事（如《洛阳纸贵》《纸上谈兵》等）。

第六小组：纸艺时装表演、纸艺包装展示。介绍变废为宝的方法，进行小艺术技巧讲座，辅导学生学习纸艺制作。

成果交流以后，对提出的建议进行汇总整理，提出相关建议。

附：

资料1（调查记录表，如表7-2、表7-3所示）：

表7-2 纸的种类和用途统计表

纸的种类	特点	用途

表7-3 纸的比较

方法结果	看	摸	撕	折叠	写	滴水	浸	其他方法
相同点								
不同点								

班级用纸情况统计表（略）

家庭用纸情况统计表、教师用纸情况统计表（略）

本章内容小结

校本课程开发是以学校为基地而展开的由课程设计、课程实施、课程评价、课程管理等组成的活动。校本课程开发可以成就学生主体性发展，提高教师专业水平，弥补国家课程开发的不足，形成学校办学特色。校本课程开发的程序主要包括组织建立、情境分析、目标拟定、方案编制、解释与实施、评价与修订。校本课程方案既包括学校层面的校本课程规划，也包括科目层面的校本课程纲要，科目层面的校本课程纲要主要包括课程目标、课程内容、课程学习、课程评价等。

综合实践活动课程是基于学生的真实生活和发展需要，密切联系当代社会生活实际，综合运用所学知识解决实际问题，强调社会责任感、创新精神、实践能力的培养以及提高学生综合素质的跨学科实践性课程。它是国家课程计划中规定的一门必修的课程，从小学到高中均应开设。综合实践活动方案的基本要素包括：活动主题、活动背景、活动目标、活动内容与方式、活动准备、活动过程及其指导、活动结果展示与评价等。

本章问题思考

1. 概念辨析：校本课程与选修课、活动课；校本课程开发与自编教材；活动课程与综合实践活动课程。

2. 比较校本课程与综合实践活动对于学生发展的意义。

3. 参照课程开发基本框架与要求，设计一份小学（中学）“电影课程”校本课程方案。

4. 根据活动方案基本要素及其要求，选择某主题，设计一份小学（中学）主题活动方案。

本章参考文献

1. 吴刚平：《校本课程开发》，四川教育出版社，2002 年。

2. 徐玉珍：《校本课程开发的理论与案例》，人民教育出版社，2003 年。

3. 李臣之：《综合实践活动课程开发》，人民教育出版社，2003 年。

4. 郭元祥主编：《综合实践活动课程的实施》，高等教育出版社，2003 年。

5. 靳玉乐主编：《校本课程开发的理念与策略》，四川教育出版社，2005 年。

6. 顾建军主编：《小学综合实践活动设计》，高等教育出版社，2005 年。

7. 张传燧：《综合实践活动课程论》，广东教育出版社，2005 年。

8. 熊梅等：《校本课程开发的行动研究——来自一所小学的课程创新》，教育科学出版社，2006 年。

9. 潘洪建、李庶泉等编著：《小学综合实践活动指导》，江苏大学出版社，2010 年。

10. 潘洪建主编：《中学综合实践活动指导》，高等教育出版社，2011 年。

11. 崔允漷主编：《校本课程开发：上海经验》，华东师范大学出版社，2011 年。

12. 郭元祥主编：《综合实践活动课程与教学论》，人民教育出版社，2013 年。

13. 徐继存主编：《中学综合实践活动》，北京师范大学出版社，2015 年。

14. 李臣之、潘洪建：《综合实践活动课程实施研究》，中国社会科学出版社，2019 年。

下　篇

教学篇

第八章 教学概观

教学是学校教育的基本途径，是课程实施的基本方式，同时也是课程的持续开发过程。作为教育的基本途径与课程实施的方式，教学特别是课堂教学活动有其自身的性质、特点、功能。教学活动是由多个要素构成的，诸要素之间相互联系、相互作用、彼此推动，构成复杂多样的教学关系，呈现多姿多彩的教学画卷。

第一节 教学的基本概念

一、教学的概念

一般而言，教学概念是教学探究的起点，“教学是什么”是教学研究者首先要回答的问题，但在不同语境、不同论者中，“教学”一词往往存在不同的界定。

（一）教学的含义

1. 英语语境中的“教学”

在英语中，与“教学”内涵对应的单词有 teach（教、教导），learn（学、学习），instruct（教导）。英语中的 teach 和 learn 是由同一词源派生出来的，最早时可以通用。西方分析教育哲学对“teach”进行了语言分析，提出教学的几种定义①：

（1）描述式定义。教学是传播知识或技能。

（2）意向式定义。教学是一种有意识的活动，即有意识地诱导学生学习。

（3）成功式定义。教学即教会学生掌握所教内容，教学即成功。

（4）规范式定义。教学要符合道德规范，是一种规范性活动。

（5）科学式定义。a = df（b，c，……）。

2. 汉语语境中的"教学"

汉语中的"教"源自于"学"。在我国古代教育家的论著中，往往是以"学"论"教"，"学"即有"教学"的含义，这表明我国古代对于学生学习过程和学习方法的重视。现代汉语中的教学具有下述含义②：

（1）教学即学习。从"学"的角度来理解"教学"。有学者将教学定义为"学生在教师指导下掌握知识过程中发展能力的活动，在此基础上，增强体质并形成一定的思想品德"。也有学者认为，"教学是一种以教材为媒介，学生在教师的指导下掌握知识的认识活动"。

（2）教学即教授。从"教"的角度来理解"教学"。我国日常生活及教育话语中约定俗成地把"教学"理解为"教"，仅从教师、教育者的角度理解教学概念。

（3）教学即教师的教与学生的学。从"双边活动"的角度来理解"教学"，是对单一的"教"和"学"的超越。该理解认为，教学由教和学组成，是教育目的规范下的教师的教和学生的学共同组成的一种教育活动，它既包括教师教，也包括学生学。有的从"协同活动"的角度来理解"教学"，认为教学是"教"与"学"的有机统一。

（4）教学即教学生学。这种观点认为"教学"就是指教的人指导学的人进行学习的活动。即教师引起、维持、促进学生学习的所有行为。该理解特别强调教学中教与学的关系是教师"教学生学"，而不是并列的"教师教和学生学"。

3. 教学概念的分析

许多教学研究者对教学概念做过界定，他们对教学含义的理解存在较

---

① ［瑞典］胡森等主编：《简明国际教育百科全书·课程》，江山野主编译，教育科学出版社，1991 年，第 233－240 页。

② 李定仁、徐继存主编：《教学论研究二十年（1979—1999）》，人民教育出版社，2001 年，第 51－56 页。

大差异。王策三先生曾对教学的不同含义做了下述归纳。[①]

（1）最广义的理解。一切学习、自学、教育、科研、劳动，以及生活本身，都是教学。

（2）广义的理解。在这种理解下，教学已不再是某些自发的、零星的、片面的影响。从内容到目的都体现出有目的、有领导、全面的影响。

（3）狭义的教学。指教育的基本途径。通常所说的教学就是这一种理解。

（4）更狭义的教学。在有的场合下，教学被理解为使学生学会各种活动和技能的过程，如教小学生阅读、写字、算术，有训练的意思。

（5）具体的教学。以上四种类型的教学都是教学的抽象。事实上，教学是具体的，都是与一定时间、地点和条件联系起来的。一旦谈论具体的教学，那么教学本身及关于教学的观点就更加多样了。

可见，教学有多个层次的含义，正如我们在不同层面使用"课程"概念一样，我们也可以在不同层面使用"教学"概念。本书中的"教学"主要指狭义的教学，即作为"教育的基本途径"的教学。我们认为，教学是以教材为中介、以师生交往为基础，教师组织、引导、激励学生掌握系统的知识技能，发展智力、能力、体力，培养情感态度价值观的教育过程。它是在学校范围展开的专门的育人活动。

此外，在理解教学概念时，还要注意教学与教育、教学与智育的区别。教育是一个种概念，而教学是一个属概念。学校教育有多种途径，而教学只是学校教育的途径之一。就教学与智育而言，教学是完成智育任务的途径之一，其他途径如课外活动、社会实践、生产劳动、科学研究等也可实施智育。智育仅是教学需要完成的任务之一，教学还有德育、体育、美育、心育、劳动技术教育等任务，此外，教学与学习颇为密切。[②]

资料卡片：教学

（二）教学的功能

1. 教学促进个人的全面发展

教学不仅把知识直接呈现给学生，使学生的认知突破时间、空间的局限和个体直接经验的局限，有助于扩大学生的认知范围，提高认知效率，

---

① 王策三：《教学论稿》，人民教育出版社，1985 年，第 86 – 88 页。

② ［英］赫斯特、彼特斯：《教学》，瞿葆奎主编《教育学文集·教学》（上），人民教育出版社，1988 年，第 63 – 78 页。

使学生能用较少的时间和精力顺利获得人类数百年甚至数千年积累起来的知识和技能，而且在此过程中启发、引导学生，开发学生的智能，促进智力与创造力的发展。

教学为学生品德的发展奠定认识基础。德国教育家赫尔巴特指出，没有无教育的教学，教学永远具有教育性。在教学活动中，一方面，知识的传授使学生形成正确的政治观点、世界观和价值观；另一方面，教学的内容和方法、教师的言行、教学的氛围等都对学生品德的形成具有潜移默化的影响。①

教学过程蕴含美、创造美。教学的审美性体现在教学过程、教学内容、教学方式、教学环境诸方面。在教学活动中，教师不仅向学生传授着审美观念，同时教学内容、活动、环境所蕴含的美也潜移默化地形塑着学生的思想、言行和性格，“腹有诗书气自华”。教学的艺术追求更是教学之美的创造与展示的过程，教师与学生在教学过程中获得美的体验与艺术陶冶。②

资料卡片：
教学美学

教学还能发展学生的体力。体育是教学过程中不容忽视的一个方面。学校组织开展的日常体育锻炼，不仅能发展学生身体的美和动作的和谐，而且能塑造学生的性格，锻炼学生的意志。专设的体育和生理卫生、生物等课程为学生保护身体健康、科学锻炼身体提供理论知识和方法指导，教学卫生、合理的教学强度与节奏也有益于学生的身心健康。③

教学还可以发展学生的劳动素质。教材中具有一定的劳动教育素材，包括劳动观点、劳动态度、劳动情感，可以通过讲述、讨论挖掘、释放出来。教师对待教育劳动的热情感染着学生，教师对劳动的认识会潜移默化地影响学生的劳动观念。结合学科的性质与内容，可安排学生参与一定的劳动项目，训练学生的劳动技能，强化其劳动意识。劳动教育在“五育”中具有统帅作用，承担着培养学生创造力的任务。④

资料卡片：
五育

---

① 曾创新：《试论教学中的道德调节》，《教育研究》，1985 年第 6 期。

② ［美］克莱德 · E. 柯伦：《教学的美学》，瞿葆奎主编《教育学文集 · 教学》（上），人民教育出版社，1988 年，第 146－151 页。

③ 张定璋：《教学应有利于学生的身体发展》，《教育研究》，1981 年第 1 期。

④ 桑新民：《对“五育”地位作用及其相互关系的哲学思考》，《中国社会科学》，1991 年第 6 期。

2. 教学促进社会的发展

首先，教学通过传递和保存社会经验服务于社会发展。通过教学活动，学生在较短的时间内掌握人类历史经验精华，将人类长期积累起来的科学文化知识转变为个人的知识财富，在此基础上，参与生活、劳动，服务、推动社会的发展与文明的进步。教学肩负着为社会培养各类人才的崇高使命，对社会发展产生强大影响。

其次，教学使人类社会经验与个人经验得到统一。人类社会历史经验和学生个体经验之间存在巨大落差，在今天，知识的积累越来越多，社会的变革越来越快，唯有通过系统的教学，才可能将个体的能力迅速提升到当代社会发展所需要的水平，教学通过培养人才推动着社会的不断发展。

（三）教学的地位

教学在整个学校教育体系中居于中心地位，它既是学校教育的核心工作，又是学校教育的基本途径。

教学在学校教育工作中占时间最多，涉及面最广，对学生发展的影响最全面、深刻、高效，对教学质量的影响也最大。因此，教学活动是学校的中心工作。中外教育的历史经验告诉我们，凡是以教学为主的教育，教育秩序就稳定，教育质量就提高，教育事业就发达。反之，如果否定教学的中心地位，就不会有稳定的教育秩序，必然造成教育质量下降。所以，学校工作要以教学为中心，即学校应将大部分时间用于教学，在内容上以学习书本知识为主，在组织上以课堂教学为主，发挥教师的主导作用。

当然，教学是实现全面发展教育目的的基本途径，但又不是唯一途径，教学必须与其他教育途径密切配合，相互补充，才能发挥其独特功能。因为，一方面，教学能使年轻一代在短时间内获得大量的知识，为他们全面发展奠定基础，另一方面，若教学为唯一途径，它又容易脱离学生的生活实践和社会实际，对于学生全面发展所需的广阔天地来说，教学的空间毕竟有限。所以，教学不能脱离其他教育形式，孤立地发挥作用。学校应以教学为主，合理地安排生产劳动、课外活动、体育活动等项工作。各类活动统筹协调，共同促进学生的健康成长。

二、教学的本质

把握教学概念，需要探寻教学活动不同于其他教育活动的本质属性，即教学活动内在的、稳定的根本性质。20 世纪 80 至 90 年代，我国教育界展开了教学过程本质的讨论，观点纷呈。这些讨论揭示了教学的丰富蕴含，拓展了我们对教学的理解。在各种学说中，影响较大的有认识说、发展说、交往说。

（一）关于教学本质的探讨

1. 认识说

观点：教学过程是一种特殊的认识过程，是学生在教师指导下以教材为媒介认识客观世界的过程。

立论依据：学生智慧、身体、品德的形成和发展以知识的掌握为基础，在认识过程中实现；教学认识不同于一般认识，有其特殊性，即以体现在课程中的系统知识、技能、道德规范为对象，在教师的指导下迅捷、经济、有效地进行；人类历史上对教学过程的各种探索缺乏科学基础，用马克思主义认识论阐释教学本质，是教学论科学化道路上质的飞跃。

反驳：该说仅仅局限于认识过程的小胡同，遮蔽了理论研究的视野，用马克思主义认识论捆绑人的思维，违背了认识的辩证法；忽视了教学过程的其他成分，在实践中强调知识传授，忽视智能发展和情感培养；视角单一，还应关注价值论视角。应在生命层次上，用动态生成的观点重新认识课堂教学，关注主体、活动、交往。

2. 发展说

观点：教学过程是促进学生发展的过程，包括认知、情感、品德、个性的发展。

理论依据：教学的根本目的在于培养人，促进学生德、智、体全面发展；认知发展包含于发展过程，发展过程在更高层次上涵盖认识过程。

反驳：发展说仅机械罗列教学过程的功能，而功能具有多面性，难以穷尽；教学仅仅是儿童发展的外部条件，没有认识，谈何发展；它缺乏关于教学多功能、诸属性之间关系的说明，概括高度不够。

3. 交往说

观点：教学是一种特殊的交往活动。教学过程是教师主体与学生主体之间相互作用、交往、合作，共同发展的过程。教学中的师生交往不是一般的交往，是为了促进学生掌握人类积累起来的文明经验，促进学生发展的过程。交往服务于学生掌握人类文明经验和学生身心发展需要。交往既是教学活动的前提和条件，也是教学活动的根本性质。

主要依据：交往体现了教学活动的基本结构；交往有助于尊重差异、崇尚个性，弘扬学生的主体性。

批评：人们对交往的理解存在很大差异，该观点不成熟、不系统。

拓展阅读 8-1：

教学过程本质的争论

1. 唯一本质论

唯一本质论认为教学过程有且只有一个本质。

（1）认识说。教学过程是一种特殊的认识过程，是学生在教师指导下以教材为媒介认识客观世界、促进学生全面发展的过程。

（2）发展说。教学过程是促进学生发展的过程，包括认知、情感、品德、个性的发展。

（3）传递说。教学就是向学生传递知识经验的过程。

（4）学习说。教学就是学生在教师指导下的学习活动。

（5）统一说。教学是教师的教和学生的学统一的活动。

（6）实践说。教学过程是教师借助知识的传授对学生进行塑造的实践过程。

（7）价值增值说。教学是师生共同活动、追求教育目标实现和教育价值增值的活动。

（8）交往说。教学是师生间特殊的交往，是一种有目的、有组织、有计划的师生交往活动。

2. 双重本质论

双重本质论认为教学过程的本质不止一个，而有两个，它们相互重叠或相互补充，平衡地构成教学过程的本质。

（9）认识—发展说。教学过程实质上是教师指导下的学生个体的认识过程和发展过程。

（10）认识—实践说。教学过程是学生在教师的指导下对人类已有知识经验的认识过程和改造主观世界形成和谐发展个性的实践活动的统一。

3. 多本质论

多本质论认为教学过程有多个方面或多个层次的本质。

（11）多方面本质说。教学过程有五个方面的本质：认识论方面的本质（教师引导学生认识客观世界）、心理学方面的本质（发展学生的认识、情感、个性和行为习惯）、生理学方面的本质（促进学生生理素质的发育与成熟）、经济学方面的本质（运用教育资源生产出劳动能力）、伦理学方面的本质（培养道德品质、思想意识和行为习惯）。

（12）多层次本质说。教学过程有四个层次；一点知识或一课书的教学、一章或一个单元的教学、一门课程的全程教学、从小学到大学毕业或接受一定阶段的学校教育的教学。每一层次的教学具有不同的特点、性质。

（资料来源：李定仁、张广君：《教学过程本质的比较研究》，《华东师范大学学报（教育科学版）》，1997 年第 3 期。潘洪建：《教学过程本质研究之反思》，《四川师范大学学报》，2001 年第 1 期。王本陆：《教学认识论三题》，《教育研究》，2001 年第 11 期。）

（二）教学：作为认识、发展与交往的过程

首先，教学本质上是一种认识活动。教学主要解决如何使学生从不知到知，从知之不多到知之较多的问题，即让学生掌握文化知识，认识客观世界，并在这一过程中，发展学生的能力和品德。教学活动是一种特殊的认识活动。教学活动中学生的认识具有下述特征：学生的认识以学习、掌握间接经验为主；学习内容是人类文化知识的浓缩，教师讲解、示范，学生内化、建构；学生的认识是在教师的指导下完成的有领导、有计划、有组织的学习活动，保证了学习的效果。

其次，教学是促进学生发展的活动。学生多方面发展是教学最基本的立足点。这里的发展指学生个体的发展，包括身体的发育、体质的增强、知识技能的获得、能力的提高、人格的完善等不同侧面的和谐发展。学生在掌握系统的人类文化过程中，丰富了个人的知识，提高了认识的起点，锻炼了认识能力，形成了态度、情感、品格与行为。学生发展是教学活动的出发点和最终归宿。

再次，教学是师生之间的交往活动。教学即特殊的社会交往。德国交往教学论流派把教学过程视为一种交往过程，即教师和学生的互动过程，师生交往的目的是“解放”学生。俄罗斯学者季亚琴科更明确地提出了教学的交往本质观，在他看来，“教学是有知识和经验的人与获得这些知识和经验的人之间的交往”[①]。有学者认为，教学是主体间文化的传承，是对人的自由天性的启迪，并由此使个体自由生成和展示，使其各方面潜能不断丰富和完善。这一过程需要师生双方内心世界的敞亮与对话，需要双方精神的交流与契合。还有学者认为，现代教学的本质就是教学交往实践。教学交往实践具有教学主体多极性、教学主体与教学客体对立统一性、师生主体与自身客体对立统一性、教学主体性与教学主体间性对立统一性等

① 朱佩荣：《季亚琴科论教学的本质》，《外国教育资料》，1993 年第 5－6 期。

特征。[①]

认识、发展与交往三者是统一的整体。认识是教学活动的基础，发展是教学活动的归宿，教学的根本任务是促进学生在认识过程中获得发展。但是，学生的认识与发展不是孤岛式的、“单子式”的，而是在学习共同体内进行的。教学中的认识与发展只有借助师生彼此交往、互动合作才能实现，对话、交往、合作是学生认识与发展的背景和途径。总之，认识是发展与交往的基础，发展是认识与交往的旨归，而交往是认识与发展的手段，三者构成教学活动本质的三个维度，形成教学活动特有的本质结构。

三、教学活动的构成要素

如何展开对教学活动的研究？人们常常通过对教学活动构成要素进行分析，进而阐释教学活动的内在关系及其对待方式。

（一）有关教学活动构成要素的观点

关于教学系统的构成要素，存在多种分析，归纳起来，主要有三要素说、四要素说、五要素说、六要素说、七要素说等学说。

拓展阅读 8-2：

教学过程的构成要素

1. 三要素说。三要素指教师、学生、教材，或教师、学生、教学媒介（包括教学内容与教学手段）。

2. 四要素说。四要素指教师、学生、教学内容、教学手段。

3. 五要素说。五要素指教师、学生、教材、工具、方法。

4. 六要素说。六要素指教师、学生、内容、方法、媒体与目标，或教师、学生、教学内容、教学工具、时间、空间。

5. 七要素说。七要素指学生、目的、课程、方法、环境、反馈和教师。（李秉德）

6. 三三构成说。教学过程由三个构成要素和三个影响要素整合而成，其中三个构成要素是学生、教师和内容，三个影响要素是目的、方法和环境。（田慧生、李如密）

---

① 靳玉乐、尹弘飚：《教学本质特殊交往说论析》，《教育理论与实践》，2001年第10期。田汉族：《教学交往实践：现代教学的本质》，《河北师范大学学报（教育科学版）》，2000年第2期。张广君：《教学存在的建构交往观：内涵·特征·意义》，《西北师大学报》，2001年第6期。刘庆昌：《对话教学初论》，《教育研究》，2001年第11期。

7. 层次构成说。教学要素可分为多侧面、多层次，如基本的要素与非基本的要素、平凡要素和特质要素、教学硬要素与教学软要素等。多种要素构成了一个庞大的教学要素层次系统。（张楚廷）

（资料来源：李秉德、李定仁主编：《教学论》，人民教育出版社，1991 年，第 12 – 17 页。田慧生、李如密：《教学论》，河北教育出版社，1996 年，第 131 页。张楚廷：《教学要素层次论》，《教育研究》，2006 年第 6 期。）

上述分析观点，是人们多侧面、多层次对教学活动所做的刻画，展示了教学活动构成要素的丰富特质。也有研究者对课堂中的团队活动过程进行了分析。[①]

资料卡片：
教学团队活动

（二）教学活动构成要素分析

我们认为，教学系统存在两类要素：实体要素与非实体要素。

实体要素包括教师、学生、教材和媒体。学生是教学的对象，没有这个要素，教学就失去了依存。教师是教学过程的组织者，学生学习的引导者和促进者。教师的人格品德、知识结构和教学能力等影响着学生的学习。教材是学生发展的重要资源，规定着学习内容，缺乏这一要素，学与教就失去了根据与载体。媒体在教学过程中起着承载和传递信息的作用，恰当地选择和运用学习媒体，可以激发学生的学习兴趣，提高教学效果。

非实体要素包括教学观念、教学目标、教学内容、教学方法、教学评价、教学气氛等，它们对教学系统的运行状态与活动效果具有不可忽视的影响。其中，教学观念指引教师的行为选择，教学目标引领教学活动的方向，教学内容是教师与学生进行意义建构的元素，教学方法是师生互动的活动方式，教学评价承担信息反馈的功能，教学氛围笼罩在教学活动场域而为师生所感知。

总之，教学活动是由多个要素构成的开放的动态系统，实体类要素与非实体类要素及其内部成分相互交织、彼此推动，形成错综复杂、不断发展的教学关系。教学过程既是一种认识过程，又是一种发展过程，还是一种交往过程；它既是教师对学生发展的指导、促进、激励过程，又是教师与学生共同生活、共同成长、共同创造的过程；它既是课程的实施过程，

① ［日］片冈德雄：《课堂教学中的团队活动过程》，瞿葆奎主编《教育学文集·教学》（中），人民教育出版社，1988 年，第 366 – 392 页。

又是课程的持续开发过程。教学工作既是一门科学，又是一门艺术（作为科学，教学具有可以遵循的内在规律与法则，作为艺术，教学需要超越既有的规则与程式，需要在具体情境中智慧地个性化地创造）。

第二节　教学活动的基本关系

教学过程存在多种要素，各要素之间彼此交织、相互作用，形成诸多关系。其中，基本的教学关系有：教师与学生的关系、教与学的关系、学生与教材的关系、教师与教材的关系。同一要素内又包含着复杂的关系如教学目标中的知识与智能、知识与情感，学习方法中的独立与合作、接受与探究。探讨这些关系，是认识与把握教学的重要方式。

一、教学中的教师与学生

教师与学生是构成教学活动的主体性要素，离开了教师与学生，教学活动便失去了赖以存在的前提。教师和学生共存于所参与的教学世界，同时又不断地建构着新的教学世界，教学活动就是师生共同生活、共同成长的过程。

（一）教师与学生主客体关系的观点

教学活动中的教师与学生存在多种关系如伦理关系、认识关系、社会关系等，其中认识关系是最基本的关系。正确地看待和处理教师与学生之间的认识关系（即认识论意义上的主客体关系）是教学活动中的一个基本问题。有关师生主客体关系的学说有：教师唯一主体论、学生唯一主体论、双主体论、主导主体说（主导主动）、复合主客体说、过程主客体说等。

拓展阅读 8-3：

教学过程的主体与客体

1. 教师唯一主体论（教师中心论），教师是教学过程中的唯一主体，学生是教师加工、塑造的对象，是教学的客体。

2. 学生唯一主体论（学生中心论），教学活动中，学生是唯一主体。

3. 师生双主体论。该说试图克服教师单主体说与学生单主体说各自的偏颇，认为在教学过程中，教师和学生都是主体，主张双主体。

4. 主导主体说。在教学过程中，教师是教学的主导，学生是教学的主体，即教为主导，学为主体（从严格的逻辑上看，应表述为“教师主导、学生主动”)。

5. 复合主客体说。教学过程中的主客体具有复合性，教师与学生均集主体与客体于一身，他们既是主体，又是客体。

6. 过程主客体说。从教学形态看，在教师系统讲授理论知识的系统教学与教师指导学生自主、开放、创造性实际操作、体验、探索的活动教学中，其主客体关系有着明显的差别。

7. 环节主客体说。从完整的教学环节看，教学过程包括教学设计、实施、自学指导、考试测评等环节，各环节的主客体关系不同。

8. 主客体否定说（主体际关系说）。主客体关系只能用于人与自然的关系，难以解释人与人的交往活动。教育教学过程里的师生关系是人—人交流、交往、对话的非对象性关系，是一种你—我的关系，互主体性关系，而非“主体—客体”关系。

（资料来源：潘洪建、徐继存：《教学过程主客体关系研究之透视》，《四川师范大学学报》，1997 年第 1 期。李长吉等：《教学主客体研究：盘点与梳理》，《教育理论与实践》，2001 年第 5 期。）

我们认为，教学过程中的主客体关系十分复杂，它不是单一的、凝固的、线性的关系，这是由教学过程的层次性、多样性、动态性决定的，我们难以为复杂多样、动态多变的教学过程构筑高度概括并能解释、规范所有教学过程的主客体关系。不同教学生态中的主客体的性质、特点及其表现形式各不相同。具体剖析各种教学形态、层次、环节中的主客体的性质及其联结方式，寻求不同类型的主客体关系模式，以阐解、规范和指导现实的教学实践，这或许是教学过程主客体关系研究进一步深化的可行之路。

（二）教学中处理师生关系的策略

（1）发挥教师教的主导性。作为教育主体的教师，首先要明确自己肩负的教育责任，认真履行教育职责，创造性地开展教学工作。其次，教师要掌握学生的发展特点和学习规律，发挥对学生发展的主导作用，有效地引领学生的学习。当然，教学过程中教师的“主导”不能简单地等同于教师的绝对权威与对学生的支配作用，它更多地强调教师对学生学习与发展的引导、激励、促进、支持与协助。

（2）激发学生学的主动性。现代教学以增强学生的主体意识、发展学生的主体能力和培养学生的主体人格为目标，一切教学活动都离不开学生主动性的发挥，学生是学习活动无法替代的主体，学习主体性的重要特征是主动参与。因此，教师首先要把学生的主体性发展作为教学的基本追求。

其次，设计富有意义的学习活动，让学生积极参与学习过程，对自身的学习承担责任。最后，尊重差异，引导不同层次、水平、性向的学生在不同方向、领域和层次获得各自的发展与提高。此外，对学生的表现多一些理解和鼓励，少一些抱怨和责备，创设良好的课堂气氛。

（3）构建师生发展共同体。教师的工作不仅仅是传统意义上的奉献与付出，学生的学习也不仅仅是简单的吸收与接受，教师同样是一位学习者，需要“教学相长”，学生除了学习还可充当教育者角色，“教人者教己”。师生关系不再是传统认识论意义上的主客关系，而是一种主体际发展关系，新型师生关系的建立需要师生之间、生生之间互教互学，结成发展共同体，相互协助，共同学习，共同成长。

二、教学中的认知与情感

从心理学的观点看，教学活动具有认知与情感两个层面，认知流与情感流相互交织，形成内容丰富、多彩的教学过程。

（一）教学过程中的认知

教学过程首先是一个认知过程，教学过程可以归结为认知信息的传递与转化，知识性、技能性、策略性认知结果的生成。教学过程中学生的认知活动包括观察、记忆、思维、想象等一系列信息加工过程。从认知信息的传递与转化看，教学过程存在两大认知系统，即教师教的认知系统和学生学的认知系统。教的认知系统的运行为：教师对教材内容进行加工、处理，然后向学生输出或传递，教学内容呈现、传递的不同方式将导致不同的学习效果。学的认知系统的运行为：学生加工、处理教师传递的信息，贮存在自己的头脑里，形成一定的认知结构，通过一定的方式输出，并反馈信息。这一过程中教师输出的信息要经过学生内部的选择、编码、复述、联结、监控等，其中有大量的观察、记忆、思维、想象等智力活动的参与，最终形成学生的认知结构。

（二）教学过程中的情感

教学过程同时是一个情感过程，教学过程包含着师生的情感活动，伴随着教学活动的情绪体验如愉悦、快乐、充实、激动等，以及依恋感、归属感、自尊感、好奇感、道德感、理智感、审美感。这些情绪情感影响教学过程及其效果。构成教学活动要素的教师、学生、教材内容，均存在着情感因素，形成教学中丰富多彩的情感领域。其中，教师是教学情感领域的重要来源，奥苏贝尔认为：教师的性格特征、情感态度与教学效果、学习动机关系密切。美国心理学家罗森塔尔、雅各布森的实验揭示了教师的期望效应。课程内容蕴含着丰富的情感因素，如语文蕴藏着作者各种复杂的情感，艺术类教材中的歌曲、舞蹈、绘画、雕塑等作品能让学生感受到艺术家们融入作品中的各种情感。学生的经历体验，以及对学习、教师、学科的情感也构成教学情感的重要来源。

（三）认知与情感协调的教学策略

教学过程的认知因素与情感因素，既可能相互协调，又可能彼此冲突，或兼而有之。因此，要正确处理两者的关系，激发与培养积极的教学情感。其基本策略有：

认知目标与情感目标并重，在实现认知目标的同时关注情感培养。除了认知目标，还应设置情感目标，将"情感态度价值观"的发展作为教学的基本目标，而不是仅仅作为认知发展的手段或陪衬。教学本身应促进学生情感的发展，情感发展是教学的内在要求。

挖掘教学内容的情感因素，转换教学内容潜在的情感价值。各科课程与教材内容均蕴含着丰富的情感因素，教师应设计富有情感色彩的教学活动，组织学生在活动中体会、转化、感悟教学内容的情感特征，引导学生全身心地投入知识学习，与教学内容中蕴藏的情感和谐共鸣，感受教学内容之美，体悟课程的情感蕴涵。

变革教学方式，让学生愉快地学习、思考与探索。创设快乐、活泼的教学气氛，实施愉快教育与快乐教学，激发学生感知教学内容和探索未知世界的激情，促进学生内在情感与外部世界碰撞，生活经验与教学内容对接，享受表达和聆听的喜悦，感受教学的快乐和幸福。通过师生对话、经验分享和情感交流，实现教学的人性化。利用教学技术生动、形象地呈现教学内容，让学习过程充满乐趣，焕发课堂生命活力，激发学生的创造热情。

运用教师的情绪感染与人格感化，陶冶学生情操。通过教师的语言、表情、手势、姿态等手段，创设积极的课堂情感氛围，激发学生的学习热情，培养积极的情感态度与价值观念。用教师的思想情感、人格魅力、文化修养去影响和感染学生，激励和打动学生。有位学生在评论自己的数学老师时这样写道："他给予我的不仅是数学知识，还是一种人格力量和人生感悟。……他上课精神饱满，高度兴奋，不仅音量大，而且十分自信，讲课非常连贯，眼睛脱离书本和备课笔记，总是滔滔不绝，而且还融入幽默和风趣，时时发出爽朗的笑声，面对这样的老师，我们也变得兴奋、集中，课堂气氛活跃，想象力、创造力特别丰富。”①

三、知识掌握与智力发展

掌握知识与发展智力同为教学过程中的基本任务，但如何认识与处理好两者的关系，是各派教学理论争论的焦点。近代教育史上形式教育论和实质教育论进行过长达半个世纪的论争。② 形式教育论者认为教学的主要任务在于训练学生的思维形式，知识的传授则是无关紧要的；实质教育论者则认为教学主要是传授给学生对实际生活有用的知识。在我国教育学界，20世纪八九十年代曾开展过激烈的讨论。那么，如何处理掌握知识和发展智力的关系呢？

资料卡片：形式教育与实质教育

（一）知识、智力的概念

什么是知识？长期以来，人们认为，知识是人类经验的成果。英国学者赖尔将知识分为“知什么”与“知如何”。认知心理学家安德森将知识分为陈述性知识与程序性知识。陈述性知识是关于世界的事实性知识，即我们通常的知识概念；程序性知识指在一定条件下可以使用的一系列操作步骤。梅耶将知识分为三类：语义知识、程序性知识、策略性知识。语义知识指个人关于世界的知识，即陈述性知识；程序性知识指用于具体情境中的算法或步骤；策略性知识主要涉及学习者学习的方法和解决问题的一般策略。

什么是智力？不同学派有不同的观点，至今尚无定论。传统的观点认为，智力就是认识能力，20世纪90年代以来，智力的概念得以拓展，有的将适应能力置入智力概念。其中最有代表性的是美国心理学家加德纳（Howard Gardner）1983年提出的多元智能理论。我们认为，智力是一种区别于人的知识、经验的心理能力，它是人最基本的、综合性认识潜能，思维能力是其核心。

---

① 朱小蔓、梅仲荪：《儿童情感发展与教育》，江苏教育出版社，1998年，第383页。

② 瞿葆奎、施良方：《“形式教育”论和“实质教育”论》，《华东师范大学学报（教育科学版）》，1988年第1－2期。

拓展阅读 8-4：

智力定义的代表性观点

①智力是一般能力，或是一般能力中的认识能力，包括观察力、记忆力、想象力、思维能力。它强调智力是一种潜能。

②智力是解决问题的综合能力。

③与体力相对，指一个人的心理能力，包括一个人的知识、技能和一般能力等。

④指个体的综合性的认识潜能。

⑤指对个体实施智力测验所测得的分数。

⑥加德纳认为智力是在某种社会或文化环境的价值标准下，个体用以解决自己遇到的真正难题或生产及创造出有效产品所需要的能力。他认为智力是多元的，个体有七种智力：言语—语言智力；音乐—节奏智力；逻辑—数理智力；视觉—空间智力；身体—动觉智力；自知—自省智力；交往—交流智力。

（资料来源：叶奕乾等主编：《普通心理学》，华东师范大学出版社，1997年，第592－593页。）

（二）掌握知识与发展智力的关系

首先，知识掌握并不等于智力发展，知识掌握与智力发展不是一回事，知识拥有的数量并不意味智力发展水平的高低。因为，知识属于人的经验系统，主要是后天获得的，而智力属于能力系统，是先天与后天综合作用的结果。皮亚杰的发生认识论认为，智力的发展不是简单的知识吸收和对外物的被动反映，它需要主体活动建构，只有在活动中才能实现智力的发展，由此提出智力发展阶段理论。

其次，智力的发展又离不开经验的积累与知识的掌握，智力的发展需要一定的经验与知识作为基础。在某种程度上讲，智力是个体知识的创造性运用。一个经验贫乏、孤陋寡闻的人，其智力不会有多高。知识掌握制约着智力的发展。一些研究表明，知识掌握对智力发展影响甚微，因此教学不应以智力发展为主要目标。① 但根据布卢姆有关人类特性的研究与皮亚

① 教学是以知识掌握为主要目标还是以促进智力发展为主要目标，尚存争论。参见［美］埃贝尔的《掌握知识应该是首要的教育目标》与戴尔的《掌握知识应该只是教育目标之一》，载瞿葆奎主编：《教育学文集·智育》，人民教育出版社，1993年，第43－59页。施良方、崔允漷主编：《教学理论》，华东师范大学出版社，1999年，第96页。

杰对认识发生的研究，中小学生的智力发展仍存在较大空间，知识学习可以在不同程度上促进学生的智力发展。

（三）促进知识向智力转化的教学策略

知识掌握与智力发展相互依赖、相互制约、相互促进，知识掌握与智力发展同为教学活动的基本目标。教学既要面向学生传授知识，又要发展学生的智力，通过知识的掌握促进学生的智力发展，把人类的文化成果内化为学生的心智结构。因此，教学应以掌握知识为基础，在知识掌握过程中发展智力，促进知识向智力的转化。其基本策略如下：

资料卡片：
知识与智力

多方面学习知识。广泛学习与涉猎众多领域如科学、技术、人文、社会、哲学、艺术的知识，学会从不同学科视域观察世界，形成对世界的整体把握。既要掌握陈述性知识，又要重视程序性知识，还要关注策略性知识，因为认知策略的适当训练，可以提高学习者的反省认知水平。多领域、多学科、多类型知识的学习有助于触类旁通，举一反三，促进智力的发展。

多维度把握知识。不同学科、领域的知识均具有三个维度：知识内容、知识形式、知识旨趣[①]，知识的内容、形式、旨趣的学习有助于挖掘知识的多种价值，打开知识的“百宝箱”。在把握学科知识内容的同时，掌握知识探究方式，学会学科思维；理解知识表达形式，学会学科表达；理解知识检验形式，对知识进行逻辑检验和经验考量。此外，还要理解知识潜在的精神、价值与追求。在知识的多维把握中释放知识所蕴含的智慧力量和认知热情。

资料卡片：
知识维度

掌握基础的知识。基础知识是一门学科的基本概念与原理，是人类经验的总结与智慧的结晶，蕴含着丰富的智力因素。无论知识更新多快，基本知识的变化是十分缓慢的，基础知识的学习与领会有助于智力开发。离开了基础知识的学习，离开了知识的内在化和外在化及其互动，智力发展犹如空中楼阁。

知识学习结构化。注重知识学习条理化，引导学生将所学知识组织、归类、抽象、概括，形成合理的知识结构，帮助学生建立良好的认知结构，以促进新知识的理解，实现知识的迁移，促进智力发展。正因如此，布鲁纳特别强调“学科结构”的掌握。

---

① 潘洪建：《基于“三维知识”教学的学科素养提升》，《教育研究》，2017 年第 7 期。

学习方式多样化。智力开发与知识学习方式关系密切。问题解决、实验操作、调查探究、信息处理、表达交流，有助于知识理解和智力发展。教师可以组织学生参加多种活动，通过亲身操作、实验、表达、体验，经历知识的形成过程，让学生在知识的记忆、理解、运用、探究、创造活动中掌握知识，在参与性、建构性、探究性、合作性、创造性学习活动中重构知识结构，优化认知结构，获得智力的增进。

四、接受学习与探究学习

就学生的学习方式而言，接受学习与探究学习是两种基本的学习方式，二者可以相互补充，彼此促进。

(一) 接受学习与探究学习的概念

接受学习是指在教学过程中教师以确定的形式呈现教学内容，学生在已有知识经验基础上认知同化，将新知识纳入已有认知结构的学习方式。正确理解接受学习，需要澄清接受学习与机械记忆、接受学习与被动学习两对概念。(1) 接受学习与机械学习。接受学习是指学生将学习材料作为定论性的知识加以内化，不必经历知识的发现过程，它与发现学习相对应。机械学习是指不理解学习材料的意义，仅仅死记硬背学习材料，它与意义学习相对应。接受学习可能是机械的学习，也可以是有意义的学习。奥苏贝尔探讨了使接受学习有意义的条件，他指出，只要学习材料本身具有非人为的联系、学习者认知结构具有同化新知识的经验、学习者又有积极的学习心向，那么接受学习完全可以是有意义的。(2) 接受学习与被动学习。被动学习指学生由于缺乏必要的基础、能力、兴趣或需要，不积极主动地掌握学习内容，停留于表面的、肤浅的应付式学习。被动学习与主动学习相对应。接受学习与被动学习无必然关系，接受可能是被动的，也可能是主动的，这取决于学习者的态度。

接受学习在历史上由来已久，学校产生之后的学习可以说主要是接受学习，即便是今天，接受学习仍占据主导地位。因为，面对人类数千年的文化成就与知识成果，个体只有首先掌握人类的基本知识，才能更好地适应社会发展的需要，才能在前人的基础上前行。同时，接受学习可以使学生在较短的时间内系统掌握大量的文化知识，简便易行，经济有效，其效率自不待言。当然，也应该看到，21 世纪以来，科学技术的发展更加迅猛，知识激增，信息爆炸，接受学习面临着严峻的挑战。

探究学习是指在教学过程中教师不以定论的形式呈现知识，而是指导学生通过探究、实验、推理对学习材料进行加工，自己获得知识的学习方式。换言之，在探究学习中，学生不是简单地接受、记忆和理解现成的知识，而是参与知识的发现，经历知识的形成过程，自己动手动脑去获得知识。正如接受学习并非机械学习，探究学习也并非意义学习，那种预设答案、路径机械、依样画葫芦的发现与探究则仍属于变相的机械学习。

探究学习在当代社会具有十分重要的意义。它适应了科技迅猛发展的需要，体现了世界教育改革的共同趋势，也有利于激发学生的学习兴趣，促进创新精神、创造能力的发展。同时，探究学习可以弥补接受学习的不足，让学生面对问题进行主动的思考与探索。

（二）接受学习与探究学习的差异

二者侧重点不同：接受学习强调现成知识的掌握，探究学习强调知识发现过程。学习材料呈现方式不同：在接受学习中，教师把学习内容直接呈现给学生；而在探究学习中，教师只提供资料，提示线索。学习心理过程不同：在接受学习中，学生直接把现成的知识纳入认知结构，加以内化；而在探究学习中，学生必须首先通过自己的探究活动，从事实中归纳出结论。接受学习与探究学习不是简单对立的，接受学习中存在着质疑问难，存在着问题探究和意义再构，而探究学习亦以接受学习为基础，探究中也可以学习新的知识，二者互渗互补，共同构成人类学习的基本形态。接受学习与探究学习并存有利于处理继承与创新的关系，实现文化传递与人才培养的双重目标。

（三）处理接受学习与探究学习的策略

开展有意义接受学习。如上所述，接受学习可以是机械的，也可以是有意义的，为了开展有意义接受学习，需要满足奥苏贝尔的有意义学习的三个条件：材料具有实质意义，儿童的知识准备，积极学习心向。[①] 接受学习使学生在较短时间内获得系统知识，将人类客观知识内化为个人知识，为探究学习奠定扎实的知识与方法基础。

组织探究学习活动。探究学习可以独立开展，如开设研究性学习课程，组织学生从事专题研究活动，进行专门的探究学习，获得探究的方法与技能。或在学科教学中，选择有探究价值的问题，组织学生围绕问题解决展开探究活动，培养学生的探究意识和解决问题的能力。

在接受学习中进行适当探究。即接受学习探究化，将探究元素引入接

① ［美］奥苏贝尔：《意义学习新论》，毛伟译，浙江教育出版社，2018 年。

受学习，以探究的态度、方式去理解、掌握结论性知识，引导学生在接受学习过程中质疑问难，用问题引导学习，将新知识的学习过程变为问题发现、研究与解决的过程，在问题探究的过程中吸收、内化新知识。

第三节 教学过程的阶段

一、教学过程的阶段理论

教学活动总是要持续一定时间，经历一定的流程。在教育史上，教育家们基于不同视角，对教学活动的展开过程和基本阶段提出各自的看法。①其中，影响最大的教学过程阶段理论是赫尔巴特学派的五段教学与杜威的五步教学。

（一）赫尔巴特学派五段说

赫尔巴特首创教学过程“四段说”。依据统觉心理学原理，他认为学生的学习就是心理观念的运动，即概念与概念、主要概念与从属概念之间系统化联结运动。据此，他将心理运动分为“静态的专心”“动态的专心”“静态的审思”“动态的审思”，相应地，教学过程则划分为四个连续的阶段：明了、联想、系统、方法。赫尔巴特的弟子戚勒、莱恩等人对赫尔巴特的四段说进行了一定的改造，各自提出了知识教学五段说，其中，以莱恩的划分最明晰、实用，因而广泛传播。莱恩的五段教学过程为：准备、呈现、联合、概括、运用。② 这已类似于我们今天的知识教学阶段了。

莱恩认为，教师的第一步就是要引起学生对教学的兴趣和唤起学生大脑中的原有观念，把学生的注意力吸引到课堂上来，为教学做好准备；其次，教师呈现新的教材内容，然后，使新知识与学生大脑中原有观念组合、联合，产生新的联系；再次，进行概括，通过复述等方式将知识系统化，形成知识体系；最后，将新知识以适当的方法加以运用。

赫尔巴特学派教学阶段论揭示了人类认识过程的共同要素，即感知、思维、运用。其科学分析和细致研究，使杂乱无章、混淆未别的教学过程逐渐走上了有章可循的轨道，成为课堂教学的经典程式，推动 20 世纪的教育普及运动，对师资培训亦做出了重大贡献。但僵化的模式、刻板的规范

---

① 李定仁、王兆璟：《教学过程阶段诸说的比较研究》，《比较教育研究》，2000 年第 2 期。

② ［澳大利亚］康纳尔（W. F. Connell）：《二十世纪世界教育史》，湖南教育出版社，1991 年，第 112 页。

导致了教学的形式主义，严重束缚了师生的手脚，致使教学失去生机与活力。同时，忽视学生的情绪、意志、方法等因素的作用，因而遭到杜威的批判。

（二）杜威问题教学五步说

杜威认为，好的教学必须能唤起儿童的思维，教学活动必须以儿童个人生活实践或直接经验为基础。在他看来，经验中包含着思维，如果没有思维，那就不可能产生有意义的经验。因此，学校必须提供可以引起思维的经验情境，培养良好的思维习惯和思维能力。为此，杜威研究了人的思维过程，撰写了《我们怎样思维》一书，在该书中大力倡导“反省思维”(reflective thinking)，“这种思维乃是对某个问题进行反复的、严肃的、持续不断的深思”即“对于任何信念或假设性的知识，按照其所依据的基础和进一步导出的结论，去进行主动的、持续的和周密的思考，就形成反思性思维”①。作为一个思维过程，它具体分成五个步骤：第一，问题的感觉——在一个真实的经验情境中，令人不安和困惑的问题阻止了连续的活动；第二，问题的界定——使直接经验到的疑难或困惑理智化，成为有待解决的难题和必须寻找答案的问题；第三，问题解决的假设——占有知识材料，从事必要的观察，以对付疑难问题；第四，对问题及其解决的逻辑推理——从理智上对假设进行认真推敲，看哪种假设能对付疑难；第五，通过行动检验假设——通过行动来检验考虑中的解决问题的办法的有效性。换言之，思维过程包括五个步骤：（1）感受疑难的情境；（2）认清疑难所在的问题；（3）提出解决疑难的假设；（4）进行逻辑推理；（5）行动验证假设。杜威指出，这五个步骤的顺序并不是固定的，每一阶段都可进一步展开。

基于“思维五步”的理论，杜威提出教学过程的五个步骤：一是教师给儿童提供一个与现在的社会生活经验相联系的情境；二是使儿童有准备去应付在情境中产生的问题；三是使儿童产生对解决问题的思考和假设；四是儿童自己对解决问题的假设加以整理和排列；五是儿童通过应用来检验这些假设。在杜威看来，在这种教学过程中，儿童可以学到创造知识以应付需求的方法。

杜威反对在教学中背诵和堆积知识，认为这种冷藏库式的知识只能对

---

① ［美］约翰·杜威：《我们怎样思维·经验与教育》，姜文闵译，人民教育出版社，2005年，第11页。

思维发展起破坏作用。与赫尔巴特学派强调知识传授不同，杜威更倡导问题解决式教学，关注问题的解决。这种教学过程理论重视学生的主动活动及其亲身经验，注重在经验中学习，对于矫正传统教育的弊病具有积极的意义。

拓展阅读 8-5：

教学过程阶段的多样化探索

孔子：学、思、行。

荀子：闻、见、知、行。

《中庸》：博学之、审问之、慎思之、明辨之、笃行之。

昆体良：摹仿、理论、练习。

赫尔巴特：明了、联想、系统、方法。

戚勒：分析、综合、联合、系统、方法。

莱恩：准备、呈现、联合、概括、运用。

瑞勒珀弗尔特：导入、观察、比较、综合、运用。

维尔曼：教学过程包括心理过程（接受理解巩固）、逻辑过程（分析与综合）、教学过程（呈现解释练习）。

沙爱伯纳勒：提出目标、汇总资料、计划、进行活动、整理。

杜威：疑难、问题、假设、验证、结论。

克伯屈：提出目标、计划、进行、评定。

凯兴斯泰纳：问题、假设、验证、结论。

凯洛夫：知觉、理解、概念、巩固、运用。

达尼洛夫：准备、感知、思维、巩固、在实践中运用练习。

斯卡特金：提出目的、接受和理解新信息、巩固接受的和初步掌握的信息、学习反馈知识的检查、总结归纳入已有知识系统。

莫里逊：探索、揭示、类化、组织、巩固。

塔巴：将归纳思维的教学过程概括为形成概念、解释材料、应用原理。

萨奇曼：探究训练的教学过程：让学生面临问题、收集材料-证实、收集材料-实验、组织阐述解释、分析探究。

上海青浦县：诱导、尝试、归纳、变式、回授、调节。

杨光岐：准备、启动学习、指导思维、训练建构、反思改善。

（资料来源：黄甫全、王本陆主编：《现代教学论学程》，教育科学出版社，2003年，第75－76页。［南斯拉夫］鲍良克：《教学论》，福建教育出版社，1984年，第61－62页。杨光岐：《教学过程“新五段论”》，《教育研究》，2006年第2期。）

历史上有关教学过程基本阶段的论述，对于教学活动组织具有一定参考价值。不过，在实际活动中，不同环节可以交叉、省略、前后互换。同时，必须指出的是，有关教学过程阶段的论述大多仅侧重于知识、技能的教学，几乎没有涉及情感、态度的教学。其实，不同知识类型的教学过程有所不同，即使同一知识类型，也因教学对象、目标的差异，其教学阶段有一定差别。

二、知识教学的基本阶段

教学阶段即教学活动在时间上的展开序列、历程。由于教学内容的差异，不同学科的性质、不同知识的类型及不同教学目标，决定了知识教学过程存在着一定的差异。同时，知识教学过程、技能教学过程、态度教学过程，又有着各自的特点，不可简单等同。当然，作为教学，知识的传递与接受贯穿所有教学活动，换句话说，知识的教与学是技能教学、态度教学不可缺少的因素。从教师教授的角度看，知识教学的一般过程可划分为：

激发学习动机。诱发和激起求知欲，帮助学生做好学习的心理准备，进入学习过程，唤起学习的积极性。采用提问、故事、演示、实验等方式，创设情境，可以激发学习动机与探究欲望。

感知与理解教材。初步感知教材，形成清晰的表象，把新知识纳入已有的认知系统，理解新概念、新知识。理解教材是教学的中心环节，教师应系统地呈现、提示、讲解教材内容，引导学生感知、观察、分析、综合、想象，把教材的知识结构转化成学生的认知结构。

巩固与运用知识。在理解的基础上记住所学知识，并运用所学知识解决问题。知识巩固与运用的方式有复述、作业、练习、实验、操作等，还包括组织学生实习作业、参观访问、社会实践、生产劳动，以加深对知识的理解，强化知识的保持，形成技能技巧和发展独立学习能力。

反馈与评价。检查学习效果，评价学业成绩。教师要引导学生及时对学习结果与过程进行自我检查、反馈，发现、纠正学习中出现的问题与错误，改进学习方法，提高学习成效。

上述四个阶段的划分是相对的，事实上，激发动机、感知理解、巩固运用、反馈评价既前后相继，又交叉渗透，四者构成一个有机的整体，从而形成多样化教学结构。

当然，如果从学生学习的角度看，知识学习可分为知识的同化、保持、迁移和建构三个阶段，不同阶段面临不同的心理问题。在同化阶段，学生运用已有的知识理解新知识，并使其在认知结构中找到适当的位置。在保持阶段，通过记忆使新知识得到巩固。在迁移与建构阶段，通过应用使知识产生广泛的迁移，做到举一反三，通过知识建构获得新的意义。传统知识教学强调同化和保持，而现代知识教学则在强调四者协调的基础上，更注重迁移和建构。①

本章内容小结

教学是学校教育的基本途径。教学是一种认识、交往、发展的活动，是学生在教师指导下的特殊认识过程，是师生之间互动交往的过程，是促进学生全面而富有个性地发展的过程。教学活动由众多要素构成，要素之间充满复杂多样、动态变化的关系。教学活动的基本关系有教师与学生、认知与情感、知识掌握与智力发展、接受学习与探究学习等关系。在教育史上，影响最大的教学过程理论是赫尔巴特学派的“五段教学”与杜威的“五步教学”。知识学习是技能、态度学习的基础，知识教学的一般过程可以划分为：激发动机、感知理解、巩固运用、反馈评价。

本章问题思考

1. 概念辨析：教学与教育；教学与智育；赫尔巴特“五段教学”与杜威“五步教学”。
2. 关于教学本质的认识有哪些？如何看待这些争论？
3. 比较赫尔巴特学派的“五段教学”与杜威的“五步教学”的异同。
4. 结合学科实际，谈谈教学过程中如何处理知识传授与智力发展的关系。
5. 结合学科实际，谈谈教学过程中如何处理认知与情感的关系。
6. 结合学科实际，谈谈教学过程中如何处理接受学习与探究学习的关系。

本章参考文献

1. 王策三：《教学论稿》，人民教育出版社，1985 年。
2. 吴也显主编：《教学论新编》，教育科学出版社，1991 年。
3. 张武升主编：《教学论问题争鸣研究》，南开大学出版社，1994 年。
4. 李森：《教学动力论》，西南师范大学出版社，1997 年。
5. 李定仁、徐继存主编：《教学论研究二十年（1979—1999）》，人民

① 张大均主编：《教育心理学》，人民教育出版社，2006 年，第 119 页。

教育出版社，2001 年。

6. 张广君：《教学本体论》，甘肃教育出版社，2002 年。

7. 田汉族：《交往教学论》，湖南教育出版社，2002 年。

8. 李长吉：《教学价值观念论》，甘肃教育出版社，2004 年。

9. 王策三主编：《教学认识论》，北京师范大学出版社，2005 年。

10. ［美］斯特莱克、索尔蒂斯：《教学伦理》，王纾等译，教育科学出版社，2007 年。

11. 裴娣娜主编：《现代教学论》（第 1—3 卷），人民教育出版社，2005 年。

第九章

教学目标与教学内容

教学目标、教学内容是教学系统中两个最基本的因素，也是对教师而言规定性最强的因素——教学目标是课程目标的具体化，教学内容在通常情况下由教材文本所规定。但这不意味着教师不需要创造。相反，教师需要根据学生具体的学习情况，创造性地确定合适的教学目标，进而根据目标选择、优化教材内容，最终确定教学内容。

第一节　教学目标

一、教学目标的概念

教学活动是一种目的性活动，它总是指向一定的结果，实现特定的目标。教学目标即学生在教学活动后要达到的预期学习结果，应体现国家教育目的，同时又是培养目标的具体化。教学目标具有为教师的教及学生的学进行定向、激发学生的兴趣与努力、作为学生学业成就评价的基本标准等功能。教学目标从宏观到微观，可分为整体的科目教学目标、单元教学目标、课时教学目标。教学目标又与教学目的、教学任务、课程目标存在区别。

（一）教学目标与教学目的、教学任务

教学目的、教学任务与教学目标都是对教学活动结果的预期，都是教学过程的出发点和归宿点，都对教学活动起着重要的导向作用。不同之处在于：教学目的、教学任务是对教师要教什么的说明，着眼于教师的教，是以教师为主体进行描述，是对教师的活动的一种期望；教学目标则着眼学生学习的结果，是以学生为主体进行描述，是对学生学习行为结果的一种规定，是学生必须达到的要求。[①]

资料卡片：
教育目的概述

（二）教学目标与课程目标

课程目标是预先确定的学生通过某门课程的学习所应达到的学习结果，它表现为学生在课程相关素质或特征方面的变化。而教学目标专指课程教学中教师对学生学习结果预期的规定，如通过一个特定教学过程（如一节课），学生的学习结果如某种知识、技能、观念、态度的形成。课程目标是指导课程编排、实施和评价的整个过程的准则，也是课程自身性质和理念的体现。而教学目标是指导教学过程的准则，通常反映了教师的教育理念。它们的不同之处主要在于：课程目标指导整个课程的建设，而教学目标只是指导教学过程。

课程目标的实施主体涉及教育管理部门、师资培训基地、教材教参编写者与审核者、学校的专业教师和教辅人员及全体接受课程教育的学生。教学目标的实施主体只包括学科教师、教辅人员及学生。课程目标较为抽象，教学目标则十分具体、微观。教学是实施课程的主要途径，教学目标是对课程目标的具体化、情境化。

拓展阅读 9-1：

当代几种教学目的论

1. 强调伦理的教学目的论

这一派认为，教学的主要任务是培养人具有一定的伦理道德规范，着重养成学生的世界观和人生观。

2. 强调形式训练的教学目的论

训练说认为人类生而具有记忆、思维、想象等各种心理能力，教学的

---

① ［美］麦克默林：《教育目的概述》，瞿葆奎主编《教育学文集·教育目的》，人民教育出版社，1989 年，第 293－301 页。

任务不在于教给学生多少知识，而是重在培养学生的能力，特别是培养学生的悟性或理性能力、思维能力。

3. 强调知识技能的教学目的论

强调知识技能的教学目的是希望让学生掌握更多的知识，把学生培养成博闻强识的人。这里需要区别的是，对知识有不同的认识，我们批判的是死记硬背的、僵化的知识，应该把知识看成认识不断发展的结果。

4. 强调发展的教学目的论

这一派认为教学的目的在于传授知识和发展能力，尤其重视后者。对于发展的内涵，不同的人赋予了不同的理解。

5. 强调实用的教学目的论

实用主义的教学目的是在反对教学脱离社会、脱离学生实际的批判中形成和发展的。这一派以杜威为代表，他反对教学的目的是为未来生活做准备的观点，认为教学本身就是儿童生活的一部分。

6. 强调自我实现的教学目的论

强调自我实现的教学目的论，也是对模式化教学的一种批判，学生在实现自我的过程中发展其创造力。从人本主义出发，罗杰斯提出教学的目的在于培养“全面发展的人”（fully functioning person）。

参考资料：陈佑清：《教育目的论》，湖北教育出版社，1994年。扈中平：《教育目的论》，湖北教育出版社，2004年。

二、教学目标的分类

（一）美国的分类

1. 布卢姆的教学目标分类

布卢姆等人在行为主义和认知心理学影响基础上，将教育目标分为认知、情感和动作技能三个领域，每一个领域又细分为若干层次。其中，认知目标由低级到高级分为六个层次：知识、领会、运用、分析、综合、评价。（参见本书第二章）

2. 加涅的学习结果分类

加涅提出五种学习结果，将五种学习结果与教学设计联系起来，他对每一类学习的性质、条件及其教育含义进行深入研究，提出了一套独特的教学设计原理。五种学习结果分别是：

（1）态度（attitude）。态度是通过学习形成的影响个体行为选择的内部状态。它有三类：第一类态度可被看作期望达到的教育目标，如希望儿童和善待人、为他人着想等；第二类态度包括对某类活动的积极偏爱，如听音乐、阅读等；第三类是有关公民身份的态度，如爱国、愿意履行公民义务等。

（2）动作技能（motor skills）。动作技能有两个部分：一是如何描述进行操作的规则，即动作的程序；二是因练习与反馈逐渐变得精确和连贯的实际肌肉运动。动作技能是一种习得能力，如写字母、做体操等。

（3）言语信息（verbal information）。学习者通过学习以后，能记忆事物的名称、符号、时间、定义、对事物的具体描述等具体的事实，能够在需要时将这些事实表述出来。

（4）智力技能（intellectual skills）。指学习者通过学习获得的使用符号与环境相互作用的能力。例如，使用词语和数字这两种最基本的符号，进行阅读、写作和计算。智力技能由简单到复杂，由低级到高级又可分为信号学习、刺激反应、连锁、言语联合、辨别、概念、规则、高级规则八个亚类。其中，与学校教育有关的是后面四类，分别为："辨别"是指区分两个不同的事物间的差异。"概念"是指根据某些共同的属性对事物和观点进行分类。例如，把蝙蝠识别为哺乳动物。概念一般以词或符号来表示。"规则"以言语命题或句子来表达，揭示两个或更多的概念之间的关系，它可以是一条定律、一条原理或一条已确定的程序。"高级规则"是由一些相对简单的规则所组成的复杂系统，适合于解决不同内容范围的问题或更复杂的问题，因而具有更广泛的应用性，对人的思维能力要求更高。

（5）认知策略（cognitive strategies）。认知策略是学习者借以调节他们自己的注意、学习、记忆和思维等内部过程的技能。学习者的认知策略指挥对其环境中的刺激物予以注意，对学习的事物进行选择和编码，对学习习得进行检索。

资料卡片：
教学结果

加涅在1979年出版的《教学设计原理》一书中"教学结果"部分对五种学习结果进行清晰而完整的阐述。[①]

3. 奥苏贝尔与鲁宾逊的分类

美国心理学家奥苏贝尔和鲁宾逊1969年根据有潜在意义的学习材料纳入认知结构后产生的结果，从低到高把学习分为表征学习、概念学习、命

① ［美］加涅、布里格斯：《教学结果》，瞿葆奎主编《教育学文集·教育评价》，人民教育出版社，1989年，第426－444页。

题学习、发现学习四个类别。[①]

4. 梅里尔的分类

梅里尔在加涅八类习得行为上增加了两个类别，共十类习得行为，并按照四个水平进行排列。四个水平分别是：情绪行为、动作技能行为、识记行为和复杂的认知行为。[②]

资料卡片：
有意义学习的类别

（四）梶田叡一的分类

日本大阪大学梶田叡一借鉴布卢姆的理论，提出具有东方色彩的教育目标分类理论。他提出学校教育至少要包含三种类型的教育目标：基础性目标、提高目标和体验目标（如表 9-1 所示）。[③]

资料卡片：
界说教学结果所必需的心理条件

1. 基础性目标（达成目标）。期待学习者身上发生明显的变化；要求学生掌握规定的、具体的知识和能力。

2. 提高目标（向上目标）。学生向一定目标提高和发展，或期待学生在某一方面有所提高。如逻辑思维能力、鉴赏力、社会性、价值观等综合性高级目标。

3. 体验目标。即学生产生的某种切身体验，它不是以学生表现出某种行为变化为直接目的，而是期待学生自身产生某种特定内容的体验。

这三类目标都包含认知、情感、动作技能领域的一系列目标，并有具体到达的要求。

表 9-1　梶田叡一的教育目标分类

目标类型	基础性目标（达成目标）	提高目标（向上目标）	体验目标
认知领域	知识、理解等	逻辑思维能力、创造性等	发现等
情意领域	兴趣、爱好等	态度、价值观等	感触、感动等
动作技能领域	技能、技术等	熟练等	技术成就等

① ［美］奥苏贝尔、鲁宾逊：《有意义学习的类别》，瞿葆奎主编《教育学文集·教育评价》，人民教育出版社，1989 年，第 445－462 页。

② ［美］梅里尔：《界说教学结果所必需的心理条件》，瞿葆奎主编《教育学文集·教育评价》，人民教育出版社，1989 年，第 463－480 页。

③ 梶田叡一：《创造生动活泼的学校教育》，转引自钟启泉编著《现代课程论》，上海教育出版社，1989 年，第 311 页。

此外，日本学者小原国芳提出真、美、善、圣四项教育目的，可资参照。[①] 苏联教育学者巴班斯基将教学目标分为教养目标、教育目标、发展目标，具有一定的特色。

资料卡片：完人教育论

（五）我国的分类

中华人民共和国成立以来，我国中小学教学目标的分类与表述不断演进。[②] 新世纪课程改革确立了知识与技能、过程与方法，以及情感、态度与价值观的三维课程目标体系，相应地，教学目标也可分为三维：

知识与技能目标：指各门课程所包含的知识和技能目标，如语文课程所包含的语文知识和听说读写技能。

过程与方法目标：既指学习各门课程的过程和方法，也指各门课程涉及的学科探究和发现的过程与方法。当然，两者有时可合而为一，如物理课程提倡的学习过程和方法就是物理探究与发现的过程和方法。过程与方法目标可这样表达：

认识分数的发生和发展过程。

掌握商不变性质的探究过程。

理解三角形概念形成的概括过程。

学会××结构的归纳和演绎过程。

学会××探究的方法。

理解××问题解题的思路与分析和综合的方法。

情感、态度与价值观目标：情感、态度与价值观目标包括与各门学科直接联系的态度、兴趣，还包括一般性的道德情感、科学态度、人文精神等。

教学目标是对课程目标的具体化，因而课程标准中的三维目标应当转化为教学的三维目标。它可分为知识目标、技能目标、情感目标，或知识目标、能力目标、情感目标，还可以划分为知识与理解、技能与操作、情感与体验等。需要注意的是，不管怎样分类，三维目标的划分是人为的。实际上，教学目标是有机整体，统一于学生完整生命的和谐发展，不能被

---

① ［日］小原国芳：《完人教育论》，瞿葆奎主编《教育学文集·教育目的》，人民教育出版社，1989 年，第 302－318 页。

② 罗儒国：《建国 70 年教学目标研究的回顾与前瞻》，《河北师范大学学报（教育科学版）》，2019 年第 1 期。杜尚荣、王笑地：《我国中小学教学目标研究 70 年：回顾与展望》，《教育学报》，2019 年第 3 期。

分割实施，在一项设计合理的教学活动中三维目标完全可以同时达成。当然，知识与理解目标是教学目标的基础，其他目标（特别是情感与体验目标）大多是在知识理解与意义建构过程中完成的。

2017 年后，学科核心素养的提出与分析又为教学目标的分类提供了一种新的选择。我们可以依据学科核心素养，参照科学核心素养的框架制订教学目标，如高中物理的教学目标可从物理观念、科学思维、科学探究、科学态度与责任四个侧面去界定。如“力的分解”教学目标见表 9-2。①

表 9-2　高中物理“力的分解”教学目标

方面	要素	具体描述
物理观念	相互作用观念	能从物理学相互作用的视角形成关于力的分解是力的合成的逆运算、一个力分解为两个分力遵循平行四边形定则的基本认识
		能分析自然界与生活中应用力的分解的简单实例和有关简单问题，能根据力的作用效果进行力的分解，会用平行四边形定则通过作图法或计算法求已知力的分力
科学思维	模型建构	经历在生活情景中建立分力与合力、力的分解概念的过程
		经历在实际问题中建构按作用效果分解力的模型的过程
		能在熟悉的问题情境中运用力的分解的模型
	科学推理	经历在力的合成规律的基础上得出力的分解遵循平行四边形定则的过程，感悟逻辑推理的方法
		经历“提出问题—猜想与假设—制定计划—进行实验与收集证据—分析与推理”的过程，感受科学探究的方法
		经历在实际问题中分析的过程，经历合理推论得出一般情况下根据力的实际作用效果来进行分解的过程，领悟等效替代的思想方法，感受图示、归纳推理的方法
	科学论证	在“斜面上重力的分解”和“劈的分解”等实验中，能使用简单和直接的证据表达自己的观点
	质疑创新	对生活中的一些能引发认知冲突的现象具有质疑的意识
		在设计科学探究方案时具有创新的意识

① 潘祎文：《基于物理学科核心素养的教学目标设计》，《物理教学》，2018 年第 12 期。喻平：《发展学生学科核心素养的教学目标与策略》，《课程·教材·教法》，2017 年第 1 期。

续表

方面	要素	具体描述
科学探究	问题	通过观察物理现象，提出物理问题，形成有关力的分解遵循怎样的规律及如何在实际问题中分解力的猜想和假设
	证据	能根据已有的科学探究方案，使用小车、自制斜面模型、劈的分解模型、三角支架模型等基本的器材获得数据
	解释	能整理实验数据及图形，得到按力的实际作用效果分解力的结论
	交流	能对科学探究过程和结果进行交流、评估、反思
科学态度与责任	科学本质	通过了解力的分解在生活中的实际应用，认识到物理来源于生活又服务于生活的科学本质
		能认识到物理学是基于人类有意识的探究而形成的对自然现象的描述与解释，懂得力学概念和规律需要接受实践的检验
	科学态度	通过力的分解的学习，认识到物理概念和规律是建立在实验研究基础上的，养成严谨认真、尊重事实的科学态度
		在对力的分解规律进行探究的过程中，具备研究规律的兴趣和热情，养成乐意与他人合作并共享成果的科学态度
	社会责任	认识到物理研究与应用会涉及道德与规范问题，通过有关力的分解的实例分析，感悟物理在生活中的应用价值，了解科学、技术、社会、环境的关系

可见，依据学科核心素养设计的学科教学目标更加精微，且与测评直接相关联，相对于三维目标是一大进步。但是，亦应看到，目标太多不免琐碎，其操作性、可行性尚存疑问。

我们认为，教学目标应该与课程目标有所区别，而不是课程目标的直接套用。因为课程目标的设计除了为学生的学习制定最终标准，还需要为教材编写、课程评价提供依据，而教学目标主要针对学生当下的学习，直接指向学生的过程性学习结果，那些较为宏大、数课时难以完成的目标不宜作为教学目标。参照布卢姆的教育目标分类学说，我们也可以把教学目标分为知识与理解、技能与操作、情感与体验，这样既能指向知识、技能与情感目标，又指明达到目标需要的特定活动，将目标性质与活动方式联系起来，有助于预期目标的顺利达成。

“知识与理解”目标主要属于认知目标，反映个体认知活动的成就与水平，它与信息加工、理解、领会等认知活动相关。

“技能与操作”目标主要属于运动技能目标，体现外显技能的娴熟程度，它与技能操作、身体控制活动相关。

“情感与体验”目标主要属于情感目标，涉及情感、态度、价值规范等领域，反映个体价值观内化的水平，它与情绪体验、性格陶冶、精神修炼活动关系密切。

三、教学目标的设计

教学目标设计需要遵循一定的原则与步骤，采用科学的方法，才能确保目标的完整、可行。

（一）教学目标设计的基本原则

1. 系统化

系统化要求我们根据教学目标的系统特性，进行系统规划与设计。教学目标设计时必须考虑目标体系纵向的和横向的联系。要满足上位目标对下位目标的要求，充分实现各层次目标的连续性和递进性；要充分考虑不同教育阶段培养目标之间、科目教学目标之间、年级教学目标之间、单元教学目标之间和课时教学目标之间的相互关系，将教学目标置于一定的系统，具有全局意识。

2. 具体化

教学目标需要对课程目标加以具体化、操作化。教学目标的表述应力求明确、具体，可以观察和测量，避免含糊不清的表述，如语文课的目标“体会作者对劳动人民的同情”，历史课的目标“认识科技是推动生产力发展的动力”就显得笼统、含糊，不能有效发挥教学目标的导向作用。研究表明：教学目标的具体化，对提高学生学习成绩有促进作用。有研究者以十年级为被试，以健康教育课程做实验，比较了精确的目标、含糊的目标和无目标三种条件对学生学习成绩的影响，结果发现，精确表述的目标同另外两种目标相比，前者促进了学生学习成绩的提高。[①] 正因为如此，西方发起了克服教学目标含糊性的运动，出现了一些有助于教学目标具体化的方法，如 ABCD 目标表述方法。

3. 层次化

从纵向上看，任何预期学习结果，客观上都要求学生通过达到不同层次的要求，从较低层次目标逐步过渡到较高层次目标。从横向上看，不同的学习者达到的目标应有层次差异，教学目标的设计也需适应这种多层次的要求。这里的“层次化”，是指在某一个特定教学目标设计和表述时，要

---

① 参见皮连生主编：《学与教的心理学》，华东师范大学出版社，1997 年，第 232 – 233 页。

体现学习结果的层次性。如初中平面几何的“三角形”主题中，“三角形的内角和”这一知识点的教学目标，以布卢姆等人的认知领域分类为蓝本，以双向细目表的形式，对教学目标层次进行精心的划分，列为表9-3。

表9-3　平面几何“三角形内角和”教学目标双向细目表

	识记	理解	简单应用	综合应用
三角形内角和	1. 能正确叙述三角形内角和定理及其推理； 2. 能答出什么是锐角三角形、直角三角形和钝角三角形，并能答出以角的大小为分类标准的三角形集合的包含关系； 3. 在图上指出直角三角形的斜边和直角边计算； 4. 能正确使用虚线表示三角形中的辅助线。	能从课本中所用证法推想出过一顶点作其对边的平行线来证明三角形内角和定理。	能证出“三角形不共顶点的三个外角之和等于360度”，并会应用此结论。	能综合应用三角形边的关系、角的关系，以及各种三角形的边、角、高、中线与角平分线的特征进行推理与计算。

在上表中，纵向为主题内容，横向是教学目标的层次。一般说来，教学目标的层次划分是以学习内容分析的结果为基础的，两者有密切关系。

教学目标是教学行为所追求的预期结果在主观上的超前反映，目标体系建构带有很大的相对性。因此，在基础教育课程与教学的变革中，需要正确处理完整与缺损、稳定与变化、澄明与模糊、预设与生成等关系。①

（二）教学目标设计的步骤

1. 目标分解

教学目标分解过程是自上而下、不断具体化的过程。下位教学目标的确定以上位目标为依据，并对上位目标进行分解，使其不断具体化。这里的教学目标分解，实际上只是将课程教学目标分解成单元教学目标，以便为课时教学目标的设计提供依据。可按照布卢姆的教育目标分类理论或加涅的学习结果分类学说，将课程教学目标分解为单元教学目标。如“长方形和正方形的面积”单元教学目标可分解为：

能说出面积的意义；

能记住正方形和长方形的面积计算公式；

能区分长度单位和面积单位这两种不同的单位；

愿意按教师示范和要求，口述面积计算的思路；

① 李保强：《教学目标体系建构的理论反思》，《教育研究》，2007年第11期。

在面积计算中，养成认真、仔细运算的态度。

2. 任务分析

单元目标确定后，可以根据单元目标进行任务分析。这里的任务分析实际上就是对学习者为了达到单元目标的规定而所需学习的从属知识、技能以及它们的相互关系进行具体的剖析。通常做法是，从已确定的教学任务开始提问和分析：要求学习者获得教学目标规定的任务他们必须具备哪些次一级的能力？而要培养这些次一级的能力，又需具备哪些更次一级的能力？……这些提问和分析一直进行到教学起点为止。下面是对证明“弦切角等于它两边夹弧所对的圆周角”的单元教学目标所做的从属技能分析（如图 9-1 所示）。

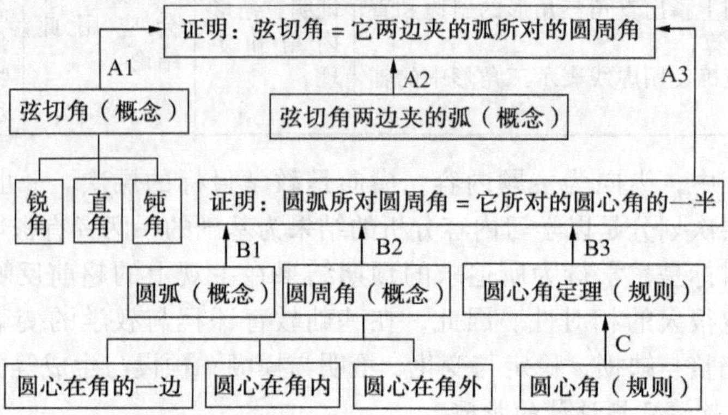

图 9-1　证明“弦切角等于它两边夹弧所对的圆周角”的从属技能分析

3. 起点确定

教学目标的主体是学生，制定适合学生的教学目标，需要对学习者的能力进行分析，即确定教学的起点。相对于学生的能力，教学起点太高，超过了一般学生的能力，导致学生产生畏难心理。教学起点太低，浪费时间和精力，可能导致学生的厌学心理。因此，需要在任务分析的基础上评估学习者的预备技能，了解学习者掌握单元目标技能要求的从属知识与技能，并以此作为教学的起点。

4. 目标表述

进行教学目标设计时，必须对学习者通过每一项从属知识和技能等的学习以后应达到的行为状态做出具体、明确的表述，再将这些表述进行类别化和层次化处理。教学目标的表述应遵循规范化、科学化、功能化和技术化原则。[①] 常用的表述方法有以下三种：

（1）行为目标的表述方法

① 马杰的 ABCD 表述

设计教学目标时，需要对学习者知识和技能的学习应达到的行为状态做出具体、明确的表述。清晰地陈述教学目标是一个关键的环节。课程教学目标的表述可以用概括的语言，而课时教学目标的表述则应该体现具体化、可操作、可测量的特点。这里具体介绍马杰（R. F. Mager）提出的ABCD行为目标表述方法。其中，A 即 audience，意指“教学对象”。如小学三年级学生、初中二年级学生等。B 即 behavior，意为“学习行为”，即通过教学后学生能做什么。学习行为必须使用准确的、具体的行为动词来表述，尽量避免“知道”“理解”“掌握”等含糊表述方式，以有效地指导和控制学生的学习过程，也便于准确评价。C 即 condition，意为“条件”，即学生的学习行为产生的条件。D 即 degree，意为“程度”，即学生通过学习应该达到的最低学习标准。学习标准一般可从行为的速度、正确率、质量等方面进行定量或定性表述。例如：“给出两个不同分母的分数，其中一个分母能被另一个分母整除（如 5/6 和 2/3），学生能通分并求出两个分数的和，15 个题中 12 个正确为及格。”其中，“通分”为行为动词，“给出两个不同分母的分数，其中一个分母能被另一个分母整除”为行为产生的条件，“15 个题中 12 个正确为及格”为学习标准。[②]

行为目标明确具体，避免了传统方法的含糊性，但这种表述方法也有其缺点。第一，“行为目标”取向体现的是“唯科学主义”价值观，推崇精确化、具体化，提倡预设行为目标，以便控制学习过程及学习结果。而教学过程是开放的、不确定的、富有创造性的过程，许多行为具有不可预测性。预设目标否定了教学过程的创造性，泯灭了学生学习的主体性。第二，人的学习心理和学习行为之间具有关联性、完整性。而行为目标“肢解”了人整体的心理和行为。因此，“行为目标”只强调学生的外在行为变化，而忽视人内

资料卡片：
表述教学目标

① 靳玉乐、胡志金：《关于有效陈述“教学目标”的思考》，《课程·教材·教法》，1997 年第 2 期。

② ［美］莫里斯、费茨-吉本：《如何表述教学目标》，瞿葆奎主编《教育学文集·教育评价》，人民教育出版社，1989 年，第 563－582 页。

在的许多高级心理品质，如价值观、情感、态度、动机、审美情趣等。第三，人的心理过程是一个非常复杂的内在过程，许多高级心理素质不能用外显的、可观察的行为来预先具体化、精确化，所以，此方法不太适合于较高级的认知目标的表述，更不适合于表述情感领域的目标。

② 加涅的五成分表述

加涅等人在《教学设计原理》一书中提出五成分教学目标表述方式，五个成分为：

情境：习得的结果得以表现的情境。

习得性能的动词：所进行的学习的类型。如智慧技能中的“区分”“识别”“分类”“演示”“生成”，认知策略中的“采用”，言语信息中的“陈述”，动作技能中的“执行”，态度中的“选择”等。

对象：行为表现的内容或对象。

行为动词：可观察的行为。

工具、限制或特殊条件：适用于行为表现（可接受的行为表现）的条件。

例如：在计算机实验室情境中，给出一些数据的简单说明［情境］。学生将通过输入［行为动词］计算机、使用合适的数据类型、选择合适的键［工具、限制或特殊条件］，在 Microsoft Access 中演示［习得性能的动词］数据库表格的创建［对象］。

又如：给予一个口头提问［情境］，在无参考材料的情况下［限制］通过“口述”或“写出”［行动］，陈述［习得性能的动词］美国内战的三个起因［对象］。①

资料卡片：
作业目标

（2）表现性目标及其表述

表现性目标不强调学生在从事教育活动后应该展示的行为结果，而要描述一种教育“遭遇”：识别学生将在其中工作的情境、学生将要处理的问题、他们将完成的任务；但不指定他们从遭遇、环境、问题或任务中学习什么。例：

解释《失乐园》的意义；

审视与欣赏《老人与海》的重要意义；

通过使用铁丝与木头发展三维形式；

---

① ［美］加涅等：《确立作业目标》，《教学设计原理》，王小明等译，华东师范大学出版社，2007 年，第七章。

参观动物园并讨论那儿有趣的事情。

艾斯纳说："表意目标是引发的，不是规定的。表意目标是学生可以应用其过去所学种种技能和理解的主题，透过这个主题，学生的技能和理解扩大了、精致了，而且能够更加显示个人特质。表意目标所要的不是学生反应的同质性，而是多元性。在表意的理念中，教师希望提供一个情景，学生由此获得其私人的意义。"①

（3）内部过程与外显行为相结合的表述方法

学习的实质在于内在心理的变化，如内在能力、情感的变化，而这些心理变化，如理解、欣赏、热爱、尊重等，不能直接进行观察和测量。如果只强调了行为结果而未注意内在的心理过程，可能只注意了学生的外在行为变化，而忽视了内在能力和感情的变化。特别是对情感领域的目标和较高级的认知类的目标的表述，如果运用行为目标的表述方法就只得停留在列举"行为样品"的表面形式上。如我们表述的目标是培养学生的爱国主义情感，若按行为目标表述，就只能表述希望学生完成几项表明他爱国的行为，这样陈述的目标只着眼于学生的行为，而忽视了支持这些行为的内在情感过程的变化，显然，是对教学目标的不完整表述。因此，需要采用描述内在心理与外显行为相结合的方法。

利用描述内在心理与外显行为相结合的方法表述目标时，教师可以明确地表述如理解、创造、欣赏、热爱、尊重等内在心理的变化，再列举出反映这些内在心理变化的行为样本。如地理课在讲到"人与环境"课题时，要求学生树立可持续发展的观点，这个目标可以这样表述：

学生能树立可持续发展的观点：

能说出可持续发展的大概意思；

能运用所学知识批判现实中破坏环境的思想和行为；

对提供包含有不符合可持续发展思想的例子的材料，能指出这些例子并作出批评和评述。

第二节　教学内容

一、教学内容的概念

学者们对教学内容的定义不尽相同，代表性的定义如：

① 黄政杰：《课程设计》，台湾东华书局，1991 年，第 248 – 249 页。

教学内容是“学校传授给学生的知识、技能、技巧、思想、观点、信念、言语、行为、习惯的总和”①。

教学内容是“教师和学生作用的对象或客体，它是在经过课程设置和编制具体化了的知识、技能、思想观念、行为习惯的基础上，通过学校师生研制而由学生获得的全部经验的总和”②。

我们认为，教学内容是教学过程中教师传授、学生学习的对象，也是实现教学目标的载体。

教学内容与课程内容的区别在于：课程内容是一个比较宏观的概念，往往指某门课程所关涉的间接经验和直接经验的总和。而教学内容则是一个微观的概念，指教师根据教学目标所设计的、在课堂上教学生学的对象。它是对课程内容进行具体化、情境化加工的产物，是经过教师教学处理的结果。“课程内容是一种抽象的存在，不能作为学生直接掌握的对象”，而“教学内容是具体、生动并动态变化的，是教师和学生直接操作的对象”③。

教学内容与教材内容的区别在于：教材内容是经过教材编写者处理的具体化的课程内容，而教学内容则是经过教师教学处理的课程内容。在大多数情况下，教师会对教材内容进行加工，形成自己的教学内容；在特殊情况下，教师也可根据课程目标制定教学目标，再从课程内容中直接选择相关内容加工而成教学内容。

总之，教学内容以课程内容和教材内容为资源或蓝本，但并不是简单地照搬和截取，而是进行创造性的转化、加工与改造。

二、教学内容的设计

在实际教学工作中，教学内容的设计往往是教师根据自己对教材的理解及学生学习需要的把握，对教材内容进行加工改造的过程。这种加工改造包括取舍、增删、调整、整合、替换等。

取舍是指选择教材中适合现实教学情境的，与学生学习水平和学习兴趣相匹配的内容，而舍弃不适合当前教学情境的，与学生学习水平和学习兴趣不相匹配的内容。

---

① 顾明远主编：《教育大辞典》（第1卷），上海教育出版社，1990年，第257－258页。

② 黄甫全、王本陆主编：《现代教学论学程》，教育科学出版社，2003年，第141页。

③ 俞红珍：《课程内容、教材内容、教学内容的术语之辨》，《课程·教材·教法》，2005年第8期。

增删是指对教材内容加以补充拓展或删繁去冗，以适应学生的学习需要。前者如在教九年级 Unit 12 You are supposed to shake hands（你应该与人握手）时，补充不同国家不同习俗的有关内容，并进行中外文化对比，让学生了解英语国家的风土人情、传统习惯。后者如九年级 Unit 6 Section A4 Pair work 中，教材要求学生用团队、歌手、音乐、音乐家来操练定语从句，但是这一话题在前面已经反复练习过，学生不感兴趣，可将之删除。

调整主要是指调整教材内容的顺序，以更好适应学生现实的学习需要，促进学生的学习。例如，英语教材中某个单元的内容恰巧与学生生活中发生的某些事相关，而这个单元在语言知识的衔接方面没有太大问题，就可提前教学该单元。

整合是指围绕某个知识点或能力训练点，将原来分散的教材内容整合到一起教学，以集中力量突破该知识点或能力训练点，提高教学整体效率。例如，有英语教师发现八年级上 Unit 3 What are you doing for vacation?（你在假期都做些什么?）和 Unit 10 I'm going to be a basketball player.（我要成为一名篮球运动员）都是谈论“将来”的话题，都用到了替换现在进行时表示将来，在功能话题和语法结构上相一致，可把两个单元整合起来教。

替换是指教师根据实际教学需要，对教材中不太合适的内容或活动进行替换。

本章内容小结

教学目标是教学活动后学生应达到的预期学习结果，它是教育目的、培养目标、课程目标的具体化。教学目标设计应遵循系统化、具体化和层次化的原则。教学目标表述有行为目标表述（ABCD）、表现性目标表述、内部过程与外显行为结合表述等方法。教学内容是教学过程中教师传授、学生学习的对象，是实现教学目标的载体。教学内容以课程内容、教材内容为资源或蓝本，教学内容设计需要运用取舍、增删、调整、整合、替换等方式，将课程内容、教材内容资源加以创造性转化与加工。

本章问题思考

1. 概念辨析：教学目标与课程目标；课程内容、教材内容和教学内容。

2. 教学目标设计的步骤有哪些？目标分解与任务分析有何不同？

3. 什么叫 ABCD 目标表述？什么叫表现性目标表述？请各举两例加以说明。

4. 根据教学目标的设计原则，尝试依据不同的框架，设计一个单元的教学目标。

5. 如何认识与处理教学目标和内容的预设与生成？请举例说明。

本章参考文献

1. ［美］布卢姆编著：《教育评价》，东北师范大学出版社，1988 年。

2. ［美］布卢姆等编：《教育目标分类学·认知领域》，罗黎辉等译，华东师范大学出版社，1986 年。

3. ［美］克拉斯沃尔、布卢姆编：《教育目标分类学·情感领域》，张云高译，华东师范大学出版社，1988 年。

4. ［美］哈罗、辛普森编：《教育目标分类学·动作技能领域》，施良方、唐晓杰译，华东师范大学出版社，1989 年。

5. ［美］安德森等编著：《学习、教学和评估的分类学——布卢姆教育目标分类学修订版（简缩本）》，皮连生主译，华东师范大学出版社，2001 年。

6. ［美］加涅：《学习的条件与教学论》，华东师范大学出版社，1999 年。

7. ［美］艾略特·W. 艾斯纳：《儿童的知觉与视觉的发展》，张丹等译，湖南美术出版社，2002 年。

8. 盛群力等编著：《21 世纪教育目标新分类》，浙江教育出版社，2008 年。

9. 黎加厚编：《新教育目标分类学概论》，上海教育出版社，2010 年。

10. ［美］艾略特·W. 艾斯纳：《艺术视觉的教育》，郭桢祥译，浙江人民美术出版社，2016 年。

第十章 教学的策略、方法与媒体

教学策略、教学方法、教学媒体是教学系统中的重要因素。教学策略是在一定教学观念的指引下，依据教学情境和教学过程中的因素，为实现教学目标而对教学实施的各个环节和因素进行总体性和概要性安排并提供行动选择的综合性方案。教学方法是师生为完成教学任务所采用的活动方式的组合。教学媒体是教学过程中储存和传递教学信息的载体和工具。它们对教学目标的达成、教学任务的完成具有极大的影响。选择和使用教学策略、教学方法和教学媒体，体现了教师的教学能动性和创造性。

第一节 教学策略

一、教学策略的概念

1964 年塔巴（Taba）等在 *Teachers College Record* 杂志上发表《教学策略与思维过程》，提出了教学策略的概念，之后教学策略便逐渐成了教学设计和教育心理学领域研究的主要问题之一。前者大都从教师教的角度研究，把其作为教学设计过程的重要环节，而后者则从学习理论出发，侧重学习策略的研究。

（一）关于教学策略的不同解释

目前，教学策略已经成为教学研究的一个重要范畴，不同学者从不同角度和层面给出了不同的理解，梳理下来，教学策略的典型定义有以下四种。

第一，方案、计划说，认为教学策略是实现教学目的、解决教学问题所采取的行为方针、方案等。如："教学策略是建立在一定理论基础之上，为实现某种教学目标而制订的教学实施总体方案，包括合理选择和组织各种方法、材料，确定师生行为程序等内容。"①

第二，方式、方法说，认为教学策略是为实现教学目标所采用的具体的教学方式、方法。如："教学策略是指在现代教学观的指导下，教师根据具体的教学情境，在合理处理教学各因素的关系的基础上而采取的工作方式，以实现教学的有效和高效。"②

第三，程序说，认为教学策略是一类有关如何达到教学目的、解决教学问题的操作原则与程序的知识。如："所谓教学策略，就是关于有效地解决教学问题的方法、技术的操作原则与程序的知识。"③

第四，行为说，认为教学策略是教师为实现教学目标所采用的一系列问题解决行为。④

（二）教学策略的含义

理解教学策略的含义有两个出发点：一是要从教学策略的属，即策略的含义出发；二是要从教学策略范畴最初产生的情境来理解它。

首先，从词语构成上看。策：对策，针对问题的解决预案；略：概要。策略在汉语语义中即针对问题的解决问题预案的概要，不是详细的具体的计划或方案，只是可能的一种解决办法的概要而已。联合国教科文组织发布的《学会生存——教育世界的今天和明天》中指出："策略的目的就是要把政策转化为一套视条件而定的决定，根据将来可能发生的不同情况，决定所需要采取的行动。"它"还要给计划人员提供一些因素，使他们正视为政策目标服务的各种不同的可能的途径"。⑤ 可见，策略是连接计划实现的

---

① 顾明远主编：《教育大词典》，上海教育出版社，1999 年，第 712 - 713 页。

② 裴娣娜主编：《现代教学论基础》，人民教育出版社，2012 年，第 277 页。

③ 黄高庆、申继亮等：《关于教学策略的思考》，《教育研究》，1998 年第 11 期，第 50 页。

④ 施良方、崔允漷主编：《教学理论——课堂教学的原理、策略与研究》，华东师范大学出版社，1999 年，前言第 3 页。

⑤ 联合国教科文组织、国际教育发展委员会编著：《学会生存——教育世界的今天和明天》，教育科学出版社，1996 年，第 210 - 211 页。

目的与计划实施的方法的中间环节，既要考虑计划实施的整体性因素，要提供满足计划实施的技术要求，还要具有前瞻性和机动性，为可能出现的变化提供指导性的选择。这些性质同样适用于教学策略。

其次，教学策略最初是作为教学设计的一个环节而出现的。加涅（Gagne）在《教学设计原理》中援引迪克和凯里（Dick & Carry，1990）的观点认为，教学设计过程包括鉴别教学目的、进行教学分析、鉴别起点行为与学生特征、陈述作业目标、建立教学内容标准、发展教学策略、创设和选择教学材料与媒体、设计和执行教学评价等环节。[①] 也有一些学者把教学目标、教学内容、教学对象、教学策略、教学方法、教学媒体、教学评价等作为教学设计的基本要素。可见，教学策略是教学设计过程的一个组成环节，且与教学方法、教学模式、教学媒体等有着明显的区别。

据此，本书把教学策略限定为：在一定教学观念的指引下，依据教学情境和教学过程中的因素，为实现教学目标而对教学实施的各个环节和因素进行安排和选择的行为。

（三）教学策略的特点

目标指向性。教学策略是连接教学目标与具体教学措施的中间环节，教学目标是教学策略提出的出发点，无论是一般性教学策略，还是具体解决教学过程中的某一具体问题和方面的策略，都是紧紧围绕教学目标的实现而提出的，因此说，明确的目标指向是教学策略的特点之一。

整体综合性。无论是一般性的教学策略，还是具体的特殊的教学策略，都是基于对所要解决的问题的整体情境而做出的综合性的解决问题的预案。这种整体性既包括教学要素的整体性，也包括教学过程和环节的整体性，而综合性则是指在对问题情境整体把握的基础上，所做策略的综合性，既是观念、程序、技术的综合，也是科学与艺术的综合。

问题情境性。教学策略致力于对实现教学目标的障碍的消除，通过问题解决来有效完成教学任务，每一策略都是针对问题的，但因为问题情境的不同，有效的解决策略也会因时而变。同一个问题因为所处情境的不同，会有不同的策略；而同一个策略也可以运用于解决不同的问题。

选择性。教学情境的复杂性、教学策略的多样性及教师能力的差异性决定着教学问题解决并非只有唯一的途径，而是因地、因时、因人去灵活

---

① ［美］加涅等：《教学设计原理》，皮连生、庞维国等译，华东师范大学出版社，1999 年，第 24 页。

地选择教学策略。同时，教学策略也没有唯一固定的模式，可以因情境的变化而变化。教学策略只为问题解决提供可能的方向和途径，虽然与一定的技术相连接，却不提供详尽的具体技术手段，而是给出一定的多样的选择空间。在教学中随机应变已构成了教学艺术的一个重要因素，灵活地施用教学策略是课堂教学的关键之一。

二、教学策略的分类

人们在教学实践和研究过程中，针对不同的问题和情境、立足于不同的角度已经形成了丰富的教学策略。因此教学策略分类对于推进教学变革、改善教学效果是十分有必要的。教学策略的类型划分必然涉及划分标准的问题，因为分类标准不同，对其类型的划分也就不同，所以很难有一个公认的分类体系。大致来讲，目前典型的教学策略分类有以下几种。

（一）按照教学策略的层次分类

依据教学策略的应用和抽象的层次来分类，教学策略可以分为基本教学策略、一般教学策略和学科教学策略，如图 10-1 所示。

- 教学策略
  - 基本教学策略
  - 一般教学策略
    - 认知目标教学策略
    - 非认知目标教学策略
  - 学科教学策略

图 10-1　按照教学策略层次分类

所谓基本教学策略，是指全体教师必须共同掌握的那些教学策略，包括：教材组织与呈现策略、课堂管理策略、课堂教学调控策略、教学评价策略、教学资源管理策略等。

一般教学策略是针对一般课堂教学构建的。围绕教学目的将教学策略分为认知目标教学策略和非认知目标教学策略两个亚类，这样能充分体现知识、能力、个性发展及品德教育等教学目的的内核。认知目标教学策略包括：事实的教学策略、概念的教学策略、规则的教学策略、原理的教学策略、解决问题的教学策略、技能培养教学策略、能力发展教学策略等。非认知目标教学策略包括：动机激发策略、态度改变策略、情感沟通策略、行为矫正策略、民主教学策略等。学科教学策略指特定学科的教学策略，包括：语文教学策略、数学教学策略、物理教学策略等。[①]

（二）按照教学策略的内容分类

按教学策略内容可分为组织策略、陈述策略和管理策略。组织策略是有关教学怎样进行，呈现什么内容及如何呈现这一内容的策略。陈述策略的确定即是选定一种恰当的教学媒介及合适的分组策略，这些选择可以是贯彻教学始终的，也可以因教学步骤而异。管理策略指的是在教学设计过程中对选择何种组织和陈述策略的决策，追求以最满意的方式使用现有的人力和物力资源。[②]

（三）按照教学策略构成的主要因素分类

教学策略均是以某个构成教学活动的主要因素为中心，形成其策略的框架，将其他相关要素有机地依附于这个中心上，形成一类相对完整的教学策略。据此可以归纳出方法型、内容型、方式型和任务型四种类型的教学策略。

方法型教学策略就是教学以方法这个因素为中心，构造其教学策略的框架，可进一步分为讲授性策略和发现性策略。

内容型教学策略就是以教学内容这个要素为中心，在分析和处理教学内容的基础上，构成其策略的框架，可进一步分为直线式、分支并行式、循环式、综合式等。

方式型教学策略就是以教学中师生活动的方式为中心，展开其教学策略，进一步可分为集体教学模式、个别教学模式、小组教学模式等。

任务型教学策略就是以教学任务或学习类型为中心，在分析任务、创设学习条件的基础上，展开其教学策略，进一步可分为讲解性策略、练习性策略、问题定向性策略、综合能动性策略等。[③]

（四）按照教学过程的环节分类

依据教学过程的环节可以分为：教学准备策略，包括确定教学目标、设计教学内容、分析学生起始状态、选择教学方法和媒体、教师自我心理准备、设计教学环境的策略；教学实施策略，包括先行组织者策略、概念教学策略；因材施教策略，包括针对年龄差异、针对能力差异、针对认知方式差异的策略；教学监控策略，包括主体自控、课堂主动、教学反馈、

---

① 喻平：《论教学策略》，《现代教育论丛》，2000 年第 5 期。

② 肖刚：《教学策略的内涵及结构分析》，《高等师范教育研究》，2000 年第 5 期。

③ 李康：《教学策略及其类型探析》，《西北师大学报》，1994 年第 2 期。

现场指导的策略。[1]

（五）按照教师的教学行为分类

依据教师在教学过程中的行为类型，教学策略可以分为教学语言策略、课堂教学组织策略、课堂行为管理策略、师生互动交往策略、学生学习指导策略等。具体内容分述如下。

三、中小学常用的教学策略

（一）教学语言策略

语言是教学的基本工具，无论采取什么样的教学形式，教师的教学语言都是完成教学任务、实现教学目标离不开的工具，只不过在这个过程中，教学语言所采用的形式和起到的作用有所区别而已。从形式上看，教学语言不仅仅包括教师的口头语言，还包括教师的体态动作语言、书面语言；从作用来看，教师的教学语言包括主要教学语言和辅助性教学语言。本书主要介绍知识教学中常用的与教学关系最为密切的教师口头语言教学——讲述教学策略、书面语言中的板书教学策略和体态动作语言策略。

1. 讲述教学策略

讲述教学是指教师以口头语言向学生呈现、说明知识，并使学生理解知识的教学行为，一般主要适用于接受式教学。讲述行为从功能上看，主要有三种：诠释性讲述，即介绍概念或术语的含义；描述性讲述，即说明一个过程、一种结构或一系列步骤；说明原因性讲述，即说明为什么做某件事或某件事发生的原因。[2]

关于讲述教学的使用时机，盖奇（Gage）和伯利纳（Berliner）的研究认为，讲述教学在以下几种情况下更为有效：① 信息的传递是主要目标；② 没有采用另一种形式如书本来传递信息；③ 信息必须是经过特殊挑选和组织的，并对特定的学习者进行讲述；④ 增强信息中的趣味性是很重要的；⑤ 不需要花很长时间来对材料进行记忆；⑥ 材料不需要记很长时间。[3]

运用讲述教学策略时要注意以下几个问题：

第一，讲述教学要有明确的教学目标，在讲述开始的时候吸引学生注

---

① 张大均主编：《教育心理学》，西南师范大学出版社，1997 年，第 140 – 155 页。

② 施良方、崔允漷主编：《教学理论——课堂教学的原理、策略与研究》，华东师范大学出版社，1999 年，第 175 页。

③ Gage, N. L., Berliner, D. C. The psychology of teaching method. In N. L. Gage (Ed.). *The psychology of teaching methods*. Chicago: University of Chicago Press, 1976: 1 – 20.

意，简明扼要告知学生将要学习的内容、强调重要的部分及期望学生应该达到的要求、完成的任务，使讲述变得更加清晰，调控学生的理解，促使学生提出问题、发表看法。

第二，讲述教学的内容要进行结构化设计，精心安排所要讲述的内容序列，使之具有逻辑性。如采用先行组织者原理将学生已有知识信息与将要讲述的新信息连接起来，一步一步呈现信息；又如在讲述主体内容设计时可以考虑部分—整体关系、序列关系、相关关系、过渡连接关系、比较关系等结构设计。

第三，把握好适当的讲述时长，安排好不同讲述内容单元之间的时间比例，使得讲述教学具有节奏感。

第四，依据自身语言风格和学生喜好，选择适当的讲述风格，讲述要友好、幽默、清晰、富于激情并表达流畅。语音要准确，以普通话为主，保证学生听清楚每一个字。语词要准确，避免使用方言词汇、日常生活词汇、口头禅和多余的助词。语流要流畅，尽量避免过多长句和中断。语速要适中，以每分钟200～300字为宜。

第五，讲述教学要尽量结合图例、板书等其他手段和方式以获得良好的效果。

2. 板书教学策略

板书教学自17世纪夸美纽斯倡导班级授课制以来，一直是教师教学的重要工具。它一般表现为板书、板演、板画三种形式。艺术性的教学板书可以引起学生注意，启迪学生思维，唤起学生的美感，提高教学效果。

教学板书的基本类型主要有以下几种：

① 提纲式板书。它是教师根据教学重点内容的内在联系和教学设计程序，用大小括号和编号编排成的一个系统。其优点在于条理清楚，重点突出，字句简洁，教学思路清晰，是各科教学常用的板书形式。

② 对比式板书。它是根据教学内容和学生已有的相关知识，运用对比方法显示出知识异同的板书。这种板书对比强烈，有利于指导学生分清知识的共性与个性，发展学生的求异思维能力。

③ 词语式板书。它是根据教学内容的分析研究，从中提炼出关键性的重点字、词组成板书提纲。这种板书多用于语文学科，它能帮助学生分析理解重点词语，进一步明确教学的主要内容。

④ 线索式板书。它是根据教学内容的某种联系，按照一定顺序，反映教学主要内容的板书形式。它能显示出事情发生、发展的过程，能突出知

识形成的过程，有利于学生学会学习。

⑤ 图画式板书。它是根据教学内容显现出的特征，采用图中夹文或文中夹图的办法形象地勾画出事物间的内在联系的板书。这种板书生动、形象、直观，事物的内在关系显现得淋漓尽致，能有效地激发学生的学习兴趣，促进抽象思维能力的发展。

⑥ 分析综合式板书。它是运用分析、综合等思维方式，揭示教学内容，展示思维过程的一种板书。它的基本特征是思路清晰，逻辑严密，启发性强，是各学科教学常用的板书方式。

运用板书教学策略时要注意以下几个问题：

第一，直观形象。教学板书必须借助一些直观形象的文字、符号、图表等形式，将抽象的、复杂的教学内容直接诉诸学生的感知觉，丰富学生的课堂感知。

第二，简洁明了。这就要求教师在吃透教材的基础上，化繁为简，以简驭繁，以少胜多，简处求丰，让学生从最精简的板书中把握教学内容的本质联系。

第三，启发性。板书设计要做到语精字妙，富于启迪，让学生能够从中品出一些“味儿”来。

第四，趣味性。教师在设计板书时，应力求新颖别致，巧妙生动，引起学生浓厚的学习兴趣，吸引其注意力，调动其思维积极性。

第五，审美感。教学板书应像一件完整的艺术品，能给人以美感。根据目前人们对板书美学的研究，板书的美学要求是：内容的完善美、语言的精练美、构图的俊秀美。其中，构图美包括：整齐美、对称美、立体美、照应美、回环美、层次美、参差美、开合美、线条美、色彩美等。

第六，规范化。教师在板书时，必须注意字形字迹、书写笔顺、演算步骤、解题方法、制图技巧、板书态度与作风、习惯动作与语言等的规范化，以免给学生造成不良影响。

3. 体态动作语言策略

体态动作语言教学是教学的非语言表达方式，是教师在教学中创造性地运用体态、手势、表情、眼神等非语言因素进行的教学表达活动。教师的非语言表达是对语言表达的重要补充。高超的非语言表达艺术具有较高的审美价值，可以增强教师语言表达的感染力和有效性。

（1）脸部表情表达的策略

在交流过程中，人们的脸部表情起着重要的作用。在教学中，教师的脸部表情往往是学生集中关注的。实践表明，教师温和亲切的脸部表情有着神奇的教育功能：教师的微笑，是阳光，可以照亮学生的心田；是春风，能催开心灵的蓓蕾；是桥梁，能沟通师生的心意；是军号，可以激发学生刻苦学习的斗志；是天使，可以唤起学生对美的追求。教师脸部表情的表达策略有如下要求：

第一，自然大方。教师表情必须是真情的自然流露，切忌忸怩作态、矫揉造作。教师要让自己的内心活动与外在表情相一致，在学生面前真诚自然，表里如一。

第二，温和适度。教师在运用脸部表情时要恰如其分、恰到好处，做到端庄中见微笑，严肃中有柔和，科学、理智地调控好自己的情绪和面部表情的变化。

第三，宽容大度。教师对学生应友善、信任和宽容，并在面部表情中自然流露出来。

（2）眼神表达的策略

眼睛是心灵的窗户，它能表达许多语言所不易表达的复杂而微妙的信息和情感。在教学中，教师对眼神的艺术性运用，能使师生在无声中达到“心有灵犀一点通”的境界。在课堂教学中，教师运用眼神的策略大体有三种。

第一，环视法。又称扫视法，即教师的视线有目的、有节奏地前后左右移动，把学生尽收眼底，以便了解全体学生的心理状态和情绪反应，也可满足学生希望得到教师注意的心理要求。第一流的教师是用眼神组织课堂教学的。在上课开始时，或在讲重点内容前，都要做一番环视，起着“一言未发先有情”的作用。

第二，点视法。对于做小动作的学生，教师可投射以严肃的目光，以示制止。在学生回答问题时，教师可用信任的眼神期待他、鼓励他；如果发现确实有病容倦怠的学生，教师可用眼神示意他趴在桌上休息一会儿。

第三，虚视法。教师眼神似乎在盯着什么，给学生一种定点透视的感觉，但实际上教师是“视而不见”，这就是“虚视法”。新教师初登讲台，常常有胆怯之感，眼睛不敢看学生，就可将视线飘落在第三、四排，再适当辅之以环视法，这样学生就会觉得老师在看着自己，从而达到维持正常教学秩序的目的。

（3）体态表达的策略

体态是由体动和姿态组成的。体动指身体的动作；姿态指身体的造型。

表达思想感情的体态主要有头语、身姿和手势三种。体态既可以支持修饰语言，表达口头语言难以表达的情感意味，也可以表达肯定、默许、赞扬、鼓励、否定、批评等意思。体态的表达策略主要包括如下几点：

第一，头语亲切明快。例如，当学生回答问题正确时，教师往往会用点头予以肯定，如回答不正确时，教师轻轻地摇一下头，予以否定。这样往往能比有声语言更能表达教学意图和教学反馈，且使学生感到亲切，即便是否定也不会感到尴尬。

第二，手势准确协调。教学中运用的手势有几类。第一类是情意手势，主要表达教师的情感，使之形象化、具体化。第二类是指示手势，指示前后左右视觉可及范围内的具体对象。第三类是象征手势，这种手势比较抽象，但用得准确恰当，也能引起学生的联想，启发学生的思维。比如教师在介绍祖国建设成就时讲到“同学们，祖国的未来前程似锦”，就可以把右手向前方伸出，以示未来。在教学中，手势要少而精，不能滥用，否则会使学生眼花缭乱，应接不暇，结果适得其反。

第三，身姿端庄灵活。身姿包括站姿和步姿。站姿一要有矜持感，即尽量取正面姿态，即使在指点、解释板书内容时，也处半侧面趋向正面姿态，以体现教师端庄的风度。站姿二要有力度感，即站立时微微收腹，胸部挺起，下肢微微分开，显得有力量。总之，教师上课时的站姿以安静、端庄为宜，切忌倚靠讲台、黑板，给学生懒散、拖沓、无精打采的感觉。在步姿方面，教师在走进课堂时要始终保持生气勃勃的步姿，显示出教育者的朝气，给学生以孜孜不倦的力量和气宇轩昂的美感。教师在课堂里的步姿要注意与教学内容及课堂气氛的和谐，做到节奏有度。

（二）课堂教学组织的策略

1. 候课策略

候课是教师课堂活动的准备状态，指教师上课前几分钟在教室门口或教室内等候上课。这是教师进入课堂角色前的准备活动，它可以使教师在开课后及时准确地进入角色，有条不紊地实施各种教学方案，也可以使学生感觉到教师守时、负责的工作态度和对学生的期待，稳定学生的情绪，激发学生的学习热情，促进教学任务的顺利完成。玛兰德在《教室里的雕塑家》中这样描述教师的候课：“上课铃响，在学生进教室之前，教师便出现在教室门口，亲切地看着学生鱼贯而入，就像将军在他的阵地上检阅士兵。这样不仅能确定教师在这个班级的‘主角’地位，而且还有检查学生课前准备等实际作用。”[①] 这充分说明了教师候课的教学意义。

2. 导课策略

课堂导入是指教师在上课之始或刚进入一个新的单元和段落时，利用2～5分钟的时间，采用一定的方式方法将学生的注意力吸引到完成教学任务上来。正确而艺术的导入起着稳定学生情绪，吸引学生注意，激发学生求知欲，将学生带入情境的作用。

课堂教学导入主要有以下几种方式：

第一，直接导入。指教师上课开始时直接向学生说明教学目的和要求，抓住学生的注意力，诱发学习兴趣。

第二，复习导入。教师通过谈话或提问、做习题让学生对已有知识进行回忆、思考，由旧课导入新课，既可深化对旧知识的理解，又可降低学习新知识的难度。

第三，观察导入。教师让学生观察实物、模型、图表、幻灯片、电视片等，引起学生的兴趣，再从观察中提出问题，创设研究问题的情境，激发学生的学习欲望。

第四，悬念导入。教师根据教材内容特点，设置带有悬念性的问题，使学生处于暂时的困惑状态，进而激发解疑的兴趣，兴趣成为学习新知识的先导。

第五，实践导入。通过让学生自己实践、引导思考，导入新课。

第六，事例或故事导入。教师根据教材内容，选择学生生活中熟悉或关心的事例、与教材内容紧密联系的有趣的故事，为学生创设引人入胜、新奇有趣的学习情境。

运用以上这些课堂导入方式，应遵循以下几项要求：一是引起注意。导入的主要目的是要把学生的注意力引导到教学程序中来，抑制其他有碍学习的无关活动。二是激起学生的学习动机。学习动机中主要的成分是学习兴趣即求知欲，只有激发学生的求知欲，才能使学生积极主动地参与教学过程。

3. 课中组织策略

这是课堂教学的主体段落，课堂教学的计划主要通过这一阶段的活动落实，它对整个课堂教学的质量和效益具有重要意义。

教师要组织好学生的课堂学习活动，除了要设计好教学的程序，努力

---

① 转引自田慧生、李如密：《教学论》，河北教育出版社，1999年，第340页。

使学生积极参与教学活动外，尤其重要的是要做好充分的心理准备，随时应对各种可能出现的问题行为和偶发事件。因此，教师需要具备良好的教育机智和素养，以维持学生的学习注意力和学习热情，保证教学任务的顺利完成。

4. 结课策略

结课部分是课堂教学的最后一个段落。经过前面几十分钟的教学，学生产生了一定程度的学习疲劳，教师本身的控制力也下降，这时的课堂秩序最难维持。有调查表明，学生不守纪律的行为在课程结束时发生率最高。因此，教师要充分注意后几分钟的教学效果，精心设计和组织好这段时间的课堂教学活动。

结束部分组织的主要目的是让学生“有序解散”，即随着课堂教学任务的圆满完成，课堂教学正常而有秩序地结束。一般来说，课堂结尾的方式有以下几种：

第一，归纳式。即教师引导学生以准确简要的语言，归纳课堂新讲的内容，包括突出知识的重点、难点，梳理知识的结构，归纳知识规律和学习方法等。

第二，回应法。回应指与教学的起始相呼应，回应的内容可以是开讲的悬念，可以是文题，也可以是开始的其他提问等，这些都与理解课堂教学的主要知识有关。回应的实质是到结课时，化问号为句号或感叹号，并给以强调。

第三，比较异同。将教学新概念与原有概念，或者将并列概念与对立概念，近似的、容易混淆的概念，进行分析比较，既找出它们各自的本质特征或不同点，又找出它们的内在联系或相同点，使学生对概念理解更准确、深刻。

第四，集中小结。即将不同章节中的同一事物的属性和变化，集中归纳小结，从而掌握某一事物的全貌，概括出零散知识的规律。

第五，练习式。在结束部分，教师可以安排练习，但这种练习不是一般的作业，它既是对学生学习本课内容的强化和运用，也是让学生在练习中完成对本堂内容的总结，并对课堂教学效果及时进行反馈。

总之，课堂结束方式多种多样，不管采用何种方式，在知识内容上都要紧扣教学内容的目的、重点和知识结构，有利于学生回忆、检索和运用；封闭型的结束要有明确的结论，开放型的结束要鼓励学生继续探索，发挥丰富的想象力；教师要把握课堂教学的节奏，课堂结束自然熨帖，水到渠成，学生有秩序地离开。

（三）课堂行为管理的策略

课堂行为管理是课堂管理的重要方面，有助于维持良好的课堂教学秩序，约束和控制阻碍课堂教学有序开展的问题行为，引导学生学习的有效进行，是保证课堂教学质量的有效途径。它包括三个方面，即日常课堂行为管理、常见的问题行为管理和突发事件的行为管理。日常课堂行为管理主要通过制定和建立课堂规则来进行。在此处，本书主要介绍问题行为管理策略和突发事件的处理策略。

1. 课堂问题行为管理策略

课堂中的问题行为是指学生在课堂中发生的违反课堂规则，不积极参与学习，妨碍教学或学习过程的不良行为。无论在什么课堂上，都会有或多或少的问题行为。教师如果处理不当，不仅会引起师生之间的冲突，影响正常的课堂教学秩序，而且还会使学生产生课堂恐惧心理，影响学生的身心健康。因此，科学而艺术地处理课堂问题行为，是课堂活动有序有效的基本保证。

学生课堂问题行为可以分为两种类型。第一类属于违纪行为，这是学生在课堂中出现的违反课堂规则的行为。主要包括：隐蔽性违纪行为、轻度矛盾冲突、不遵守作息制度、扰乱性行为、恶作剧行为。第二类属于心理问题行为，主要表现为学生在课堂中发生的一些心理障碍。主要包括：人格型问题行为和情绪问题行为。学生问题行为是多种因素综合影响的结果，有的是学生本身的问题导致的，有的来自于课堂中的教师影响，有的来自于同伴的影响，也有的来自于家庭、校外社会环境等的影响。

处理课堂一般问题行为的策略主要有以下几点：

(1) 预防为主，事先控制问题行为发生

青少年学生可塑性强，做好事先的预防工作，能减少学生问题行为发生的机会。预防措施包括以下几方面：

① 确立学生的日常行为标准。这个日常行为标准就是课堂规则。课堂规则使学生明确知道自己在课堂中应该做什么，不应该做什么，减少问题行为的发生。

② 制订适宜的教学计划。适宜的教学计划，让学生容易获得学习的成功，产生愉快的学习体验，可避免或减少问题行为。为此，教师要认真备课，使教学目的、内容和方法适合学生的程度和水平，让学生通过学习能取得满意的学习成绩，增强自信心和自尊心，减轻学习焦虑和挫折感，从

而减少问题行为的发生。

③ 精心组织课堂教学活动。精心组织课堂教学活动是预防学生问题行为的根本。首先，要注意课堂教学环境的设计，课堂环境应整洁、幽雅，并合理安排学生的座位。其次，教学活动要井井有条，结构紧凑。采用多种多样的教学方法，吸引学生积极参与，启发学生思维，或提问检查。留有一定时间让学生自主作业、活动。不要拖堂。

（2）运用多种方法，艺术地处理学生的一般问题行为

① 提问法。上课时，若发现有学生在看课外书，与邻座讲话、做小动作或睡觉，教师可以向不听讲的学生单独提问，也可向其旁边的同学提问。这样学生通常会放弃非学习行为，转向教学活动的目标。

② 信号暗示法。教师对发生问题行为的学生用眼神、手势、表情、身体姿势等发出信号，让学生终止问题行为。教师可一边讲课，一边用眼睛盯着有问题行为的学生，也可用摇头示意的方式，还可用走近学生的办法。例如：一位老师上英语课时，发觉后排有一个学生伏在桌上睡觉，她没有马上叫醒他，而是借朗读课文之际，边读边走近他身边，轻轻拍醒，然后回到讲台上。当时，班上同学都在集中注意听老师读课文，竟然没有发觉刚才发生的插曲。

③ 幽默法。教师用幽默手段，化解课堂矛盾，活跃课堂气氛，使学生在轻松、愉快的气氛中接受教育。例如：一位教师上课时，看到一个学生在打瞌睡，不停地点头，对全班同学说："有位同学很喜欢听老师的课，不停地点头同意，可惜的是他的眼睛总是闭着的。"其他同学听了大笑起来，那名同学的瞌睡虫也给赶跑了。

④ 有意忽视。有些学生故意用问题行为引起教师的注意，如果教师理睬，正好迎合他们的目的，对这些学生暂时不予理睬，他们通常可自动停止问题行为。还有学生处在中性状态，其问题行为不影响其他人，但对教师讲课情绪有影响，教师可在课后逐个处理。

⑤ 安排任务法。帮助指导学生安排好课堂中的余暇时间，使学生觉得有事可做，例：教师布置学生课堂练习题之后，吩咐先做好练习的学生，可以自己看课外书或预习、做家庭作业等，使这部分学生的问题行为不会乘虚而入。

⑥ 行为协议法。对于经常违反课堂规则的学生，教师可与学生订立希望目标协议或合同，可以是口头的，也可是书面的，但必须是教师和学生共同认可的，一旦认可就必须执行。

⑦ 个别谈话法。教师发现个别学生的问题行为后，利用学生做课堂练习的时间，与学生个别谈话，了解问题行为的原因，并进行针对性的教育，这种处理方式针对性强，学生容易接受。

此外，还可采用惩罚法，减少学生问题行为重复发生的可能性。如学生发生问题行为后，限制其参加自己喜爱的有关活动或取消某些优先权。或针对有些学生的问题行为屡教不改、难以制止的情况，一般的处理方法失效，可给予警告、记过等处分，引起学生心理震动，迫使学生不得不改正错误。由于惩罚往往带来消极的心理状态，教师应谨慎使用。

2. 突发事件的处理策略

课堂教学中的突发事件是指课堂中突然发生的教师意料之外的事情。这类事件不同于一般的问题行为，常常严重扰乱课堂秩序，危害较大。其对应策略主要有：

（1）热处理

热处理是教师在一些突发事件刚发生时就抓住时机，趁热打铁，或正面教育，或严肃批评。例如：一位教师正在上课时，窗外一阵狂笑声突然传来，教室里的学生也被诱发出哄堂大笑，教师没有批评学生，而是借机对学生进行文明礼貌教育，又相机转入了正题。热处理的方法需要有较快的反应速度，当机立断，迅速采取对策，既有效解决了问题，又使学生在思想上受到震撼，留下深刻的印象。但它会占用课堂的一部分时间，有时可能会影响某堂课教学任务的完成，教师要谨慎使用。

（2）冷处理

冷处理是指教师对突然发生的事件采取冷静、冷落的方式，暂时给予冻结，仍按原计划上课，等到下课后再对学生做处理。这种方式一般用于处理学生的恶作剧问题。恶作剧发生时，教师见怪不怪，不惊奇，不慌乱，也不追究谁干的，也不批评，课后处理。对突发事件进行冷处理，教师可有充裕的时间，细致地了解事件的根源，周密分析，把问题处理得更恰当。对突发事件是做冷处理还是热处理，无绝对标准可依，由于偶发事件多种多样，教师可以根据事件发生的性质、大小、严重程度及肇事者的个性特征方面的差异，进行权衡、分析，做出适当的选择。

（3）宽容法

教师对学生突然出现的恶作剧或危害性不大的问题行为，该宽容时且宽容。例：有一位语文老师，学识高，但长相颇有几分滑稽。一天上课走进教室，该老师看见黑板上画了一幅画，活像一只人面猫头鹰，他大度、从容地欣赏了一下画像，然后问全班同学："画得像不像啊?"学生们哄堂大笑，老师也笑了，但紧接着老师说："把我画得太丑了，而且画得不是时候，该同学如能改正不足，发挥特长，将来成为有名的画家，再给老师画张肖像，画得逼真些，老师该多高兴啊!"这位老师宽宏大量，没有惩罚学生，相反还对学生的业余爱好进行鼓励，把恶作剧转换成教育契机，使学生从中体味到老师对学生的宽容和爱，受到教育与感动。

（4）因势利导法

当课堂中的突发事件激起了学生的好奇心，完全吸引了学生的注意力，教师要想让学生重新回到教学目标上来比较困难时，可以随时挖掘突发事件中的积极因素，对学生进行因势利导的教育。例：一位教师在上课时，教室里静悄悄的，突然从窗外飞进一只追逐蛾虫的家燕，教室沸腾，学生雀跃。教师立刻让学生观察燕子盘旋追逐飞蛾吃飞蛾的情景，学生目随燕飞，一直盯到燕子飞出窗外飘然无影，兴奋中心仍在燕子身上。教师问学生："燕子一年能吃多少害虫?"有学生回答说："上百万只，我们要保护人类的益鸟朋友不受伤害。"其他学生也说了自己的看法。学生谈得尽兴了，教师又把他们的兴奋中心转移到学习书本知识上。

（5）寓教于喻

学生的生活阅历不太丰富，对许多问题的认识缺乏切身体验，但只要把道理讲透，学生理解了还是可接受的。教师用形象的比喻方式，不仅能吸引学生，引起兴趣，还能增强学生的内心体验，使学生不知不觉地受到教育。例：一次数学课上，老师讲完课后，即布置了几道课堂作业，让学生独立完成。当他巡视到坐在最后排的几个同学身边时，发现有三个同学在抄课外辅导书的答案。他转身走向黑板，用粉笔在黑板上画了两个圈，并写上"烧饼"二字，引发了学生关于"烧饼是否能解饿"的讨论。最后，老师高声说道："同学们，大家说得很对，可有些同学做作业遇到困难时，不自己动脑筋，也不问老师，只是一味取巧，抄书、抄别人的，这样做的同学像不像一个'画饼充饥'的小傻瓜呢？这样抄来的分数不就是一张'画饼'吗?"老师的一席话使几个抄作业的同学低头沉思，满脸羞色，课后教师又进行了一番教育，使几个爱抄作业的学生改掉了不良的积习。

（6）"爆炸式"教育法

"爆炸式"教育法是主要针对学生在课堂上出现的严重破坏性行为，所采用的大刀阔斧式的处理方式。例如：在一节体育课上，教师在对一部分学生进行短跑测验，而另一部分学生先自由活动，打球、跳高、玩游戏等。

其中有两个打篮球的男生为争球先吵了起来，然后又发展到打了起来，其中一个被打倒在地，另一个骑在他的身上卡他的脖子，同学怎么劝都不行。教师赶到现场，大喝一声，命令其“住手!”一边拉开他们，一边义正辞严地批评他们，平息了一场风波。这类突发事件已经危及学生的生命安全，教师应有张飞“喝断桥梁水倒流”的气势，勇武果断地命令其住手，让学生绝对服从。但要注意，此法不可不用，但不可多用、滥用，教师要从实际出发，恰到好处。

（四）师生互动策略

教学互动贯穿课堂教学始终，主要的教学互动策略有支持性互动策略和课堂交流策略两种。

1. 支持性教学互动策略

在教学过程中，为了促进课堂中各种形式的交流互动，教师需要创设一定的物理和心理背景，为教学的顺利进行提供物质上和精神上的支持，这类教学策略就是支持性教学互动策略。它包括物理背景创设策略和心理背景创设策略。

（1）着眼物理背景创设策略

班级规模。班级的规模大小对交流有一定影响。班级规模过大，在单位工作时间里教师和单个学生的交往频率及学生之间的交往频率就会下降，在学习活动中教师给予学生的指导就会受到影响。因此，控制班级规模，是增加师生交流机会的有效策略。

座位安排。传统的秧田式座位是为了集体教授的方便，以双向甚至多向沟通为特征的互动教学要求改变这种课桌布局，而代之以环形或者圆形的座位结构，这样的座位安排会让师生之间和生生之间有更多对视与非语言交流的机会。

教室布置。放着轻音乐的教室，摆着鲜花的讲台，装饰有学生习作和小制作的墙壁、房顶，装点出一个温馨、欢跃、活泼的教学环境，把师生带入浓厚的生活气息之中，从而缩短了人们之间的心理距离，有益于卓有成效的教学互动的开展。

（2）着眼心理背景创设策略

融洽的师生关系。民主、和谐、合作的师生关系可以有效促进教学互动。为此，教师需要尊重学生的人格和多方面的发展需要；需要公开、坦诚、公平地对待每个学生；需要关怀、信任每个学生。

良好的班级气氛。教师不但要真诚地关爱每个学生，还要积极引导学生珍惜师生之情、同学之谊，在学习和生活中相互帮助、共同提高。教学中要善于表扬、激励学生，促进其积极情感的发展，对学生的要求应该宽严适度，原则性和灵活性相结合，从而营造出爱意融融的心理环境。

积极的教师期望。教师对学生积极的期望，包含着一系列师生交流互动活动。第一，教师根据学生的信息对不同学生产生不同的期望。第二，教师在与学生的互动中调整对特定学生的期望，并确定行动“方向”。第三，根据确定的“方向”对学生区别对待。第四，学生解释教师行动的意义，同时产生对自己的期望。第五，学生根据自己对整个形势的观察，回应教师的行动，采取行动。第六，学生的行动又为教师期望提供新的资料，或证实了教师原来的期望，或促使教师修改、否定原来的期望。第七，学生解释自己的行为。在整个循环中，教师根据对个别学生的观察而采取行动，以便区别对待。这样的区别对待和学生的自我期望相互作用，产生预期的结果。①

2. 课堂交流策略

要实现有效的课堂教学互动，需要借助一系列课堂交流策略。

（1）教师表达的策略

教师在语言表达时采用一些策略，以增强表达交流的效果。① 使用多种方式的表达。如述义、情感描述、印象核实等。② 表达的及时性。学生有某些不适应或问题行为时，教师应及时处理，直接指出学生的问题，表明教师的态度和情感。③ 采用积极的表达方式，积极的表达方式是指通过赞扬的方式对学生予以肯定。

（2）教师倾听的策略

倾听是一项技术，也是一门艺术。在学生表达自己的思想、情感或陈述某些事情时，教师认真倾听，能使学生感受到自己的表达是有意义的，能被教师所接受，受到教师的尊重，从而产生良好的心理体验。教师有效地运用倾听的技巧，也可以帮助学生澄清他们的问题。教师要根据具体互动情境相应地采取静状倾听、酬答的反应、助长提示、积极倾听等方式。总之，在倾听学生陈述时，教师要有接纳他人的态度，做到不否定他，不排斥他，不嘲弄他，不抹杀他的意见，不损伤他的个性，不贬抑他的人格，不先入为主，不只听自己想听的，不引诱学生说一些自己想听的话。

---

① 参见中央教育科学研究所比较教育研究室编译：《简明国际教育百科全书·教学》（下），教育科学出版社，1990 年，第 15 – 16 页。

(3) 教师发问的策略

发问在课堂教学中扮演着非常重要的角色。好的课堂发问有利于激发学生参与教学活动的动机，加强师生之间的联系，实现师生的有效交往。有效的发问策略主要有启发、追问、转向、等待四种。

启发（prompting）。学生不能回答或不能完全正确地回答时，教师继续给予学生提示或线索，帮助学生进行成功的反应活动。

转向（redirection）。转向就是将谈话转向新的方向，或推向新的轨道。它要求换一种提问方式或换一个话题，使谈话能够继续下去，或将谈话推向新的阶段，以发挥谈话更大的价值。

追问（probing）。当学生的回答不完全正确时，教师需要向学生提供额外的信息，使学生逐步找到正确答案。教师所提供的信息旨在帮助学生加深对问题的认识，去处理"为什么""怎么样"和"根据是什么"的问题。这样学生就不仅能获得处理较高水平任务的经验，同时也能获得一种更大的成功体验。

等待（wait time）。教师需要多给学生一些认真思考问题的时间，促使学生对信息进行深加工，培养学生良好的思维习惯。教师运用这种技巧需要一定的判断力和灵活性，需要关注学生的反应，等待的时间要适当。

(五) 学生的学习策略及其指导

陶行知先生在《教学合一》中说："我以为好的先生不是教书，不是教学生，乃是教学生学……就是把教和学联络起来：一方面要先生负指导的责任，一方面要学生负学习的责任。"① 教学生学不仅仅只是知识和方法的问题，更重要的是指导思想和策略的问题，因此从20世纪60年代开始，对学生学习策略的研究和指导就已成为教育心理学和教学论中的重要领域，也是教学的重要工作内容之一。

1. 学习策略的类型

依据不同的分类标准，学习策略的类型亦不相同。

依其功能，可以分为基础策略和支持策略。基础策略主要包括信息的获得和贮存策略，以及检索和应用策略，是指直接操作材料的各种学习策略。如识记、组织、回忆等策略。支持策略包括计划、注意力分配与监控三个策略，是用来帮助学习者维持适当的认知氛围，以保证基础策略有效地操作的策略。

---

① 陶行知:《陶行知全集》(第一卷)，四川教育出版社，1991年，第22页。

依其构成成分，可以分为情感策略、认知策略、元认知策略。情感策略与专注、态度、动机等因素有关，专注是其主要因素。认知策略主要指对信息的有效识别、理解、保持和提取。元认知策略是对自己认知过程的认知，在学习中发挥的主要作用包括学习目标的确定与修改，学习策略的采用与取舍，基本策略运用的控制、评价或纠正，学习结果的检查与反馈，以保证有效地达到学习目标。

依其运用范围，可以分为一般学习策略、学科学习策略。一般学习策略适用于各种学科，不与特定的知识相联系，包括复述策略、综合复述策略、基本解释策略、综合解释策略、基本组织策略、综合组织策略、理解检测策略、情感和动机策略等。学科学习策略则与特定学科知识的学习紧密相关，如外语学科的学习策略、数学学科的学习策略等。

2. 学习策略指导应注意的问题

学习策略既涉及学生内隐的规则系统，又是外显的程序和步骤，有效的学生学习策略指导要同时关注这两个方面，不可偏废。学生学习策略的有效性对其学习结果具有显著的影响，从某种角度讲，正是学习策略的水平影响了学生学业成就的高低。学生学习策略的有效性和适用性不仅是学生自身发展的结果，更会受到教师指导的影响。有研究认为，学习策略的形成是从无意识到有意识再到主动监控的过程，其中，学习策略指导具有积极意义。

教师在进行学习策略指导时可以遵循以下几点：① 必须能激发学习策略的认识需要；② 选择有效的策略，这些策略可能是相当容易的，也可能是比较困难的，但均是有价值的；③ 能提供学习策略的具体详尽步骤；④ 要依据每种策略选择较多的恰当事例说明其应用的多种可能性，使学生形成概括性的认识；⑤ 使学习者明确策略的使用条件，能根据具体任务与情景，选用恰当的策略；⑥ 要求学习者评价策略的有效性，使学习者明确策略为什么有用，为什么使用策略比不使用策略更有效，以激发学习者自觉使用策略的积极性。[①]

我国古代教育家具有丰富的学习思想，他们关于学生学习及其指导的论述值得我们关注与吸收。[②]

资料卡片：古代学习论

① 刘电芝：《学习策略研究概述》，《教育研究》，2002 年第 2 期，第 82 页。

② 刘仲子：《我国古代教育家的学习论》，《教育研究》，1981 年第 8 期。

第二节 教学方法

一、教学方法的概念

何谓教学方法？人们有着不同的理解。教学方法的概念一直处于发展之中，今天，教学方法的概念发生了深刻的变化。

（一）教学方法的含义

1. 关于教学方法的不同解释

对教学方法的概念，目前，在我国具代表性的观点主要有：

第一，把教学方法理解为一种活动。如："教学方法是指为达到教学目的，实现教学内容，运用教学手段而进行的，由教学原则指导的，一整套方式组成的，师生相互作用的活动。"①

第二，把教学方法理解为一种手段。如：教学方法是"为了完成一定的教学任务，师生在共同活动中采用的手段。既包括教师教的方法，也包括学生学的方法"②。

第三，把教学方法理解为动作体系。如："教学方法是师生为达到一定教学目标而采取的相互关联的动作体系（包括内隐和外显的动作）。"③ 又如："教学方法是教师组织学生进行学习活动的动作体系。"④

第四，把教学方法理解为一种方式。如："教学方法，是在教学过程中，教师和学生为实现教学目的，完成教学任务而采取的教与学相互作用的活动方式的总和。"⑤

第五，把教学方法理解为一种操作策略。如："教学方法是教学过程中教师指导学生学习以达到教学目的，由一整套教学方式组成的操作策略。"⑥

第六，把教学方法理解为方式、手段和程序的总和。如："教学方法是为了达成一定的教学目标，教师组织引导学生进行专门内容的学习活动所采用的方式、手段和程序的总和；它包含了教师的教法、学生的学法、教

---

① 王策三：《教学论稿》，人民教育出版社，1985 年，第 247 页。
② 《中国大百科全书·教育》，中国大百科全书出版社，1985 年，第 151 页。
③ 唐文中主编：《教学论》，黑龙江教育出版社，1990 年，第 199 页。
④ 吴也显主编：《教学论新编》，教育科学出版社，1991 年，第 360 页。
⑤ 李秉德、李定仁主编：《教学论》，人民教育出版社，1991 年，第 197 页。
⑥ 田慧生、李如密：《教学论》，河北教育出版社，1996 年，第 205 页。

与学方法。”①

2. 教学方法的含义

以上定义揭示出教学方法的一些特征，但不同程度上有着含糊不清的问题。内涵不清必然导致外延不确。教学方法首先是方法，它的属概念是“方法”。从作为理念系统的方法来说，蕴含着五个有机联系的层次：关于指明活动的目的方向的方法层次；关于达到目的方向所必由的途径的方法层次；关于达到目的方向采取的策略手段的方法层次；关于达到目的方向所必须运用的工具的方法层次；关于有效地运用工具所必须遵照的操作程序的方法层次。② 其中，第一个层次是关于“做什么”的方法问题，后四个层次是关于“怎么做”的方法问题。具体到教学活动上，教学方法是从教学出发点到实现教学目标之间的中介环节，也就是关于“怎么做”的方法问题，实际上它包含着除第一方法层次即战略方面之外的其他层次，如路线、策略、手段和工具、战术等方面的方法问题。教学方法在汉语中从广义到狭义有三种不同的指代：（1）实现教学内容、达到教学目的的一切手段、途径都叫教学方法。这是比较广义的理解，是教学理论、原则和方法的总称。至于教学组织形式更可称之为教学方法。（2）教学方法是在教学原则指导下采取的具体活动措施，它与教学组织形式是不分的。（3）教学方法是指讲授、实验、练习、演示、讨论等具体的方法。③ 这也是存在诸多不同教学方法概念的原因所在。

本书主要根据实际生活中人们的语言习惯及教师们在教学实践中的理解，将教学方法限定为战术层面上的方法问题。由此，可将教学方法界定为教学活动中围绕教学任务而采用的师生具体的活动方式的组合。它往往表现为师生共同活动所遵循的一系列规范和步骤，具有可操作性。这样一来，教学方法与教学原则、教学策略、教学手段和工具也就有了明显的区分。

另外需要说明的两个问题如下：

第一，教学方法与教学方式的关系问题。教学方式是构成教学方法的细节，是教师和学生的具体的基本动作，是个别操作活动。也就是说，教

① 黄甫全、王本陆主编：《现代教学论学程》，教育科学出版社，2003 年，第 300 页。

② 参见李志才主编：《方法论全书（Ⅰ）：哲学逻辑学方法》，南京大学出版社，2000 年，第 4－7 页。

③ 参见王策三：《教学论稿》，人民教育出版社，1985 年，第 244－245 页。

学方法是由若干教学方式构成的，同一种教学方法可以由不同的教学方式构成；而同一种教学方式也可以运用于不同的教学方法之中。我们不同意将教学方式作为教学方法的上位概念的做法。

第二，教与学及其方法的相互联系问题。教与学的相互联系应确切地表述为“教师指导学生学习”，因此教学方法就不应简单地分成教师教的方法和学生学的方法，然后再将它们简单相加而称教学方法，应是“教师指导学生学习的方法”或教师教学生学的方法。

拓展阅读 10-1：

教学方法的本质

1. 方法是旨在实现目标的手段。

2. 方法是受客体的制约并适于客体的操作系统。即方法是受内容制约的。

3. 方法的基础是理论，方法受理论的指导。

4. 方法是规则的体系，具有指令性。

5. 方法具有结构，它是构成一个体系的有计划的一连串行为或操作。

（资料来源：［日］佐藤正夫：《教学论原理》，钟启泉译，人民教育出版社，1996年，第243页。）

（二）教学方法观的演变

西方教学方法有着漫长的发展历史。① 在教学方法观上，西方教育界在古代重视和提倡的是教法（teaching method）。后来随着学习心理学的兴起，发生了重大转向，转到重视和提倡学法（learning method）。有人敏锐地看到这两种提法中的态度均是走极端的，是十分偏颇的，因而主张教与学方法（methods of teaching and learning）。到了20世纪中期，教学是“传授知识经验”的观念被超越，“教学是一种引导过程”的观念开始流行和确立起来。人们更多的是提“教学”（instruction），而对“教”和“学”进行了限定；随之而在方法上强调教学中教与学的统一，强调教学的引导特性，开始提倡和使用教学方法（methods of instruction）。这样的转变，不仅仅是理论上的，而且是实践上的。

资料卡片：
教学方法历史

① ［美］布鲁巴克：《西方教学方法的历史发展》，瞿葆奎主编《教育学文集·教学》（中），人民教育出版社，1988年，第548－553页。

在我国，一贯的观念是重视教授方法。到了20世纪，随着欧美进步教育思想在我国的传播，人们开始重视教学方法。20世纪20年代，陶行知先生主张把“教授法”改为“教学法”，为此还在南京高等师范学校校务会议上辩论了两小时，不能通过，他因此愤而辞去该校教育专修科的主任职务。后来，苏州师范学校带头采用“教学法”一词，“教学法”一词逐渐通行起来。[①] 这种改变是重要的，但是所提教学法的实质是以“教”为中心的。到了20世纪80年代，西方儿童本位的教育教学观念和理论在我国广泛流播，人们开始对传统的教学方法观开展了批判，在理论上开始重视和提倡以“学”为主的教学方法。

二、教学方法的分类

教学方法林林总总，如同商店的商品那样琳琅满目，人们通过教学方法分类研究，来认识、把握教学方法。

（一）按照教学方法的外部形态分类

根据教学方法的外部形态和这种形态下学生认识活动的特点，我国中小学比较常用的教学方法可分为五类：“以语言传递信息为主的方法”“以直接感知为主的方法”“以实际训练为主的方法”“以欣赏活动为主的方法”“以引导探究为主的方法”。[②] 每一类包含若干种具体的教学方法。

1. 以语言传递信息为主的方法

这是一类通过教师应用口头语言向学生传授知识、技能及学生独立阅读书面材料为主的教学方法。这类方法主要有讲授法、谈话法、讨论法和读书指导法。它们与人类教育教学活动一起产生，先以口头语言作为主要媒介，文字产生以后又增加了书面语言作为媒介，至今仍然是教学活动中主要的方法。

2. 以直接感知为主的方法

这是一类教师通过实物或直观教具的演示或组织教学性参观等，使学生利用各种感官直接感知客观事物或现象而获得知识、形成技能的方法。这类方法具有形象、直观、具体和真实的特点，能激发和强化学生的学习兴趣，吸引和维持学生的学习注意力，但需要较多的时间保障，一旦与以语言传递信息为主的方法结合起来，就能获得良好的教学效果。这类方法

① 参见陶行知：《教学做合一讨论集》，上海儿童书局，1934年，第2－3页。

② 李秉德、李定仁主编：《教学论》，人民教育出版社，1991年，第201－207页。

主要有演示法和参观法。

3. 以实际训练为主的方法

这是一类在教师指导下，学生通过练习、实验和实习等实际活动，学习、巩固和完善知识、技能与技巧的方法。这类方法以学生的实践活动为主要特征，主要包括练习法、实验法和实习作业法。

4. 以欣赏活动为主的方法

这是指创设一定教学情境，或利用特殊内容和艺术形式，使学生通过体验事物的真、善、美，陶冶性情和培养正确的态度、兴趣、理想和审美能力的方法。

5. 以引导探究为主的方法

这是指教师组织和引导学生通过独立的探究或研究活动而学习知识、形成技能和发展能力的方法。其主要特点在于，在探索完成学习任务中，使学生的独立性得到高度发挥，进而学习和巩固知识，培养技能技巧，发展探索和创新的意识和能力。这类方法主要有发现法、研究法。

（二）行为主义的分类

资料卡片：四种基本教学方法

美国学者拉斯卡认为已有教学方法的分类不尽如人意，他进行细致考察后提出：“教学方法就是发出和学生接受学习刺激的程序。”“运用更合适的标准后，我发现世界上只有四种基本教学方法，既不多，也不少。”① 他强调，按照信息论的观点，只有四种基本的或普通的教学方法，每一种普通方法又由许多特定的方法构成。例如呈现方法作为一种普通方法，包括的特定方法有讲授、让学生阅读课本、在实验室作示范等。特定方法可视为普通方法的具体运用。

四种基本教学方法中的任何一种都与不同类型的学习刺激有关。学习刺激作为一种手段是与预期学习结果的实现相联系的刺激。依据在实现预期学习结果中的作用，学习刺激可分为四种，可将它们称为 A、B、C、D 刺激。四种基本教学方法具体如下：

1. 呈现方法

这是传统的教学方法之一，包括 A 种学习刺激的运用。A 种学习刺激是用确定的形式把将要学习的内容呈现给学生，学生其实处于比较被动的

---

① ［美］拉斯卡：《四种基本教学方法》，瞿葆奎主编《教育学文集·教学》（中），人民教育出版社，1988 年，第 548－553 页。

地位。运用呈现方法时，尽管学生在感知这些刺激，并在编码、组织、储存信息方面明显地积极活动着，但教师却不要求别的，只要求学生注意呈现的学习刺激。

呈现方法依据的基本命题是，学习刺激被学生接受后（无论是有意的还是无意的），学习就会发生，不需要学生任何特别的学习努力。教师的作用是选择合适的学习刺激，并用适当的次序让学生阅读、做示范、带学生到校外考察及要求他们进行观察等。

2. 实践方法

这类方法同样也是传统的教学方法之一，它依据 B 种学习刺激的运用。与 A 种学习刺激相比，B 种学习刺激要求学生起积极作用。这种学习刺激用问题解决的形式提供给学生，通过已知程序的运用，提供可模仿的模式或者可操作的特定学习活动等来进行，其中预期的学习结果已经或可能预先知道了。预期的学习结果是通过学生努力（实践）逐步实现的。

运用实践方法时，教师的作用是提供目的，组织实践活动，提供适当反馈。实践方法主要有：指导学生学习某确定课题、给学生布置书面作业、就特定题目让学生准备下一次考试、对学生从事某特定活动进行监督管理、要求学生模仿某特定模式、训练学生、指导学生朗读，等等。

3. 发现方法

这也是一类传统的教学方法，它依据 C 种学习刺激的运用。这种刺激在要求学生活动方面与 B 种刺激相似。然而，C 种刺激给学生提供一种情境，在该情境中希望学生发现预期的学习结果。

运用发现方法时，学生可能知道他们在努力探讨发现，但他们一定不知道预期的学习结果。教师的作用是组织发现活动，关注发现中的学生。发现方法没有前述两种方法普及，但这类方法也有几种具体方法：在提问学生中运用苏格拉底法即“助产术”，组织学生召开有助于引导新的学习发现的讨论会，要求学生设计实验以引导学生进入对新学习的发现，等等。

4. 强化方法

这是 20 世纪创生的教学方法，起源于强化学习理论在教学实践中的应用。强化方法运用的是 D 种学习刺激。A、B、C 三种学习刺激可称“反应前”刺激，因为这些刺激是在学生做出任何对预期学习结果的反应前提供给学生的。相反，D 种学习刺激可称为“反应后”刺激。这种刺激是在学生做出预期反应后，由对学生的反应强化（奖励）构成的。根据强化学习理论，这种刺激的功能是“加强”学习效果。

运用强化方法时，教师有目的、有系统地向学生提供强化（D种学习刺激），这些学生一定是已表露出对预期学习结果有获得行为的学生。强化方法在要求学生积极活动方面类似于发现方法和实践方法。和发现方法一样，强化方法也不如前两种方法普及，因为具有有目的、有系统地向学生提供强化（D种学习刺激）能力的教师并不多。强化方法包含的具体教学方法主要有“行为矫正”和“程序教学”两种。

（三）教学要素的分类

日本学者佐藤正夫着眼于教师、教材、学生的相互关系方式，将教学方法归纳为三种基本样式：教师提示的方式，即提示型教学方法；学生自主活动的方式，即自主型教学方法；教师与学生之间的交流、对话、讨论，一起思考，共同探讨，合作解决问题，共同发现新知的方式，即共同解决型教学方法。

1. 提示型教学方法。在这种教学方法中，活动的力点在教师。教师做出呈示、说明、报告、讲解。在这种条件下，教师直接指导，学生接受教师的指导，展开学习。因此，受纳性学习占优势。

2. 自主型教学方法。在这种教学方法中，教师的作用退居后位，学生被推上前台，比较独立地解决教师提出的课题。教师只是凭借教科书及其他学习手段实施间接指导。在这种形式的学习中，生产性学习占优势。

3. 共同解决型教学方法。这种教学方法介于前述的两个基本形态之间，是借助教师与学生之间的交流、对话、讨论来进行的。在这种场合，学生的学习兼有受纳性与生产性两个侧面。①

此外，还有一些较具代表性的分类办法。还可依据教学过程的不同环节，将教学方法分为：刺激和形成学习动机的方法，如故事法、问题法、情境法；组织和形成认知活动的方法，如知觉法、认识法、逻辑法；检查和自我检查的方法，包括口头检查、书面检查、操作检查。② 根据教学方法抽象性的程度，也可将教学方法从具体到抽象分为操作性教学方法、技术性教学方法和原理性教学方法三个不同的层次。③

① ［日］佐藤正夫：《教学论原理》，钟启泉译，人民教育出版社，1996年，第246－247页。

② 参见巴班斯基：《教学过程最优化——一般教学论方面》，人民教育出版社，2007年，第39－44页。

③ 黄甫全：《关于教学、课程等几个术语含义的中外比较辨析》，《课程·教材·教法》，1993年第7期。

拓展阅读 10-2：

教学方法的分类标准

王策三先生认为，教学方法的分类，最好从多角度分析或进行综合分析。这些角度包括：

（1）信息媒体是什么？

（2）师生是怎样相互作用的？

（3）认识的性质和水平如何？

（4）它有何种性能或功能？

（5）它适用的范围怎样？

（6）它的运用需要哪些条件？

（资料来源：王策三：《教学论稿》，人民教育出版社，1985 年，第 252 页。）

三、中小学常用的教学方法

（一）语言性教学方法

语言性教学方法，是在教学过程中以口头语言或书面语言为主要传递形式，其特点是能较迅速、准确而大量地向学生传授间接经验，其效果主要取决于教师是否具有较强的阅读理解能力。在语言性教学方法中使用最广泛的是讲授法。

1. 讲授法

所谓讲授法，它是教师通过语言直接地向学生系统连贯地传授知识的方法。此法主要用于传授新知识。从教师教的角度来说，讲授法是一种传授型的教学手段；从学生学的角度来说，讲授法是一种接受型的学习方式。它有利于教师充分发挥主导作用，将科学知识系统连贯地传授给学生，使学生能在较短时间内获得较多的知识。

讲授法包括讲述、讲解、讲读、讲演、讲评五种方式。其基本方式有讲述法与讲解法。讲述法是教师向学生叙述事实材料，或描绘所讲对象，在各科教学中都可以运用，特别是在语文、历史等文科的教学中运用广泛。讲解法是教师向学生说明、解释或论证原理、概念、公式，它在各科教学中均可采用，尤其在数学、物理、化学、生物等学科教学中运用广泛。两种方法在教学中常常互相结合。

讲授法的基本要求：（1）讲授内容要有科学性、思想性。讲授要符合科学事实、历史事实，反映科技成果，有利于形成学生正确的观点。（2）讲授内容要系统，条理清楚，重点突出。讲授要由已知到未知，逻辑严密、层次分明，指导学生掌握系统的知识，形成认知结构。注意突出重点，化解难点，讲清关键，观点与材料相统一。（3）讲授语言要清晰、简练、准确、生动。要吐字清楚，音量适度，语速适中，简明扼要，用词准确，通俗易懂，形象生动。（4）恰当地运用板书。板书课题名称、内容提纲、主要结论及讲授中出现的术语，书写工整，条理清晰，美观得体。

2. 谈话法

谈话法亦称问答法，是教师根据学生已有的知识和经验，通过师生间的问答引导学生积极思考从而获取知识的方法。其作用是：能充分地激发学生的思维活动，使学生通过独立思考获取知识。有利于发展学生的思维能力和锻炼学生的语言表达能力。但费时较多，易偏离主题，不经济。

谈话法一般包括四种类型：一是启发性或开导性谈话；二是复习性或检查性谈话；三是总结性或指导性谈话；四是讨论性或研究性谈话。

谈话法的基本要求：（1）充分准备，写好谈话提纲。提问目的要明确；提问内容要有启发性，难度恰当；提问对象要有针对性。（2）有计划地组织谈话。围绕主题，面向全班学生，给予足够的思考时间，及时反馈，加强引导。（3）启发学生积极参与，鼓励学生提问。指导学生倾听问题，分析问题，发展学生的思维能力，鼓励学生勇于提问、善于提问。（4）做好谈话的总结工作。

3. 读书指导法

读书指导法是教师指导学生通过阅读教科书和参考书而获取知识、发展智力的方法。它有助于培养学生的自学能力和习惯。

读书指导法的基本要求：（1）指导阅读教科书，如预习、提问、编写提纲等。（2）指导阅读参考书，如做记号、批注、摘录、提纲、概要。（3）指导学生掌握阅读教科书的科学方法。根据不同的学科性质和教学过程的不同阶段，教师要指导学生采用不同的阅读方式。在传授新知识过程中，应指导学生独立阅读，阅读时能提出问题，找出重点难点；在应用知识过程中，应指导学生依据教材释去疑点，突破难点，积极思考，深入探讨；在布置作业过程中，应指导学生做好预习、复习、背诵等。

（二）直观性教学方法

直观性教学方法，是教师在教学过程中以实物或教具进行演示，带领学生进行教学性参观等的教学方法。这种方法以直接感知为主要形式，使学生掌握知识。其特点是生动形象，具体真实，学生视听结合，记忆深刻。

1. 演示法

演示法是教师配合讲授或谈话，通过陈示实物、教具或进行示范性实验而使学生在观察中获取知识的方法。其作用是：能使学生获得感性的材料，加深印象，将书本知识与实际事物联系起来，从而帮助学生形成正确、深刻的概念；能引起学生的学习兴趣，集中学生的注意。演示的种类很多。按演示教具分，有实物、标本、模型演示，照片、图画和地图演示，幻灯、录像、教学电影及具体实验的演示等。按演示对象分，有单个物体或现象的演示，有事物发展全过程的演示。

演示法的基本要求：演示要清楚，使全班学生都看见演示对象；演示与说明、提问相结合，以引导学生观察，思考；演示要适时。

2. 参观法

参观法是教师根据教学目的，组织学生到校外一定场所进行直接观察、访问、调查、研究而获得知识或验证知识的方法。其作用为：能加强教学与实际生活的联系，扩大学生的眼界，激发学生的求知欲。参观的类型主要有：① 感知性参观。使学生获取必要的感性材料，为学习新课奠定基础而组织的参观。② 并行性参观。在学习某一课题的过程中，为便于理解、丰富和记忆知识而组织的参观。③ 验证性参观。在某一课题结束后，为了用事实来检验和论证学生已学的知识而组织的参观。④ 总结性参观。在讲完某一课题后，组织学生结合所学的内容，到现场做出结论或验证结论而进行的参观。

参观法的基本要求：① 参观的准备，事前做好准备。② 参观的进程，在参观过程中加强指导。③ 参观的总结，事后做好总结。

（三）实践性教学方法

实践性教学方法，是以形成学生的技能技巧或行为习惯等实际训练为主要形式的教学方法。其特点是学生在接受知识的过程中手脑并用，学以致用。

1. 实验法

实验法是学生在教师指导下，按照预定的要求，利用指定的仪器设备，采用特定方法而进行独立操作，并在观察研究中获取直接经验、培养技能技巧的方法。实验有助于培养学生的实验精神，掌握科学的研究方法。实验的类型主要有三种：学习理论之前进行的感知性实验；学习理论之后进行的验证性实验；巩固已学知识时进行的复习性实验。

实验法的基本要求：做好实验的准备工作；加强实验的具体指导；实

验结束时要进行总结。

2. 实习作业法

实习作业法是指根据教学大纲要求，教师指导学生在校内外一定场所进行实际操作或从事实际工作，在实践中综合运用理论而掌握知识、形成技能技巧的方法。实习作业法可培养学生运用书本知识从事实际工作的能力。实习作业法种类繁多、形式各异。按场所分，有课堂教学实习、校内外工厂实习、农场和实验园地实习等；按学科分，有数学课的测量实习、理化课的技术实习、生物课的植物栽培和动物饲养实习、地理课的地形和地貌测绘实习等。

实习作业法的基本要求：实习作业前做好准备；实习作业中加强指导；实习结束时进行总结。

3. 练习法

练习法是学生根据教师的布置和指导，通过课堂及课外作业，有意识地反复完成某一活动，借以巩固知识、形成技能技巧的方法。练习的类型和方式多种多样。按练习的任务分，有说话练习、解题练习、绘画制图练习、作文和创作练习、文体技能技巧的练习等；按练习的形式分，有口头和书面练习、问答和操作练习、课内和课外练习等；按练习的方法分，有重复练习、变换练习、循环练习、综合练习等；按练习的特点分，有模仿性练习、训练性练习和创造性练习等。

练习法的基本要求：① 明确练习的目的、要求。② 精心设计、选择练习题。③ 掌握正确的练习方法。练习目的要明确，过程要科学，时间分配要适当，效果反馈要及时，方式要多样化。

（四）研究性教学方法

研究性教学方法是以学生的集体讨论或自我发现等为主要形式的教学方法，它具有探讨、商榷、深化的特点，多用于高年级的教学。常见的有讨论法、发现法等。

1. 讨论法

讨论法是教师指导学生以班级或小组形式围绕某一课题各抒己见、相互启发并进行争论、商榷，以提高认识或弄清问题的方法。课堂讨论有三种基本类型：用于扩大有关学科的理论知识而组织的综合性课堂讨论；就某门学科中的个别主要问题或疑难问题而组织的专题性课堂讨论；就某一课题进行深入探讨而组织的研究性课堂讨论。讨论法的运用策略：讨论的准备策略，讨论的启动策略，讨论的组织策略。

2. 发现法

发现法是教师通过提供适宜于学生进行“再发现”的问题情景和教材内容，引导学生积极开展独立的探索、研究和尝试活动，以发现相应的原理或结论，培养学生创造能力的方法。其基本过程是：掌握课题、制定设想、提出假设、验证假设、发现和总结。

以上方法各有其特点、功能和适用范围，不同学科、不同内容对教学方法的要求亦有所不同。

四、教学方法的选择与运用

各种教学方法都有其优点和局限性，都具有相对性、从属性、局限性、互补性等基本属性。① 所以，教师在实际教学中必须结合具体的客观条件和自己的主观情况，计划、选择并运用具体的教学方法。

（一）教学方法的选择

古今中外积累的有效教学方法十分丰富，现实中广大教师又在不断地创造出新的可行的教学方法。各种具体的方法既有内容特定性，又有鲜明的个性，还有对象特定性，并且受教学设备条件制约。这就要求教师综合考虑各种因素，选取适当的教学方法，并合理组合。选择教学方法时，需要考虑的主要依据有以下几点：

1. 教学的具体目标和任务

教学方法是实现教学目标和完成教学任务的手段，不同的教学目标和任务，要求运用不同的教学方法。掌握知识，宜选择讲授、阅读法；形成技能，宜选择实习法、实验法等；发展能力，宜选择作业法、研究法、讨论法等；陶冶个性，宜选择欣赏法、陶冶法、参观法等。不过，任何一种方法的功能都具有多面性，比如，讲授法，既以传授间接知识为主，又可以调动学生的内部心理行为，实现学生心智的形成和语言逻辑思维能力的发展，当讲授的语言和内容在学生大脑里描绘出一幅美好的画卷时，还能陶冶学生的个性。但是这一切又受到学生的状况、教师的素养及时间的限制。

2. 教学内容的性质和特点

教学内容的性质和特点不同，就应选用不同的教学方法。不同的课程和科目需要不同的教学方法，同一课程和科目的不同内容也需要不同的教学方法。就不同的课程、科目来看，语文、外语等多用讲授法等，数学多

---

① 王坦：《试论教学方法的基本属性》，《课程·教材·教法》，2002 年第 7 期。

用练习法，物理、化学、生物等多用演示法和实验法，体育多用示范法、练习法等。就每门课程、科目的具体内容来看，分别用于掌握知识、形成技能、发展能力、陶冶个性的不同目标，又需要分别采用讲授、示范、演示、参观、作业、讨论等方法。

3. 教学对象的实际情况

教学对象的年龄、性别、经历、气质、性格、思维类型、审美情趣等的不同，也对教学方法提出不同的要求。只有选用与此相适应的教学方法，才能真正提高教学对象的知识能力和思想水平，促进其健康发展。

4. 教师自身素养及所具备的条件

教师自身的素养条件和驾驭能力，直接关系到选用的教学方法能否发挥其应有的作用。教师应对自身素养及所具备的条件实事求是地进行分析，根据其特点和条件选用恰当的教学方法，以扬长避短。哪怕别人行之有效的方法，也不可盲目照搬，这样才能确保教学方法运用自如。如：有的教师口头语言能力强，可选用讲授法；有的教师口头语言能力弱，可选择演示法、讨论法等。

5. 教学时间和效果的要求

教学时间是固定的、有限的，任何课程、科目的时间都是限定的，而教学内容则是相对无限的，教学要求是相对比较高的。解决这一对矛盾，就要求教学以最少的时间取得最佳的效果，也就是节约时间、追求效率。教学方法，有的效率高，有的效率低；同时，不同的教学方法的不同的运用也会影响到效率的高低。好的教学方法，至少能在规定的时间内完成教学任务，实现教学目标，并能使教师教得轻松，学生学得愉快。教师应力求选择这样经济有效的方法。

除了上述依据外，选择教学方法，还应考虑教学环境、教学设备条件，并且要综合考虑各种各样的因素，从中找到一个平衡点，再来确定教学方法。

（二）教学方法的运用

选择确定了教学方法，并设计出教学方案后，到了实际教学活动中，还有一个如何正确实施应用的问题。为了解决好这一问题，必须注意贯彻以下原则：

1. 合理运用，发挥教学方法的内在功能

教学方法的运用，需要教师主导作用的充分发挥。教师应研究和把握每一种教学方法的性质、特点、范围、条件及其局限，对各种教学方法具有清醒的“方法自觉”。正如操作所使用的工具没有好坏一样，方法本身没有好坏之分，只有适切、恰当之别。教师要恰当选择，合理运用，在现有条件下尽可能发挥每一种教学方法的优势，释放其潜在的教育功能。

2. 综合运用，各教学方法之间功能互补

由于每一种教学方法都有其适用条件与范围，有特定的功能与局限，而教学目标、教学内容、教师素养、学生背景可能是多方面的，可供运用的手段、媒体也是多种多样的，因此任何教学活动都应综合使用多种方法，使各种方法能相互补充、相得益彰，从而实现整体大于部分之和的系统功效。

3. 灵活运用，谋求教学方法功能最大化

不同教学方法的设计和使用，使用的具体时间，以及学生的反应等，都可能因时因地因人而异。"普通"方法是一种"理论的"态度。"教学是以日新月异之学问传授于千变万化之学生，最主要者在以适宜之教材帮助个别的学生去学习，精细地观察其所发生之困难，同情地帮助其解决问题。""方法乃附丽于教师、学生、教材所产生之情境之上。在实施上，绝无单独存在之最优良的方法。"[①] 这就要求教师在教学方法使用中，要灵活机智，善于整合不同方法的运用。教师要具有权变意识和方法智慧，根据课堂教学中方法使用状况及其效果进行调适、变换，并尝试新的方法，实现教学方法功能最佳化。

总之，每种教学方法都具有不同的特点与功能，教师应认清各种教学方法的优缺点，把握其适应性和局限性，或有所侧重地使用，或进行优化组合，不可盲目地选用教学方法。教学方法的选择与使用，体现着教师的智慧，标志着其教学艺术水平的高低。"教有常法，但无定法"，运用之妙，存乎一心。

第三节　教学媒体

一、教学媒体的概念

"媒体"一词源于拉丁语"Medium"，意为两者之间，是指承载、加工和传递信息的介质和工具。广义而言，媒体包括物和人。狭义的媒体则指除人以外的储存和传递信息的介质和工具。本书取狭义的媒体之意。从媒体的狭义概念来看：媒体首先是一种物质载体，所有的物质载体都可能成为媒体；其次，媒体是承载有信息的物质载体；最后，媒体承载的信息是

---

① 萧承慎：《教学法三讲》，福建教育出版社，2009 年，第 122 页。

可以通过某种渠道传播的，只有在传播过程中，媒体才能实现它的功能，具有实质意义。

(一) 教学媒体的含义

教学媒体是为了达成教学目标、完成教学任务而采用的媒体，是指在传播知识、技能和情感的过程中，储存和传递教学信息的载体与工具。教与学的活动过程是一种获取、加工、处理和利用事物信息的过程，因此储存与传递事物信息的任何媒体都可以作为教学媒体，但只有基于教学目的、为了完成教学任务而使用的才称之为教学媒体。

(二) 教学媒体与教学手段、教具、教学方法

教学媒体与教学手段、教具、教学方法等概念密切相关。一般地说，教学手段是指师生在教学中相互传递信息的媒体、工具或设备。教具则是指在教学过程中借以辅助教学活动的用具。教学方法是教学活动中围绕教学任务师生间具体的活动方式的组合。从定义上看，教学手段、教学媒体、教具有时相互包容，有时又各有所属。教学手段包括了教学媒体和教具。而有时人们又把教学媒体等同于教学手段，也就包括了教具。有时人们又会扩大教具的范围，把通常意义上的教学媒体都称作教具。当然，教学媒体和教具还是有一些差异的。在教学中，教具主要是辅助教师呈示教学信息的工具，但它本身可以不携带教学信息。教学媒体则不然，因为教学媒体必须能够携带教学信息。教学媒体与教学方法也有差异。教学方法是对教学媒体、教具、教学手段等的运用，它是一系列的活动方式，而非工具。

二、教学媒体类型及特性

教学媒体丰富多彩，对教学媒体进行分类，有利于认识和把握教学媒体的特点，从而有效运用教学媒体。

(一) 教学媒体的分类

根据不同标准，教学媒体可以分为多种类型。根据印刷与否，可分为印刷媒体和非印刷媒体。按照媒体使用时用“电”与否，可分为传统教学媒体和现代教学媒体两大类。从传递信息的范围来看，可分为有限接触媒体和无限接触媒体两类。从能否及时反馈信息来看，可分为单向传播媒体和双向传播媒体（如程序教学机器）两类。从传递信息与现实事物的关系来看，可分为实物型、模拟型和符号型三类。根据使用方式不同，又可分为教学辅助媒体（如投影、幻灯）和学生自学媒体（如电视、程序教学机器、网络课程和网络教学材料）。按媒体的物理特性，可分为电声媒体、光学投影

媒体、电视媒体、计算机媒体。根据教学媒体作用于人的感官不同，把教学媒体分为视觉媒体、听觉媒体、视听媒体、多媒体、系统媒体和交互媒体。

1. 视觉媒体

视觉媒体是指主要作用于人的视觉通道的教学媒体，主要包括各类投影视觉媒体，如幻灯及投影。幻灯是一种非常普及的现代化静止视觉媒体。幻灯机的教学功能是：可以提供大量色彩鲜明、真实、生动的视觉形象，能充分表现事物细部，能加深学生对所学内容的印象；能与传统教学方法密切结合，可根据教学需要对放映和解说速度加以控制。投影仪的优点是：讲解时，教师可面对学生，便于教师直接掌握课堂信息的反馈和师生之间的交流；使用投影仪的同时教师可使用其他教具进行教学；可以提供视觉形象，增强学生对教学内容的感知，加深学生对教学内容的理解。

2. 听觉媒体

听觉媒体是指主要作用于人的听觉通道的教学媒体，主要包括扩音机、收音机、录音机和CD机。扩音机和收音机的特点是能将声音扩大，远距离传递信息；传播知识速度快，不受时间、空间限制；传递知识信息，有真实感，能激发想象力。它们在教学上的最突出的功能是可以扩大教学规模。录音机和CD机能将声音记录下来，以备随时使用；能把记录的声音反复多次使用，可以控制播放时间；能够将记录的声音长时间保存。利用录音机和CD机教学有以下便利：可以协助教师有效地组织课堂教学，改进教学效果；能帮助学生在学习中获得自我反馈。CD机除了具备扩音机和收音机的某些教学功能外，CD光盘还可以携带更多的教学信息，节约教学资源；带有教学信息的光盘保存的时间可长达10年。

3. 视听媒体

视听媒体是指既作用于人的视觉通道，又同时作用于人的听觉通道的教学媒体，主要包括电影、电视、录像、VCD和DVD。电影用于教学始于20世纪20年代。教学电影在教学工作中的作用主要包括：能直观形象地表现教学内容；提供活动的图像可不受时间因素的限制；可以放大或缩小原有事物的尺寸；电影还可以把古今中外、远方近地、错综复杂的事实，搬到教室观看，能节省时间，发展学生的观察力、想象力和理解力。电视和录像为教学现代化提供了新的教学媒体。尤其是人造卫星上天后，卫星教育电视系统受到世界各国的重视，它为人类教育的普及化、自主化、个别化、终身化提供了最有效的条件和保证，在很大程度上推进了全球教育事业的发展。VCD和DVD是运用现代计算机技术和数码技术发展起来的教学媒体。载有教学信息和教学资料的 VCD 和 DVD 光盘信息量大、寿命长，能提供干净清晰的图像、鲜艳逼真的色彩和配合的声音信息。

4. 多媒体

多媒体（Multimedia）是多种媒体的综合，使用的媒体包括文字、图片、照片、声音、动画和影片等多种形式，综合处理和控制符号、语言、文字、声音、图形、图像、影像等多种媒体信息，把多媒体的各个要素按教学要求，进行有机组合并通过屏幕或投影仪投影显示出来，同时按需要加上声音的配合教学。实践中应用的声幻灯、多图像系统、多媒体学习包等都属于多媒体。因为多媒体具有图、文、声并茂甚至有活动影像这样的特点，具有许多对于教学过程来说特别宝贵的特性与功能，这些特性与功能是其他单一媒体，例如幻灯、投影、电影、录音、录像、电视等所不具备或不完全具备的。在教学中利用多媒体，除了可以增加自学过程的互动性，更可以吸引学生学习、提升学习兴趣，以及利用视觉、听觉及触觉三方面的反馈来增强学生对知识的吸收。

5. 系统媒体

系统媒体是教学多媒体的进一步发展，以计算机为系统平台，通过局域网络连接将多种媒体集成化为一套能够将符号、语言、文字、声音、图形、图像、影像等多种媒体信息加以组合以帮助或代替教师执行部分教学任务，向学生传授知识和提供技能训练。当下教育实践中使用的语音室教学系统、计算机辅助教学系统等都属于此类。

6. 交互媒体

交互媒体则是系统媒体结合人工智能技术和互联网通信技术之后发展起来的，利用多媒体计算机技术和网络技术，借助多媒体课件或网上资源，实现人—机—人双向交流互动教学方式。交互媒体与多媒体和系统媒体之间的最大区别在于两点：一是通过高速网络实现了教师和学生之间超越空间的互动，突破了教学空间对师生实时在场互动的限制；二是借助于人工智能技术，实现了人机之间的虚拟化的即时互动。从某种角度讲，交互媒体技术正以虚拟化的教学时空代替教师的部分教学任务。如果单纯从知识传授的角度看，交互媒体的教学效果甚至不亚于教师的教学活动。教学媒体的分类见表 10-1。

表 10-1　教学媒体的分类①

教学媒体	传统教学媒体	直观教具	印刷材料、黑板、实物、标本、模型等
		示意教具	图片、表格、挂图等
	现代教学媒体	视觉媒体	幻灯、投影等
		听觉媒体	录音机、CD 机等音频设备
		视听媒体	电视、录像、电影等音视频设备
		多媒体	声幻灯、多图像系统、多媒体学习包等
		系统媒体	语音室教学系统、计算机辅助教学系统等
		交互媒体	程序教学机器、计算机网络教学系统等

（二）教学媒体的特性

加拿大马歇尔·麦克卢汉（Marshall McLuhan）在《媒体通论：人体的延伸》一书中提出：媒体是人体的延伸，书籍是眼的延伸，无线电广播是耳的延伸，电视是眼和耳的同时延伸。这实际上道明了媒体对于教学的影响。首先，教学媒体实质上是通过不同的感知觉器官对教学信息的传递产生影响，由于教学媒体类型的不同，其所具有的技术特性也是不同的，触发的学习刺激也各有所长。其次，不同教学媒体改变的不仅仅是刺激的提供方式，同时也由于信息承载和传递方式的变革而带来教学时间和空间的变革。也正是因为如此，历史上教学媒体的革新总是伴随着教学的革新。

人类早期的教学，主要通过口耳相传、以身示教的方式进行，因为口头语言和体态动作稍纵即逝，不能保存和远距离传播，所以教学必须同时在场，且多以个别教学形式为主。随着纸质媒体的出现和应用，知识信息得以长期保存，学习时间得以延伸，教学空间也获得了扩展，但在文本媒体得到广泛应用的同时，形象的视听觉刺激弱化了，直接经验的学习被间接经验学习所替代，班级授课制也取代了个别教学的主要地位。以电子和网络为主要特征的现代教学媒体的出现，不仅实现了多渠道、多感官信息的保存和传递，而且突破了时间和空间的限制，使得教学的形式获得了革命性的突破，直接经验和间接经验、在场与远距离、同时与历时在某种程度上得到了融合。不过，我们也同时注意到，传统

① 改编自徐英俊、曲艺：《教学设计：原理与技术》，教育科学出版社，2011 年，第 177 页。

的黑板—粉笔教学形式依然具有生命力，教师—学生同时在场的教学依然不可替代，原因无它，媒体的技术性特征及其带来的教学特性。由于媒体类型的不同，它们具有差异性，且适用于不同的教学情境和目的、任务；因此，了解不同类型教学媒体的技术和教学特性对于教学媒体的正确选择和使用是十分必要的。

1. 教学媒体的技术特性

教学媒体的技术特性是指由于设计和制作而具有的功能特性，包括表现力、重现力、接触面、参与性、受控性、交互性等。表现力指的是教学媒体表现事物的空间、时间、运动特征的能力。如录音机只能提供听觉形象，幻灯机只能提供静止的视觉形象，电影能提供听觉、视觉和运动状态的视觉形象，交互媒体则能提供所有的这些特征。重现力指教学媒体不受时间、空间限制，把储存的信息内容重新再现的能力，主要分为即时重现和事后重现两种。接触面指教学媒体把教学信息同时传递给学生的范围。参与性指教学媒体在发挥作用时学生参与活动的机会，主要包括情感参与与行为参与两种。受控性指教学媒体接受使用者操纵的难易程度。几种主要教学媒体的技术特性如表 10-2 所示。

表 10-2　教学媒体的技术特性

		教科书	板书	模型	录音	幻灯	电影	电视	多媒体	系统媒体	交互媒体
表现力	空间特性			✓		✓	✓	✓	✓	✓	✓
	时间特性	✓	✓		✓		✓	✓	✓	✓	✓
	运动特性						✓	✓	✓	✓	✓
重现力	即时重现		✓		✓				✓	✓	✓
	事后重现	✓		✓	✓	✓	✓		✓	✓	✓
接触面	无限接触	✓						✓	✓	✓	✓
	有限接触		✓	✓	✓	✓	✓				
参与性	感情参与				✓		✓	✓	✓		
	行为参与	✓	✓	✓		✓				✓	✓
受控性	易控	✓	✓	✓	✓						
	难控						✓	✓	✓	✓	✓

2. 教学媒体的教学特性

教学媒体的教学特性是指教学媒体记录、储存、处理教学内容信息的功能特性。不同类型的教学媒体由于其技术特性的不同，相应的教学特性也有所不同，针对教学过程中的不同学习环节和内容，加涅对几种主要教学媒体的教学特性做了评价，如表 10-3 所示。

表 10-3　教学媒体的技术特性

	实物演示	口语交流	印刷媒体	静止画面	活动画面	有声电影	教学机器
呈现刺激	A	B	A	A	A	A	A
引导注意	C	A	A	C	C	A	A
提供示范	B	A	A	B	B	A	A
外部激励	B	A	A	B	B	A	A
引导思维	C	A	A	C	C	A	A
诱导迁移	B	A	B	B	B	B	B
评定成绩	C	A	A	C	C	A	A
提供反馈	B	A	A	C	B	A	A

A：功效显著　B：功效一般　C：功效不大

三、教学媒体选用的原则

教学媒体是为教学服务的。媒体技术的运用不是教学的目的，有效完成教学任务，实现教学目的才是教学媒体选用的根本依据。教学媒体的选用受到教学目的、教师、学生、教学内容等诸多因素的制约，选用时要遵循以下几个原则：

（一）适用性原则

教学媒体的选用只有合适与否，而没有好坏之分。虽然随着人类社会和科学技术的发展，从口耳相传的口头语言到互联网＋的交互媒体，教学媒体的技术成分越来越多，但是对于教学而言，传统的面对面的交流和黑板—粉笔的方式依然具有不可替代的作用。实际上，每当一种新的教学媒体出现之时，总有一些学者宣称教学革命已经到来，新教学媒体必将取代旧的教学媒体，例如无线广播、电视、计算机等出现时皆是如此，不过教育发展的历史证明，教学媒体技术进步的确改变了教学，但每一种教学媒体并没有被替代，而是在不同的教学场合发挥着作用。教学媒体在教学中的应用，不取决于它的技术先进性，而取决于它的适用性。这种适用性主要体现在与教学目标、教学对象心理发展阶段特征、教学内容的性质、教学组织形式等方面的协调一致。

（二）简单性原则

教学媒体选用在满足功能的前提下，遵循简单性原则。随着教学媒体技术的进步，教学媒体的教学特性也随之增多，但同时保障教学媒体安全稳定运行的环节也剧增，其中任何一个环节出现问题都会影响教学的有效性。在黑板—粉笔媒体下，教学过程非常稳定；在交互媒体下的教学，需要网络通信信号的流畅，需要电源的稳定供应，需要计算机工作的稳定性等，还需要操作人员的技能的高要求和稳定性，任何一个微小的环节出现问题，都将影响教学过程。在工程技术学领域，简单意味着稳定，涉及的环节和元器件越少就越高效。所以，在教学媒体选用之时，凡是可以通过师生双方实现的教学功能就不要借助技术手段去实现，凡是能够通过简单的媒体达成目标的，也不要追求技术的先进性。

（三）经济性原则

经济性原则就是在教学设计的过程中选择教学媒体时，要根据能得到的效能和需要付出的代价来做决定，力求做到以最小的代价，得到最大的收获。教学的投入包括两个方面，一是教学媒体本身购置、维护需要的经济成本，另一个方面是教学媒体使用所需投入的人力时间成本。需要注意的是，教学媒体使用成本估算要把媒体使用的范围和时限考虑在内。例如，黑板—粉笔从单次成本来计算无疑是比较低的，但我们同时还要考虑其受众的范围和单次使用的特点。交互媒体从投入成本来看，无论是硬件设施的购置和维护，还是软件的制作，投入无疑相对较高，但由于其受众范围和重复使用的特点，分摊的成本未必就是最高的。总之，成本的核算应该纳入教学媒体选用考虑的因素，在满足教学需要的前提下，遵循经济性原则。

（四）可操作性原则

教学媒体的选用还要考虑教师和学生操作能力的因素。理论上讲，教师的教学能力要随着时代的进步不断更新和提高，现代教育技术能力是教师教学能力的必要组成部分，但同时还要考虑教师现实的工作负担和教师专业成长的实际情况。教师不是完人、超人，要求教师具有一切教学媒体的技术素养既不现实也没必要。只有教师掌握并能够熟练运用的教学媒体，才能摆脱为了技术而技术的束缚，真正融入教学过程之中，起到促进教学的作用。所以，在教学媒体选用时，一定要考虑教师本身对教学媒体特性的熟悉程度和教学媒体使用的可操作性因素。

特别要注意的是，从广义的教学媒体概念看，人本身也是教学媒体，教师不仅能够提供语言信息，通过体态动作、模拟演示等也可以提供视觉和运动信息，所以在教学媒体选用的时候，也应该将教师能够提供的内容信息纳入考虑的范围，甚至是优先考虑充分利用之。

本章内容小结

教学策略是为实现教学目标而对教学实施进行的总体性、概要性安排方案。教学策略具有目标指向性、整体综合性、问题情境性、选择性的特点。依据教师在教学过程中的行为类型，可把教学策略分为教学语言策略、课堂教学组织策略、课堂行为管理策略、师生互动交往策略、学生学习指导策略等。

教学方法是教学活动中围绕教学任务而采用的师生具体的活动方式的组合。中小学常用的教学方法有：① 语言性教学方法，主要包括讲授法、谈话法、读书指导法；② 直观性教学方法，主要包括演示法、参观法；③ 实践性教学方法，主要包括实验法、实习作业法、练习法；④ 研究性教学方法，主要包括讨论法、发现法。教学方法的选择主要考虑教学的具体目标和任务、教学内容的性质和特点、教学对象的实际情况、教师自身素养及所具备的条件、教学时间和效果的要求等因素。教学方法的运用需要坚持合理、综合、灵活等原则。

教学媒体是为了达成教学目标、完成教学任务而采用的媒体，储存和传递教学信息的载体和工具。根据教学媒体作用于人的感官不同，把教学媒体分为视觉媒体、听觉媒体、视听媒体、多媒体、系统媒体和交互媒体。教学媒体具有表现力、重现力、接触面、参与性、受控性、交互性等技术特性。教学媒体选用时要遵循适用性、简单性、经济性、可操作性等原则。

本章问题思考

1. 概念辨析：教学策略与教学方法；教学媒体与教学工具、教学手段。

2. 依据教师在教学过程中的行为分类，教学策略包括哪些？

3. 选择与运用教学方法应考虑哪些因素？观看一段教学视频，评析其教学方法使用状况。

4. 教学媒体选用的原则主要有哪些？观看一段教学视频，评析其教学媒体的使用水平。

5. 如何看待现代技术媒体在教学中的作用?

本章参考文献

1. 王策三:《教学论稿》,人民教育出版社,1985 年。

2. 李秉德、李定仁主编:《教学论》,人民教育出版社,1991 年。

3. [日] 佐藤正夫:《教学论原理》,钟启泉译,人民教育出版社,1996 年。

4. 张大均主编:《教育心理学》,西南师范大学出版社,1997 年。

5. 施良方、崔允漷主编:《教学理论——课堂教学的原理、策略与研究》,华东师范大学出版社,1999 年。

6. 李晓文等编著:《教学策略》,高等教育出版社,2000 年。

7. 陈心武主编:《中小学课堂教学策略》,人民教育出版社,2000 年。

8. 刘电芝:《学习策略研究》,人民教育出版社,2001 年。

9. 陈时见:《课堂管理论》,广西师范大学出版社,2002 年。

10. 柳夕浪:《课堂教学临床指导》,人民教育出版社,2003 年。

11. 刘家访:《有效课堂管理行为》,四川教育出版社,2003 年。

12. [美] 希里伯曼:《积极学习:101 种有效教学策略》,陆怡和译,华东师范大学出版社,2005 年。

13. 盛群力等:《学与教的新方式》,浙江大学出版社,2006 年。

14. [苏] 巴班斯基:《教学过程最优化——一般教学论方面》,人民教育出版社,2007 年。

15. 司成勇:《学会提问》,甘肃教育出版社,2007 年。

16. [美] L. C. 霍尔特、M. 凯斯尔卡编著:《教学样式:优化学生学习的策略》,华东师范大学出版社,2008 年。

17. 杜萍:《有效课堂管理:方法与策略》,教育科学出版社,2008 年。

18. 余文森主编:《有效教学丛书》,福建教育出版社,2008 年。

19. 中小学教师教学策略书系,北京师范大学出版社,2010 年。

20. [美] Eric Jensen,LeAnn Nickelsen:《深度学习的 7 种有力策略》,温暖译,华东师范大学出版社,2010 年。

21. [美] 杰基·阿克里·沃尔什(Jackie Acree Walsh)等:《优质提问教学法》,刘彦译,中国轻工业出版社,2010 年。

22. [美] 荷烈治:《教学策略——有效教学指南》,牛志奎译,中国人民大学出版社,2011 年。

第十一章 教学组织形式

教学组织形式是教学中师生的组织方式及教学时间和空间的安排方式，是教学系统中抽象程度最高的一个因素。班级授课制是现代学校中最基本的教学组织形式，它具有效率高、便于教师主导等优势，但也有不容忽视的局限。针对这些局限，欧美已经做了一系列有益的改造。

第一节　教学组织形式概述

一、教学组织形式的含义

对于教学组织形式，苏联教学论学者有较多的阐述。①

斯卡特金主编的《中学教学论》在对教学组织形式的历史演变和类型进行分析之后指出："教学组织形式就是由既定的作息制度和规章制度规定的师生之间的相互作用。"

休金娜认为："教学组织形式是教学过程的极重要的组成部分。教学组织形式体现为对学生的学习活动进行严密的、按时间的组织，它与教师的

① 李秉德、李定仁主编：《教学论》，人民教育出版社，1991 年，第 224 页。

活动又是相互联系的。这种活动可以是全班教学、小组教学，还可以是群众性的教学。”

我国教育学界对教学组织形式也有不同的解释。①

“教学组织形式就是关于教学活动应怎样组织，教学的时间和空间怎样有效地加以控制和利用的问题。”

“教学组织形式，就是教学活动中师生相互作用的结构形式，或者说，是师生的共同活动在人员、程序、时空关系上的组织形式。”

教学组织形式就是“教学活动的结构”。

“教学组织形式，是为实现一定的教学目标，围绕一定的教育内容或学习经验，在一定时空环境中，通过一定的媒体，教师与学生之间相互作用的方式、结构与程序。”

可见，国内外教学论界并未形成大家认同的教学组织形式的概念。我们认为，教学组织形式可定义为教学活动中教师和学生的组织方式及教学时间和空间的安排方式。

二、教学组织形式的分类

根据不同的标准可以对教学组织形式进行不同的分类。通常根据教学单位的规模和师生交往互动的程度来划分教学组织形式。按照教学单位的规模大小，可分为个别教学、小组教学、班级授课（小班教学、大班教学、合班教学）；按照师生交往的程度划分，可分为直接的教学组织形式（包括个别教学、小组教学、班级授课等）和间接的教学组织形式（包括个别学习、伙伴学习、合作学习、广播电视教学、计算机教学等）。

还可以按照组织形式的核心要素的不同进行分类：① 学生的组织，比如个别教学、群体教学、班级教学、分组教学和开放教学；② 教师的组织，比如包班制、科任制和小队教学；③ 空间的组织，比如课堂教学、课外活动和现场教学；④ 时间的组织，比如学年制、学日制和课时制（固定课时制和灵活课时制）；⑤ 年级的组织，如年级制、不分年级制、弹性升级制。

三、教学组织形式的变化发展

教学组织形式是社会生产和经济发展的要求与可能在教育中的反映，每一种教学组织形式都有其产生的历史背景，并伴随着人类社会的发展不

① 沈小碚：《教学组织形式研究的发展及其问题》，《西南师范大学学报》，2003 年第 1 期。

断变迁。人类最初的教学组织形式是个别教学，它是古代社会教育教学的基本组织形式。16 世纪，班级授课制随着资本主义生产方式的兴起而诞生，并延续至今成为学校教学基本的组织形式。19 世纪末 20 世纪初，为适应学生现代生产和科技的发展，出现了以改革班级授课、适应学生个别差异为特点的新的教学组织形式，如道尔顿制、文纳特卡制。20 世纪 50 年代以来涌现的教学组织形式有：分组教学制、特朗普制和开放课堂等。

（一）个别教学

个别教学产生于古代，是漫长的古代社会中主要的甚至唯一的教学组织形式。个别教学就是教师根据不同水平分别教授一个或几个学生。这种教学组织形式的特征是：教师同时只与个别学生发生联系；学生年龄和文化程度参差不齐；教学内容与进度缺乏计划性与系统性；教学活动和教学时间没有明确的规定。这种教学形式较适合学生人数少的教学要求；其办学规模小、速度慢、效率低，但却能较好地适应个别差异。

（二）群组教学

群组教学又称“群体教学”，是初级的集体教学形式。它存在于欧洲中世纪末期至文艺复兴时期的学校教育中，也表现在我国宋、元、明、清各代的官学和书院的教学活动中。① 在这种教学组织形式下，教师同时教一群学生，但不是固定的班级，学生的年龄和知识程度各不相同，学习进度、修业年限也不一样；由数名教师分工负责班组的教学工作，一般由一个教师主讲，若干名教师辅助讲授；主要由教师个别地给每个学生讲授、指导，同时班组学生也共同进行某些学习活动，如朗读、讨论等；学校有修业计划和具体安排的章程，但没有统一规范的教学制度，学生入学、肄业、毕业，都不固定。班组教学的发展，为班级授课制的萌芽奠定了基础。

（三）班级教学

班级授课形式最初出现在 15 世纪末德国纽伦堡和萨克森选侯国的一些人文主义学校，夸美纽斯则第一个为班级授课制提供了理论依据。16 世纪末之后，随着资本主义工商业的兴起和科学技术的进步，要求扩大教育规模，增加教学内容，班级授课制才逐渐在欧洲普及开来。

班级授课，是把一定数量的学生按年龄与知识程度编成固定的班级，根据周课表和作息时间表，安排教师有计划地为全班学生集体上课。在班级授课制中，同一个班的每个学生的学习内容与进度必须一致，但开设的

---

① 李秉德、李定仁主编：《教学论》，人民教育出版社，1991 年，第 232 页。

各门课程，特别是在高年级，通常由具有不同专业知识的教师分别承担。其特点有：

（1）把学生按照年龄和知识水平分别编成固定的班级，即同一个教学班学生的年龄和知识程度大致相同，并且人数固定。

（2）有统一和固定的教学内容，教师按规定的教学计划、教学大纲和教科书进行教学。

（3）按学科和学年划分教学内容（叫作“课”），各部分彼此连续而又相对完整，一课接着一课地进行教学。

（4）教学活动分为统一而固定的单位时间。单位时间可以是 50 分钟、45 分钟或 30 分钟。课与课之间有一定的间歇。从各学科总体而言，可能是单科独进，也可能多科并进，轮流交替。

班级教学是在班组教学的基础上发展而来的。它适应了资本主义及其生产发展的需要，同时也为各国教育的普及和教学质量的提高提供了有效的形式。

（四）贝尔-兰卡斯特制

贝尔-兰卡斯特制也称导生制，产生于 19 世纪初的英国。在工场手工业向大机器生产过渡的过程中，为了满足生产需要并节约学校教育经费，学校只给劳工阶层子弟以最初级的教育，即由教师教年龄最大的学生，再由学生中的佼佼者“导生”去教年幼或学习差的学生。因由牧师贝尔和兰卡斯特所创建，故称为贝尔-兰卡斯特制。导生制的教学质量很难保障。

（五）道尔顿制

随着班级授课在学校中的普及，其固有的缺点也暴露出来，如整齐划一的教学内容与进度难以适应个别差异，学生的主动性和创造性不易得到发挥，实践性不强，等等。于是从 20 世纪初开始，随着进步主义教育思潮的兴起，出现了许多否定班级授课、强调学生独立活动的教学组织形式。道尔顿制就是其中之一。1920 年，它由美国人帕克赫斯特在马萨诸塞州道尔顿中学创行。这是一种典型的自学辅导式的教学组织形式。以各科作业室代替教室，教师每周进行有限的集体教学，然后指定学习内容，师生订立“学习公约”，学生接受学习任务，在各科作业室自学，独立完成作业，然后接受教师考查，合格后，又接受新的学习任务。[①]

资料卡片：
道尔顿制

① 瞿葆奎、丁证霖：《“道尔顿制”在中国》，《教育研究与实验》，1985 年第 2 期。

该形式以自学为主，有助于培养学生的自学能力，学生按自己的能力确定内容与进度，能较好地适应个别差异。但易放任自流，难以保障教学活动的效率。由于没有固定的班级组织，学生之间缺乏相互作用，不利于其社会化和个性的全面发展。

（六）文纳特卡制

1919 年，美国人华虚朋在伊利诺伊州文纳特卡镇公立学校实行文纳特卡制教学组织形式。这种教学组织形式把课程分为两部分：一部分是个别学习，按学科进行，由教师指定教材，学生自主学习，掌握基础知识和基本技能；另一部分为集体活动，即通过体育、美术、音乐及开办商店、组织自治会来培养学生的社会意识和合作精神。每个学习日的上午、下午各以一半的时间从事个别学习，一半时间从事集体活动。这种形式的特点是：（1）按单元进行学习，各单元都有明确的学习目标和具体的学习内容，并配以小步子的自学教材；（2）每个单元结束后，经测验诊断，接着学习新的单元；（3）教师随时对学生进行个别指导。较之道尔顿制，这种教学形式既增加了集体活动，以弥补个别学习之不足，又强化了个别学习中的指导。[①]

资料卡片：
文纳特卡制

（七）分组教学

为解决班级授课制不易照顾学生个别差异的弊端，19 世纪末 20 世纪初在西方出现了分组教学制。各国的分组教学可分为两大类，一类是外部分组，一类是内部分组。

外部分组。这种分组方式打破了传统的统一按年龄编班的做法，改由按学生的学习能力或学习兴趣来分组。这种形式的分组在西方国家运用广泛。（1）兴趣分组。也叫选修分组。这种分组也是跨班级的，甚至是跨年级的，如各种课外活动小组、兴趣小组等。（2）能力分组。按学生的能力分组也就是按学生的智力或学习成绩来分组，通常又可分为学科能力分组和跨学科能力分组两类。

内部分组。它是在保持传统的按年龄编班的班级教学条件下，根据学生的学习能力、学习速度和学习兴趣等因素将他们编入暂时性的小组里进行学习，因此也叫班内分组。内部分组的具体做法也有两种。（1）在教学过程的某一阶段，在班级教学的基础上，由教师根据学习内容和学习目标

① 瞿葆奎、丁证霖：《“文纳特卡制”在中国》，《教育研究与实验》，1986 年第 1 期。

对学生进行分组，其依据通常是简短的诊断性测验，分组后学生根据自身的不同情况学习不同的教学内容，经过一段时间达到教学目的后再进行班级教学。（2）对相同学习内容和相同学习目标采用不同的方法和媒介手段进行分组。

分组教学能根据学生的学习能力或水平差异进行分层教学，便于教师组织教学，能够适应不同层次学生的学习准备和学习要求，有利于因材施教。其弊端表现为：不利于学生个性的健康发展，能力强的学生易滋生骄傲情绪，能力差的学生易产生自卑感；同时，由于缺乏不同水平学生间的相互交流，学习差的学生发展的机会受到了限制。

（八）特朗普制

20 世纪 50 年代出现于美国，由教育家劳伊德·特朗普创立。其做法是，将大班上课、小班讨论与个人自学研究结合起来，以灵活的时间单位代替固定统一的上课时间。其时间分配为：大班集体教学，由优秀教师采用现代教学手段给几个平行班学生统一上课，占时 40%；小班讨论，讨论教材内容，15～20 人，占时 20%；个人自学，个人独立自学、研习、作业，占时 40%。

其特点是：兼及班级授课制、分组教学与个别教学的优点，教师，特别是优秀教师的作用得到充分发挥；学生的自学、讨论和独立研习，使其主体作用得以充分发挥，既培养了学生的思维能力、自学能力，又有助于学生合作精神的培养，值得在中学高年级和大学推广。

（九）开放课堂

开放课堂又叫“开放教学”。“二战”期间在英国幼儿园得以采用，20 世纪 60 年代在小学推广，70 年代传到美国并在小学得到采纳。

开放课堂的特点是教师不再分科系统地按照教材传授知识，而是为学生创设学习计划，由学生根据自己的兴趣在教室或其他场所自由活动或学习。在开放教学形式下，教学以学生的兴趣为中心，无固定的计划、形式和结构，不拘泥于形式，在活动中进行学习。教师的任务是为学生提供学习情境，进行个别辅导，而不直接介入学生的学习活动。

对这一教学组织形式，人们褒贬不一。有人批判这是“儿童中心主义”的复活，听任学生的自由发展，意味着放弃教育要求。有人认为它符合现代“非正式教育”发展的趋势，成人不应预先决定儿童的价值选择，而应让其成为自己所向往的人物，它能使儿童成为有创造力的、善于发现的人。

上述教学组织形式中，个别教学、道尔顿制、文纳特卡制、开放课堂基本可划为个别化教学一类（此外，还有学生自愿选择问题、制订计划、执行计划并进行评判的“设计教学法”①）；班级授课、分组教学、导生制可划为集体教学一类；特朗普制则属于综合教学类。个别化教学组织形式虽然能弥补集体教学的不足，但也只能作为集体教学的补充；班级授课作为集体教学的代表虽然是当前基本的教学组织形式，但也必须随时代发展而变革。值得注意的是，教学组织形式带有综合、集结的性质，教学目的、内容、策略、方法等都落实到一定的组织形式当中，所以，教学组织形式的使用要做到目的与手段、内容与形式的协调一致，进行教学组织形式设计时要考虑教学任务、教学内容、教学对象及现有教学条件等方面的因素。

资料卡片：
设计教学法

第二节　班级授课制及其改革

一、班级授课制的基本形式——课堂教学

课堂教学是班级授课制的基本表现形式，也是现代学校教学的基本组织形式。学校教学的目标和任务，主要是通过课堂教学来完成的。

在课堂教学中，教师直接指导班级全员一齐进行学习。课堂教学长期被当作教学的基本组织形式，因为它有很多公认的优点，如：教师同时面对全班学生施教，学生同步学习，所有学生学习的内容、进度都是一样的；以教师系统讲授为主，辅之以其他方法如谈话、课堂讨论等；教师讲授是学生学习的主要信息来源，但学生也可与教师、同学进行多向交流；教师可用自己的情感、态度和行为直接影响学生。但课堂教学也有不可避免的局限性，如不利于因材施教原则的真正贯彻，抑制学生的兴趣、爱好、特长及创造才能的充分发展，易于产生理论与实际脱离的现象，等等。如何有效地克服其局限性，更好地组织教学，提高教学质量？这也是长期以来教学组织形式研究和变革的主题。

课堂教学涉及课的类型和结构的问题。课的类型是依据教学任务划分的，主要有单一课和综合课两大类。课的结构是指课的组成部分（也称环节）及各部分进行的顺序和时间分配。苏联教学论应用马克思主义认识论认为，学生在教学中掌握知识要经过感知教材、理解教材、巩固知识、运

---

① 瞿葆奎、丁证霖：《“设计教学法”在中国》，《教育研究与实验》，1985年第3期。

用知识、检查效果等几个互相联系的阶段。知识的掌握一般都要经过这些过程、环节或“工序”。有的教学内容分量不大，而且比较浅显，在一个单位时间（50 分钟或 45 分钟）内就可以全部完成。但是，另一些教学内容分量大、程度深，不可能在一节课里就完全掌握，需要由一系列不同类型的课所组成的课程体系来完成任务。课的类型即由此而来。那种包括掌握知识过程全部或大部分环节或“工序”的课，叫作“综合课”。那种只担负一道或二道“工序”的教学任务的课，分别叫作“单一课”，如讲授新教材课、复习课、练习课、实验课、测验课等。具体到某一特定类型的课中，由于它担负的任务、教材特点及所采取的手段和方法的具体情况，又有不同的更为具体的阶段、环节、步骤。这就叫作课的结构。一般的“综合课”都包括组织教学、复习旧课、讲授新课、巩固新课、布置作业等环节。

二、班级授课制的辅助形式——现场教学

现场教学是教师根据一定的教学任务，组织学生到相关的生产和生活情景中，通过观察、调查或实际操作进行教学。它与实习、见习不同，是以实际现场为课堂，传授新知识。现场教学的优点是：获取最新信息，补充与深化教材的学习；加强了教学与生产生活实践的联系，便于知识的运用与迁移；加强了教学的直观性，学生兴趣浓厚。但现场教学组织工作量较大。

现场教学与课堂教学有着密切的联系，教师应根据教学任务和内容的需要选择课题，配合课堂教学把一个班级的学生带到野外、工厂、农村、社区，与现场的有关人员一起共同进行教学，以验证课堂内学的书本知识，或为学习有关知识积累感性经验，所以它是课堂教学的补充、继续和发展。由于学校教学的主要任务是传授间接经验，因此，现场教学组织形式的次数不能过多，它只能是教学的辅助形式。

三、班级授课制的特殊形式——复式教学

复式教学是把两个以上的年级编在一个教室里，由同一个教师在一节课中分别用不同程度的教学材料对不同年级的学生，采取直接教学与自动作业交替的办法进行教学的组织形式。复式教学可以节约师资力量、教室和教学设备，在地广人稀、交通不便和师资缺乏的偏僻山区、牧区或岛屿运用较多。

复式教学具有班级授课的基本特征，它与单式教学相比，最根本的特

点是“复”字，当教师给一个年级上课时，其他年级的学生根据教师的指示进行预习、复习、练习，前者称为直接教学，后者叫作自动作业，在课堂上，这两方面要交替和配合进行。

在复式教学中，教师的教仍然起主导作用，但在每堂课上，学生的自学时间、自动作业占有相当大的比例，所以教师的主导作用在于加强自学指导，着重培养学生的自学能力和独立操作能力；同时要适当使用、培养助手，让他们发挥辅助作用。实践证明，合理安排、组织得当的复式教学也能取得较好的教学效果。但复式教学也存在许多先天的缺陷，例如，学生获得教师直接指导的时间较少，不同年级或班级的学生同在一个教室学习，彼此干扰也较多，教师的工作量明显增加，等等。

复式教学的基本原则是尽可能减少各年级的相互干扰。从课表编制来看，它以“同堂异科”编班为好，以避免相同科目集中造成的干扰；教师要对各个年级的集中讲授与自动作业的内容、时间、教学进度的组织进行精心设计。

四、对班级授课制的改革

班级授课制作为教学的主要组织形式自诞生至今历经了五百多年，随着社会的发展、学校教育的变迁和教学技术的进步，它仍然是学校教育中最为主要的教学组织形式，最根本的原因有二：一是班级授课制以年龄阶段为基础，组织固定的班级，使学生在整个学校教育时期，在教师的指导下同步、平等地系统掌握国民教育规定的学习内容。这也正是国民教育体系培养合格公民的基本任务和宗旨之所在。二是班级授课制通过固定的班级形式，把处于相同心理发展阶段的儿童长期集中在一起，有利于学习团体的形成。在这个团体中，儿童进行社会交往，习得社会和道德规范，初步完成社会化的进程，为成为合格的社会公民做好准备。所以，班级授课制一直未能被取代。不过，班级授课制的局限也是显而易见的，因此，基于班级授课制的改良一直在探索行进中。

（一）世界各地缩小班级规模的运动

自20世纪70年代以来，通过各种角度和方法对班级规模的研究表明，无论从投入和产出的效益，还是学生学业成就与情感交流和养成角度，班级规模人数在18~30人最为合适。由此，世界各地开始了缩小班级规模的运动。美国克林顿政府的CSR（Class Size Reduction）计划采用联邦政府拨款的方式推动实施，准备将中小学各年级班级学生人数从平均23人减少至

18 人（2005 年实现）。日本教育研究学会的调查显示，低年级教师认为最恰当的班级大小为 20 人，日本山形县 2002 年实施的"新新计划"规定义务教育阶段的初中和小学各班人数为 30 人。韩国于 2001 年开展小班化，政府打算投入一半的教育预算（约 110 亿美元），加建学校和教室，以将班级人数降至 35 人。我国台湾地区决定以 10 年为限（1998—2007 年），使小学班级人数降为 35 人，中学班级人数降为 40 人。我国澳门地区已经实现了每班 35 人的目标。这种改革可以使每个孩子都得到教师充分的关注，师生的互动更加深入，教师对学生的指导更有针对性。

（二）加强班级授课制与其他教学组织形式的相互配合

由于各种教学组织形式有着各自的优点和缺陷，它们又在一定意义上具有互补性，因此可以实现优化组合。如特朗普制。它在 20 世纪 50 年代出现于美国，由教育学教授劳伊德·特朗普创立。它把大班上课、小班讨论、个人自学结合在一起，以灵活的时间单位代替固定统一的上课时间。大班集体教学由优秀教师给几个平行班学生统一上课。随后由 15 ~ 20 人组成一个小班，研究讨论大班课上的教材。然后，由学生个人独立自学、研习、作业。它将多种组织形式结合，可以发挥不同教学组织形式的整体功能。

（三）班级授课制的弹性化

1959 年，美国著名教育家约翰·古德莱德在其《不分级小学》一书中指出，分级制是一种僵化的教育体制，它不是建立在儿童发展的个别性和独特性基础上的，没有考虑到儿童发展的不同速度和不同层次，无法实现儿童发展的多样性。在实证研究的基础上，他提出了不分级小学这一解决方案，主张构建灵活的学制，让学生可以根据个体不同的学习能力和速度，得到最大程度的持续发展。实行这种学制，教师们有可能根据学生的实际情况，设计创造型的教育与教学策略。

1999 年 1 月，芬兰颁布《芬兰高中教育法》，明确规定所有高中都应采纳无年级制。实行无年级授课制的学校，不为学生分班或分配固定教室，不同学年入学的学生会因选择同一课程而坐在一个教室，而同一年入学的学生也会因为选择不同课程而坐在不同的教室。选修同一门课程，坐在同一个课堂上的学生，可以是刚进校的新生，也可以是即将毕业的高年级学生。学生根据自身情况和各自不同的兴趣爱好，从学校提供的"课程菜单"中选择不同的学段课程和适合自己的任课教师，制订个人的学习计划并决定自己的学习进程。学生的学习进度和教学组织取决于学生对课程的选择。学校建立了对学生的顾问制度，设专业的学生顾问，解答学生在学习、生活、未来择业或继续深造中遇到的各种问题。

第三节 当代个别化教学

相比班级授课制而言，个别化教学能够更好地关注到学生的个性化差异，但经济性较差，学生同伴之间的社会交往也不够充分。随着现代网络计算机技术和人工智能的迅速发展，个别化教学组织形式有了突破传统的教学时间和空间制约的可能，在关照学生个性化发展的同时，还能够在社会交往和经济性方面获得不亚于班级授课制那样的效果。当下基于互联网络和人工智能技术的个别化教学组织形式主要有慕课教学、翻转课堂和移动学习三种。

一、慕课

慕课（MOOCs，Massive Open Online Courses），即大规模开放在线课程。其中，“M”代表Massive（大规模），与传统课程只有几十个或几百个学生不同，一门慕课课程教学参与者不受限制。据统计，目前一门慕课课程参与学生数最高达16万人。第二个字母“O”代表Open（开放），以兴趣导向，凡是想学习的，都可以进来学，不分国籍，只要进行注册报名即可。第三个字母“O”代表Online（在线），学习在网上完成，无需旅行，不受时空限制。第四个字母“C”代表Course，就是课程的意思，慕课提供的是课程，而非课程资源，具有与学校课程相同的基本属性，而非随意的自我学习过程。所以，从教学组织形式的角度讲，慕课是以借助互联网络技术获取资源为目标的在线课程，既提供视频、教材、习题集等传统课程材料，也提供交互性论坛，并为学习者、教师和助教建立学习社区，将数以万计的学习者，在共同学习目标、学习兴趣和先备知识的驱使下组织起来进行教学的方式。

（一）慕课的发展

慕课的理念最早可追溯到20世纪60年代，1962年美国的道格拉斯（Douglas Engelbart）在《增进人类智慧：斯坦福研究院的一个概念框架》中提出了利用个人计算机与网络的结合，进而形成大规模信息分享的设想。随着技术的进步和不断探索，到了2001年美国麻省理工学院（MIT）宣布正式启动“开放式课程”计划（OCW，Open Course Ware，也称公开课），利用几年的时间，将所有课程放在互联网上，免费供全世界任何人使用，道格拉斯的设想开始在互联网时代的教育中得到实现。不过，OCW 依然是传统的在线课程模式，只不过把传统的课堂搬到了网络上，学习过程缺少互动交流，学习效果难以得到及时反馈。2008 年加拿大学者戴夫·考米尔（Dave Cormier）与布莱恩·亚历桑德（Bryan Alexander）基于连通主义学习理论与网络化学习的开放教育理念首次提出了慕课的概念，提倡大规模、开放和在线互动的课程教学。2012 年慕课开始广为传播，世界一流大学如美国的麻省理工学院创办的 edX，斯坦福大学创办的 Coursera 及 Udacity 等呈现了不同形式的慕课并开始受到大众追捧。Coursera、edX 和 Udacity 也被称为慕课运动的“三驾马车”。目前，Coursera 平台上已经有超过 400 门课程，学生数达到了 400 万，edX 和 Udacity 分别有 60 门课程和 30 门课程，学生数已经达到 175 万。因此，2012 年也被美国的《纽约时报》称为慕课元年。此后，世界各国纷纷开始慕课平台建设。法国教育部 2013 年宣布建设国家 MOOCs 平台，超过 100 家法国高等教育机构加入；同年，英国 19 所大学联合成立 FutureLearn，欧盟创建 OpenupEd 慕课平台。2013 年也是我国的慕课元年，清华大学、复旦大学等国内一流大学分别加入美国的三大慕课联盟，清华大学推出中文慕课平台“学堂在线”，29 所大学成立中国东西部大学课程共享联盟。

虽然慕课发端与应用于高等教育领域，但在基础教育领域同样也得到了重视和应用。华东师范大学慕课中心主任陈玉琨认为，慕课带来的是超时空的变革，是教育史上继班级授课制以来最大的一次革命，它使教育超越了时空的界限，使优势教育资源全球共享、全民共享。慕课大规模在线网络课程将更适合于基础教育，在基础教育领域产生的效果也将远远超过在高等教育领域产生的效果。① 2013 年 8 月华东师范大学考试与评价研究院、中外名校研究中心与国内 20 余所著名高中成立 C20 慕课联盟（高中），2013 年 9 月，华东师大附小等 20 所国内知名小学、杭州育才中学等 20 余所国内知名初中分别成立了初中 C20 慕课联盟和小学 C20 慕课联盟，专注于开发基础教育阶段各学科的教学微视频，推动全国各地“慕课”的建设。此外，一些校外教育机构也纷纷与学校合作开展慕课平台建设，如奇点学院、学而思、好慕课·中小学 MOOC 等。

（二）慕课的构成

“慕课”突破了班级授课制封闭化固定程式，超越了时空局限，教师团

① 陈盼、王湘蓉等：《慕课来袭——基础教育准备好了吗?》，《未来教育家》，2013 年第 2 期。

队、学习支持服务、课程评价、运行模式、证书、学分等均具有开放性。不过，尽管这些课程通常对学习者并没有特别的要求，但是所有的慕课会以每周研讨话题这样的形式，提供一种大体的时间表，其余的课程结构也是最小的，通常会包括每周一次的讲授、研讨问题、阅读建议等。一般来讲，慕课由三部分内容组成，即课程讲座视频、课程测验与评价、师生讨论区。

1. 课程讲座视频

慕课的核心内容是课程讲座视频，教师根据不同课程的教学目标和知识容量，划分课程的节数，事先录制课程视频。通常的做法是将课程内容分解为若干知识点，每个知识点录制不超过 20 分钟的短视频。教学短视频有着时间短、教学目标明确、知识容量小的特点，一个微视频往往集中讲授一个知识点，并以多种方式呈现，学生的学习变得有趣、轻松且有重点，利于学习效率的提高。同时，学生只有按教师要求完成一个模块，才能进入下一个模块的学习。

2. 课程测验与评价

在线课程测验与评价是慕课的重要组成部分。测验通常由标准化测验和开放式测验组成。课程学习小测验通过在线练习题来实现，大部分在线练习题都是机器按程序自动评估打分的，在线练习题一般以标准化测试的形式出现，设置固定周期的检验性测验，通过回溯性学习和深入分析帮助学生了解自己的知识水平，并通过测验和学习所产生的大数据对学生学习进行诊断。它基于大数据的学习分析为课程学习者提供了个性化的监测工具、预测工具和评价工具，进而为每位学习者设计差异性的学习内容、学习模式、反馈资源等，凸显了个性发展，冲破课程教学方式的“标准化”藩篱。有些作业不能够进行计算机自动评分，如学生们的课程小论文、讨论中的表现、数学证明过程、绘画设计、产品设计等。因此，慕课应用同伴互评技术对一些开放式作业和练习进行评价，以检查学生的深入分析和批判思考能力。这样的打分评估过程在教学上非常有意义，不仅可以发现自己与同学的优势和不足，而且可以鼓励同学们互相沟通交流。

3. 师生讨论区

慕课设置的师生讨论区主要用于师生之间、生生之间探讨课程内容、课后作业及与课程相关的延展问题。不同国家和地区的同学在这里表达自己的观点，以特有的方式互相帮助学习。通过网络社交平台，教师不仅可以积极参与学生的讨论区，而且可以邀请助教对学生们的讨论和问题进行反馈与指导。

值得注意的是，尽管慕课具有不受时空限制、提供免费优质的课程资源、学习时长短、注重学生学习主体能动性等优点，但是慕课学习要求学生具有很好的自我管理能力。虽然目前慕课的注册率很高，但完成率低，不到10%。此外，虽然设置了师生互动讨论区，但是虚拟的“间接交往”不能取代课堂教学的“在场”交往。道格·格思里认为：慕课只是巨大的在线演讲厅，但在教学设计领域没有人认为演讲厅（无论在校园内或在线）是一个有效的教授学生的方式。

二、翻转课堂

翻转课堂（Flipped Classroom 或 Inverted Classroom）是近年来发展比较迅速的个别化教学组织形式。所谓翻转，一是指教学中心的翻转，即把课堂教学的中心从“教师中心”向“学生中心”转变；二是指课堂教学时间安排的翻转，课堂上的知识传授与课下的知识内化两个阶段进行“翻转”，由学生在课下预先学习授课内容，由教师在课堂上引导知识内化、交流与答疑。翻转课堂提供了一种个别化学习的教学实践方式，兼顾班级授课制和个别化教学的优势，可以最大限度地促进个性化学习。

（一）翻转课堂的发展

翻转课堂的形成可以追溯到20世纪90年代哈佛大学物理学教授埃里克·马祖尔（Mazur）为促进学生学习的吸收内化创立的同侪互助教学方式。翻转课堂概念则最早出现于2000年，韦斯利·贝克（J. Wesley Baker）在第11届大学教学和学习国际会议上发表论文“The classroom flip：using web course management tools to become the guide by the side”，提出“翻转课堂”的模型为：教师使用网络工具和课程管理系统，以在线形式分配给学生家庭作业，课堂上教师深入参与到学生的主动学习活动和协作之中。2004年可汗学院的创始人萨尔曼·可汗（Salman Khan）在进行慕课教学时遇到多人的数学问题求助，应接不暇，于是将数学辅导内容制成10分钟以内的视频放到视频网站，让学生在课下自定进度观看视频，到课堂上与教师互动接受指导，这形成了翻转课堂的雏形。翻转课堂正式形成并得到广泛使用则归功于美国的两位高中老师。2007年，美国科罗拉多州落基山林地公园高中（Woodland Park High School）的化学老师乔纳森和亚伦（Jonathan Bergmann & Aaron Sams）为了给因各种原因缺课的学生补课，开始尝试使用视频软件录制上课演示的PPT并附上教师讲解声音，然后再把这种带有实时讲解的视频上传到 YouTube 上供学生下载或播放，进而达到补课的目的。由于效果较好，因此他们进行了更具开创性的尝试，逐渐以学生在家看视频、听讲解为基础，在课堂上教师主要进行问题辅导，或者提供实验过程中的问题指导。这样一来，传统的“课堂教师讲解，课后回家作业”的课堂教学组织形式就转变为“学生在家通过视频学习，课堂在教师指导下作业”。这一举动在差异性教学的探索上获得了成功，并引起了学校、家长和社会各界越来越多的关注，在整个科罗拉多州的中小学校中产生了影响。2010 年，由于萨尔曼·可汗的努力，可汗学院得到了比尔·盖茨基金会、谷歌公司的关注和资助，得以制作大量优质的教学视频并通过网络供免费使用，进而推动了翻转课堂在美国中小学教育中的广泛使用。

在我国，与翻转课堂教学理念一致的教学组织形式在 2000 年前后已经在基础教育实践中出现，例如导学案教学。在自主学习、合作学习、基于项目的学习（PBL）及建构主义心理学的理念下，导学案教学等试图通过从教中心到学中心的转变实现高效课堂的目标，开展了学生课前自主学习、课堂讨论作业的教学改革探索，只不过这些探索大都是在传统教学媒体之下进行的，所以也有一些国内学者称之为第一代翻转课堂，而将结合了信息网络技术应用的称为第二代翻转课堂。[①] 翻转课堂在我国引起广泛关注源于 2013 年《中国教育报》对可汗学院翻转课堂的报道《一个人的网络教学震动了世界》，之后翻转课堂在基础教育实践中得到了应用。重庆江津聚奎中学是国内最早实践翻转课堂的学校，把“翻转课堂”与现在正火热的云计算技术相结合，创建了“校园云”等云教育平台；深圳南山实验教育集团、上海市仙霞高中等也是“翻转课堂”的较早实践者。

（二）翻转课堂的构成

翻转课堂基于自主学习、掌握学习和建构主义学习理论，通过互联网技术颠覆了基于印刷术的传统课堂教学结构与教学流程，突破了传统课堂教学的时空限制，使得学习更加灵活、主动，学生的参与度更高，是个性化教学在现代教育技术下的一种形式。从其结构来看，翻转课堂主要包括两个学习阶段，学习任务单、教学视频、课堂活动三个组成部分。

1. 翻转课堂的过程

学习过程一般包括两个阶段：第一个阶段是信息接受，第二个阶段是吸收内化。传统课堂流程是教师在课堂教学时间传授知识，学生通过课后

---

① 张萍等：《翻转课堂的理念、演变与有效性研究》，《教育学报》，2017 年第 1 期。

练习来进行知识的吸收内化。翻转课堂重构了这个教学流程。在第一个阶段，即信息接受这个阶段，赋予学生学习的主动权，把知识传授放在教室之外，教师不再占用课堂的时间来进行知识讲解，而是提供教学视频等学习材料，由学生自主规划学习内容、学习节奏、风格和呈现知识的方式，以最适合自己的方式和节奏接受新知识。他们可以看视频讲座、听播客、阅读电子书，还能在网络上与别的同学讨论，能在任何时候去查阅需要的材料。第二个阶段即吸收内化阶段，教师把帮助学生进行知识内化放在教室内来进行。教师在评测学生课前学习情况的基础上对课堂活动进行设计，让学生在高质量的教学活动中完成知识的内化。教师从内容的呈现者转变为学习的教练，这让教师有时间与学生交谈，回答学生的问题，参与到学习小组，对每个学生的学习进行个别指导。

2. 翻转课堂的构成要素

翻转课堂包括三个关键构成要素。

第一，学习任务单。翻转课堂中学生的知识学习必须是在教师指导下的学习，只不过这种学习不是通过教师在课堂上的知识讲授来进行，而是在学习任务单的指引下的自主学习。在学生通过视频学习之前，教师应设计好学习任务单并提供给学生，说明课程学习单元的基本知识、基本技能、重难点，学习的进程，学习任务的完成水平及检测的方式和途径，辅助学习资料的获取与途径等。

第二，教学视频。翻转课堂使用教学视频取代面对面授课，把原本课堂上教授的知识通过微视频完成知识的教学。教学视频的设计要针对学习者的学习特点，设计相应的视频风格，通过吸引学生的注意力，高效完成知识的传授。教学视频要与学习任务单的知识点相对应，时长一般不超过15分钟。教学视频应该能够起到“激发、影响和告知”的作用，生动而具有教育性、创造性，可引起思考、促进理解并具有与知识相关、令人兴奋等特征。①

第三，课堂活动。在翻转课堂中，对学生学习最有益的改变并不是在课前的学习，而是在课堂活动中。翻转课堂通过将知识传授转移到课前，释放出课堂时间用于学生知识的内化。教师需要在评测学生课前学习情况的基础上对课堂活动进行设计，让学生有机会在具体环境中应用其所学内

① Zaid Ali Alsagoff. From flipped to gamified classroom [EB/OL]. http://zaidlearn.blogspot.com/2012/09/from-flipped-to-gamified-class-room.html，2012-09-04.

容。具体活动包括学生创建内容、独立解决问题、探究式活动、基于项目的学习等。在活动中，教师从内容的呈现者转变为学习的指导者，回答学生的问题，参与到学习小组，对每个学生的学习进行个别指导。单向传授的教学视频播放并非翻转课堂的重点，研究表明，课前通过视频学习与传统的教师知识传授教学的效果并无显著性差异，但是翻转课堂可以节约教师在课堂上教授知识的时间，从而使教师把更多的课堂时间用于创设发展学生深层认知能力的师生、生生之间的交流与互动。

尽管翻转课堂正得到逐步应用，我们也要清醒地认识到，教师教学视频制作的难度和学生自我学习管理能力等方面都会制约翻转课堂的效果及其应用，只有学生真正掌控学习进程，投入到课程活动中去，翻转课堂才能实现其高效的个别化教学的目的。传统课堂与翻转课堂中各要素的对比如表 11-1 所示。

表 11-1　传统课堂与翻转课堂中各要素的对比

比较内容	传统课堂	翻转课堂
教师	知识传授者、课堂管理者	学习指导者、促进者
学生	被动接受者	主动研究者
教学形式	课堂讲解 + 课后作业	课前学习 + 课堂探究
课堂内容	知识讲解传授	问题探究
技术应用	内容展示	自主学习、反思探究、协作谈论工具
评价方式	传统纸质测试	多角度、多方式

来源：张金磊等：《翻转课堂教学模式研究》，《远程教育杂志》，2012 年第 4 期。

资料卡片：
翻转课堂

三、移动学习

移动学习（Mobile Learning）是指利用移动电话、个人数字助理 PDA、PocketPC 等无线移动通信设备及无线移动通信网络技术，可以随时随地获取教育信息、教育资源和教育服务的一种个别化、数字化的学习形式。

移动学习脱胎于远程开放教育需求和数字化学习技术，当移动无线通信技术和设备取得了长足进步并被人们普遍化使用时，通过手机等无线移动通信设备在任何时间、几乎任何地点都方便地获取、发送、处理信息便成了可能，而学习型社会理念和泛在学习理论的提出，为移动学习提供了理论基础。1994年第一个移动学习项目是美国卡耐基—梅隆大学的Wireless Andrew项目。之后移动学习在世界各地迅猛发展，不仅是学校教育系统，很多政府部门和商业公司也在积极进行移动学习的研发和推广：从最初的英国威斯敏斯特大学（University of Westminster）基于短消息的英语学习系统到美国普渡大学的播客课程学习系统、英国利物浦约翰莫瑞斯大学的数字内容国际中心提供的PAD乳腺癌治疗的移动学习系统，再到爱立信等商业公司开发的“3G应用入门”课程、诺基亚公司开发的“移动中的电子商务”课程等。在教育领域，移动学习覆盖了各级各类教育机构。在基础教育领域，有美国加州大学伯克利分校人机交互研究室移动学习研究项目、新加坡Mobiskoolz项目、欧洲Learning2GO项目；在高等教育领域有英国谢菲尔德哈勒姆大学的移动学习有效性研究、德国的Campus-Mobile项目、芬兰赫尔辛基大学的UniWap项目、哈佛教育学院的HDUL项目等；在社会教育领域有欧盟的m-Leaning项目和MOBILearn项目、英国伯明翰大学的“HandLeR”移动学习项目；在远程教育领域有非洲比勒陀利亚（Pretoria）大学的非洲农村地区的远程教育项目；等等。

在我国移动学习开始于2000年，国际远程教育学家戴斯蒙德·基更在庆祝上海电视大学建校40周年大会上发表演讲《远程学习·数字学习·移动学习》，将移动学习的概念介绍到中国。2001年教育部开始资助移动教育的理论与实践研究。之后，得益于我国无线通信建设的巨额投入和快速发展，移动学习在我国得到了快速推广。自2006年诺亚舟公司针对中小学生的“掌上思维英语”上线，各类基于移动手机的学习APP和各类学习平台纷纷上线并得到广泛应用，如学而思网校、小猿口算等。可以讲，无论是从移动学习硬件环境建设来讲，还是从移动学习软件建设来讲，我国目前都处于世界领先地位。

移动学习有以下几个特点：可以实现任何时间、任何地点的学习；强调在有限的时间内学习相对短小的、松散连接的、自包含的知识内容或模块；是一种可利用移动通信技术实现双向交流的学习方式；常以（但不限于）移动终端作为载体，如便携式移动设备（手机、PDA等手持设备）。移动学习是一种“非固定”状态的、注意力“高度分散”的、零碎的、小容量的、随时随地的学习，设计移动学习课程的关键在于组织微型的内容，使之呈现出“松散的、分布式的”特点，且简洁实用，可随时进入。

移动学习的不断探索源于人类的求知欲望，处处可学、时时可学、人人可学，是我们对学习描述的理想画面，可随身携带印刷书籍、无线广播、电视、便携式电脑、互联网等，每一次的科技进步都在不断地朝向这个目标迈进，直到无线通信技术和移动电话的出现与普及，移动学习终于慢慢变成了现实。不过，当人类初步触摸到这个亘古以来追求的目标之时，学习的碎片化、过度使用所带来的健康问题、娱乐化使用倾向等问题也在困扰着移动学习的支持者。所以，真正大规模的、国家层面的移动学习教学应用还非常少，特别是在基础教育领域还有很大的发展空间。怎么适当适度进行移动学习、如何保证学生在缺乏监管的情况下使用移动设备进行学习而不是进行其他活动等问题，制约着移动学习的进一步发展。我们相信随着技术的进一步发展和学习内容供给的改良，移动学习会有更好的发展前景。

本章内容小结

教学组织形式是教学活动中教师和学生的组织方式及教学时间和空间的安排方式。古代社会以个别教学作为基本形式。16 世纪，班级授课制随着资本主义生产方式的兴起而诞生，并成为学校教学延续至今的主要组织形式，但由于其固有的弱点，人们一直在尝试对它进行改革。改革的措施包括缩小班级规模、与其他教学组织形式相互配合、弹性化等。随着教育技术的进步，当代常见的个别化教学组织形式有慕课、翻转课堂、移动学习等。

本章问题思考

1. 概念辨析：教学组织形式与教学结构；道尔顿制与文纳特卡制；特朗普制与小班化教学。

2. 简述教学组织形式的发展历史。

3. 试述课的类型与课的结构的内涵及其研究意义。

4. 结合你的学习经历，谈谈班级授课制有哪些优势、局限，以及改革设想。

本章参考文献

1. 王策三：《教学论稿》，人民教育出版社，1985 年。

2. 李秉德、李定仁主编：《教学论》，人民教育出版社，1991 年。

3. 吴也显主编：《教学论新编》，教育科学出版社，1991 年。

4. ［日］佐藤正夫：《教学论原理》，钟启泉译，人民教育出版社，1996 年。

5. 黄甫全、王本陆主编：《现代教学论学程》，教育科学出版社，2003 年。

6. 裴娣娜主编：《现代教学论基础》，人民教育出版社，2012 年。

7. 杨小微等：《从被动接受到主动学习——教学改革发展之路》，华东师范大学出版社，2018 年。

第十二章 教学模式

教学模式是包括理论基础、教学目标、实现条件、操作程序、教学评价等在内的，兼具理论性和实践性，表征教学横向结构和纵向结构的一个重要范畴。当代教学模式有自学辅导、发现探究、接受掌握、情境体验、团队合作、技能操作等类型。教师应当依据具体的教学情境灵活选择、恰当运用教学模式。

第一节 教学模式概述

教学模式研究始于美国乔伊斯和威尔的《教学模式》（1972）一书的出版，该书提供了二十几种教学模式，并认为师范生只要掌握其中7种或8种模式，就可胜任教学工作了。我国教育界在20世纪80年代译介此书，从此逐渐形成教学模式研究热潮。

一、教学模式的概念

“模式”一词在汉语中指“标准的形式或样式”，其英语单词为model。关于教学模式的概念，存在着多种看法。在国外，有影响的定义是乔伊斯和威尔在《教学模式》一书中的定义。他们认为教学模式是构成课程和课业、选择教材、提示教师活动的一种范型或计划。

国内对教学模式的定义，概括起来大致有以下四种。①

第一种认为，教学模式是在教学实践中形成的一种设计和组织教学的理论，这种教学理论是以简化的形式表达出来的，可称其为“理论说”。

第二种认为，教学模式是在一定教学思想或理论指导下建立起来的各种类型教学活动的基本结构和框架，可称为“结构说”。

第三种认为，教学模式是在一定教学思想指导下建立起来的完成所提出教学任务的比较固定的教学程序及其实施方法的策略体系，可称为“程序说”。

第四种认为，常规的教学方法俗称小方法，教学模式则俗称为大方法。它不仅是一种教学手段，而且是从教学原理、教学内容、教学目标和任务、教学过程直至教学组织形式的整体、系统的操作样式，这种操作样式是加以理论化的，可称其为“方法说”。

我们认为，教学模式是指在一定的教学思想、理论指导下建立起来的与特定教学任务、目标联系的相对系统而稳定的教学活动程序及其实施策略体系。一般认为，教学模式包括教学理论（理论基础）、教学目标、操作程序、实施条件、教学评价（也有学者将后两个要素替换为“实施策略”和“支持系统”）。

教学理论（理论基础）。指教学模式所赖以建立的教学理论或思想，无论是从教学原理演绎出来的教学模式，还是从实际的经验中提炼出来的教学模式，都有一个鲜明的理论假设贯穿其中。

教学目标。指模式所能达到的教学结果，是教育者对某项教学活动在学习者身上将产生的影响所做出的预先估计，也是教学活动的目标追求。

操作程序。指教学在时间上展开的逻辑步骤与过程环节。任何教学模式都具有独特的操作程序和步骤。教学模式既有教材内容的展开顺序、教学方法运用顺序，又有内在的心理活动顺序。操作程序只能是基本的、相对的，而不是僵化和一成不变的。

实施条件。指促使教学模式发挥效力的各种条件（教学材料、实施策略、媒体、时间、空间等）的最佳组合。其中，实施策略是指为教师运用模式而提出的原则、方法和技巧等操作要领。操作要领必须是清晰、确

① 郝志军、徐继存：《教学模式研究20年：历程、问题与方向》，《教育理论与实践》，2003年第12期。

切的。

教学评价。教学评价包括评价的方法、标准等。由于各种教学模式在目标功能、操作程序、策略方法上各不相同，因而评价的方法和标准也存在差异。每种教学模式一般都应该具有适合自己的评价方法和标准。①

当然，不同研究者对教学的构成要素有不同的认识，如有的认为教学模式应包含理论指导、主题、目标、程序、师生组合和互动、策略、内容、条件、评价等九大要素。② 我们认为，虽然有些教学模式确实包含以上各个要素，但毕竟不是所有教学模式都这样面面俱到，唯有理论基础、教学目标、操作程序、实施条件这四项是教学模式必不可少的构成要素。

教学模式各构成要素有机联系在一起构成一个完整的有机体，具有整体性特征；教学模式是对教学理论和实践的概括与浓缩，在表现形式上呈现简约性特征；同时，它提供一套可供操作的范型、程式，具有可操作性特征；每种教学模式必定指向特定的教学目标，有其特定的运用条件和范围，具有指向性；另外，教学模式形成之后，基本结构保持稳定，但在运用过程中可以依据具体情境进行变通，也会在实践中不断地完善，具有开放性特征。

二、教学模式的分类

随着教学理论的发展与教学实践的不断丰富，教学模式也在不断地发展着。此外，教学模式的建构大都是基于某种特定角度的，因此也难以有统一的教学模式分类标准。从目前来看，代表性的分类大致有以下几种。

（一）按照教学模式依据的理论根源分类

教学模式概念的提出者乔伊斯和威尔以学习理论为分类依据，区分出四种类型的教学模式：信息加工教学模式、行为修正教学模式、社会互动教学模式、人格发展教学模式。乔伊斯和威尔之后，建构主义心理学蓬勃发展并对教学理论研究和实践产生了极大影响，建构主义教学模式应运而生，所以应该在乔伊斯和威尔划分的基础之上增加建构主义教学模式。

信息加工教学模式。这种类型的教学模式依据的是信息加工理论，把教学看作一种创造性的信息加工过程，依据计算机、人工智能的运行规程确定教学的程序，着眼于知识的获得和智力的发展。属于这种类型的教学

---

① 李如密：《关于教学模式若干理论问题的探讨》，《课程·教材·教法》，1996 年第 4 期。
② 黄甫全、王本陆主编：《现代教学论学程》，教育科学出版社，2003 年，第 432－435 页。

模式有：皮亚杰的认知发展模式，奥苏贝尔的有意义言语接受模式，加涅的累积学习模式，布鲁纳的发现教学模式等。

行为修正教学模式。这种类型的教学模式以行为主义心理学理论为依据，把教学看作一种不断修正的过程，着重学习者行为习惯的控制和培养。这种类型的教学模式有：斯金纳的程序教学模式，加里培林以“智力行为多阶段形成理论”为基础的教学模式。

社会互动教学模式。这种类型的教学模式依据的是社会互动理论，强调教师与学生、学生与学生的相互影响和社会联系，着眼于学生社会性品格的养成。属于这种类型的教学模式有：杜威和塞林的小组探索模式，西伦的小组研究模式，奥利弗和谢弗的法理学模式，马塞拉斯和考克斯的社会调查模式。

人格发展教学模式。这种类型的模式依据的是个别化教学理论与人本主义的教学思想，强调个人在教学中的主观能动性，坚持个别化教学，着眼于人的潜力和整个人格的发展。属于这种类型的教学模式有：罗杰斯的“非指导性教学”模式，戈登的“创造工学”模式等。

建构主义教学模式。这种类型的教学模式依据建构主义学习理论，强调以学生为中心，在整个教学过程中教师起组织者、指导者、帮助者和促进者的作用，利用情境、协作、会话等学习环境要素，充分发挥学生的主动性、积极性和首创精神，最终达到学生有效建构知识意义的目的。① 目前比较成熟的建构主义教学模式有：抛锚式教学模式，随机进入教学模式，支架式教学模式等。

（二）按照教学目标分类

美国弗吉尼亚大学的冈特（Mary Alice Gunter）等人认为教学目标是选用教学程序、方法、技术，组织教学过程，构造教学环境的出发点，因此，他们依据教学目标的不同，提出了八种教学基本模式：直接教学模式、概念获得模式、概念发展模式、群辩法模式、探究模式、课堂讨论模式、合作学习模式、探索情感和解决矛盾模式。②

（三）按照教师和学生之间的关系分类

我国吴也显教授从教师和学生之间的关系这一维度将教学模式分为

---

① 何克抗：《建构主义的教学模式、教学方法与教学设计》，《北京师范大学学报》，1997年第5期。

② 参见高文主编：《现代教学的模式化研究》，山东教育出版社，2000年。

三类：

第一类是最低一级的教学模式，在这类教学模式中，师生之间是单向反馈的关系，表现为记忆水平的教学；第二类是第二级水平的教学模式，在这类教学模式中，师生之间是一种双向反馈的关系，表现为理解水平的教学；第三类是第三级水平的教学模式，在这类教学模式中，在教师和学生之间、学生和学生之间形成了多向反馈的关系，表现为一种思考水平的教学。他认为第三类教学模式应是我们教学改革的方向，并进一步从我国中小学实际中概括出五类教学模式：传递—接受式、自学—辅导式、引导—发现式、情景—陶冶式和示范—模仿式。[①]

三、教学模式的功能

教学模式的概念源自美国，它强调理论与实践的双向联系，有利于克服理论与实践的脱节，它关注教学问题的系统思考，有助于克服形而上学的思维方式，因而受到广泛的推崇。

（一）教学模式的中介作用

教学模式的中介作用是指教学模式能为各科教学提供可以凭借的模型、程式，在理论与实践之间搭起一座桥梁。教学模式以简约化的形式表达一种教学思想或教学理论，便于人们掌握和运用，能有力地指导教学实践。同时，教学模式对具体教学活动经验进行概括，形成探索性框架，再通过不断的实践和试验，在理论上进一步系统化、规范化，为教学理论的研究提供素材。因此，教学模式又是个别的特殊经验转化为一般理论的中介环节，对教学理论的丰富和发展做出贡献。

教学模式的中介作用，是它既来源于实践，又是某种理论的简化。一方面，教学模式来源于实践，是对一定的具体教学活动方式进行优选、概括、加工的结果，其操作框架有着内在的逻辑关系，已经具备理论层面的意义。另一方面，教学模式又是某种理论的简化表现方式，它可以通过简明扼要的象征性符号、图式和关系的解释，来反映它所依据的教学理论的基本特征，便于人们理解某一教学理论，它是抽象理论得以发挥其实践功能的中间环节。

（二）教学模式的方法论意义

教学模式的研究是教学研究方法论上的一种革新。长期以来人们在教

① 吴也显：《我国中小学教学模式试探》，《课程·教材·教法》，1989 年第 2 期。

学研究中习惯于采取单一刻板的思维方式，注重运用分析的方法对教学的各个部分进行研究，而忽视各部分之间的联系或关系；或习惯于停留在对各部分关系的抽象理解上，缺乏教育特色和可操作性。教学模式的研究指导人们从整体上去综合探讨教学过程中各因素之间的互相作用和其多样化表现形态，以动态的观点去把握教学过程的本质和规律，同时对加强教学设计、研究教学过程的优化也有一定的促进作用。

第二节　当代教学模式

一、自学辅导类教学模式

自学辅导类教学模式体现了儿童中心、学生本位的教育思想，将学生推向教育舞台的中心，有助于实现杜威所提出的教育领域的“哥白尼式的革命”，促进传统教育的现代转型。20 世纪 50 年代斯金纳的程序教学与“教学机器”揭开了这一运动的序幕。①

资料卡片：
教育技术

（一）“程序教学”模式

“程序教学”是由美国著名的心理学家和教育家斯金纳在行为主义心理学的基础上发展起来的，以程序教学机器或程序教材为基础进行教学的模式。这里的“程序”代替了教师，它通过一套事先设计好的、有一定顺序的特定行为，使学生按照教师期望的方式去行动。

1. 理论基础

程序教学的理论基础是新行为主义学习理论。新行为主义者在学习理论上是以联结主义的原理来阐明学习。他们认为学习是通过刺激—反应—强化而形成的一种操作性行为。斯金纳根据操作性条件反射的实验提出：任何复杂的行为都可以用一种逐步接近、累积的方法由简单行为联系而成。据此，他建立了程序教学模式，提出了编制程序教学的四条基本原则：

（1）积极反应原则

一个程序教学过程，必须使学生始终处于一种积极学习的状态。即在教学中使学生产生一个反应，然后给予强化或奖励，以巩固这个反应，并促使学生做进一步反应。

---

① ［美］斯金纳：《教育技术学》，瞿葆奎主编《教育学文集·教学》（中），人民教育出版社，1988 年，第 557－582 页。

（2）小步子原则

程序教学所呈示的教材被分解成一步一步，前一步的学习为后一步的学习做铺垫，后一步学习在前一步学习后进行。由于两个步子之间的难度相差很小，所以学生很容易获得成功，并建立起自信。

（3）即时反馈原则

程序教学特别强调即时反馈，即让学生立即知道自己的答案是否正确，这是树立信心、保持行为的有效措施。一个学生对第一步（学习的前一个问题）能做出正确的反应（回答），便可立即呈示第二步（第二个问题），这种呈示本身便是一种反馈：告诉学生，他已经掌握了第一步，可以展开第二步的学习了。

（4）自定步调原则

程序教学允许学生按各人自己的情况来确定掌握材料的速度。这与传统教学以"中等"水平的学生为参照点不同，传统教学法使掌握快的学生被拖住，而学习慢的学生又跟不上，致使班级学生之间学习水平差距越来越大。程序教学让每个学生按自己最适宜的速度进行学习，学习较容易成功。

2. 教学目标

目标在于教给学习者某种具体的技能、观念或其他内部或外部的行为方式，如某些智力技能或行为技能等。学生从程序教学中获得的知识和技能多是现成的，而非创造性的。

3. 操作程序

程序教学有经典型直线式程序、优越型衍枝式程序和莫菲尔德程序三种。

（1）直线式程序

在这一流程里，教师把材料分成一系列连续的小步子，每一步一个项目，内容很少。系列的安排由浅入深，由简到繁。以"电流"教学内容为例，可以设计成如下小步子：

① 电灯泡发亮的原因是灯丝（发热）；

② 电灯灯丝发热的原因是灯丝通过（电流）；

③ 电灯变亮的原因是电流强度（增大）；

④ 电灯变暗的原因是电流强度（减小）；

⑤ 当电压增大时，电流强度就（增大）；

……

括号里是正确答案。一个学生如能做出正确答案，教学机器就能显示出来，并可以启动开关进行第二步学习。如此一步一步地展开学习，直至达到学习目标。

（2）衍枝式程序

由于各个学生的学习能力和已有知识基础的差异，以及学习材料难易程度的不同，美国人 A. 克劳德在经典程序的基础上提出衍枝式程序。该模式同样把学习材料分成小的逻辑单元，但每一步比直线式程序的步子要大，每个项目的内容也较多。学生掌握一个逻辑单元之后，要进行测验。测验用多重选择反应进行，根据测验结果决定下一步的学习。这种程序有助于消除不同能力的学生之间的学习差异。

（3）莫菲尔德程序

该程序是美国心理学家凯（Kay H.）在莫菲尔德大学任教时提出的一种程序教学模式，它是直线式和衍枝式程序原则的结合。它遵循的始终是一个主序列，它与直线式不同的是，只有一个支序列来补充主序列；它与衍枝式不同的是，学生通过支序列的学习不再回到原点，而是可以前进到主序列的下一个问题上，这样有利于学习效率的提高。

相比较而言，衍枝式程序和莫菲尔德程序比直线式程序更优越，因为这两个程序更能适应个别差异，能够为不同学生提供不同的学习程序。

4. 实施条件

程序教学的关键是对学习行为的及时反馈、强化，但大量的、及时的、渐进性的强化在课堂教学中难以实现，于是斯金纳主张使用“教学机器”和编制“程序教材”。“教学机器”是斯金纳在改编美国心理学家 S. L. 普莱西第一台机器基础上设计的，教学机器可以为学生的学习提供大量的、及时的强化。“程序教材”是根据教学目标和内容，通过对材料进行选择、组织、设计、呈示、解释等编序过程而制成的。①

资料卡片：程序教学二十五年

资料卡片：程序教学漫谈

① ［德］维尔弗里德·普勒格（Wilgrild Ploeger）：《程序教学二十五年》，《外国教育资料》，1981 年第 1 期；卢仲衡：《程序教学漫谈》，瞿葆奎主编《教育学文集·教学》（中），人民教育出版社，1988 年，第 635－646 页。

拓展阅读 12-1：

程序教学的范例

约翰是个聪明而又善于言辞的二年级学生，他也许有些过于好动。他受到同学们的喜爱。他给同学们讲冗长的故事，有些是真实的，有些则略有夸大。约翰学习不错，阅读能力较强，但学数学有些困难。在过去几个月中，约翰的教师琼·米德斯一直都在努力鼓励他保持学习成绩。上课时，约翰总是站起来，在教室里游荡或者到削笔器、鱼缸或老鼠笼那边去。这些行动常常分散了其他同学的注意力。当约翰遇到一个他不懂的数学题时，他便大声抱怨“我不明白”，或者说“这题没有意思”，然后他又喊琼：“米德斯小姐，这题我不懂。”如果琼不能立即赶到他身旁，告诉他怎样做那道题，他就把铅笔抛向空中，吹口哨，盯着天花板看一会儿，然后便与旁边的人聊天，休息休息。如果还不管用，他就会跑到鱼缸那边去。

琼希望约翰在请求帮助之前能自己想办法考虑一下那道数学题，尽管约翰一天到晚地跳起来，嚷着要人帮助，琼还是决定把精力集中于数学教学。

上数学课时，学生基本上按能力分组。每个学生都有一套习题。一般说来，儿童单独以各自的速度进行学习。每周有几次由米德斯小姐或助手给小组讲一个新的概念或原理。学生完成了指定的部分，教师就批改他们的作业。

有几天，米德斯小姐在数学课上密切地注意了约翰的行为。她观察到，在 40 分钟的学习里，约翰通常平均要叫嚷或跑到她的助手那里 10 次左右，他独自专心学习大约只有 10 分钟。了解到约翰需要而且希望得到成人的大量强化，琼便和他协商了一个办法。

她把观察到的情况讲给约翰听，并说她要建立一个新的制度。她让约翰试着先解决至少 3 个问题，然后再请求别人帮助。如果确实需要帮助，应该先举手，那么琼或她的助手便会尽快地赶去。在此期间，约翰可以画画（他是一个美术爱好者，喜欢画着玩）。约翰每次按照这个程序就得 1 分；如果他真能正确地做出 3 道题，就能得 2 分。到周末，把约翰的总分加起来，然后根据积分的多少，由他选择自己喜欢的活动。最初，米德斯小姐坚持要求约翰在数学课上只把一部分时间用于学习算术或是做 9 道题。随着时间的推移，琼不断调整她的奖赏计划来增加约翰的学习时间和作业。

在开始执行这个计划之前，琼先告诉约翰怎样对待陌生的题目。她教给约翰一个最普通的三步解题法来解任何数学问题。约翰的困难之一是：当他遇到一个问题时，一旦看不懂就放弃了，琼试图教给他一种一般的解题方法来提高他的思考能力。此外，这个程序中的每一步都配有一个相应的带颜色的标记，在一段时间里，琼用这些标记提醒约翰按步进行。这些标记开始是在右边，每做完一步，便把相应的标记移至左边。这种操作活动能帮助减缓由“头脑空白”所引起的焦虑，它确实使约翰的心思与他的情感分离，然后集中在他的数学和双手的活动上。

琼还做了另一件事。她力求做到她或她的助手在最初阶段，经常从约翰的书桌旁走过，表扬他在寻求答案（如果他确实是在解题），而且不等他要求就给他批改作业。

相倚性管理计划就这样建立了。约翰花了几天的时间才遵守商定的程序，而琼和她的助手不断提醒约翰遵守这些规则。过了一段时间，注意力分散的现象减少了。约翰试着做题和连续作业的能力显著地提高。事实上几周以后，在请求帮助之前，约翰做题的数目已增加到5个。另外，当真需要帮助的时候，他也并非束手无策。他能告诉琼他所采用的步骤，已经想出了哪些，在什么地方卡住了。琼还注意到，约翰不仅在数学方面，而且在其他活动中保持注意的时间和静坐不与他人讲话的能力都有所提高。

琼把这个计划告知约翰的父母，以便周末约翰向他们汇报他得到的分数和奖赏。这个计划给约翰的父母提供了一条方便的途径，使他们掌握约翰的进步，并告诫他在学校应该怎样学习。

（资料来源：施良方、崔允漷主编：《教学理论》，华东师范大学出版社，1999年，第59－61页。）

（二）自学—指导教学模式

自学—指导教学模式是指教学活动以学生的自学为主，教师的指导贯穿于学生自学始终的教学模式。属于这一类的教学模式较多，如卢仲衡主持的“中学数学自学辅导实验”，上海育才中学的“读读、议议、练练、讲讲”八字教学模式，魏书生的中学语文教学“六步法”模式，黎世法的“六课单元教学实验”（后发展为异步教学法），钱梦龙的“三主四式语文导读法”，洋思中学的“先学后教”，东庐中学的“讲学稿”等。

1. 理论依据

该模式的依据有：① 教为主导、学为主动的教学观。② 独立性与依赖性相统一的学生心理发展观。③“学会学习”的学习观。这类教学模式都强调发挥学生的主体作用，通过引导、指导学生自主学习，培养学生独立学习的意识和能力。

2. 教学目标

该模式的目标为：① 培养学生强烈的自学兴趣和良好的学习态度，让学生主动参与学习，独立地掌握系统的知识。② 培养学生掌握自学的方法，形成良好的自学习惯和一定的自学能力，包括独立获取知识的能力、系统整理知识的能力、科学运用知识的能力等。

3. 操作程序

该模式的操作为：① 提出要求。根据教学需要，教师对自学的范围、重点和要解决的问题提出要求，让学生有目的地学习。② 开展自学。根据要求，学生自学，教师巡视，了解自学情况，及时解决学生的个别性问题。③ 讨论启发。对学生提出具有代表性的问题，教师汇总后再集体讨论。④ 练习运用。疑难解决后，教师布置练习，使学生所获新知在运用中得以检验、巩固。⑤ 及时评价。教师对练习结果及时进行评价并根据反馈信息采取巩固性或补充性教学，以确保学生牢固地掌握知识。⑥ 系统小结。教师让学生将所学知识系统化、概括化，并联系原有知识，从整体上理解所学内容。

4. 实施条件

在这一模式中，教师的职责由系统讲授变为定向指导、启发，其主导作用并未削弱，相反要求更高了。运用该模式，教师要有正确的教学指导思想，充分相信学生能自学，积极指导学生自学；教师一般要设计出要求明确的自学提纲，提出必要的自学材料、参考书、学习辅助工具，教师要保证学生的自学时间并有一套指导学生自学的方法。

二、发现探究类教学模式

发现探究类教学模式源自美国教育家布鲁纳，他认为儿童应该像科学家做科学研究那样去学习，通过探索自己得出结论，大力倡导发现学习。与此同时，美国生物教育家施瓦布提出“探究学习”。随后，诸多探究模式不断涌现，适应了科技时代对教育的迫切需求。

（一）发现学习

20 世纪 60 年代，美国教育家布鲁纳针对传统“仓库式”教学思想，提出“不论我们教什么学科，务必使学生理解学科的基本结构”。他在强调学科的基本结构的同时，还要求教学采用一种最能使学习者有效地掌握学科基本结构的方法——发现法。在此基础上，形成了“发现学习”的教学模式[①]，这一理论与苏联赞科夫的教学与发展思想、联邦德国的范例教学思想并誉为当代教学论的三大流派。

1. 理论基础

资料卡片：发现学习

该模式的依据有：① 结构主义。强调认识事物内部的结构，反对单纯地研究外部现象；强调整体性研究，反对孤立的局部性研究；强调从系统功能中把握事物，反对单纯的经验描述。② 学科基本结构。学科的基本结构指的是该学科的基本概念、基本原理及它们之间的关联性，是知识的整体和事物的普遍联系，而不是孤立的事实本身和零碎的知识结论。③ 强调学生发现的学习观。布鲁纳认为，学生的认识过程类似于人类的认识过程，教学过程是教师指导下学生的发现过程，学生要主动地进行学习、探究和发现事物，而不是消极地“接受”知识。学生要像数学家那样思考数学，像历史学家那样思考历史。

2. 教学目标

发现学习的教学目标在于让学生掌握学科的基本知识，并帮助每个学生获得最好的智力发展。学生的智力和能力的发展是教学的中心目标，同时还注重发展学生的直觉思维及学习的内在动机。

3. 操作程序

该模式的操作程序为：① 提出问题。教师选定一个或几个一般的原理，给学生一些感性材料，使学生带着问题学习，学生提出弄不懂的问题或疑难。② 创设问题情境。问题情境是一种特殊的学习情境，情境中的问题既适合学生已有的知识水平、能力，又需经一番努力才能解决，从而使学生形成对未知事物进行探究的心向。③ 提出假设。利用所给定的材料，在寻求答案的过程中，充分利用直觉思维提出各种有益于问题解决的可能性，罗列出解决问题时可能碰到的困难等。④ 评价、验证、得出结论。即对各种可能性运用分析思维进行反复的求证、讨论，寻求答案，提出一般的原理或概念，并把一般的原理或概念付诸实践。

4. 实施条件

布鲁纳提倡学生主动探究，并不否定教师的作用。他认为，教师在教

---

① ［美］布鲁纳：《论教学的若干原则》《发现的行为》《布鲁纳与加涅的两种教学论》等，瞿葆奎主编《教育学文集·教学》（上），人民教育出版社，1988 年，第 569 – 607 页。

学中永远都是主导者。从教师的角度讲，要想更好地进行发现式教学，教师要注意使教学与儿童的认知发展相适应，合理安排教学序列。另外，教师要注意适时强化，选择适当的时机让学生了解自己的学习结果。

拓展阅读 12-2：

发现教学范例

在美国一所学校六年级的一个实验班上，学生已经学习美国东南各州与社会和经济地理这个传统单元，开始学习北方中央地区。老师要学生在一幅绘着自然特征和天然资源但没有地名的地图上找出这个地区主要城市的位置。在课堂讨论中，学生提出了许多有关城市建设要求的合理的理论：一个是水运理论，把芝加哥放在三个湖的汇合处；一个是矿藏资源理论，把芝加哥放在默萨比山脉附近；一个是食品供应理论，把一个大城市放在依阿华的肥沃土地上；等等。采用发现法教学的实验班在兴趣水平和概念辩论水平方面都远远超过控制班。最显著的则是儿童第一次把城市的位置看作一个问题，并且能够经过思考发现答案。在探索这个问题的过程中，儿童不但感到愉快和兴奋，而且改变了视城市现象为理所当然的看法，认识了应该如何建设城市。

（资料来源：孔棣华等主编：《当代外国教学法》，广东教育出版社，1993 年，第 90 页。）

（二）引导—发现教学模式

它又叫“问题—探究”教学模式，是指教学活动以解决问题为中心，学生在教师指导下通过发现问题、提出问题的方法并通过自己活动找到答案的一种教学模式。它主要是根据杜威、皮亚杰、布鲁纳等人先后倡导的“问题—假设—推理—验证”等程序，并结合我国广大教学工作者的实践而建立起来的。该模式多见于数理学科的教学，常州邱学华的“三阶段六环节”尝试教学法、湖北王辅湘的小学数学引导发现法模式、武汉邓国材的“启发探索式”模式等均属此类。

1. 理论依据

这种模式的理论基础是杜威的“五步教学法”、皮亚杰的“自我发现法”和“活动教学法”、布鲁纳的“发现法”等教学原理。他们认为教学过程是学生参与活动的过程，学生的学习是现有经验不断地改造，因此，教学不应该是接受，而必须通过亲身活动去感受、发现和升华。

2. 教学目标

引导学生手脑并用，运用创造性思维去获得亲身实证的知识，培养学生发现问题、分析问题和解决问题的能力；让学生养成探究的态度和习惯，逐步形成探究的技巧。

3. 操作程序

该模式的操作程序为：① 提出问题。提出问题常见的方式有：教师根据教学要求或学生感兴趣的问题设置一定的问题情境，促使学生提出问题。对于学生提出的问题，教师应对其进行适当的加工，使其具有适宜的难度和趣味。② 建立假说。针对问题，提出解决问题的可能性假设。③ 拟订计划。针对假说，提出解决问题的计划。计划内容主要包括采用何种探究方式、组织形式和何时完成等。计划一般让学生提出，也可以由教师与学生协商制订。④ 验证假说。按照计划对学生提出的假说进行验证。资料式的验证主要是先让学生搜集、整理有关假说的材料，然后经分析、概括，得出结论。⑤ 交流提高。教师引导学生针对验证的结果，开展相互交流，总结出准确的结论，并通过练习，使结论在头脑中得以强化。

4. 实施条件

教师是引导者和顾问。一方面，教师必须精通整个“问题”体系；另一方面，教师又要容忍学生出错，鼓励学生大胆质疑，而不宜过早地评判学生的行为。为了学生能够省时、有针对性地解决问题，教师常用简明、系统的“问题”形式反映教学内容；另外，教师应根据教学要求，为学生提供探究所需要的材料和场所。

此外，还有以建构主义心理学和主体性教育理论为依据，学生在教师指导下进行课堂自主、探究、合作式学习，通过创设情境、启发思考、自主（或小组）探究、协作交流、总结提高而开展教学的课堂探究教学模式。该模式对学生的探究能力及教师的专业知识、专业能力、研究能力要求较高。

三、接受掌握类教学模式

接受掌握类教学模式是一类较为传统的教学模式，它以学生在教师的指导下进行接受学习为基本特征。它源于赫尔巴特学派的“五段教学”，经由赫尔巴特弟子的发展，19 世纪末风靡世界。20 世纪 50 年代，我国的教育者在学习苏联凯洛夫教育学的基础上，结合我国教学实践，总结出“激发学生动机—复习旧课—讲授新知识—巩固运用—检查评价”的操作程序，形成了“传递—接受”教学模式。美国 20 世纪 60 年代布卢姆的“掌握学习”和 70 年代奥苏贝尔的“有意义言语学习”理论为接受学习提供了新的视角，丰富、发展了接受学习的思想。该类模式有助于系统知识、社会文化的传递，为学生的发展奠定知识技能基础。

（一）有意义接受学习模式

有意义接受学习模式为美国学者奥苏贝尔所创。奥苏贝尔认为，接受学习并不等同于机械学习，发现学习也不等同于意义学习。无论是接受学习，还是发现学习，都有可能是机械的，也都有可能是有意义的。当学生把教学内容内化进已有的认知结构时，有意义学习便发生了。①

资料卡片：
意义言语学习

1. 理论基础

同化理论。“同化”即新旧知识在学生的头脑中发生相互联系和作用，导致原有认知结构的不断分化和重新组织，使学生获得了关于新知识的明确而稳定的意义，即心理意义，将学习内容内化和整合进了自己的认知结构。同时，旧的知识得到了改造，原有的认知结构也得到了完善。

2. 教学目标

有意义学习模式以塑造学生良好的认知结构，使之具有不断吸收（内化）新知识的能力为核心目标。一切新的有意义学习都是在原有的知识基础上产生的，不受学生原有认知结构影响的有意义学习是不存在的。为此，奥苏贝尔把建立学习者对教材的清晰、牢固的认知结构作为教学的主要任务，提出“为迁移而教”的口号，主张塑造学生良好的认知结构，发挥原有认知结构对正在进行的学习的积极影响，促进学习的普遍迁移。

3. 操作程序

奥苏贝尔根据“同化”理论，把一个完整的学习过程分为三个阶段：习得、保持和再现。在教学过程中，相应地就是帮助学生实现知识的习得和保持（即“内化”），并在需要时再现出来。习得阶段主要是新知识被旧知识同化、融合，纳入认知结构的适当部位。保持阶段是指新的意义的可利用性的维持。再现阶段是指具有了意义的新知识与原有观念分离，被提取出来。

因此，学习就是一个新观念不断地被学生的已有知识同化的过程，是像滚雪球一样掌握知识的过程。教师进行教学的主要步骤如下：① 确定教学目标，并对学生的学习准备进行评价。② 决定教学内容的形式。在教学

---

① ［美］奥苏贝尔：《促进课堂的意义言语学习》等，瞿葆奎主编《教育学文集·教学》（上），人民教育出版社，1988年，第608－635页。

内容的选择上要重视原理和概念，教学内容的组织遵循“逐步分化原则”“整合协调原则”和“先行组织者策略”。③ 选取和准备例子。教师要根据教学的目标和内容，选择好的例子，如概念的教学所用的例子要包括概念的重要特征。

4. 实施条件

该模式的实施需要满足以下条件：① 学生必须具备有意义学习的心向，具有积极主动地把新知识与原有认知结构中的适当观念联系起来的倾向性。② 学生的认知结构中还必须有适当的可利用的观念，可用来联系新知识。③ 为了实现有意义学习，在新旧知识之间建立联系，教学内容必须具有潜在的意义，可以与学生原有的适当观念建立起实质性的非人为的联系的逻辑意义。④ 教师在实现有意义学习的过程中起组织和引导作用，因此这一教学模式对教师的要求较高。教师必须对学生的知识基础、认知结构及教材有十分深入细致的了解和把握，还要能够在教学过程中对教学内容按照逐步分化和综合协调原则进行组织，有效利用“先行组织者”策略。

（二）“掌握学习”模式

“掌握学习”模式是美国教育学家和心理学家布卢姆创立的。“掌握学习”是在“所有学生都能学好”的理念指导下，以集体教学为基础，辅之以经常、及时的反馈，为学生提供所需的个别化帮助及所需的额外学习时间，从而使大多数学生达到课程目标所规定的掌握标准。[①]

资料卡片：
掌握学习

1. 理论基础

（1）新的学生观

面对一定的教学任务，传统教学的观念认为：大约有三分之一的学生完全学会所教的事物，三分之一学生将不及格或勉强及格，另外三分之一学生将学会所教的许多事物。在这种观念的支配下，通过一定的教学方法和程序，最后的结果与预想的相差无几。布卢姆通过实验、观察和追踪研究认为，除了百分之一、二的超常儿童和百分之二、三的低常儿童外，百分之九十五以上的学生在学习能力、学习动机等方面并无大的差异。只要有适合学生特点的学习条件，几乎所有的学生都能学好。这是一种新的乐观的学生观。

① ［美］布卢姆：《对学习者的新看法》《掌握学习》《如何认识学生的个别差异》，瞿葆奎主编《教育学文集·教学》（上），人民教育出版社，1988 年，第 646 – 703 页。

（2）教育目标分类

布卢姆将教育目标分为认知、情感、动作技能三个领域。他又将认知领域的教育目标分为知识、领会、运用、分析、综合、评价六大类、若干小类，并认为教育目标都具有外显性，且都是可以测量的。

2. 教学目标

“掌握学习”的目标在于大面积提高教学质量。布卢姆提出“绝大多数学生都能学到学校所教的一切东西”，希望通过这样的教学，不仅使学生而且使教师获得更多且长远的社会与个人成功的机会，特别是学生可获得基本的智力、体力和感情上的能力，保证他们能够并且希望从事终身的学习。

3. 操作程序

“掌握学习”的实施程序一般为：诊断性评价—团体教学—单元形成性测验—已掌握者进行巩固性、扩展性学习或帮助未掌握者（或未掌握者接受矫正，再次测验，予以认可）—进入下一单元的循环。具体说来包括：

（1）单元目标的设计。像传统教学一样，根据布卢姆的教育目标分类学对不同的教学内容进行不同的设计。

（2）实施前测验。在正式实施基本教学前，插入一个前测验，目的是确定学生是否具备了下一步学习所需的技能，并确认学生是否达到了已学单元的目标。

（3）基本教学。教师运用讲座、阅读和其他的学习材料，使全班学生都参与到学习活动中。

（4）形成性评价Ⅰ。在群体教学结束后，及时地对学生进行形成性评价，以此找到学生的问题根源并进行诊断。

（5）矫正学习。经过形成性测验，教师根据不同学生的症结所在进行个别指导教学，指导的关键是使不同的学生选择不同的学习活动。

（6）形成性评价Ⅱ。在经过矫正学习以后，进行第二次形成性评价，以确定学生的矫正学习是否有效。如果通过了测验，就进入下一个目标的学习或者正式的考试；如果测验没有通过，则继续前面的循环，直到学生达到学习目标为止。

要说明的是，在矫正学习和继续学习中，需要提供新的学习资料和学习形式。

4. 实施条件

（1）师生双方对“掌握学习”都要抱有信心，教师应不囿于传统教学，不按传统正态曲线来评定学生，应该相信大多数学生都能学好。（2）确定所教学科的内容、目标和测量手段，即确定学习内容，明确学科学习范围，并概括地加以表述；明确掌握目标，编制教学目标；准备终结性测验。

（三）目标—导控教学模式

它是指以明确的教学目标为导向，以教学评价为动力，以矫正、强化为活动中心，让绝大多数学生掌握教学内容的一种教学模式。我国20世纪80年代中期以来所进行的目标教学、单元达标教学均属此类。

1. 理论依据

这一模式的主要理论依据是布卢姆的掌握学习理论、教育目标分类学和形成性评价理论及控制论原理。这一模式认为，学习过程是学习水平由低到高逐步递进的。每一较高水平的学习根植于较低水平的学习上，因而要设计出由低到高的序列化目标，评价学生对目标的达成度，调整教学进程。

2. 教学目标

根据大纲划分单元，制定单元教学目标并按单元目标组织教学，借助评价、反馈、强化和矫正等活动，保证绝大多数学生达到教学目标，为后续学习提供基础。

3. 操作程序

① 前测诊断。对将要学习的单元教学内容所涉及的基础知识，由教师组织学生进行简短的检查、提示、复习或回顾，给学生学习新知识做好铺垫。② 明确目标。教师展示目标，让学生对新知识应达到的水平和掌握的范围有所了解。③ 达标教学。通过讲授、提问、练习或自学等形式紧扣目标进行教学，力求让尽量多的学生掌握教学内容。④ 达标评价。评价通常不计分，答案由教师提供；方式可以是教师对学生的评价、学生自评或互评。⑤ 强化补救。根据评价反馈的信息，采取强化或补救性教学。

4. 实施条件

教师是目标的提供者和学生达标的组织者。教师应对所教学科的目标有科学的理解，特别是要在教学大纲的背景中体会单元目标。为此，教师要安排好单元教学内容，分析各单元中的每个知识点，并用目标去准确界定。教师必须热爱和相信学生，有极强的责任心。

四、情境体验类教学模式

与致力于认知发展的知识接受、自学辅导、发现探究模式不同，情境体验类教学模式关注学生情感的发展与人格的完善，它通过学习环境的创设、学习动力的激发、自我潜能的开发，促进学生认知、情感、个性、人格多方面的发展。

（一）“非指导性教学”模式

“非指导性教学”的倡导者为美国人本主义心理学家罗杰斯。他改变了传统教学以教师为中心的、灌输性的、强制的教学，提出教学应该提供一种令人愉快的环境气氛。在这种气氛中，学生是教学的中心，教师为学生的学习提供各种条件，从而形成了“以学生为中心”的非指导性教学。①

1. 理论依据

“非指导性教学”以人本主义心理学为理论基础。“非指导性”教学理论又称“学生中心”教学理论，源于罗杰斯的“非指导性”咨询理论。作为心理咨询专家，罗杰斯强调来访者的“自我解脱”、以“来访者为中心”的心理治疗方法，认为医生仅起一个咨询的作用，鼓励来访者自由地表达思想，医生和来访者一起讨论他们所愿意讨论的任何问题。他把这种治疗方法引用到教育领域，形成了“学生中心”的教学理论。②

资料卡片：教和学

2. 教学目标

在罗杰斯看来，在知识激增且不断更新的时代，传递知识不再是教学的主要目的，教学所追求的目标是“适应变化和学习的人”，即培养能够适应社会变化和知道如何进行学习、充分发挥作用的人。“充分发挥作用的人”就是学会怎样学习的人，学会怎样适应变化的人。

3. 操作程序

“非指导性教学”是一种无严谨结构的教学，教学的目的、内容、进程和方法等由学生自己讨论。其操作程序大致为：① 创设情境。教师建立一种有利于学生接受的气氛或问题的情境。② 个人和小组鉴别并追求他们的学习目标。教学活动是由“我们今天希望讨论什么或做什么”这一类问题发端，在学生各自提出问题的基础上，经过讨论最终形成小组全体成员共同感兴趣的问题，从而确定教学目标。

---

① 方展画：《罗杰斯“非指导性教学”述评》，《华东师范大学学报（教育科学版）》，1987 年第 1 期。

② ［美］罗杰斯：《我对教和学的思考》《学会自由》，瞿葆奎主编《教育学文集·教学》（上），人民教育出版社，1988 年，第 704 – 729 页。

4. 实施条件

该模式的实施需要满足以下条件：① 要十分重视人际关系和情感因素在教学中的作用。教师要以真诚的态度对待学生，应把学生的感情和问题放在教学过程的中心地位。② 教师不是教学生怎样学，而是提供学习的手段（包括教师本人的学识、能力、思维方式等），由学生决定怎样学。因此，教师不是以指导者而是以顾问的身份出现。③ 非指导性教学中强调学生的自我评价，其本质是使学生自己承担学习的责任，了解自己学习的过程、优点和不足，思考自己提出问题的思维品质，使自己始终处于学习过程的中心。

拓展阅读 12-3：

“非指导性教学”范例

课程的进程是完全不拘形式的，任何时候、任何人，甚至导师也不知道下一分钟教室里会出现什么局面，会对哪一个题目展开讨论，会提出哪些问题，哪些个人的需求、感觉和感情会宣泄而出，这种无拘无束的自由气氛是由罗杰斯本人造成的。在这里，人们享受到人类相互给予的一切自由。罗杰斯博士以一种既友好又随便的态度和学生们围坐在一张大桌子旁，他说他乐意听学生们谈自己的目的，再让学生们作一些自我介绍。接踵而来的是一段紧张的沉默，没有人讲话。最后为了打破这种局面，有个学生羞怯地举手发了言，接着又是一阵令人尴尬的冷场，之后另一个人举手。在那以后，大家举手就踊跃多了。指导教师始终没有催促任何一个学生开口。

然后，罗杰斯博士告诉大家，他带来了大量材料——单行本、小册子、文章、书籍等，还发了一份参考书单。他一直没有表示希望学生去读这些书或做其他事情。就我记忆所及，他只提出了一个请求：哪个学生自愿负责把这些材料放置在专供参加这次课程的学生使用的一个房间里去？有两个学生当即报了名。他还说他带来一些治疗过程的录音磁带、电影磁带和电影胶片。这使学生们大为兴奋，他们问能否听到自己的声音和看到自己的形象，罗杰斯回答说可以。于是，全班商定了如何把这件事搞好。一些学生主动要求管理录音机、筹备放映机。这期间绝大部分活动也是由学生自己发动、自行组织的。接下来的四次课进行得相当艰难而令人失望。在这期间，课程似乎没有任何进展。学生们的谈话东拉西扯，想到什么就说什么，一切显得杂乱无章，漫无目标，简直是浪费时光。指导教师则聚精会神地认真倾听着每一个人的发言。他并不在乎学生的发言切题不切题。

到上第五次课的时候，明确无疑地出现了一种情况。学生们相互交谈，不再理会罗杰斯。他们希望并且要求别人听自己说。原先那个学生犹豫不决、吞吞吐吐、尴尬羞涩的班级这时变成了一个互相影响促进的班级，成为一个崭新的、紧密结合的整体，它以自己独特的方式进行着活动，同时出现了一些只有学生自己才能重新描述或重复的讨论和想法。导师也参加进去了，他的作用应该比班里任何一个人都重要，但是他却设法使自己与班级融为一体。学生组成的集体占了首要地位，成为中心，它取代导师成了活动的组织者。

罗杰斯博士从来不作总结性发言。这是与任何教学法背道而驰的。各项讨论最后都悬而未决，课堂上提出的问题总是在流动变化之中。学生们出于获得知识、取得一致的愿望，力求去理解并得出结论。甚至学生们的分数都没有定论。分数意味着终结，罗杰斯博士是不给分数的，而是由学生自己报分，这样就使这个表示课程完结的标志也变得悬而未决，没有定论了。同时，由于课程没有一定的结构，每个人都把自身投入课堂之中，讲的是自己的话，而不是课本上的语言，因此，每个人都以真实的自我与他人进行了交流。也正因为如此才产生了这种亲密关系和热烈气氛，它与一般课程上那种非人格化的课程氛围形成了对比。

（资料来源：吴文侃主编：《当代国外教学论流派》，福建教育出版社，1990 年，第 309－311 页。）

（二）暗示教学

暗示教学由保加利亚心理学、医学博士乔治·洛扎诺夫首创。洛扎诺夫认为，以灌输为主的传统教学强调理性的、逻辑的心理活动，忽视无意识心理活动和情感在学习中的作用，限制了学生能力的发挥并造成了学生的心理压力。暗示教学在于通过各种暗示手段，充分调动学生的无意识心理活动，运用鲜明的形象强化和外围知觉（意识所关注的中心之外的知觉，如专心看书时播放的音乐就是外围知觉）唤起学生的视听感觉，使学生在轻松、舒畅的情况下进行学习，进而促进学生的生理及心理潜力的发展。①

资料卡片：
暗示教学

① 洪丕熙：《暗示学的理论依据和它的原则》，吴裳：《暗示教学法简介》，瞿葆奎主编《教育学文集·教学》（上），人民教育出版社，1988 年，第 779－811 页。

1. 理论基础

暗示教学的理论基础之一是人与环境的关系。人的成长不可能脱离环境的影响，环境会不知不觉地影响人的发展。洛扎诺夫说，我们是被我们生活的环境教学和教育的。暗示教学的另一理论基础来源于暗示心理学。暗示心理学的观点为：① 人的可暗示性。人具有可暗示性，才使人和环境之间的无意识关系发生作用。② 人有三道反暗示防线，即逻辑防线、情感防线、伦理防线。暗示教学不是要强行突破这三条防线，而是要引起心理共鸣，取得三道防线的和谐，从而克服它。③ 无意识问题。无意识自动调节着人的认识活动，理智活动在无意识活动的合作下完成。

2. 教学目标

暗示教学旨在通过创设幽雅的外部环境及运用各种暗示手段，激发学生的情感因素，使学生在轻松、舒畅的环境中高效地学习。暗示教学还注重使学生学会充分发展自我，开发自我的潜能，提高记忆力、想象力和创造性解决问题的能力。据研究表明，人的潜能只开发了15%，尚有85%的潜能未开发出来。运用适当的暗示方式，可以开发学生的潜能。

3. 操作程序

① 入境。在一定的情境中通过对话、游戏等轻松愉快的活动进入学习氛围。② 用对话形式揭示教材。③ 使学生进入最佳学习状态（如背靠背，不知不觉集中注意等）。④ 教师用形象化手段教授新课。⑤ 用轻快的乐声唤醒学生，结束学习。

4. 实施条件

该模式的实施需要满足以下条件：① 创设幽雅的外部教学环境。暗示教学十分强调在一种特定的环境中进行教学。外部环境具有极大的可暗示性，良好的环境是产生交流的重要因素，它能使有意识和无意识的活动在学习中同时发挥作用。② 学前动员。学前动员就是在开始学习之前，利用艺术的力量动员其学习者的可接受性，使学习者自觉进入学习情境。③ 采用各种暗示手段。暗示的实现必须和反暗示防线相协调，必须建立能激发个人潜力的无意识心理倾向。

（三）情境—陶冶教学模式

又称情知互促模式，是指在教学活动中，创设一种情感和认知相互促进的教学环境，让学生在轻松愉快的教学气氛中有效地获得知识同时陶冶情感的一种教学模式。这类模式的有关实验有“情境教学”[①]“愉快教育”“成功教育”“快乐教学”“情知教学”等。

1. 理论依据

① 情知教学论。认为教学过程是情意过程和认知过程的统一。情意系统起动力作用，启动、定向、维持和调节学生的学习行为；认知系统则承担对知识的吸收、贮存和转化的任务。两种系统同步、协调发展，相互促进，就能取得最好的教学效果。② 现代心理学理论及以此为基础的暗示教学法。现代心理学研究表明，人的认识是有意识和无意识的心理活动的统一，是理智活动和情感活动的统一。

2. 教学目标

通过情感和认知的多次交互作用，学生的情感得到不断陶冶、升华，个性得到健康发展；同时又学到科学文化知识，达到真正的情知交融。

3. 操作程序

根据情知相互作用的原理及一些教师的经验，其基本操作程序可归纳为：① 创设情境。根据教学目标，教师要围绕教学内容，通过语言描绘、实物演示、幻灯或绘画再现、音乐渲染等手段，为学生创设一个富有情感及美感、生动形象、蕴含哲理的特定氛围，以激起学生的学习情绪。② 情境体验。通过参与各种游戏、表演、唱歌、听音乐、谈话、操作等活动，学生在特定的气氛中主动积极地从事各项智力活动，潜移默化地进行学习，以情启思，以思促情。③ 总结转化。通过教师的启发总结，学生从情境中获得科学知识，领悟学习主题的情感，做到情与理的统一，达到知情并进、情知双获。

4. 实施条件

在该模式中，教师是学生情感的激发者和维持者。因此，要求教师具备多种能力，如表演、语言表达能力。教师还要根据教学要求，提供必备的专门设备，如音乐教材、教具或教学场所等，并把它们组织运用好。教师自己也要进入角色，并充分利用教学机智使学生同自己的情感发展同步，使情境更加入情入理，发挥诱导学生情感和促进学生认知的作用。

---

① 田慧生、彭小明：《情境教育的理论框架与操作体系——读〈李吉林文集〉有感》，《教育研究》，2006 年第 9 期。

拓展阅读 **12-4：**

李吉林创设情境的方法

1. 以生活展现情境

把学生带入社会、带入大自然，从生活中选取某一典型场景，作为学生观察认识的客体。所选取的生活情境感知目标要鲜明，观察时带入情境要有序，观察中要启发学生想象。如在教学《数星星的孩子》前，可指导学生去观察夜空和星星。

2. 以实物演示情境

以实物为中心，略设必要的背景，构成一个整体，以演示某一特定的情境。如教学《我要的是葫芦》，考虑到城市学生对葫芦比较陌生，教学时结合课文的学习出示葫芦，并简单地画有葫芦藤作背景，将葫芦置于“藤”下，学生明白了葫芦与藤叶是紧密相连的整体，只要葫芦而不管虫咬藤叶的想法是可笑的。

3. 以图画再现情境

使用挂图、剪贴画、简笔画、幻灯、多媒体画面展示课文描述的情境，使学生易于理解，乐于接受。如教学《七律·长征》时，用简笔画帮助学生理解“五岭逶迤腾细浪，乌蒙滂沱走泥丸”。

4. 以音乐渲染情境

借助乐曲、歌曲的音乐语言，烘托、渲染课文的内容，不但有助于学生理解课文，还能让学生得到美的享受。音乐可以选与教材内容一致的，也可由教师或学生自弹自唱。如教学《月光曲》，可由教师哼唱一段主旋律，让学生感受月亮正从水天相接的地方慢慢地升起来的情景。

5. 以表演体会情境

表演有两种：一是进入角色，假设“我是课文中的某某”；二是让学生扮演课文中的角色。情境表演使学生情绪热烈，印象深刻。如教学《晏子使楚》，可以分别让学生扮演晏子和楚王等人物。

6. 以语言描绘情境

语言描绘是教师最基本的表达手段，而以上五种方法也必须与语言描绘相结合，才能获得好的效果。

（资料来源：吴忠豪主编：《小学语文课程与教学论》，北京师范大学出版社，2008年，第294－295页。）

五、团队合作类教学模式

该类模式将个体置于真实或虚拟的社会背景，通过群体互动、团队协作的方式进行学习，完成特定任务，促进学生社会性、品格的发展与知识理解。如美国西伦的小组研究模式，奥利弗和谢弗的法理学模式，马塞拉斯和考克斯的社会调查模式，德国 K. 沙勒和 K-H 舍费尔的"交往教学"理论，还有苏联的合作教育，以及我国的小组合作学习等。

（一）合作教学模式

苏联教育家阿莫纳什维利等人 1964 年创办第比利斯第一实验学校，开展基于合作教育学的教学实验——"没有分数的教学体系"，历经 30 多年并最终形成了合作教学模式。该模式吸收了苏霍姆林斯基的"快乐学校"、赞科夫的"一般发展理论"、达维多夫的"通过教学形成理论思维"的经验，倡导使教育指向儿童个性和谐、整体发展的合作教育学，创造了基于合作原则的师生关系和师生交往的新形式，创造了使儿童快乐地、生气勃勃地学习的机制。[①]

1. 理论依据

该模式以合作教育学原理为基础，主张：① 儿童潜力的无限性和可塑性是合作教学理论和发展的重要前提；② 儿童在现有发展阶段不能独立解答的任务，可以在与成人的合作中得到解决，儿童的发展来自于合作；③ 在师生互敬互爱、平等、合作的交往中，应最大限度地激活儿童内在的机能，这是儿童发展的动力。

2. 教学目标

该模式的目标是：形成儿童良好的个性，使他们的精神力量得到充分发挥；促进学生的一般发展，使他们掌握独立的学习和认识活动的能力，形成正确的学习和认识动机。

3. 操作程序

该模式的实施要求：① 向学生提出学习和认识的任务，激起他们对独立的或集体的学习和认识活动的兴趣、积极的情绪和动机。② 组织和控制学生掌握教材、发展能力和形成技能的过程。③ 教师和学生个别的或集体的实质性评价活动，伴随着完成学习和认识任务的过程同时进行。④ 根据提出的学习和认识任务，对课进行总结，学生提出完善自己的知识、技能、

---

① 杜殿坤主编：《原苏联教学论流派研究》，陕西人民教育出版社，1993 年，第 270－271 页。

技巧的任务。[1]

4. 实施条件

① 在一切可行的场合下，教师应给学生提供自由选择的机会，使儿童时刻体验到一种受尊重、受信任的情感，儿童应成为学习的主人。② 教材的重点要精心编制，如“纲要信号”“算法口诀”等可见的形式，使学生通过视、听、动作等多种活动来牢固地掌握知识。③ 在教学过程中不能单纯由教师“教”，学生“学”也要渗透“教”“自教”“互教”等因素。④ 用实质性评价代替传统的形式评价，使评价起到鼓励、促进学生的学习积极性的作用。

拓展阅读 12-5：

合作教学范例

第一，上课一开始，教师在黑板上写上几个题目（学习其中任何一个题目都能达到同样的教学教育目的），然后跟全体学生商量：“从哪一个题目开始？你们对哪一个题目最感兴趣？”

第二，在上课的过程中，教师发问：“该给你们做怎样的习题？简单一些的，还是复杂一些的？容易一些的，还是难一些的？”（通常学生都选择难而复杂的题）。或者问：“你们谁愿意解答这些问题——其中有容易一些的，也有难一些的？”或者问：“我不知道你们中是否有人能发现从语法上分析句子的一些规律，有谁愿意试一试？”再或者问：“明天我们将讨论这些方程式。谁愿意先走一步，来帮助我解答这个问题呢？”

第三，教师在讲述某个问题、演算某个习题、示范某项操作时，故意制造出明显的错误或制造不易察觉的错误（貌似粗心或理解得不对），以便引起学生自由讨论，“纠正”教师的错误（教师则最终“认错”并表示感谢）。

第四，教师出一道习题，允许有不同的做法，让学生提出各自独出心裁的做法。

第五，教师书面或口头叙述某一寓言（如《乌龟与蝎子》）的内容，让学生自由讨论：谁善谁恶，谁美谁丑，谁正义谁非正义……此时教师也可故意发表错误的评判，以便激起学生据理力争。

第六，布置家庭作业时，教师说：“为明天准备怎样的例题？”或说：

---

① 杜殿坤主编：《原苏联教学论流派研究》，陕西人民教育出版社，1993 年，第 307 – 308 页。

"在这几首诗中你们想回家熟读哪几首?"(其实熟读哪一首都能达到同一教学、教育目的)。

第七，一堂课结束时，教师和学生一起评议这堂课：你们最满意的是什么？哪些地方应该改进？

(资料来源：毕淑芝、王义高主编：《当代外国教育思想研究》，人民教育出版社，1993年，第21页。)

(二) 小组合作学习模式①

小组合作学习兴起于20世纪70年代的美国，主要代表人物有约翰逊兄弟(D. W. Johnson and R. T. Johnson)和斯莱文(Robert Slavin)等。小组合作学习试图以小组学习的形式，通过学生之间的交流、合作促进学生在认知、情感和社会性等方面的成长。

1. 理论依据

小组合作学习有两个理论渊源。一是寻求教育机会均等的尝试，不同种族、阶层、文化背景的学生之间开展小组合作学习有助于改善种族关系。二是提高学业成绩的努力。大量实验研究证明，小组合作学习的互教互学能够提高认知效果。

2. 教学目标

帮助学生学会尊重他人、欣赏他人，互相帮助，进而通过共同努力提高认知水平和能力。

3. 操作程序

小组合作学习的要点在于依据不同的任务、情境进行小组活动设计，目前典型的主要有三类，不同类别的教学策略，其操作程序也有差别。

(1) 交错法Ⅱ(JigsawⅡ)。一般用于描述性学习材料，具体步骤：① 向学生介绍交错法进行的程序。② 确定异质小组。根据学生能力、性别、种族等因素将学生分为四人小组，使各小组学习材料，互教互学。③ 组织专家组，每个小组中承担相同部分学习内容的学生组成专家组，共同学习和研究。④ 学生将各自学习的内容传达给其他组员，直至全体组员都掌握学习内容。⑤ 评价个人和小组成绩。

(2) 小组竞赛法。适用于学习目标明确、答案单一、内容确定的课程。具体步骤：① 呈现新概念，由教师进行全班授课。② 确定异质小组，进行练习，配对检查和答疑。③ 开展学习竞赛。一般每周一次，在不同小组中

① 参见高文主编：《现代教学的模式化研究》，山东教育出版社，2000年，第462－470页。

选取水平相近的学生组成竞赛组，全班分为多个竞赛组进行学习比赛。④ 评价小组成绩。

（3）小组分层计分法。与小组竞赛法适用范围和程序相近，小组练习之后不举行竞赛而进行测试。具体步骤：① 呈现新概念。② 组成异质性小组，练习学习内容。③ 学生独立参加小测验。④ 评定学生成绩。

4. 实施条件

该模式的实施要求满足以下条件：① 学习任务明确，活动容易完成且依赖于协同方式。② 分析学习者特征，分组要科学合理。③ 学习环境的安排有利于进行小组活动。④ 教学评价要将小组评价和个人评价结合起来。

（三）计算机支持的协作学习教学模式

计算机支持的协作学习（computer supported collaborative learning, CSCL），又译为计算机支持的合作学习或网络支持的协作学习，是指利用计算机网络及多媒体等相关技术，建立协作学习环境，使教师与学生、学生与学生针对同一学习内容，彼此讨论、交互和合作，以达到对教学内容比较深刻的理解与掌握的教学模式。

1. 理论依据

建构主义学习理论。协作学习体现了建构主义所倡导的认知工具、社会建构和认知分享等观点：学习是学习者与周围环境交互而自主建构内在的心理表征的过程；知识不是通过教师的传授得到的，而是学习者在一定情景即社会文化背景下，借助他人的帮助，通过人际协作、讨论而实现的意义建构过程。因此，“情境”“协作”“会话”和“意义建构”是建构主义学习环境的四大要素。协作学习不仅能促进学习者高级认知能力的发展，提高学习效率；而且能增强学习者的沟通能力和对差异的包容能力，有利于他们健康的社会情感的形成。

社会相互依赖性理论。社会相互依赖性理论认为，每一个人都是社会群体中的一个成员，每个人的思想、行为乃至成功与否都受到其他成员的影响。因此，可以组成适当的协作学习小组，在小组中建立一种积极的相互依赖关系，使每个成员的学习成绩或学习回报相互挂钩。这样，学习者不仅要关心自己的学习，还要对小组的其他成员的行为和学习负责，从而形成一种相互帮助、相互促进、彼此支持、彼此依赖的学习环境。

2. 教学目标

计算机支持的协作学习一般致力于发展学生的高级认知能力，特别是创造性解决问题的能力；计算机支持的协作学习还把增强学生的沟通协作能力，发展学生的合作精神和社会情感作为自身的目标。

3. 操作程序

这种教学模式的实施一般包括如下步骤：①

（1）分析学习内容，确立学习目标。这一环节是将本单元的学习目标转化成相关任务，以之激发学生的学习兴趣和热情，驱动学生的求知欲望，使学习变成学生的内在需要，为学生的主动建构活动做准备。

（2）组成小组，明确分工。学生分组是整个协作学习中的重要一环。学生可以根据自己的兴趣、爱好、特长组成2～5人的小组。组成小组后，小组全体成员对任务的目标、要求进行分析讨论，使每个成员明确这个任务要达到的学习目标，提出尽可能多的解决问题的方案，并从这些方案中选定一个最佳方案。要明确小组中每个成员的分工（定义角色）并按学习需要及自身发展的方向随时调整。在小组中最好有一名小组长，负责整个小组的统筹协调，整体策划。

（3）自主探索，积极协作。任务分工明确后，小组成员各自从不同方面入手，寻找相关资料，完成任务。这是整个学习过程的核心环节，教师可从以下方面设计、组织和引导：① 创设相应的学习情境，提供必要的资源，如有关信息的网站地址，也可以把有关资源信息置于校园局域网中，让学生选择使用。② 要求学生自主探索。教师可向他们介绍一些与任务完成相关的资料，或者提供一个完成任务的基本框架，引导学生完成任务。③ 鼓励学生积极协作。在整个学习过程中，教师要注意引导学生积极协作，让每个学生随时向小组成员传递自己获得的资料信息、任务进展情况，使每个学生的思维成果为整个小组所共享，并适时组织小组交流讨论。④ 教师要尽可能为学生创造成功机会，树立“帮助学生成功”的教学观念，让学生在学习过程中不断获得成就感。

（4）交流体会，引导发言。交流环节是学生由表及里、层层递进、逐步突破重难点、以螺旋上升方式掌握知识与技能的过程。师生之间、生生之间的交流能够使学生把在自主探索阶段形成的初步认知和技能，上升为有意义的知识构建和心智技能。

（5）归纳总结，评价成果。学生通过参与协作过程，最终获得一定的知识技能，并产生成果（作品）。这时，教师应该适时地组织学生进行归纳总结，并对整个学习过程和成果进行评价。

---

① 林高峰：《网络环境下协作学习的探索》，《教育信息化》，2004年第10期。

4. 实施条件

这种教学模式需要先进的网络通信技术和数据库管理技术的支持。多个小组成员同步传递多媒体信息需要网络通信的线路传输速度快，反应迅速。而小组成员共享信息、互通有无，需要强有力的数据库支持。

这种教学模式的实现还需要教师角色的重新定位。在协作学习过程中，学习的主题将从面向教师转向面向学生，从教师传授转向学生自主学习。教师在整个教学过程中起设计、组织、观察、向导的作用。因而，其教学理念和教学技术都需要更新。

六、建构主义类教学模式

该类型产生较晚，它是将建构主义心理学原理运用于教育领域的产物。与强调客观知识的接受、理解、内化的模式不同，建构主义教学模式将学习者置于信息的积极加工者、意义的主动建构者地位，强调通过情景认知、任务驱动、对话协作，生成知识的意义，促进知识意义的建构，获得操作技能，提高解决实际问题的能力。

（一）支架式教学模式

支架（Scaffolding）借用建筑行业脚手架的含义，比喻在学生学习中对问题解决和意义建构起辅助作用的概念框架。由此，欧共体在“远距离教育与训练项目”中定义支架式教学模式为：为学习者建构对知识的理解提供一种概念框架，这种概念框架是发展学习者对问题的进一步理解所需要的，为此，事先要把复杂的学习任务加以分解，以把学习者的理解逐步引向深入。

1. 理论依据

支架式教学模式的理论来源于建构主义和维果茨基的最近发展区理论。教学不能仅仅保持在学生已有的发展水平上，而是以学生的实际发展水平为基础，以潜在的发展水平为目标，在最近发展区内开展教学，即“教学要走在学生发展的前面”，才能促进人的发展。

2. 教学目标

使学习者掌握、建构和内化所学的知识和技能，促进学生的发展水平向更高水平的最近发展区提升。

3. 操作程序

该模式的操作步骤为：① 确定最近发展区。根据本单元的教学目标，以及学生的学习现状和需求确定最近发展区。② 提供支架。教师通过为学生搭建支架，尽可能地将复杂的学习任务加以分解，实现对学生的层层引导。③ 进入情境。将学生引入一定的问题情境（概念框架中的某个节点）。④ 独立探索。探索开始时要先由教师启发引导，然后让学生自己去分析；探索过程中教师要适时提示，帮助学生沿概念框架逐步攀升。起初的引导帮助可以多一些，以后逐渐减少，最后要争取做到无需教师引导，学生自己能在概念框架中继续攀升。⑤ 合作探究。进行小组协商、讨论，在共享集体思维成果的基础上达到对当前所学概念比较全面、正确的理解，即最终完成对所学知识的意义建构。⑥ 效果评价。对学习效果的评价包括学生个人的自我评价和学习小组对个人的学习评价。

4. 实施条件

该模式的实施要求：① 吸引学生的兴趣：采用多种形式吸引学生的兴趣和注意力。② 简化任务：根据学生现有的水平适当降低任务的难度。③ 教学任务要围绕教学目标进行。④ 把握最近发展区：认识学生现有的水平和即将达到的目标水平及两者的差距。⑤ 控制挫败感：当学生用目标语言解决问题时，要控制他们的挫败感。⑥ 示范：给学生呈现理想的模仿版本。

（二）抛锚式教学模式

抛锚式教学模式由美国学者约翰·布兰斯福德（Bransford J.）等人在1992年创建，是在建构主义学习理论指导下，以技术为基础的，在多样化的现实生活背景中或在利用技术虚拟的情境中运用情境化教学技术以促进学生反思、提高迁移能力和解决复杂问题能力的一种教学模式。

1. 理论依据

抛锚式教学模式与情境认知理论和认知弹性理论有着极其密切的关系，主张：情境是一切认知和行动的基础；强调情境的真实性；知识是一种应用工具；知识是一种社会建构，并表现在人们的行动和共同体互动中；学习是一种积极参与学习共同体或实践共同体和积极互动的过程；强调认知工具或资源的运用和知识的社会性建构。

2. 教学目标

主要教学目标是使学生在一个完整、真实的问题背景中，产生学习的需要，并通过镶嵌式教学及学习共同体中成员间的互动、交流，即合作学习，凭借自己的主动学习、生成学习，亲身体验从识别目标到提出和达到目标的全过程。简单地说，就是要使学生适应日常生活，学会独立识别问题、提出问题、解决真实问题。

3. 操作程序

该模式的操作步骤为：① 创设教学情境，引入锚。借助信息技术，创设一个场景、一段经历或一个故事，将问题融入其中，为学生提供进一步探索问题的建议和线索，使学习能在和现实情况一致或类似的情境中发生。② 确定探究问题，抛出锚。鼓励学生选择出与当前学习主题密切相关的真实性问题或事件作为学习的中心内容，去解决需要解决的问题。③ 以锚为中心主动学习。创造机会使学生拥有更多的自主权进行独立探究或小组探究，围绕问题查找或探究相关的隐藏或缺失的信息，信息或许存在于情境本身，或许存在于相关的外部资源中。④ 学生合作解决问题。运用知识作为问题求解的工具，学生运用锚中隐含的信息或线索积极制订解决问题的计划，并通过合作解决问题，共同分享所学内容。⑤ 效果评估。

4. 实施条件

该模式的实施需要：① 创设的教学情境具有真实性并与学科内容紧密联系。② 创设的情境要有利于学生整合关键性概念，形成以锚为中心的知识与经验。③ 鼓励学生在问题情境中大胆探索，教师予以有效的指导与协助。④ 引导鼓励学生开展有效的合作。⑤ 强调教学的无序性，主张教学要有一定的弹性。

（三）任务驱动教学模式

任务驱动教学模式是指教学全过程中，以若干个具体任务为中心，让学生在自主完成任务的过程中学习和掌握相关的操作知识与操作技能，获得灵活运用技能完成真实任务、解决真实问题的能力。

1. 理论依据

这种教学模式以建构主义学习理论为依据。建构主义学习理论认为，真实的任务不但可以激发学习者强烈的探究欲望，而且对于学生自主建构知识的意义，获得操作性技能，提高问题解决能力，也是不可或缺的。在任务驱动教学中，教师可以通过提供示范、知识工具，组织小组协作等方式，帮助学生克服困难、完成任务、获得发展。

2. 教学目标

这种教学模式旨在使学生掌握相关的智力技能，获得实际操作能力，同时逐步形成自主探究、解决问题的意识和能力。

3. 实施程序

（1）提出任务。在任务驱动教学模式中，任务是一系列教学活动的中心，是实现教学目标的载体。一般情况下，任务有五个特点：目标性、真实性、情境性、探究性、综合性。教师首先要对教学内容在分析的基础上进行整合，以确定教学目标。在此基础上再确定任务，并以任务为主线建立与理论和实践的联系，即在完成任务的过程中让学生获得知识、技能和学习态度，实现理论与实践的一体化教学。当然，任务的提出必须考虑到学生现有的知识结构和能力水平，尽量调动学生原有的知识背景来建构新的知识体系，同时，任务要尽可能结合生产、生活的实际。

（2）分析任务。教师和学生一起进行重点、难点分析，帮助学生找到解决问题的思路和方案。教学时，要在有效的时间内使学生完成任务而少走弯路，就需要教师提供必要的帮助和指导。另外，针对完成任务必要的知识、技能，教师可以予以一定的点拨，帮助学生回忆起相关知识技能或者指导学生有效学习新的知识技能，以顺利完成眼前的任务。

（3）完成任务。教师组织学生按预定方案运用相关知识技能，完成任务。在此过程中，教师可根据任务的难易程度，进行简单的演示或直接让学生先尝试完成任务，实现做与学的交替、融合。教师可以进行个别辅导，学生之间也可以相互讨论，发挥其团队精神。这一阶段也往往是学生最为活跃的阶段，有的学生解决问题的能力较强，教师可以任命他为小辅导员，去辅导其他学生，不愿做辅导员的则自己探究，找出完成任务的方法。

（4）评价成果。评价可以穿插在学生完成任务的过程中进行，也可在学生完成任务后进行。评价的目的是鼓励学生相互学习，培养他们的协作精神。在具体的评价过程中，可以采取教师、学生互动的方法，如引导学生自评，了解自己的优势和不足，或组织学生互评，共同提高。

（5）扩展和细化。任务的完成不等于学习的结束，教师应在相同的任务完成的基础上提出差异化的任务，以进一步促进不同水平学生的学习。这就是教学过程结束前对任务的扩展和细化，即对完成得好的学生应提出扩展的意见，对完成任务有难度的学生应给出细化的要求。如在讲到多媒体录音一节时，完成既定的任务后可以加上一句话“会录音了的同学可以考虑将 VCD 上的声音录下来，还不太会的同学可以参考‘录音机’的使用学会给已录的声音配上更好的效果”。

4. 实施条件

这种教学模式对教师的专业能力提出了新要求，即教师要有结合知识技能目标创造性地设计真实任务的能力，要及时洞察学生任务完成的困难并给予恰当帮助。此外，这种教学模式还要求班级规模较小，学生具备一定的基础知识和技能，以及充足的教学时间和教学场地、教学设备。

任何一种教学模式都有特定的目标、功能、适用的条件和范围。"世间不存在放之四海而皆准的最优教学模式。任何教学模式总是要依据一定的条件发挥作用的。因此，我们所要探讨的不是去评定哪一种模式最佳，而是哪一种模式的哪些侧面针对什么目的可以取得什么效果。"① 我们应该从具体的教学情境出发，综合考虑教学目标、教学内容、学生的特征、教师自身特点、所具备的物质条件、教学时间来选择适宜的教学模式。教学模式为教学实践提供了操作的范型，但是教师不能盲目照搬和机械套用。在运用教学模式时，应该针对具体的教学实践在原有基础上有所超越和创造，形成教师个人富有个性化的教学风格。教师应做到模仿之中有创造，运用之中求发展。

本章内容小结

教学模式是在一定的教学思想、理论指导下建立起来的与特定教学任务、目标联系的相对系统而稳定的教学活动程序及其实施策略体系。它是教学理论与教学实践的中介，对教学研究具有方法论意义。当代教学模式有自学辅导、发现探究、接受掌握、情境体验、团队合作、技能操作等类型。教师需要根据教学目标、教学内容、学生特征和自己的特点、教学物质条件来选择适合的教学模式，在运用时还要注意树立正确的教学观，克服模式的单一化，在模仿之中创造。

本章问题思考

1. 概念辨析：教学模式与教学方法；接受学习与机械学习；先行组织者与背景知识。

2. 为什么说教学模式在教学理论与教学实践之间架起了一座桥梁？

3. 试述当代几种重要的教学模式的具体内容。

4. 选择与运用教学模式应注意哪些问题？

本章参考文献

1. 杜殿坤主编：《原苏联教学论流派研究》，陕西人民教育出版社，1993 年。

2. 钟启泉、黄志成主编：《美国教学论流派研究》，陕西人民教育出版

① 钟启泉编译：《现代教学论发展》，教育科学出版社，1988 年，第 163 页。

社，1993 年。

3. 李其龙编著：《德国教学论流派研究》，陕西人民教育出版社，1993 年。

4. 杨玉厚主编：《中国当代中小学教育教学模式述评》，陕西人民教育出版社，1993 年。

5. 高文主编：《现代教学的模式化研究》，山东教育出版社，1998 年。

6. 潘洪建、孟凡丽主编：《活动教学原理与方法》，甘肃教育出版社，2008 年。

7. ［美］乔伊斯、威尔：《教学模式》，荆建华等译，中国轻工业出版社，2009 年。

8. 崔其升、谢金国：《走进杜郎口自主学习教学模式》，中国林业出版社，2009 年。

9. 李志厚主编：《变革课堂教学方式——建构主义学习理念及其在教学中的应用》，广东教育出版社，2010 年。

10. 郝志军编著：《当代国外教学理论》，教育科学出版社，2012 年。

第十三章 教学评价

教学评价是教学工作不可缺少的一个环节，同时也作为教学活动中的一个要素渗透在教学过程之中。教学评价在教学过程中具有导向、反馈、甄别、激励等功能，从整体上调节、控制着教学活动的进行，促进教学目标的达成。教学评价包含对学生的学业评价和对教师授课质量的评价。

第一节　教学评价概述

一、教学评价的基本概念

什么是教学评价，人们有着不同的理解。

教学评价在本质上是一种价值判断活动。

教学评价是指收集整个教学系统或某个侧面的信息并基于所获得的信息对教学效果做出客观衡量和判断的过程。

教学评价就是通过教学活动客观地把握学生发生了哪些变化，以便最大限度地求得教育效果。

教学评价是指着眼于改进教师教学行为、提高课堂教学质量而进行的对教师课堂教学的设计、过程及结果的评价。

教学评价就是对教学过程的各个方面及教学效果做出全面的价值判断。

教学评价是一项永无止境、以求善求美为最高旨趣的活动。

第一、二种属于一般性理解；第三种定义将教学评价等同于学生评价，认为教学评价是对学生知识、技能、情感、价值观等方面学习与发展的评价；第四种定义认为教学评价指对教师教学工作，特别是课堂教学的评价；第五种认为教学评价同时涵盖对学生学的评价和对教师教的评价①；最后一种最抽象，是评价的理想。不同的理解，反映了各学者对教学评价不同范围、重点、角度的认识。总的来说，人们探讨更多的是课堂教学评价。

资料卡片：
课堂教学评价

评价是一种价值判断的过程，即要以是否满足主体的需要为出发点来理解教学评价的内涵。教学评价是对教学活动进行的价值判断。它是根据教学目标，采用可行的评价标准与工具，在系统收集各种教学信息、资料和证据的基础上，对教学活动的内在价值（本身固有的价值）和外在价值（满足人们需要的程度）做出判断，进而推动教学活动不断改进的一种活动。

二、教学评价的历史发展

（一）古代的考试

早在春秋战国时期，我国就有了学校教育评价制度。《学记》记载："比年入学，中年考校，一年视离经辨志，三年视敬业乐群，五年视博习亲师，七年视论学取友，谓之小成。九年知类通达，强立而不返，谓之大成。"可见在我国古代学校已经建立了对教育、教学考核的内容、标准及其定期评价的制度。汉代出现"察举选士"制度。公元196年，汉高祖下诏求贤，要求各郡郡守劝勉贤士应召，书其行壮、仪容、年纪，以待擢用。应召贤士由皇帝亲自出题策问。汉代太学举行"岁试"，"设科射策"，按成绩高低授予官职。到隋炀帝大业二年（公元606年）开始设进士科，实行科举考试制度，唐朝时逐步完善，经宋、元定型。运用考试选取人才，在当时有一定的进步性，但试题数量小，评分无客观标准，主观性强，缺少科学性。

在西方，1219年，波兰大学率先运用口试。由于教育普及，学生人数增加，口试难以适应。1702年，剑桥大学开始用笔试代替口试，开西方学

① 丁朝蓬、梁国立：《我国课堂教学评价研究概况、问题与设想》，《教育科学研究》，2006年第12期。

校笔试之先河。法国1791年参照我国科举制，建立文官考试制度。后来英美等国相继效仿。1845年，在贺拉斯·曼的倡导下，美国波士顿市首先采用笔试。随着生产力和科学技术的发展，其弊端日益显露：在有限的时间内，难以考察学生的能力，评分存在着主观性和片面性。20世纪，西方特别是美国急需科学地甄别人才、选拔最合适的人接受更高层次的教育，显然传统考试不能胜任，教育测验运动应运而生。

（二）教育测验运动

1897年，莱斯发表他对20个学校3000余名学生所做的拼字测验研究的结果：8年中每天花45分钟进行拼字练习的同每天花15分钟进行练习的成绩并无多大差别。这一结论引起了人们对测验问题的普遍关心，推动了测验问题研究。美国心理学家桑代克于1904年出版了《精神与社会测量学导论》一书，宣称“凡是存在的东西均有数量，凡是有数量的东西均能测量”。这本著作标志着教育测验运动的开始。1905年，法国心理学家比奈与其助手西蒙研制出第一个智力量表，该量表有30个项目，由易到难进行排列，可以测出高低不同的智力。1908年美国教育家斯通提出了以小学生为对象的客观化测试算术的方法。此后，桑代克又与其他研究人员一起，编制出大量的试题库与标准化测量的试卷，使教育测验走上了科学化的道路。20世纪20年代，美国兴起了教育测验运动，据统计，到1928年时，美国已有3000多种测验问世。

我国最早编制教育测验的是心理学家艾伟，他从1925年开始，经过30年研究编出中小学各年级、各学科的测验，还有小学儿童能力测验和智力测验。

教育测验虽然能克服传统考试的片面性、主观性、狭窄性等弊端，但它存在很大的局限，如对学生的社会态度、兴趣、情感、鉴赏力等方面无法把握，遭到了人们的否定与批判，此后，教育测验运动逐步过渡到了教育评价的时期。

（三）现代教育评价

20世纪30年代，在美国“八年研究”的推动下，教学评价研究进入了一个新的阶段。以泰勒为首的课程改革评价委员会经过艰苦的努力，创造性地、系统地阐明了现代教育评价的理论与方法，奠定了教育评价的思想基础。泰勒在对以往的课程和测验进行尖锐批评的基础上，提出了以教育目标为核心的课程与测验编制原则，指出评价教育效果不能只测量学生的某些能力与特征，而应根据教育目标编制学校课程，检查教学效果，以教育目标作为教育评价的依据。由于“八年研究”的广泛影响，泰勒提出的评价概念和理论很快为人们所接受并广泛应用，许多人把泰勒1942年出版的八年评价研究报告——《学生进展的评估与记录》称为“划时代的教育评价宣言”，而泰勒则被誉为“现代教育评价之父”。

20世纪50年代，标准化测验技术的不断发展和完善，教育目标分类学的提出，为教学评价的发展提供了技术上的有力支持。此后，以目标为中心、以测量为手段的教学评价理论与方法逐步被人们接受和认可，到20世纪70年代中期诞生了一门学科——教育评价学，教育评价发展进入了专业化阶段。

在我国，20世纪50年代开始，主要学习苏联的以五级分制为核心的苏式成绩考评法。20世纪70年代末改革开放之后，随着素质教育的推行及海外教育评价研究成果的介绍引进，我国教育评价和研究开始起步，并逐渐发展起来。1982年华东师大心理系和上海市教科所联合进行了新的学科考试研究，这是我国学科评价的开端。1984年我国加入国际教育成就评价协会。随着我国教育改革的推进，教学评价研究与实践也蓬勃开展，呈现出新的特点。标准化测验方式在教学评价中逐步得到推广应用，建立了基于教育质量保障运动的教育质量监控系统。在教学评价目的上开始注重学生发展性评价，在内容上聚焦核心素养的学生学业评价、综合素质评价，教学评价的方法也从主要以定量方法为主转向定量与定性方法结合，过程评价、档案袋评价、课堂观察等方法得到了应用。

（四）教学评价的发展趋势

随着教学评价理论的发展和教育改革的深入推进，教学评价的发展呈现新的特点。

第一，教学评价功能从单一转向多元。教学评价功能在鉴定和选拔的基础上，同时注重评价的发展性功能。强调学生的发展，为满足学生发展的需要，创造适合学生的教育，更加关注学生生命成长、精神发展、道德完善。与此相应，对教师的评价不仅注重教师的现实表现，更注重帮助教师诊断和发现教学工作中存在的问题，为改进教学提供反馈信息，更加重视教师的未来发展。

第二，教学评价的主体从外部评价转向内外结合。在坚持教学管理者、督导、同行、第三方等外部客观评价的基础上，同时注重教学活动主体即教师和学生的自我评价，发挥评价对象的自我反思、自我调控、自我完善的作用。

第三，教学评价的方法从注重量化转向定量定性结合。教学评价的目标是多方面的，它包括知识、能力、情感、态度、价值观等多方面内容，量化表征的方法有其客观、准确等优点，但也有其局限。质性描述的方法能够弥补其不足，应答性评价、解释性评价、表现性评价、档案袋评价等质性评价形式，通过观察、描述、讨论、专业判断等方式，关注学生“质”的方面的发展，强调对学生优缺点进行系统调查，对学生个体独特性做出“质”的分析与解释。

第四，教学评价的内容从片面转向全面。教学评价的内容从只注重知识和技能的评价，转向强调促进学生全面发展的角度，关注学习能力、态度、情感、实践能力及学习方法等综合评价，关注核心素养全维度的评价；而且不仅仅从结果的角度，而且从结果与过程并重的视角来进行全面综合评价。

三、教学评价的类型

（一）诊断性评价、形成性评价和终结性评价（根据评价的作用分类）

诊断性评价指为查明学生的学习准备状况及影响学习的因素而实施的评价。在教学过程中，教师要想形成一套适合学生特点和需要的教学方案，就必须深入了解学生已有的知识、技能的掌握程度，了解他们的学习动机，发现他们学习中存在的问题及原因，等等。教师获取这些信息的方法和途径是多样的，其中最有效的手段之一就是诊断性评价。诊断性评价能检查学生的学习准备程度，辨别造成学生学习困难的原因，从而为制订适应学生多样化学习需要的教学方案提供依据。

形成性评价主要指在教学进行过程中为改进和完善教学活动而进行的评价。形成性评价更注重对学习过程的测试，注重利用测量的结果来改进教学，使教学在不断的测评、反馈、修正或改进过程中趋于完善，而非评定学生的成绩等第。它一般在单元教学或新概念、新技能的初步教学完成后进行，每次测试的内容范围较小，主要是单元掌握或学习进步测试。

终结性评价指在课程或一个教学阶段结束后对学生学习结果进行的评价。这类评价的主要目的是评定学生的学业成绩，确定学生达到教育目标的程度，证明学生掌握知识、技能的程度和能力水平，为制订新的教育目标提供依据。终结性评价着眼于教学阶段结束后学生学业成绩的全面评定。学校中常见的期末考试或考查及毕业会考都属这类评价。三种教学评价的比较如表 13-1 所示。

表 13-1 诊断性评价、形成性评价、终结性评价比较

种类	诊断性评价	形成性评价	终结性评价
作用	查明学习准备和不利因素	确定学习效果	评定学业成绩
主要目的	合理安置学生，考虑区别对待，采取补救措施	改进学习过程，调整教学方案	证明学习已达到的水平，预言在后继教程中成功的可能性
评价重点	素质、条件	过程	结果
手段	特殊编制的测验、学籍档案和观察记录分析	经常性检查、作业和日常观察	考试
测试内容	必要的预备性知识、技能的特定样本，学生生理、心理、环境的样本	课题和单元目标样本	课程和教程目标的广泛样本
试题难度	较低	依教学任务而定	中等
分数解释	常模参照、目标参照	目标参照	常模参照
实施时间	课程或学期、学年开始时，教学进程中需要时	课题或单元教学结束后，经常进行	课程或一段教程结束后，一般每学期 1 ~ 2 次
主要特点	“前提式”	“前瞻式”	“回顾式”

（资料来源：施良方、崔允漷主编：《教学理论》，华东师范大学出版社，1999 年，第 337 页。有改动。）

（二）常模参照评价和标准参照评价（根据评价标准与解释方法分类）

常模参照评价是以个体的成绩与同一团体的平均成绩或常模相互比较，从而确定其成绩等级的评价。这种评价方法重视个体在团体内的相对位置和名次，它所衡量的是个体的相对水平，因而又称为“相对评价”。常模参照评价以常模为参照点，常模实际上就是团体测验的平均成绩，以学生个体的成绩与常模比较，就可以确定学生在团体中的位置。

标准参照评价是以教学目标为标准确定学生是否达到标准及其达标度的评价。标准参照评价用来衡量学生的实际水平，它关心学生掌握了什么及掌握的程度，而不是比较学生之间的相对位置。用来评价的标准就是具体的教学目标，因而又称为“绝对评价”。通过标准参照评价可以具体了解学生对某单元知识、技能的掌握情况。

（三）定量评价和定性评价（根据评价方法分类）

定量评价是指对那些能够直接数量化的评价对象和内容进行数量化的评价，如运用教育测量与统计的方法、模糊数学的方法，对评价对象的特

性用数值进行描述和判断，它具有精确化、简便化等特征。它在一定程度上满足了以选拔、甄别为主要目的的教育需求，但它可能把丰富的个性发展和行为表现简单化为抽象的数字，忽视那些难以量化的重要品质与行为。

定性评价则是指对不便量化的评价内容，评价者经过观察和分析，直接对评价对象做出定性结论的价值判断，它具有人文化、情境化等特点。如成长记录袋、学习日记、情境测验。定性评价强调观察、分析、归纳与描述，它更加关注学生在“质”方面的发展，强调对学生的优缺点进行系统的调查，并对个体的独特性做出“质”的分析与解释。但其评价结果常常模糊笼统，难以准确把握。

（四）外部评价和自我评价（根据评价主体分类）

外部评价是其他主体对评价对象的评价。例如，学校对教师教授质量的评价，此外还有家庭、社会对教师教学的评价。外部评价通过他人对评价对象进行明显的统计分析或文字描述，反映评价对象的客观情况。

自我评价是指评价对象对自我进行的评价。自我评价通过评价对象的“反省”“自查”“检讨”“总结”等方式来进行，或写出自评报告，或自我鉴定，等等。由于评价结果与被评者的荣誉或利益息息相关，因而自我评价往往不如外部评价结果可靠。然而，自我评价活动有利于培养自我判断、自我反省的能力，促进自我教育和自我完善。

四、教学评价的过程

（一）确定评价对象

评价对象包括内容对象和人员对象两个部分。内容对象指评价活动针对的具体方面，如学生的学习动机、思想品德，教师的教学技能、知识结构等。人员对象指评价活动针对哪些人员，如教师或学生个体、班级、年级等。

（二）确立评价的目标

评价目标和教育目标密切相关，但二者又不是一回事。评价目标要以教育目标为指导，科学地选择评价方法和工具，在组织调研、信息交流和协商活动基础上，广泛征求意见，根据具体情况确定评价目标，目标越具体、科学，评价结果越精确、有效。

（三）确立指标体系，设计评价方法和工具

确立评价的指标体系即确定评价标准，明确从哪些方面进行评价。评价指标体系应具有导向性、科学性、可行性。所谓导向性，是指评价指标体系体现正确的教学观和质量观。科学性是指评价指标体系恰当，是可以被测量和评价的。可行性是指评价指标体系符合实际，操作可行。评价指标的确定是一个复杂的过程，需要综合运用多种方法，不断完善。设计评价方法和工具时要考虑评价目标、指标的特点和要求，评价的方法和工具要具有较高的信度、效度和鉴别度。

（四）搜集、整理、分析评价资料

评价人员根据教学评价的任务，围绕所确定的评价指标体系收集相关信息。通过问卷、开座谈会、个别谈话、考察、测验、查阅档案资料等方法和活动，获取实际的证据和信息，并对这些信息资料进行鉴别、区分真伪，对有关数据进行统计、检验分析，对有关项目和指标间的关系进行分析或重新分组、归类，分析评价资料。

（五）形成评价报告

对评价资料进行整理、分析后，需要根据整理和分析的信息结果，对照教育目标、评价目标进行价值判断，报告评价结果。评价报告可以是非正式的，也可以是正式的；可以是描述性的，也可以是数据分析的。在向有关部门报告时，评价者不仅要提出报告，而且应展示对资料的解释及有关改进建议。

第二节　学生学业成就评价

一、学生学业成就评价的标准

学生学业成就的检查与评定是教学过程中的一项经常性的工作，科学的学业成就评价结果是学生入学、升级、毕业等的重要依据，还为教师和教学管理人员调节、控制教学过程提供丰富可靠的信息。对学生学的评价可以包括学习方法、学习能力与潜力、学习态度、创造性、学业成绩等多方面的评价。学生评价应对学生全面评价，但学业成绩评价是其基本的评价内容。

学生学业成就评价的标准是课程标准。课程标准是对学生学习结果的描述，是关于学生素质发展的底线要求。它不仅划定了学习的领域和疆界，还给出学到何种程度的描述即内容标准和表现标准。以我国颁布的《义务教育数学课程标准（2011）》为例：《标准》将九年义务教育划分为三个学段，即第一学段（1－3 年级）、第二学段（4－6 年级）、第三学段（7－9 年级），从知识技能、数学思考、问题解决、情感态度等四个方面提出义务教育阶段数学课程的总体目标和分学段目标，并进行了具体阐述。在课程内容部分，分学段对四个部分的课程内容，即数与代数、图形与几何、统计与概率、综合与实践分别描述了要达到的发展水平。在《标准》的实施建议部分，还对评价提出了七条具体的建议。

课程标准无疑是学生学业成就评价的依据，在运用时需要特别说明两点。第一，课程标准一旦颁布实施，就是教学的法定文件。当然，任何一个标准都有其不够完善的地方，可以进行多方面的讨论甚至质疑。但是，在进行修订并正式发布之前，现行的课程标准是法定的制定评价标准的依据，不能偏离。第二，课程标准是进行学生学业成就评价的依据，课程标准尽管也使用了“了解、理解、掌握、运用”等行为动词来描述结果目标、“经历、体验、探索”等行为动词来描述过程目标，但是从课程标准的描述到评价的具体评价指标还需要一个转化的过程，实质上也就是评价的效度和信度的问题，如何真实、可靠地反映课程标准的要求是一个特别要注意的问题，也是教学评价的难点。

二、学生学业成就评价的方法

（一）量化评价

量化评价有多种类型，按照测验的时间分，有随堂测验、单元测验或阶段性测验；依据测验形式的不同，有口头测验、纸笔测验、操作测验等；按照施测对象的多少还可以分为个别化测验和团体测验。一般地讲，学生学业成就以集体性纸笔测验为主，为此，要做好测验题目的选择，编制一份高质量的试卷。

1. 测验的选择与编制

测验题目的选择应以课程标准为依据，全面考查学生在知识与技能、过程与方法、情感态度与价值观方面的达标度。测验编制要根据课标确定考查内容与要求，注重试题素材的时代性，加强试题素材与生产、生活的联系，发挥不同类型试题的功能，注重提高命题水平。

测验的编制按照编制程序分为标准化测验和教师自编测验。标准化测验（standardized achievement test）是指由学科专家和测验编制专家共同按照标准化程序编制的测验。教师自编测验是指教师根据自己的教学经验和教学风格，自行设计和编制的用来考查学生学习进步情况的测验。由于学校科目繁多，教师自编测验操作简单，施测方便，在实际教学中颇为有用，因而得到普遍的运用。

2. 试题的类型与编写要求

(1) 客观试题的类型与编制要求

客观题具有良好的结构，对学生的反应限制较多。学生的回答只有对错之分，评分规则清楚明白，容易掌握。这类题目包括选择题、填空题、匹配题和是非题等。

选择题，由题干和两个或更多的选项组成。题干可以是直接提问或者以不完整句子的形式呈现，选项提供可供选择的答案，包括一个或多个正确答案和若干具有干扰性的错误项或迷惑项。学生的任务就是阅读题目，再从一系列选项中挑选出正确的项目。教师在出题时，要综合考虑题干和选项，使整个题目清楚明了。良好的选择题题干应该明确简单，选项具有迷惑性，选项一般设置 4 ~ 5 个，以避免学生猜测答案。选择题可适用于文字、数字和图形等不同性质的材料，可以考查记忆、分析、鉴别、推理、理解和应用知识的能力。其缺点是：答案固定，测不出学生组织材料的能力和创造力；题量大，要为每个题目编写迷惑答案，任务比较繁重。

是非题，又称正误题，它常用的形式是，陈述一句话，要求学生判断对错或是非。是非题适于考查学生对简单观念或知识的了解。是非题形式简单，在一份试卷内可覆盖大量内容。教师在评判时也较客观，计分简便省时。但是由于答案非对即错，学生有50% 的机会选择正确答案，可靠性较差。

匹配题，通常给出两列词句：问题选项与反应选项，要求学生根据题意按照某种关系将左右两列中的项目连接起来。匹配题形式简单，能够有效测量学生对知识联系的掌握情况，且易于计分。但是，它只能用于测查存在简单关系的知识。

填空题，呈现给学生一句或一段不完整的话，要求学生简要作答。它可用于考查学生对知识的回忆，学生猜测的可能性很小。如果经过精心设计，也可以考查学生对知识的理解、推理和判断能力。

(2) 主观试题的类型与编制要求

主观性题目没有唯一的或标准的答案，允许、鼓励学生自己组织、表达各种材料和观点，对学生的反应没有严格明确的规定，因而学生的反应是开放多样的，而评分规则一般比较模糊，操作性不强，评分的主观性、随意性较大。这类题型包括论文题、问题解决题等。

论文题，指要求学生用文字论述方式阐述相关观点的题目，回答字数可以从几段到几页不等。论文题有两种类型：有限制的问答题和开放式论文。有限制的问答题是指教师对回答的内容和长度都有规定，如平时测验中的简答题等。简答题适合于考查学生对知识的记忆和理解程度，还可以测量学生对材料的概括能力。开放式论文则允许学生在内容上自由选材，自由发挥，而且篇幅较长。论述题有利于学生清楚地表达自己的思想，可以考查学生对材料的理解深度和对材料的组织能力、综合能力，有时还可以测量评价能力和创造能力。但是，论文题回答需要花费很多时间，一份试卷里只能出现少量的题目，内容取样非常有限。同时，判卷时很难做到客观，信度较低。

问题解决题，是向学生提供一定的问题情境和目标情境，要求学生通过对知识进行组织、选择和运用等来解决问题。通常有两种形式。一种是间接测验，采用纸笔测验来评价学生的学业成就或能力。学生须写出若干步骤或过程，以展现他的思路，教师按照步骤记分。另一种则是直接测验，又叫作操作测验。如要求学生设想一个可以解决本市垃圾处理问题的方案，或者要求学生测量学校操场的面积等。操作测验对于考查高级思维技能十分有效，但往往费时费钱，且主观性较大，其效度也经常受到质疑。

以上命题的类型各有优点与缺陷，教师必须合理地配置各种题型，科学地评价学生的知识、能力、智力，发展学生的智能和创造力。客观试题与主观试题的比较见表 13-2。

表 13-2　客观试题与主观试题的比较

比较内容	主观性试题	客观性试题
知识再现方式	再现型	再认型
回答方式	自由应答	固定应答
内容及效度	题量小，覆盖面较小，内容效度较低	题量大，覆盖面较广，内容效度较高
适用范围	能检测高层次认知目标，有利于特殊才能的发现和个性的培养，能测试应试者的独到见解和对问题的创新探讨	适用于测量知识、理解、应用、分析几个较低层次的认知目标，不易测量高层次目标，如发散性思维、独创精神、文字表达等
命题难易	较简便，省时省力	难度较大，技术性、专业性强，耗时费力
影响结果的因素	应试者的文字表达能力	不受文字表达能力的影响

续表

比较内容	主观性试题	客观性试题
所能反映的信息量	能较清晰地反映解题过程，能鉴别应试者对于问题的解决程度	看不出应试者解决问题的具体思路，只看结论，掩盖了会与不会的界限
试题及评分标准	试题标准较复杂，评分不易客观一致，易受主观因素干扰	试题标准明确，评分客观
阅卷效率	对评阅者专业要求高，不能用机器阅卷，工效低	可以用机器或非专业人员评卷，工效高
可猜测性	没有猜答案的机会	有猜答案的机会

（资料来源：施良方、崔允漷主编：《教学理论》，华东师范大学出版社，1999 年，第 343 页。）

命题的一般原则与技术要求是：

试题的题材宜均匀分布，且应包括教材的重要部分；

试题文字力求浅显简短，题意须明确；

各个试题须彼此独立，不可相互牵涉；

试题应有不会引起争论的正确答案；

试题中不可含有暗示该题或其他题的答案的线索；

试题的语句须重新组织，避免直接抄课文；

试题宜注重基本原理的理解与应用，而非零碎知识的记忆。

3. 试题评定后的质量分析

试卷质量分析有利于教师改进考核方式方法，不断提高命题的质量。试题质量的分析一般包括两方面：一是试题质量分析；二是学生学业成绩分析。

（1）试题质量分析

试题质量高低的主要指标是信度、效度、难度与区分度。信度是指考试的可靠性。考试中，题目的取样、实施考试的环境及学生本身的状态，都可能给考试结果带来误差。教师应该使考试力求反映学生的稳定水平、真实水平，减少随意性。效度是指测量的有效性，即是否测出它想要测量的内容。考试的效度总是相对于一定的测验目标而言的，一个对某个目标有效的试题可能对另一个目标未必有效。例如，客观性考试测定学生知识面的效度高，测定知识深度的效度低。主观性试题测定学生知识深度、能力效度高，测定学生知识面的效度低。难度是指试题的难易程度。试题过难或过易都不能准确地测出学生的真实成绩，试题难易应该适中。区分度是指测验能区分学生不同水平的程度，即能辨别出不同水平的学生。区分度与难度有关，只有在测验中包含不同难度的试题，才能提高区分度。

信度、效度、难度与区分度是评价考试质量的主要指标，这四者相互依存。只有对考试结果进行经常性的项目分析与整体分析，不断修改，建立试题库，才能使整个试题的质量指标不断提高。

（2）学生学业成绩分析

对学生考试成绩的分析，不能简单地将学生的所有考试成绩排队，或划分分数段计算学生百分比。为了搞好成绩分析，还需使用以下指标：

① 平均分数。平均分数就是所有分数的总和除以分数的个数所得的商，平均分数反映在一系列分数中大量分数向某点集中的情况。其计算公式为：

$$\mu = \frac{X_1 + X_2 + \cdots + X_n}{n} = \frac{X_i}{n}$$

上式中，μ 表示平均数，n 表示原始分数的个数，$X_1 + X_2 + \cdots + X_n$ 表示所有的原始分数。

例：求 83、89、82、90、86、91、81、92、88 的算术平均数。

$$\mu = \frac{83 + 89 + 82 + 90 + 86 + 91 + 81 + 92 + 88}{9} = 86.89$$

② 标准差。我们在分析一门课程学生分数分布情况时，不仅要考查分数的集中程度，还要考查分数的离散程度。描述分数的离散程度的量数叫差异量数，只有掌握了集中量数与差异量数，才能清晰地分析分数分布的全貌。差异量数中最主要的是标准差，它的计算公式是：

$$\sigma = \sqrt{\frac{1}{n}\sum_{i=1}^{n}(X_i - \mu)^2}$$

上式中，σ 表示标准差，X_i 为原始分数，μ 表示平均数，n 为分数个数，Σ 为加总符号。

例如，计算 83、87、81、88 的标准差。

$$S^2 = [(83 - 85)^2 + (87 - 85)^2 + (81 - 85)^2 + (88 - 85)^2] \div 4 = 8.25$$

$$\sigma = 2.83$$

其标准差为：2.83

标准差是统计分析中最常用的差异量数。标准差的值越大，表明这组数据的离散程度越高，即数据越参差不齐，分布范围越广；标准差的值越小，表明这组数据的离散程度越低，即数据越集中、整齐，分布范围越小。

③ 标准分数。在成绩分析中，标准分数是衡量学生学习水平的重要标志，可以解决不同难度的课程与考试分数之间的可比性。

原始分数不具有可比性，因为它们相互之间没有一个统一的标准，不能说物理的80分与数学的80分是等价的，因为各门学科难度不同。为了使分数具有可比性，可以采用标准分数来进行比较。标准分数的大小由观测值与平均数之差除以标准差来表示，其计算公式为：

$$Z = (X - \mu) / \sigma$$

式中，Z 代表标准分数，X、μ、σ 分别代表原始分数、平均数、标准差。

当 $Z > 0$ 时，说明该生的成绩超过平均数；$Z = 0$ 时，说明该生成绩与平均数相等；$Z < 0$，说明该生成绩低于平均数。

例如：甲乙两幼儿在语言、常识、计算测试中的成绩见表13-3，试分析谁的总成绩较好。

表13-3　甲、乙两幼儿语言、常识、计算测试成绩比较表

科目	原始分 X		平均分	标准差	标准分数 Z	
	甲	乙	μ	σ	甲	乙
语言	59	51	50	4	2.25	0.25
常识	75	79	74	10	0.10	0.50
计算	63	71	67	8	−0.50	0.50
总计	193	201			1.85	1.25
平均分	64.33	67.00			0.6167	0.4167

上表显示：虽然幼儿乙的原始分数高于幼儿甲，但将不可比的原始分数转换成标准分数后，幼儿甲平均标准分是0.6167，幼儿乙平均标准分是0.4167，幼儿甲三科成绩标准分之和比幼儿乙高，说明幼儿甲的总成绩比幼儿乙好。

把原始成绩化为标准分数校正后，由于采用相同参照点和标度的标准分布，不同课程间有统一的标准。所以，不同试卷的考核成绩可以相加，并继续比较，从而判断一个学生各科成绩在班级之中的相对地位。

（二）质性评价

质性评价也称为自然主义评价范式，它“是质性研究在评价领域中的渗透与发展，以人文主义为认识论基础，受‘实践理性’和‘解放理性’

支配”①，它力图通过自然的调查，全面充分地揭示和描述评价对象的各种特质，以彰显其中的意义，促进理解。质性评价认为，量化评定方法片面强调以量化作为科学、客观的标志，把复杂的教育现象简单化、数量化，泯灭了教育现象的复杂性与学生发展的多样性，丢失了教育过程中的真实信息。这种评价方法强调学生在教育活动中完整而真实的自我表现，能较好地全面反映学生发展的状况，为改进课程与教学提供详细可靠的依据。其评价方法有观察、评语、学习日记、情景测验和成长记录袋等。

1. 观察

观察是指通过对学生在日常学习和生活中的外部行为表现的观测，评价学生的能力、技能、习惯、态度、情感等方面的特征。这是教师常用的简单易行的方法，有自然观察、情境观察、时间样本观察、追踪观察等各种具体方式。观察时，首先要明确观察目的，选定某一项内容。要把握重点，善于分析。要尊重事实，进行全面观察，综合判断。同时要注意积累经验，不断提高修养，不断修正观察时形成的错误印象。

2. 评语

评语是指在占有翔实材料的基础上对学生做的定性分析。如学校领导、班主任和任课教师都可以从不同的层次和范围对学生的知识水平、思想、情感、行为表现做出评价，写成评语。评语的书写应做到客观公正，明确具体，对缺点和优点分析中肯，文字简明。学生的期末评价一般应用激励性的语言，以达到促进学生发展的目的。

3. 成长记录袋评价

成长记录袋评价，又称档案袋评价，是根据教育教学目标收集记录学生自己、教师或同伴做出评价的有关材料，学生的作品、反思，还有其他相关的证据与材料等，通过合理的分析与解释，反映学生在学习与发展过程中的优势与不足，反映学生在达到目标过程中付出的努力与取得的进步，并通过学生的反思与改进激励学生取得更高的成就。成长记录袋可以与学科教学相结合，评价学生的具体技能的习得或整体发展；也可与学生综合发展相结合，评价学生的品行发展、兴趣发展、习惯养成等。与传统测验方法相比，学生成长记录袋能实现以下功能：① 通过自我反思与自我评价，加强学生在学习过程中的能动性；② 有助于学生培养多元能力，并通过彰

---

① 杨晓萍、柴赛飞：《质性评定方法对我国基础教育课程评价的启示》，《课程·教材·教法》，2004 年第 4 期。

显学生自己在某些方面的独特能力，提升自尊，获得成功感受；③更好地发现并诊断问题，为反馈提供扎实的基础；④加强师生沟通，使教师更全面地了解学生。

(1) 成长记录袋评价的特点

第一，采用多元方式评定作品。成长记录袋里要收集有关学习过程和进展情况的多方面信息，这些需要老师和同学共同发掘，找出每个个体的长处与优点，激发其信心。对成长记录袋的评价应来自多种评价源，如同学、教师及家长，而且要调动学生的自评积极性。评价标准以个体纵向评价为主，而且多采用质性方法进行评定。

第二，强调纵向的学习历程。学生成长记录袋特别关注对过程的评定，要求收集能反映学习过程及情意状况的多种成品，如笔记、学习计划、概念图等。

第三，鼓励自我反省和自我评价。成长记录袋需包含学生自我反思的证据，反思不仅是一种内在推动力，而且能培养学生的主人翁责任感。让学生参与评定过程，能增强他们的自我意识和独立性，提升学生在学习中的自我调控能力。

第四，师生共同参与，家长等相关人士也能利用成长记录袋与学生沟通。成长记录袋内容是由师生共同商定的，教师在评定过程中扮演着观察者和支持、辅导者角色。教师评语、家长意见、同学读后感，再加上个人对评语的反省形成一个互动网络，使评定成为一种社会建构过程。心理学研究显示，学生在成就动机和交往动机的推动下，做事的积极性更高。

(2) 成长记录袋的类型

根据评价的主要目的，成长记录袋大致可以分为成果型、过程型、评估型三种，它们的各自特点如表13-4所示。

表13-4 成长记录袋的类型

名称	评价目的	作品类型	特点
成果型成长记录袋	展示学生的成就	学生各个阶段的最佳作品	注重学生自我反省，主要受益者为学生
过程型成长记录袋	描述学生的进步	可以反映学生进步的不同时期的同类作品	注重学生反思，为教师、学生提供反馈，教师、学生均受益
评估型成长记录袋	确定学生是否达到预期的表现水平	依据一定的标准选择作品	主要为教师提供信息，不注重学生反省

(3) 成长记录袋评价的实施

成长记录袋建立步骤。第一，明确实施目的，选择那些用传统纸笔测验无法评定的教学目标，如问题解决过程、论文的计划、草稿和修改稿等。第二，选择档案袋的内容，包括以什么标准来选择材料、材料的数量、材料的形式等。档案袋材料可分为：必要材料和自选材料（学生可以自己决定放进的材料，如体现本人发展倾向与学习专长的材料，自认为最优秀的作品，自认为有问题、有困难的作品等）。第三，设计评定方法和规则，包括评定的具体标准、评定的时间和次数。

另外，成长记录袋评价特别要注意的问题是收集材料的盲目性和求全心理，不要把所有的材料都一股脑儿装进记录袋，而是按照评价目的分主题选取材料。具体做法可参考表 13-5 和图 13-1。

表 13-5　七年级学生数学成长记录袋内容①

总项目	具体项目
1. 思维发展的过程体现	1.1　我的课堂观察记录卡
	1.2　我的作业
	1.3　我的错题反思集
	1.4　我的思考
	1.5　我的小研究
	1.6　我的单元小结
2. 知识与技能的测试	2.1　我的试卷集
3. 情感与态度的反映	3.1　我的阅读
	3.2　我的成功

实施步骤。第一，要为实施档案袋评定做必要的准备。与学生谈话，使学生了解档案袋的意义，将实施档案袋评定的计划告知其他教师和家长，取得他们的支持。第二，抽出专门时间就如何建立档案袋给予学生详细的指导，并给出档案袋的样例。第三，对档案袋如何用于教学、怎样为教师和学生提供反馈做出计划。第四，在实施评定过程中，教师必须随时对学生做观察记录、轶事记录；教师要定期就学生的档案袋与学生进行交流、

① 参见刘丹：《七年级学生数学成长记录袋评价的实践研究》，华东师范大学硕士学位论文，2006 年。

讨论，师生共同完成对档案袋的评定；不定期地组织档案袋展示活动。

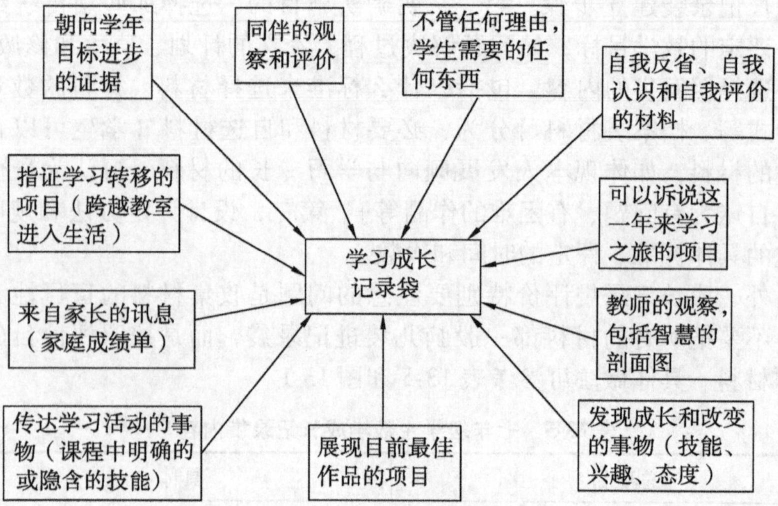

图 13-1　成长记录袋内容①

第三节　教师授课质量评价

一、评价标准

教师授课质量的评价主要是对课堂教学质量的评估。课堂教学质量在很大程度上决定了学校教育教学的质量，影响着学生的发展。授课质量评价有助于教师清楚地了解自己教学的长处与不足，促进教师之间的交流，有助于教师不断更新教育观念，改进教学方法，提高教学水平，也有助于学校领导对教师教学活动的调控与管理。

资料卡片：
课程教学评价

不同学者对有效课堂教学的评价标准有着不同的认识。②“一堂好课的标准是什么？”我国教育实践工作者与理论研究人员对此提出了不同看法（见拓展阅读 13-1）。

---

① 参见雷吉尔：《落实多元智慧教学评量》，郭俊贤、陈淑惠译，台湾远流出版公司，2000 年。

② 刘启迪：《课程教学评价的理论与实践探索——海峡两岸课程教学评价学术研讨会述评》，《课程·教材·教法》，2006 年第 6 期。

拓展阅读 13-1：

拓展阅读：关于“一堂好课”的不同的标准

裴娣娜等从现代教学论的角度出发，提出课堂教学质量标准的依据主要体现在：① 体现促进人的发展为根本宗旨的教学目标；② 科学合理的教学内容；③ 教师的教学能力。课堂教学质量的评价，不仅要看教师教得怎么样，更重要的还要看学生学得如何，要看单位时间内学生的学习质量和学习效率。

叶澜提出五条标准：① 有意义的课，即扎实的课；② 有效率的课，即充实的课；③ 有生成性的课，即丰实的课；④ 常态下的课，即平实的课；⑤ 有待完善的课，即真实的课。

张春莉基于建构主义理论提出评价课堂教学的六个指标：① 学生主动参与学习；② 师生、生生之间保持有效互动；③ 学习材料、时间和空间得到充分保障；④ 学生形成对知识真正的理解；⑤ 学生的自我监控和反思能力得到培养；⑥ 学生获得积极的情感体验。

刘志军认为，课堂教学质量评价的标准应包括三个方面：① 体现以促进人的发展为根本宗旨的教学目标。其中包括：学科教学的基础目标；主体性发展目标。② 科学合理的教学内容。其中包括：教师正确理解和能创造性地使用教材；认真挖掘教材内容和教育因素；重视教材内容的文化内涵，体现科学性与人文性、社会性相结合；关注教材内容的实践性。③ 学生主动学习的教学策略和方法。其中包括：主动参与；合作学习；自主学习及尊重差异；鼓励创新。

唐晓杰提出衡量一堂课是否成功，主要看：① 学生对知识的领悟水平和能力（迁移解决类似问题的能力）的提高程度；② 是否有利于促进学生各方面的发展（综合学力）；③ 教学过程是师生、生生交互、对话的过程，学生参与教学活动的程度（态度、广度、深度）；④ 学生动脑思考、动口表述、动手操作的程度。在评价课堂教学时，不仅要看教师讲课的水平，更重要的是要仔细考查学生学会和会学的程度及学生的精神状态。

（资料来源：裴娣娜主编：《现代教学论》（第 1 卷），人民教育出版社，2005 年，第 352 – 354 页。叶澜、吴亚萍：《改革课堂教学与课堂教学评价改革》，《教育研究》，2003 年第 8 期。张春莉：《从建构主义观点论课堂教学评价》，《教育研究》，2002 年第 7 期。刘志军：《试论课堂教学质量评价标准的建立》，《华东师范大学学报（教育科学版）》，2002 年第 2 期。唐晓杰：《课堂教学分析与评价的取向》，《计算机教与学·现代教学》，2004 年第 9 期。）

我们认为，评价一堂课的标准主要有以下几个方面：

（一）教学目标

教学目标的指标包括：① 教学目标应全面，涵盖课程标准要求的所有维度，但又要具有有机整体性、有所侧重。② 教学目标还要具体，在研究课文与所在单元、全册教材关系的基础上，还要依据本节课的教学内容特点和学生实际，依据课程标准规定的目标维度确定具体目标。③ 教学目标要明确清晰，并且清楚地传达给学生。

（二）教学内容

教学内容的指标包括：① 教学思路清晰，内容结构严谨，节奏合理。② 重点难点的提出与处理得当，抓住关键，以简驭繁。③ 按照学生认知规律、学习基础，教学内容的量、度、序安排合理。④ 教材处理恰当，知识准确，呈现方式符合学生认知特点。⑤ 对教学内容进行“五育”融合。

（三）教学方法

① 教学方法灵活多变，符合教学内容的性质和特点，符合学生实际和教师自身的特点，有利于教学目标的实现。② 教学方法能够启发学生思考，引起学生自主学习，充分发挥学生的主动性和积极性，让不同水平的学生学习同一教学内容时都有不同层次的收获。③ 善于运用现代教学媒体，提高教学效率和水平。

（四）教学常规

教学常规的指标包括：① 教学语言规范、简洁、生动、流畅。② 教态亲切自然，端庄大方。③ 板书工整美观，层次清楚。④ 课堂应变、调控能力强。⑤ 教学技术运用熟练。

（五）教学效果

教学效果的指标包括：① 教学目标达成，效果良好。② 学生参与程度高，课堂气氛活跃。③ 教学民主、师生平等，探究和合作意识强。④ 课堂互动真实有效。⑤ 信息量适中，短时高效，学生负担合理。

有学者基于对课堂教学本质特征和教学关系的分析，建构了一个由“六关系维度、十三指标要素”组成的课堂教学评价框架（如表 13-6）。[①]

① 郝志军：《课程与教学改革研究》，湖南教育出版社，2017 年，第 229－230 页。

表 13-6 课堂教学评价框架

本质特征	关系维度	指标要素	表现描述
活动—实践性	教师·课程	目标确定	明确、具体、可测
		内容设计	主题、结构、呈现
		技术运用	关联性、新颖性、多样性
	学生·课程	学习方式	自主、合作、质疑、探究
		学习效果	学会、学好
社会—交往性	教师·学生	提问应答	启发性、挑战性、全体性
		活动引导	任务、责任、路径、时效
		评价反馈	客观、及时、正向
	学生·学生	合作研讨	团结、互助、共享
文化—价值性	教师·课堂文化	气氛营造	活跃、轻松、和谐
		秩序调节	规范、灵活、机智
	学生·课堂文化	学习状态	有动力、有精力、有活力
		学习体验	感悟、愉悦

二、评价方法

（一）量表评价法

这是教师评价中常用的方法，即根据设计的等级评价量表来对教师的教学进行评价。其主要做法是将教学评价项目分为不同等级，制作评价表，评价时按照一定的标准打分，再加权求和，得出评价分数（见表 13-7）。此方法能够区分教师教学质量的高低，但评分时必须客观公正。

表 13-7 课堂教学评价量表

评价项目	评价指标	评价标准				
		优	良	中	差	得分
教学目标（10 分）	基础知识，基本技能，思想教育，探究式教案等教学目标明确，具体适当完整					
教学内容（15 分）	正确理解教材，准确把握教材重点、难点及教材各部分之间的联系，处理运用教材有创见，注意创新精神培养					

续表

评价项目	评价指标	评价标准				
		优	良	中	差	得分
教学过程（20 分）	按教学要求设计教学程序、结构合理，贯穿新课程课堂教学理念，关注学生创造性能力，寓思想教育于教学过程之中					
教学方法（25 分）	巧妙地创设教学情境，注意培养学生的学习兴趣，激发学生的求知欲望，启发、点拨、引导学生及时，学生自主参与学习活动积极，教学手段选用恰当，学生学法指导有实效					
教学能力（10 分）	教态自然亲切，语言准确规范，用普通话教学，板书工整，应变、调控能力强，对学生平等公正，有一定的组织教学能力					
教学效果（20 分）	全面完成教学任务，学习层次不同的学生都能有所收获，课堂气氛活跃，不同层次的学生都能体验成功的喜悦					
评价结论（总评价）						

（二）调查法

调查法一般分为两种形式：一是问卷式，预先设计调查题目，要求学生或教师以笔答的形式做出回答。问卷一般简明扼要，答卷人可以自由评论，自由选择答案。二是座谈会，召集部分学生对教师上课情况发表意见，开座谈会必须事先设计好问题，做到目标明确，据此了解教师授课的真实信息。

拓展阅读 13-2：

学生集体访谈提纲

1. 你觉得这堂课有趣吗？为什么？
2. 你可以说说这堂课主要学习什么内容吗？老师告诉你了吗？
3. 你喜欢在课堂上回答问题吗？为什么？
4. 你觉得这堂课的内容难吗？为什么？
5. 你觉得这堂课过得快吗？
6. 如何有问题，你会举手提问吗？为什么？
7. 你喜欢什么样的老师？为什么？

（资料来源：改编自［美］W. James Pophem：《促进教学的课堂评价》，中国轻工业出版社，2003 年。）

（三）综合评判法

运用各种指标、方法、途径收集教师授课质量信息并进行评价。综合评价主要偏重于对授课质量的定性分析，既可以是他评，也可以是教师的自评，强调对教师优点和缺点的综合分析，指出成功之处并找出薄弱环节。这种方法简便易行，能突出问题，但规范性差，无客观标准，难以做等级区分。

本章内容小结

教学评价是教学活动不可缺少的一个基本环节，是根据教学目标，采用可行的评价标准与工具，在系统收集各种教学信息和资料的基础上，对教学活动的内在价值和外在价值做出判断，进而推动教学活动不断改进的一种活动。它是对教学工作质量所做的测量、分析与评定。依据不同的标准，教学评价可分为多种类型：诊断性评价、形成性评价和总结性评价；常模参照评价和标准参照评价；定量评价和定性评价；外部评价和自我评价；等等。教学评价一方面是对学生学业成就的评价，另一方面是对教师授课质量的评价。学生学业成就评价主要依据课程目标，主要方法有量化评价和质性评价。对教师授课质量的评价要重视单位时间内学生的学习过程与学习结果。

本章问题思考

1. 概念辨析：形成性评价与发展性评价；常模参照评价与标准参照评价；真实性评价与档案袋评价；发展性评价与甄别性评价；效度与信度。
2. 主观性试题与客观性试题有哪些差异？
3. 什么是成长记录袋评价？它有哪些特点？
4. “一堂好课是什么模样”？谈谈应从哪些方面评价教师的授课质量。

本章参考文献

1. ［美］布卢姆编著：《教育评价》，东北师范大学出版社，1988 年。
2. 刘要悟：《教学评价基本问题研究》，甘肃文化出版社，1997 年。
3. 陈玉琨：《教育评价学》，人民教育出版社，1999 年。
4. 刘志军：《课堂评价论》，广西师范大学出版社，2002 年。

5. ［美］R. L. Linn & N. E. Gronlund：《教学中的测量与评价》，王晓华等译，中国轻工业出版社，2002 年。

6. ［美］W. James Pophem：《促进教学的课堂评价》，中国轻工业出版社，2003 年。

7. 万伟、秦德林、吴永军主编：《新课程教学评价方法与设计》，教育科学出版社，2004 年。

8. ［美］Kathleen Montgomery：《真实性评价：小学教师实践指南》，项目组译，中国轻工业出版社，2004 年。

9. ［英］苏格兰学历管理委员会：《教学过程评价》，中国时代经济出版社，2005 年。

10. 王笃勤：《真实性评价：从理论到实践》，外语教学与研究出版社，2007 年。

11. ［美］安德森：《学习、教学和评估的分类学》，皮连生主译，华东师范大学出版社，2007 年。

12. 孙亚玲：《课堂教学有效性标准研究》，教育科学出版社，2008 年。

13. 崔允漷、王少菲、夏雪梅主编：《基于标准的学生学业成就评价》，华东师范大学出版社，2008 年。

14. ［美］詹姆斯·波帕姆：《教师课堂教学评价指南》，王本陆等译，重庆大学出版社，2010 年。

15. 郝志军：《课程与教学改革研究》，湖南教育出版社，2017 年。

第十四章 教学设计

学校教学工作是一个复杂的系统，它不仅包括课堂活动，还包括与课堂教学相关的活动。一般认为，教学工作有教学设计（备课）、上课、作业布置与批改、课外辅导、学业成绩的检查与评定五个基本环节。我们也可从教师的角度，将教学工作的阶段分为备课、说课、上课、刍课和评课等环节。其中，教学设计是教学工作中首要的、最重要的环节，它直接决定教学质量的高低和教学工作的成败。

第一节 教学设计概述

一、教学设计的概念

自教学设计诞生以来，出现了来自不同学科领域基于不同视角的定义，对其界定侧重点也不同。有学者将各种教学设计的定义归纳为五种①：

一是“计划”说。把教学设计界定为是用系统的方法分析教学问题，研究解决问题，评价教学结果的计划过程或系统规划。这种论点的代表当

① 林宪生：《教学设计的概念、对象和理论基础》，《电化教育研究》，2000 年第 4 期。

推美国学者肯普，他给教学设计下的定义是：“教学设计是运用系统方法分析研究教学过程中相互联系的各部分的问题和需求。在连续模式中确立解决它们的方法步骤，然后评价教学成果的系统计划过程。”

二是“方法”说。把教学设计看作一种“研究教学系统、教学过程和制定教学计划的系统方法”。而这种方法与过去的教学计划不同，其区别就在于它“有明确的教学目标，着眼于激发、促进、辅助学生的学习，并以帮助每个学生的学习为目的”。

三是“技术”说。鲍嵘在《教学设计理性及其限制》一文中认为，教学设计是一种“旨在促进教学活动程序化、精确化和合理化的现代教学技术”。

四是“方案”说。认为“教学设计是运用系统方法分析教学问题和确定教学目标，建立解决方案，评价试行结果和对方案进行修改的过程”。这种观点在我国有较大的影响面，代表人物是乌美娜。

五是“操作程序”说。认为“教学设计就是运用系统方法和步骤，并对教学结果作出评价的一种计划过程与操作程序”。

之所以出现这种情形，主要就是因为不同领域的研究者对研究对象关注的视角和层面不同。在美国，研究者大都从教育技术的角度来研究教学设计，如斯金纳、加涅等，当然也有从教学理论角度来研究的，如布鲁纳等。在苏联则一般从教学论的角度来研究教学设计，如巴班斯基等。在我国，大约在 20 世纪 80 年代，教学设计理论开始受到学者们的关注，目前主要有三种研究力量：一是在教育技术领域，一是在教育心理学领域，一是在教学论领域。虽然这三种研究力量是从不同的研究领域出发，各自侧重点有所不同，但是面对的是同一研究对象，其研究结果应该是互有助益的。另外，这种现象也说明了教学设计的理论基础的多样化。

从关注的层面来讲，有宏观、中观、微观之分。[①] 第一类宏观的教学设计，从教育、社会、人三者之间的关系入手，致力于教学体制的创设，如当代国际著名教学设计专家赖格卢特。第二类中观的教学设计，主要是在学科或者若干单元的层面上进行。第三类微观的教学设计，主要面对某一门学科中的单元、模块和课时，甚至还可以包括教学片段设计。

资料卡片：
教学设计

本书中的教学设计概念主要从教学理论的立场出发，聚焦微观层面的教学设计，因为这是应用层面最为广泛，在教学实践中教师最为关注，也

① 盛群力：《教学设计的涵义与价值》，《浙江教育学院学报》，2008 年第 5 期。

最能体现教学设计在教学理论和教学实践之间的桥梁作用的。从这个角度讲，教学设计是教师为达成一定的教学目标，对课堂教学活动进行系统规划、安排和决策，对教学活动过程做出具体说明的教学实施计划和方案。

二、教学设计的特点

就教学设计本身而言，具有以下特点：

第一，教学设计的系统性。教学设计的诞生本身就与系统论的兴起及其在教学中的应用有关，教学设计的首要方法就是系统分析的方法。所谓系统分析的方法，主要包括整体性原理、要素分析、结构优化，把教学活动看成一个有机整体，从整体出发对其构成要素及其相互关系进行结构分析，寻求教学各要素之间及教学与其所处的环境之间的协调，以达到教学结构优化目的，取得最佳教学效果。

第二，教学设计的问题解决性。教学设计是为了解决教学中的具体问题而发展起来的，是把教学原理转换成教学材料和教学活动的计划的过程，这个过程的每一个环节都是具体的问题。从教学任务和学习者特征分析出发，要遵循教学过程的基本规律，选择教学目标，以解决教什么的问题；以计划和布局安排的形式，对怎样才能达到教学目标进行创造性的决策，以解决怎样教的问题；通过教学反馈信息的收集和评估，回答教和学的效果如何的问题。

第三，教学设计的可操作性。教学设计要研究教与学的操作程序。当前我国教学论研究中一个突出的薄弱环节就是理论与实践脱节，理论不能转化为能够对实践产生直接指导意义的操作技术、方法、策略、规范和模式。而教学设计恰恰有媒介的作用，是连接教学理论与教学实践的桥梁。因此，将教学原理和规律运用于教学实践是教学设计研究的核心问题。教学设计要研究解决教学问题和需求的各种方法及适用范围和操作要求、教学媒体运用的程序纲要、课堂管理的技术和方法、教学效果的评价工具和方式的编制技术及使用规范、教学调控策略等。概言之，就是要研究教师怎样教、学生怎样学的技术问题。

三、教学设计的历史与未来

教学设计成为独立的研究领域是进入20世纪之后的事，并在近100年的时间内获得迅速的发展。

（一）教学设计的历史发展

美国教育家杜威首先提出应该建立一门所谓的“桥梁科学”，以便将学习理论与教学实践连接起来，目的是建立一套系统的与教学活动有关的理论知识体系，以实现教学活动的优化。这可能是最早的对教学设计的呼唤。真正响应这种召唤的是美国的普莱西（Pressey），20 世纪 20 年代，他首先开始研究程序教学并研制出最早的教学机器。然而正如迪克（Dick）所评论的那样："今天被称为教学设计的历史根源是斯金纳（Skinner）的心理学，特别是在程序教学中所显示的那样。"[①] 在经历第二次世界大战中教学设计概念的初次应用与十多年坚持不懈的研究之后，斯金纳终于在 20 世纪 50 年代中期以新行为主义的联结主义学习理论为基础提出了程序教学思想，并引发了美国 20 世纪 60 年代的"程序教学运动"，进而形成了程序教学设计理论。随后，布卢姆（Bloom）和梅耶（Robert Mayer）提出了学习目标的分类理论；加涅（Robert Gagne）提出了学习条件理论；格拉塞（Robert Glaser）提出了标准参照测验理论。20 世纪 60 年代后期，运用系统论的方法，上述理论和方法有机地结合在一起从而构成一个新的知识体系，教学设计理论终于萌芽并破土而出。这个时期的教学设计主要以行为主义心理学为理论基础，目标导向，以教为中心来进行设计，被称为第一代教学设计（ID1）。从 20 世纪 70 年代开始，以行为主义学习理论为核心的第一代教学设计在理论和实践中都受到了质疑。行为主义学习理论的黑箱特征只注重学习行为的输入和输出的关联，难以解释学习主体即学生的因素及复杂多变的学习情境的影响。在实践中，程序教学虽然在技能训练方面具有不错的效果，但在比较复杂和高级的学习任务方面却效果不佳。

随着认知主义学习理论兴起并逐步成为教学设计的主要指导思想，第二代教学设计产生了。加涅将自己的教学设计理论与认知理论相结合，试图以"联结—认知"学习理论为基础，通过强调学习结果的五种类型及其学习的条件来改进传统教学设计。[②] 1990 年，梅瑞尔（M. D. Merrill）等人在分析了传统 ID 的种种弊端之后，在加涅的基础上，以成分呈现理论加以改良，更加注重教学实效，首次提出了建构新一代 ID 模型的设想，并称之为第二代教学设计（ID2）。

资料卡片：
教学方法的
学习基础

① Walter Dick. *Instructional Design and Creativity*: *A Response to the Critics*. Educational Technology, 1995, 7 - 8.

② ［美］加涅：《教学方法的学习基础》《学与教的新观点》，瞿葆奎主编《教育学文集 · 教学》（上），人民教育出版社，1988 年，第 337 - 368 页。

同时，梅瑞尔和赖格卢思的精细加工论（Elaboration Theory）、以巴纳斯（Bela H. Banathy）和赖格卢思为代表的宏观社会教育系统设计理论、斯堪杜拉（Joseph Scandura）的结构学习等也都是这个时期具有代表性的教学设计理论。

从20世纪90年代末到21世纪开始，教学设计的理论基础发生了颠覆性的变化。建构主义学习理论兴起，为教学设计提供了新的支撑。建构主义学习理论和情境认知理论强调以学生为中心，不仅要求学生由外部刺激的被动接受者和知识的灌输对象转变为信息加工的主体、知识意义的主动建构者，而且强调学习总是与一定的社会文化背景即"情境"相联系的。此后，教学设计开始从以教为中心转向以学为中心。更重要的是教学设计赖以存在的根基——系统方法论取得了根本性的进展，即从简单系统向复杂系统进化。安索克（Ahn-Sook Hwang）在1995年提出了教学设计中的两种系统思维的传统，即教学设计中硬系统思维和软系统思维传统。硬系统思维教学设计把教学系统看成理想化的线性的输入—输出的变换过程，并运用控制，为系统提供反馈，对系统做出调整。软系统思维教学设计传统出现在20世纪90年代之后，是一种对系统实践诊断性的、解释性的理解，主要特征是把教学过程看成"学习过程的循环圈"。对教学系统性质看法的变化，引发了教学设计理论发展的危机，有一种观点认为基于工业设计理念的普适化教学设计与复杂系统和建构主义学习格格不入，另外一种观点则认为复杂系统理论和建构主义强调情境性、生成性等，为教学设计开辟了更宽广的发展前景。教学设计应该产生关于教学的"剧本式的方案"或称为教学梗概，这种方案是从教师、学生、教学情境等各种要素的关系中产生的，它关注学习情境设计、问题教学设计、学习任务设计等。代表性的有乔纳森（Jonassen）提出的基于良构和劣构问题求解的教学设计模式，班娜（Bannan-Ritland）的"整合学习设计框架"，杰伦·范·梅里恩伯尔（Jeroen J. G. van Merriënboer）的综合学习设计、布兰斯福德的抛锚式教学设计、香克（Roger Schank）的基于目标的剧情教学设计等。不过，正如北京师范大学何克抗所言，基于建构主义的第三代教学设计（ID3）目前正处于形成之中。

（二）教学设计的发展趋势

进入21世纪以来，国际教学设计领域发生了令人瞩目的变化：一是教学设计的理论基础学科如认识论、系统科学、认知科学、学习理论等都发展到了新阶段；二是信息技术的高速发展和广泛应用所带来的深刻影响。由此，教学设计呈现出以下发展趋势。

第一，教学设计趋向跨学科、跨领域的整合化。教学设计自诞生之初，本就具有多学科、跨领域的特征，研究人员来自系统科学、工业设计、心理学、传播学、教育学等领域，到了21世纪之后，学科交叉融合的趋势愈发明显，尤其是随着建构主义的流行，倡导学生主动建构学习、注重学习环境设计、提倡社会交往学习的观念成为教学设计的主流。随着系统科学走向复杂系统理论，以信息网络技术、认知科学、脑神经科学、社会学、人类学等领域的研究人员，为了探索人类学习的共同兴趣，形成了学习科学研究共同体，教学设计也越来越呈现出跨学科、跨领域的整合发展的趋势。

第二，教学设计愈发注重学习环境的设计。经过几年的争论，教学设计者大都明确地表明了支持建构主义认识论的主张，赞同要以学习者为中心，促进学习者参与活动和探究，创设有着复杂而逼真情境的学习任务，以问题为核心引导学习者的学习，为学习和认知提供支撑，促进知识的建构，构建学习共同体等。而以学习科学为基础的教学设计则更强调自主学习、学习的自适应性、共同参与社会活动的学习，关注利用信息网络技术构造开放的、合作的虚拟学习社区和有利于意义建构的学习环境。这些学习环境通常是以学习者为中心的，能够支持个人在真实活动中进行意义协商，为学习者提供互动性的、鼓励参与的活动。它能满足个人独特的学习兴趣和需求，使学习者能够在不同的复杂程度下学习，进行深度理解。而且这些学习环境通常是以技术为支撑的，用以支持实验、操作和观念的产生。

第三，教学设计愈发重视技术与教学的融合，设计人员趋于多元化。教学设计最初诞生在教育技术学领域，并因其在军事领域的应用而赢得声誉。技术改变教学的观念是那些推崇技术者的信念，每当技术获得进步的时候，他们就会迫不及待地宣布学校和教师的消亡。不过，历史发展终究证明，技术是为教学服务的，没有基于教学的设计，技术不会在本质上自动改进教学。基于技术的教学设计只能由那些掌握技术的专业人员来掌控，尤其是当基于技术的教学设计被用于商业目的时，而这往往导致教学设计偏离了教学的真义。随着社会变革和时代新需求的出现，教育的重点从统一标准化的人才培养转向注重个体的个性化发展，这意味着大规模的标准化的教学不再是唯一的需求，教学设计从关注教材内容的呈现转为关注重点分析学习者的需求，从内容的灌输转向帮助学习者理解。由此，教学设计不再局限在专业设计人员范围，一些教师冲破了专业壁垒，成为教学设计的积极实践者。教师教学设计往往针对具体的教学问题和学习者，因其是教学设计本身的使用者，因而更能满足教学的需求，真正实现技术为教学服务。

第二节 教学设计的模式

每一门理论都有其学科的理论基础，教学设计理论也是如此，虽然目前并没有统一的认识，有单基础说、双基础说、三基础说、四基础说、五基础说及六基础说等六种，但比较认可的说法是包含学习理论、教学理论、传播理论和系统论的四基础说。在回顾教学设计的发展历史之后，有人认为在这四种理论之中，系统论、教学理论和传播理论的研究内容与理论体系近30年来的发展相对稳定，因而对教学设计理论的发展的影响也比较稳定，从20世纪60年代至今没有大的变化。唯有学习理论，历经行为主义、认知主义、建构主义等不同发展阶段，因而对教学设计理论发展具有特别显著的影响，所以在对教学设计理论进行梳理之时，一般只采用学习理论作为分类的标准。① 根据这个分类标准，教学设计理论分为：第一代以斯金纳为代表，其特征是以行为主义的联结学习作为理论基础；第二代则以加涅为代表，其特征是以加涅的“联结—认知”学习作为理论基础；第三代教学设计理论则以建构主义学习理论为基础。在理论研究和教学实践过程中，基于不同的教学设计理论产生了众多的教学设计模式。在此，我们仅介绍典型的几种模式（见表14-1）。

资料卡片：
教学设计研究

表 14-1 教学设计的理论基础

	学习理论	传播理论	教学理论	系统理论	设计理论	视听理论	认识论	教育哲学
单基础	✓							
双基础	✓	✓						
三基础	✓	✓	✓					
四基础	✓	✓	✓	✓				
五基础	✓	✓	✓	✓	✓			
六基础	✓	✓		✓		✓	✓	✓

（资料来源：林宪生：《教学设计的概念、对象和理论基础》，《电化教育研究》，2000年第4期。）

① 何克抗：《教学设计理论与方法研究评论》，《电化教育研究》，1998年第2－4期。

一、国外典型的教学设计模式

国外教学设计模式很多，比较典型、影响较大的教学设计模式有：

（一）迪克和凯里的目标模式

目标模式又称系统方法模式，是由美国教学设计专家迪克（W. Dick）和凯里（L. Carey）提出的，是以行为主义学习理论为基础的第一代教学设计（ID1）最具代表性的教学设计模式，一直被奉为经典。行为主义学习理论强调刺激—反应的联结，该理论认为能够根据提供的刺激来预测或控制学习者的反应。有什么刺激，就有什么反应；对学习者的反应做出及时的强化（包括正强化和负强化），有利于对学习行为的获得。可见，在行为主义者看来，学习的产生是外控的，学习是一个被动完成、循序渐进、积少成多的过程。在教学目标设计上，追求教学目标的精确化和具体化，提出用可观察行为动词界定各类教学目标（包括价值观和态度教学）并依此进行教学传递和评价；在教学内容上，将教材作为一种终极目标，是教学的法定依据；在教学过程上，表现为一种对教学情境的精密控制；在教学评价上，强调结果评价。总之，目标模式强调以教学目标为基点对教学活动进行系统设计，以达成教学目标为基本目的。其基本程序如图 14-1 所示。

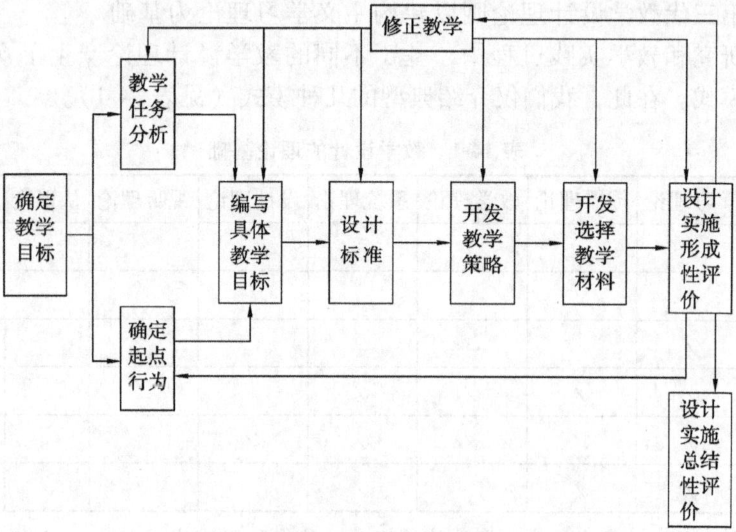

图 14-1　一个系统观的教学设计模型①

① R. M. 加涅、L. J. 布里格斯、W. W. 韦杰：《教学设计原理》，华东师范大学出版社，1999年，第24页。

① 确定教学目标。即根据总目标确定教学的行为目标，行为目标应对学生活动的预期结果、课程中的重点难点及其他特殊要求提出明确要求。

② 进行教学任务分析。确定目标后，通过对目标的进一步分析，确定学生应掌握的各种知识、技能和技巧，并确定掌握某种技巧的过程或步骤。

③ 分析学生的现实发展水平。学生的现实发展水平主要指学生已有的知识、能力水平、学习准备状态和一般身心发展特点。

④ 列出操作目标。在完成前三项工作的基础上，进一步列出具体的、可操作的目标，亦即对确定的教学目标做进一步分解和细化。

⑤ 确定测验项目的参照标准。这项工作要求以教学目标为依据，设立测验项目的要求与目标所陈述的行为类型的应有关联。

⑥ 确定教学策略。为达成预定的目标，设计者必须考虑采用何种教学策略和方法来有效实施教学。

⑦ 选择教学材料。即根据教学需要，合理选择和利用有用的资源，如教学材料、学生学习指南、教师指导书和试卷等。

⑧ 进行形成性评价。教学设计人员可从个体评价、小组评价和学科评价三类形成性评价中获得有益的反馈。

⑨ 修正教学。根据形成性评价所得到的资料，发现教学中的不足之处，从而修正教学方案。

流程中的“设计实施总结性评价”环节，是确定教学是否有效的必要步骤，但是迪克和凯里认为它不属于教学设计的一个环节，因为它是在教学结束之后进行的，也不由教学设计者来执行，所以这一步骤不被迪克和凯里认为是教学设计的必要组成部分。

（二）肯普的过程模式

第二代教学设计的代表性模式是美国新泽西州立大学教授肯普（G. E. Kemp）提出的过程模式，其理论基础是认知心理学。认知心理学认为，学习是通过认知，获得意义和意向，形成认知的过程，学习是认知结构的组织与重新组织。认知心理学关注个体对事物经认识、辨别、理解从而获得知识的历程，偏重于知识的获得、概念的形成、认知结构的组织和问题的解决等方面。基于此，肯普认为，教学设计是从学习者的观点而非传统的从内容的视角来考虑教学，它包括许多影响学习结果的因素，如：学生达成目标需要什么样的准备水平？什么媒体或其他资源最为合适？成功的学习需要什么样的支持？如何确定目标是否有效达成？如果教学计划的实际试验与预期设想不符，有必要进行哪些调整？这一模式与目标模式的主要区别在于它的设计步骤是非直线型的，设计者可以根据教学情境的需要，从整个设计过程中的任何一个步骤起步，进行灵活的设计。其基本程序如图 14-2 所示。

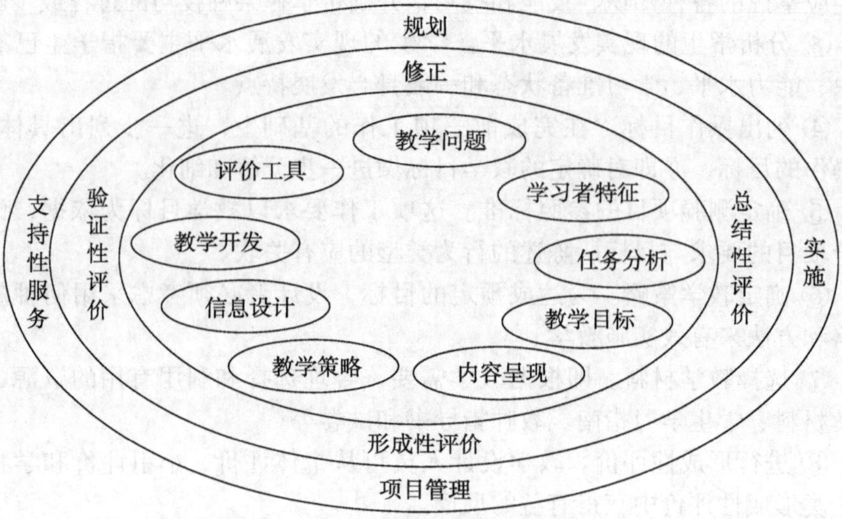

图 14-2　肯普的教学设计过程模式①

① 确定教学目的和课题。主要解决在教学中想要完成什么的问题。

② 列出学生的重要特点。如学生的一般特征、能力、兴趣和需求等。

③ 确定学习目标。

④ 确定学习目标的具体内容。主要是将学习目标具体化和操作化，如列出所学的事实、概念、原理等。

⑤ 预测学生已有的学习准备状态。如已有的知识经验水平和学习能力等。

⑥ 构思教学活动，选用教学资源。

⑦ 提供辅助教学及计划教学时间。

⑧ 评定学生学习，评价和修正教学方案。

（三）史密斯和瑞根的教学设计模式

受建构主义心理学影响，史密斯（P. L. Smith）和瑞根（T. G. Regan）在继承迪克和凯里目标教学设计模式的基础上对其进行了改造，把学习环

① 徐英俊、曲艺：《教学设计：原理与技术》，教育科学出版社，2011 年，第 52 页。

境的分析作为重点和起始，突出了情境分析及按照组织、传递和管理三个类别来讨论策略，为此，他们把教学设计过程划分为三个阶段：分析阶段、策略阶段和评价阶段，具体流程如图 14-3 所示。

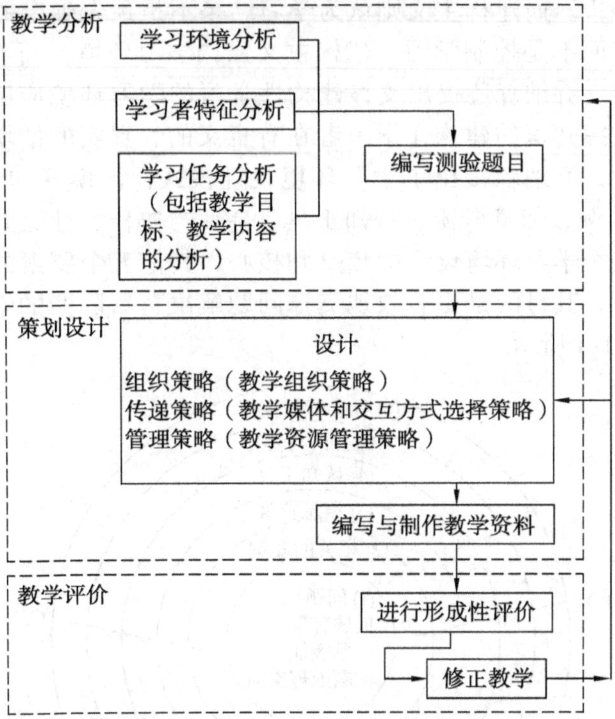

图 14-3　史密斯和瑞根的教学设计模式①

① 第一阶段：分析学习环境、学习者、学习任务，编写测验题目。

② 第二阶段：确定组织策略、传递策略、管理策略，设计教学过程，编写与制作教学资料。

③ 第三阶段：进行形成性评价，对预期的教学过程予以修正。

（四）乔纳森的学习环境设计模式（CLEs，Constructivist Learning Environments）

史密斯和瑞根的教学模式吸收了建构主义的思想，不过有人认为这个模式不具有第三代的特征，而真正从建构主义出发来进行教学设计的当属乔纳森的学习环境设计模式，有人称其为第三代教学设计（ID3）的代表。

---

① 徐英俊、曲艺：《教学设计应用指导》，华东师范大学出版社，2007 年，第 238 页。

在《走向教学设计的建构主义观》中，乔纳森区分了传统的教学设计与建构主义观指导下的教学设计：传统教学设计关注的是如何设计教学，干预学习过程，影响学习者对内容的处理，并尝试将既定的学习结果映射到学习者的头脑中去。而建构主义则认为学习结果不是预先确定的，教学是为了促进学习，而不是控制学习。建构主义强调学习环境，而不是教学序列的设计。同时，乔纳森还提出支撑建构性学习的学习环境应围绕两个因素进行设计，支撑知识的建构让学习者在有意义的、真实的情境中学习和应用知识。由此，乔纳森提出了学习环境设计模式，该模式包含六个要素：问题、相关实例、信息资源、认知工具、会话与协作、社会背景支持。其中，问题是整个学习环境设计的焦点和核心，其他五个要素的设计都要围绕着问题进行，其目的是更有效地支撑问题解决背后隐藏的学习过程。具体模型如图 14-4 所示。

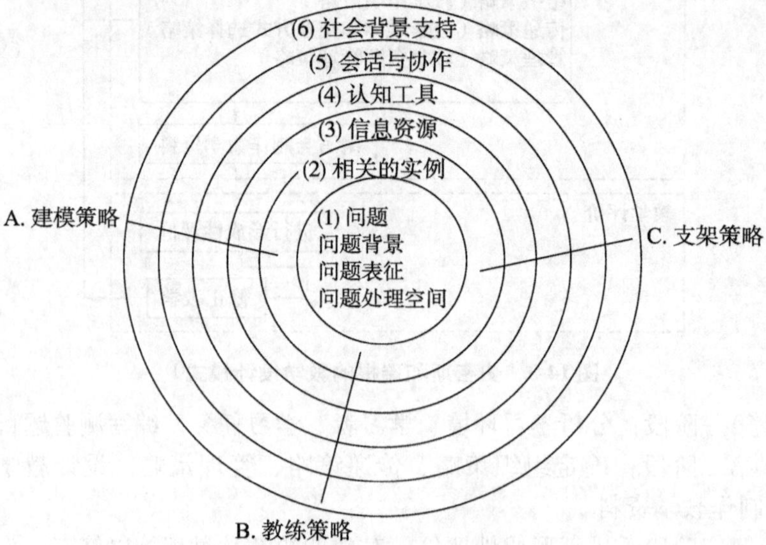

图 14-4　乔纳森 CLEs 模型

① 问题：包括问题背景、问题表征和问题处理空间。问题背景应包括物理的、社会文化的、组织的情境信息。设计者一般要考虑问题发生的时间、问题所在环境中包含的物理资源、问题所在机构的性质，如果可能的话还可以提供一些年度报告、任务陈述、利润分析报告等描述该情境，此外，还有周围环境的历史信息。问题表征必须要有趣味性和吸引力，设计问题表述时需要考虑的一个很重要的因素就是真实性，问题表述要模拟真

实情境中的问题。问题处理空间应具有四个特点：良好的可操作性、灵敏性、真实性和信息性。

② 相关实例。对问题的理解需要相关经验的积累和一定的心智模型，而新手往往缺乏最多的就是经验。因此，乔纳森认为，相关案例的设计是不可缺少的，它至少在两方面起到了支撑学习的作用：为学习者遭遇问题时提供参照；提高学习者的认知弹性。

③ 信息资源。信息可以在问题背景或应用中发挥很大作用。因此，必须选出哪些信息是学习者解释问题所必需的。一些信息被自然地包含在问题表征中，而其他相关信息库则应该链接到该环境。其中可能包括有助于学习者理解问题和原理的文本文献、图片、声音资源、视频和动画等。

④ 认知工具。认知工具可以帮助学习者更好地表征问题或任务，表征已有的知识，减轻认知负荷，以及查找资料，等等。乔纳森特别强调对问题任务表征工具、静态知识建模工具、动态知识建模工具、操作支撑工具和信息搜集工具的设计。

⑤ 会话与协作。目前由技术支撑的学习环境秉承的基本理念就是用各种以计算机为中介的通信技术支撑学习共同体中的协作学习。如，电子列表、电子邮件、公告板、新闻组、聊天室和协作记事簿等。

⑥ 社会背景支持。当设计 CLEs 时，考虑 CLEs 实施环境的物理的、组织的、社会文化的因素是非常重要的，它往往决定着设计能否顺利得到推行。①

二、我国典型的教学设计模式

20 世纪 80 年代教学设计传入我国以来，引起了广泛的关注，教育技术学、教育心理学、课程与教学论领域的研究者和教育实践的一线教师结合我国学校教学的实际，先后提出一些教学设计模式，下面从这三个研究领域各选择具有代表性的一种做一简单介绍。

（一）邵瑞珍的教学设计模式

我国学者邵瑞珍等从教育心理学的角度出发，将完整的教学流程划分为陈述目标、分析任务、确定学生原有水平、课堂教学活动设计、教学、评定等六个环节，提出了教学设计模式（如图 14-5 所示）。

---

① 参见李妍：《乔纳森建构主义学习环境设计研究》，华东师范大学博士学位论文，2007 年，第 80－82 页。

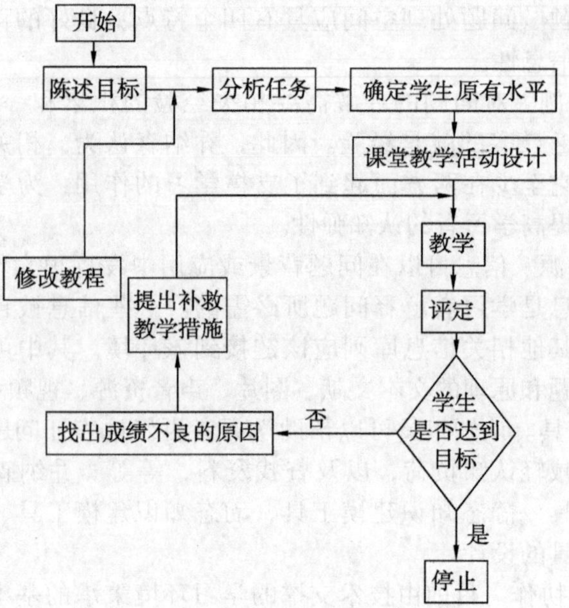

图 14-5　邵瑞珍的教学设计模式①

（二）张祖忻的教学设计模式

我国学者张祖忻从教育技术学角度将教学设计过程分为七个环节，即学习需要的分析、教学内容和教学对象分析、学习目标的编写、教学策略设计、教学媒体选择、教学媒体设计、教学评价，形成教学设计模式（如图 14-6 所示）。

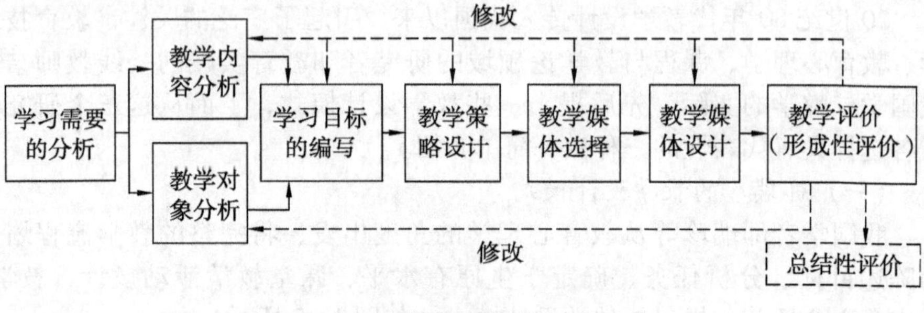

图 14-6　张祖忻的教学设计模式②

① 邵瑞珍主编：《教育心理学》，上海教育出版社，1988 年，第 7 页。

② 张祖忻等：《教学设计——基本原理与方法》，上海外语出版社，1992 年，第 28 页。

（三）盛群力的教学设计模式

我国学者盛群力从课程与教学论角度将教学设计的理念、操作程序和教师教学的基本工作联系起来，将教学设计环节分为动态循环的四个环节，即备课、上课、评课、说课，构建教学设计模式（如图 14-7 所示）。

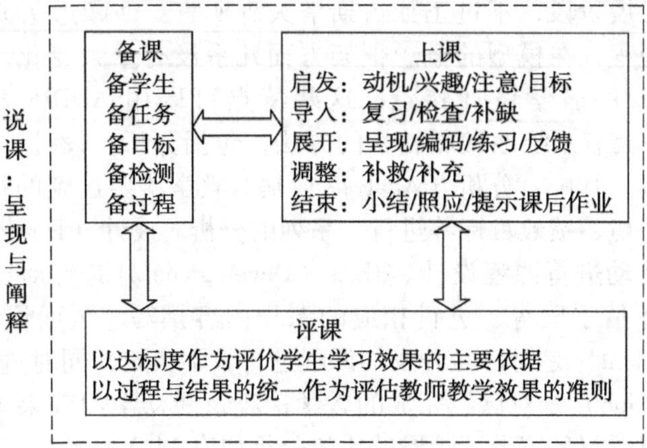

图 14-7 盛群力的教学设计模式①

第三节 教学设计的基本框架

一、教学设计框架的两种观点

教学设计自诞生以来，短短的 50 多年的时间，历经了三代教学设计理论的发展，截至目前，教学设计模式达几百种之多，众多的教学设计模式所持的理论立场、针对的教学任务、要实现的教学目标多有不同，因此对于教学设计模式的组成要素看法也不尽相同。安德鲁斯和古德森在 20 世纪 80 年代对 40 多种教学设计模式进行研究之后，认为教学设计模式包含 14 个要素。瑞奇在他们的基础上进一步合并为六个要素，即确定学习者需要、确定目的和目标、建构评价过程、设计和选择教学传递方式方法、试用所设计的教学系统、安装和维持系统，并认为这六个要素具有普遍的指导意义。史密斯和瑞根、肯普等则认为教学设计必须要处理四个基本问题：如何设计教学目标？如何进行学习特征分析？如何选择教学资源？如何进行教学评价？并指出任何教学设计过程都离不开这四个基本要素，由它们即

① 参见盛群力等：《教学设计论》，高等教育出版社，2005 年，第 515 页。

可构成整个教学设计模型的总体框架。[①] 我国学者张祖忻、皮连生、何克抗等也大都认同这个观点。

另外一种关于教学设计基本框架的代表性观点则是基于系统设计方法的 ADDIE 模型。教学设计的学习理论基础经历了行为主义、认知主义、建构主义三个发展阶段，不过正如古斯塔夫森所言：回顾过去几年教学设计的模型发展历程，在模型的概念框架方面几乎没有重大变化，所有的模型都呈现出相似的教学设计特点，这些特点可以用 ADDIE 模型来概括。ADDIE是指一套有系统地发展教学的方法，包括分析、设计、开发、实施、评估五个阶段。其中，分析（Analysis）是对教学所要达到的行为目标、任务、受众、环境、绩效目标等进行一系列的分析。设计（Design）是对将要进行的教学活动进行课程设计。开发（Development）是针对已经设计好的课程框架、评估手段等，进行相应的课程内容撰写、页面设计、测试等。实施（Implement）是对已经开发的课程进行教学实施，同时进行实施支持。评估（Evaluation）是对已经完成的教学课程及受众学习效果进行评估。教学系统设计与学习环境设计阶段的比较分析如表 14-2 所示。

表 14-2　教学系统设计与学习环境设计阶段的比较分析

教学设计阶段	教学系统设计	学习环境设计
分析	内容 学习者 教学需要 教学目标	境脉 学习者 问题 关键性概念
设计	教学目标 任务分析 标准参照测试	问题重塑 脚手架支撑 工具选择与开发 资源设计
开发	开发教学材料	学习环境实体
实施	教师：传递、指挥 学习者：接受、获得 焦点：目标达成	教师：顾问、促进者 学习者：导向、控制 焦点：问题得到解决
评估	学习者获知的内容 知道是什么，知道怎样做	学习者如何获知

（资料来源：李妍：《乔纳森建构主义学习环境设计研究》，华东师范大学博士学位论文，2007 年，第 51 页。）

① 参见徐英俊、曲艺：《教学设计：原理与技术》，教育科学出版社，2011 年，第 42－43 页。

二、面向教师的教学设计框架

教学设计有宏观、中观、微观三个层面，无论哪个层面的教学设计，最终的使用者都是教师，尤其是微观层面针对课堂教学的设计更是如此。从理论上讲，教学设计不是专业的教学设计师和研究者的专利，不过现实的情况是：在很长的一段时间里，教师往往是教学设计成果的使用者，而不是设计者。这样的情形在强调标准化教学的时代是可以接受的，不过也正是因为如此，所以我们注意到教学设计在过去往往广泛应用于商业和教育培训领域，对学校教学的影响却没有想象的那么大。不过，随着建构主义给学校教学带来的深刻影响，面对具体学习情境和学生学习的个性化需求，教师对自身的课堂教学进行设计成为当今教学设计领域的重大变化之一。2009 年，凯尔切尔曼（Alison A. Carr-Chellman）等出版《教学设计教师手册：改进教学实践》，面向教师的教学设计也日益成为教学设计领域关注的焦点。结合我国课堂教学的特点，立足我国教师的现实需求，依据教学设计研究的相关成果，本书教学设计的基本框架划分为教学任务、教学方略、教学过程、教学评价四个要素。具体分述如下。

（一）教学任务的设计

教学目标是教学活动的起点，教学目标的设计需要结合学习者的特征和学习内容来实现。具体而言，教学任务设计包括教学目标分析、学习者特征分析、教学内容选择与开发。

1. 教学目标分析

教学目标是课程目标的具体化。教学目标分析需要依据课程标准，考虑课程目标维度、学生发展程度、学科知识性质等因素。同时，还要结合具体学程及其所在单元的内容，结合学生需求和最近发展区特征，确定教学目标，并采用可以观察、检测的行为目标来表述学生的学习目标。学生的学习目标可表述为知识、技能、态度，也可用较为具体、清晰的学科素养加以表达。

2. 学习者特征分析

现代教学设计的实施是为学生的学习设计教学，以学论教。因此，学习者特征分析在教学任务设计阶段是非常重要的。学习者的特征包括学生的经验背景、知识基础、预备技能、学习方法、学习态度等。就学科知识学习而言，关注学生的前概念（迷思概念）及其与学科概念的关联，有助于深化学习者特征分析。

3. 教学内容选择与开发

泰勒指出，同样的教学目标可以通过不同的教育经验来实现。今天我们提倡“用教材来教”，而不是“教教材”，就是强调教师对课程内容的再开发。教师需要通过教学目标和学习者特征的分析，对教材内容进行针对性的选择、补充、调整和重组，实现从教材内容到教学内容的转化。

总之，教学任务分析是一个融教学目标分析和设计、学习者特征分析、教学内容选择与开发于一体的阶段，其关系如图 14-8 所示。

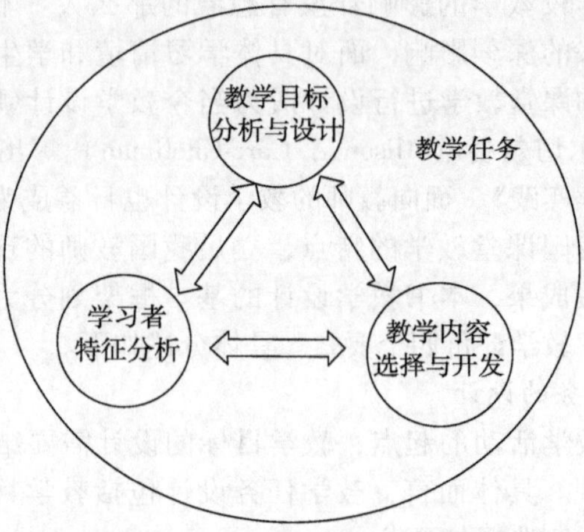

图 14-8　教学任务分析组成图示

（二）教学方略的设计

明确教学任务之后，需要针对任务的性质和特点进行教学决策，回答如何完成教学任务的问题，包括教学策略的选择、教学方法的设计。

1. 教学策略的选择

教学策略的选择是教学设计的重要部分。那么，如何选择教学策略呢？首先，教学策略的选择要和教学任务相匹配，教学任务有认知发展类、技能训练类、情感体验类、问题解决类等任务。例如，教授问题解决技术，也就是给定一些事实和规则，解决新情景中的一些问题。这种任务的学习需要如语义组织、模拟推导、精细加工等认知策略。而对于复杂的问题解决、认知策略选择与调控等，则需要采用建构主义的学习策略，如情景学习、认知学徒制、社会协商等。

2. 教学方法的选择

如果说教学策略是完成教学任务的整体筹划，那么教学方法则是达到教学目标的具体操作，教学策略确定之后需要选择与使用一些教学方法。众所周知，教学方法种类很多，如讲授法、谈话法、演示法、实验法、练习法、实习作业法等，这些方法在不同学科，对于不同内容，其具体方式又多种多样。教学方法的选择应与教学任务、教学策略协调一致。同时，教学方法的运用还受到教学条件、教学时空的限制。

（三）教学过程的设计

教学过程设计包括设计教学环境，安排教学组织形式与教学阶段等方面。

1. 教学环境的设计

教学活动的展开需要一定的物质条件、技术手段，需要一定的设施、设备，如实验室、实训室，图书、标本、挂图、模型、演示仪等。在今天，教育技术特别是电子媒体为学生学习提供了强有力的支持，能协助创设更加丰富、生动的学习支持环境。但教师在运用媒体时，容易关注学生的学习兴趣，而没有考虑媒体对整个教学的支持。实际上，不同学习任务下，所需教学媒体的程度有所不同。没有足够的证据表明，不同类型的媒体必然产生不同的学习效果。因此，媒体选择需要考虑教学任务、学生特点、媒体特性三大因素。只有三者适当契合，媒体才能发挥最佳教学功效。

2. 教学组织的选择

这里的教学组织主要指教学的活动结构与时空序列，即教学组织形式。在我国，班级授课制仍是最基本的组织形式，但班级规模过大，教学活动整齐划一，大班额的存在致使一些学校的教室拥挤不堪，严重地制约了多样教学活动的展开。班级授课制对于知识学习的确具有合理性，但对于其他类型任务的完成则力所不逮。因此，需要控制班级规模，根据教学任务与条件，采用多种教学组织形式，如开展小组讨论、构建学习共同体①、尝试翻转课堂、鼓励移动学习等，丰富教学组织形式。

3. 教学阶段的设计

除了教学任务、方法与组织的设计，还要规划具体的教学活动，设计教学活动的展开过程与基本阶段，围绕教学目标与内容，组织学生学习，提高学习效率与目标的达成度。教学过程与阶段的设计可参照教学模式的实施框架，设计有序、高效的教学过程。如依据加涅基于信息加工八环节的

---

① 潘洪建、沈文涛主编：《大班额教学新视野：学习共同体构建与教学方式变革》，江苏大学出版社，2012 年。

八大教学事件（引起注意—告知学习者课的目标—激起对先前学习的回忆—呈现有区别性特征的刺激—指导学习—引出行为表现—提供信息性反馈—测量行为表现—促进保持和学习迁移）的设计。[1] 又如，依据5E教学模式中的实施框架，按照参与（Engage）—探索（Explore）—说明（Explain）—阐述（Elaborate）—评估（Evaluate）几个步骤设计科学课程的教学流程。参照教学流程进行教学活动过程设计，有助于教学活动结构化，增强教学活动的内在逻辑，优化教学活动品质。当然，亦可设计并列的学习活动，丰富学生的学习体验，促进深度理解与学习。

资料卡片：
教学事件

（四）教学评价的设计

教学评价设计包括两个方面：对整体教学方案的评价设计与对学生学习成就的评价设计，当然，学生学习成就的评价是教学评价设计的重点。就学生学习评价设计而论，需要注意以下两点：

1. 围绕预设目标进行评价设计

教学评价的设计需要针对课前预设的学习目标，即围绕单元或课时学习目标展开具体的评价设计，以检测学习目标是否达成及达成的程度。但我们观察发现，诸多设计者在设计学习评价时，未能回顾预设的学习目标，致使学习评价设计空泛，缺乏针对性。正因如此，西方不少教学设计专家（如本节提到的瑞奇）建议：在教学策略设计前，进行学习目标评价的设计，将评价设计前移。这样，可以依据学习目标设计学习评价准则，解决评价设计空泛、笼统的问题，增强评价设计的针对性。

2. 学习评价设计应具体化、操作化

学习评价设计应具体而微，便于操作。对于学生学习的评价设计不能笼统、模糊，仅仅停留在一般性口号、理念、原则层面，需要针对不同目标，设计适切的，且可以观察、能够操作的评价项目与评价方式，鼓励学生通过多种方式展现自己的学习成就。评价者可以依据评价细目收集学生学习的相关信息、资料，以此为基础，按照评价标准切实评价学生的学习成果。学生学习成果可分为阶段性成果与终结性成果，阶段性成果包括学生的平时作业、观察记录、提问、讨论、设计等，终结性成果包括学生制作的产品、代表作品、考试卷等。形成性评价和总结性评价结合，可以提

① ［美］加涅、布里格斯、韦杰：《教学设计原理》，华东师范大学出版社，1999年，第189－209页。

高学习成就评价的信度与效度。

总之，教学设计是对教学系统的整体规划，是对教学活动的全面谋划，教学活动构成诸要素及其内在关系均可在教学设计中得以体现。需要指出的是，现代教学设计已开始从对教师教的设计转向对学生学的设计，教学设计核心是对学生的学习进行组织规划。因此，教学设计应体现以学为本、由学论教的理念，围绕学生学习活动的启动、维持、组织、激励展开整体筹划与细节谋划，为学生高质量的学科学习提供导向、支持、机会，引导和促进学生生动活泼、富有个性的发展。

拓展阅读 14-1：

教师教学设计能力概要

1. 确立学习目的：用简单明了的一句话陈述学习目的，并准确使用可测量的学习结果动词。

2. 编写学习具体目标：参照“条件—行为—标准”标准编写课堂学习具体目标，同样注意学习结果动词的表述。

3. 编制测验题目：测验与评估学习具体目标中的学习结果行为和条件应紧密一致。

4. 分析学习起点：确保教师对学生有清楚的了解。教师可以利用课堂前测或调查来了解学生。

5. 确定合适教材：勿让教材驱动整个教学过程，要将教材当作资源来用，服务学习具体目标。围绕学习具体目标，选择最符合教学需要的教材。

6. 创设教学活动：教学活动要能与学习目的/目标和测验相一致。教学活动的形式应当多样化以满足不同需要的学生。

7. 选择教学媒体：避免过早选择教学媒体；教学媒体应当支持教学活动的开展。

8. 实施课堂教学：为教学中一些阻碍因素做好准备，预备不同的教学方案，使教学过程保持一定的灵活性。

9. 评价改进教学：教学评估应当结合总结性评价与形成性评价，既能帮助教师做出教学决定，也能使教师从中获取改进的经验。评估的信息应来自多方面，包括测验分析、调查、访谈或统计分析等。

（资料来源：李忆凡、盛群力：《课堂教学设计基本程序新解——凯尔切尔曼“面向教师的教学设计模型”要义》，《课程教学研究》，2013 年第 4 期。）

本章内容小结

教学设计是教师为达成一定的教学目标，对课堂教学活动进行系统规划、安排和决策，对教学活动过程做出具体说明的教学实施计划和方案。教学设计历经了以行为主义为基础的第一代教学设计、以认知主义为基础的第二代教学设计、以建构主义为基础的第三代教学设计等发展阶段。国外典型的教学设计模式有迪克和凯里的目标模式、肯普的过程模式、史密斯和瑞根的教学设计模式、乔纳森的学习环境设计模式。我国具有代表性的教学设计模式有邵瑞珍的教学设计模式、张祖忻的教学设计模式、盛群力的教学设计模式。关于教学设计的基本框架有两种：四要素（设计教学目标、分析学习特征、选择教学资源、进行教学评价）框架，ADDIE 五要素（分析、设计、开发、实施、评估）框架。面向教师的教学设计主要包括教学任务、教学方略、教学过程、教学评价的设计。

本章问题思考

1. 概念辨析：教学设计与备课；教学设计模式与教学模式。
2. 试简述教学设计的发展历史与趋势。
3. 请选择一种教学设计模式进行简要介绍。
4. 面向教师的教学设计基本框架包括哪些要素？

本章参考文献

1. 张祖忻等：《教学设计——基本原理与方法》，上海外语出版社，1992 年。

2. R. M. 加涅、L. J. 布里格斯、W. W. 韦杰：《教学设计原理》，华东师范大学出版社，1999 年。

3. 皮连生主编：《教学设计——心理学的理论与技术》，高等教育出版社，2000 年。

4. ［美］罗伯特 · D. 坦尼森等主编：《教学设计的国际观（第 1 册）——理论、研究、模型》，任有群、裴新宁主译，教育科学出版社，2005 年。

5. 盛群力等：《教学设计论》，高等教育出版社，2005 年。

6. 徐英俊、曲艺：《教学设计：原理与技术》，教育科学出版社，2011 年。

余论 课程与教学论的学科基础

课程与教学基础主要指影响课程与教学的因素与观念。“万丈高楼从地起”，课程与教学总是建立在一定的基础之上，受到某种现实的、历史的与理论的制约和影响。如现实的政治制度、经济发展、科学知识、文化背景制约着课程教学实践，而课程与教学自身的历史传统也影响着课程教学的理论与实践，课程与教学理论又对课程设计与教学活动产生重要影响。本章不打算讨论课程与教学的社会文化基础和历史基础及其内部理论，将主要考察相关学科对课程与教学论的影响，因为这些学科为课程与教学领域中的思考和行动提供了观念支撑。了解课程与教学论的学科基础，有助于我们对课程与教学问题进行更为系统、深入的思考与研究。

第一节 哲学基础

课程与教学理论总是与一定的哲学思潮紧密联系在一起的，不论教育工作者是否承认，他们的理论和实践总是自觉或不自觉地受某种哲学观念的支配，有的甚至是哲学观的直接推演。对于课程与教学理论，哲学的影响最为悠久而深刻，这不仅因为课程与教学论是从哲学中分化出来的，而且在于我们在思考和研究课程与教学问题时，总是受到某种哲学观念的支配。此外，许多课程与教学的问题也只有上升到哲学层次，才能得到根本解答。不同哲学流派影响着课程与教学的观点和思想。

课程与教学的哲学基础主要体现在：

课程与教学的本体论基础。本体论所研究的是事物的始基和存在的本质。不同哲学本体论导致不同的课程主张。观念论哲学在本体论上强调先天理性和自由意志，把“单子”“绝对理念”看成宇宙万物产生的根源，于是在课程和教学上，强调普通教育课程而排斥实用的职业技术课程，忽视经验与科学的重要性；而实在论哲学在本体论上主张物质先于意识，强调客观环境的影响，于是在课程和教学上，重视科学教育课程，强调自然适应原则，忽视人的主观能动性。

课程与教学的认识论基础。不同哲学派别对知识问题的不同观点，直接地形成了不同的课程与教学思想。观念论知识观要求学校开设神学、历史、文学、哲学、艺术、天文、地理等课程，重视人文学科、理论学科、传统学科课程。实在论知识观则要求学校应开设自然科学和基本的读、写、算课程。实用主义知识观认为知识是适应环境解决问题的工具，强调经验的课程与教学论意义，主张经验中心课程，倡导“做中学”。存在主义知识观强调人文学科课程与教学，注重情意学习。

课程与教学的价值论基础。课程与教学实践在本质上是一种价值创造与意义生成活动。对价值问题的不同思考，影响着课程内容选择、教学实施与课程教学评价。在哲学史上，最早运用哲学价值论探讨课程问题的是英国学者斯宾塞，他在《教育论》一书中提出并回答了“什么知识最有价值”这一经典的课程问题，为科学课程进入学校奠定了坚实的价值论基础。英国当代哲学家、教育家赫斯特探讨了不同知识形式的心智训练价值，认为有助于发展心智的知识最有价值，形成了以博雅教育为目标的课程与教学论。美国著名教育家杜威认为最有价值的知识是与儿童生活相联系的经验，以此为基础形成了独特的经验课程理论与活动教学理论。

不同的哲学观导致不同的课程教学观。20世纪西方哲学对课程与教学理论产生了深刻影响。

一、实用主义及其课程教学观

实用主义产生于19世纪末的美国，是一种强调行动、实践、生活的哲学，其代表人物有皮尔士、詹姆斯和杜威。为了消除柏拉图理念论与亚里士多德经验论引发的理性与经验、心与物的长期对立与纷争，他们认为主体与对象、经验与自然不能分离，提出“有用即真理”，以克服哲学中的“二元论”。在教育领域，杜威影响最大。杜威认为经验是一个整体，经验是有机体与环境、人与自然之间的相互作用。实用主义以经验为中心形成了一种独特的知识观。

在杜威看来，一切知识、真理不过是人们制造出来用以应付环境的工具，思维是工具性的，是由行动引发的反省，而不是安乐椅上的冥思。哲学要从静观转为实用，一切概念、学说和理论系统，不管它们怎样精致，都必须视为假设、工具，其主要功用在于对于一定环境的主动改造，或对于某种特殊困苦和纷扰的排除，如果它们成功了，它们就是可靠的、有效的、真的。因此，他主张打破以学科为中心的课程体系，通过经验的、主动的作业，让儿童在活动中独立探讨、发现，获得经验的改造与改组，促进儿童生长。在课程与教学上他主张教法与教材的统一、目的与活动的统一，大力提倡活动课程，倡导“做中学”，形成了以儿童本位、活动课程、做中学为特色的课程与教学思想，并在芝加哥大学创办实验学校，检验自己的教育理论。

二、存在主义及其课程教学观

存在主义哲学产生于20世纪20年代。其主要代表有海德格尔（Martin Heidegger)、萨特（J. P. Sartre）等。存在主义认为，本质问题只适用于物，而不适用于人。对于人来说，“存在先于本质”，人的“存在”在先，“本质”在后。换言之，人首先存在着，然后通过自己的选择创造他自己，决定自己的本质。“首先是人的存在、露面、出场，后来才说明自身。”其次，“人有选择的自由”，即人在这个世界上，每个人都有各自的自由，面对各种环境，采取何种行动，如何采取行动，都可以做出“自由选择”。总之，人的本质就是人的自由，他自己设计自己的未来，选择自己的行为标准，并对自己的选择负责，人的一生只是追求自我人格圆满完成的过程。

存在主义以人为中心，尊重人的个性和自由。存在主义把教育的目的理解为使学生充分认识并自由地发展自我和完成自己的人格，因此，十分重视智育与德育，提出“课程的全部重点必须从事物世界转移到人格世界”，即必须重视人文学科，如哲学、文学、历史、艺术等学科的设置，以利于促进学生的人性发展和人格完成。在教学方法上，存在主义者推崇苏格拉底式的问答式启发法，认为只有在教师的启发、诘问、引导和师生对话的过程中，学生才能获得充分自由的发展，学习他所需要的东西。奥地利存在主义哲学家马丁·布贝尔（Martin Buber）1939年发表演说《品格教育》，从存在主义哲学的基本原则出发论述了教育如何促使人性自我完成的问题。他指出，教师与学生在教学中的关系应是“我与你”，彼此尊重、相互信任的关系，而不是“我与物”的关系。美国教育家乔治·奈勒（George Kneller）对现存教育制度和教育理论只注重社会目标，忽视个人欲望予以严厉批评。主要哲学流派与课程教学列表见表1。

表1　主要哲学流派与课程教学

哲学流派	实在	知识	价值	教师角色	对学习的强调	对课程的强调
观念论	精神的、道德的和理智的永恒性	对潜在思想的回忆	绝对和永恒	唤醒潜在的知识和观念，成为道德和精神的领导者	回忆知识和观念，抽象思维是最高的形式	知识本位或学科本位；古典或人文学科；课程等级；哲学、神学、数学
实在论	以自然法则为基础，世界是客观的物质世界	感官和抽象	绝对和永恒，以自然法则为基础	培养理性思维，成为道德和精神的领导者，成为权威	训练逻辑思维和最高形式的抽象思维能力	知识本位、学科本位；文科与理科；课程等级；人文主义学科和科学的学科
实用主义	个人和环境相互作用，而且总是变化的	以经验为基础，使用科学方法	情境是相对的、易变化的且能够证实的	培养批判性思维，注重科学过程	应付不断变化的环境和科学的解释	没有永恒的知识和学科，提倡传递文化和应变环境的经验，解决问题
存在主义	主观的	个人选择知识	自由地选择，以个人的感官为基础	培养个人的选择和个体的自我定义能力	认识人类的存在状况，学会选择	在可选择的科目里做出选择；情感的、美学的和哲学的学科

（资料来源：［美］艾伦·C. 奥恩斯坦等：《课程：基础、原理和问题》，柯森主译，江苏教育出版社，2002年，第42页。）

三、分析哲学及其课程教学观

分析哲学产生于20世纪30年代，其重要代表人物有罗素、维特根斯坦、摩尔和艾耶尔等。分析哲学主要包括逻辑经验主义和日常语言哲学。分析哲学家把全部哲学问题归结为语言问题，认为哲学的混乱产生于语言的滥用或误用，因此，他们把语言分析活动作为哲学研究的基本工作甚至唯一任务，或者对科学语言进行逻辑分析，或者对日常语言进行语义分析，以使概念更加明确，命题更加清晰，从而避免不必要的哲学争端。

罗素对日常语言提出批评，主张创造精确的人工语言系统。后期维特根斯坦认为日常语言本身是完善的，他强调对日常语言展开语义分析，研究日常语言本身及用法，仔细分析与认识有关的某些具体词汇。艾耶尔认为有关知识的真命题只有两类：分析命题和综合命题，分析命题由它所包含的符号界定，综合命题以可证实的经验为基础，而形而上学的命题既不是分析命题，又不是综合命题，是一些毫无意义的伪命题，由此提出“通过对语言的逻辑分析以消灭形而上学”的口号，主张物理语言是科学的普遍语言，应以物理语言为基础，把一切经验科学还原为物理科学。在他看来，数学与自然科学是证实知识的唯一可靠方式，应成为学校课程的核心，其他课程则无足轻重。一些分析哲学家对“课程”“教学”的概念进行了细致入微的分析，颇有特色。

四、后现代主义及其课程教学观

后现代主义（postmodernism）兴起于20世纪60年代，它对启蒙运动以来西方现代价值体系、文化结构和思想意识进行批判与解构，是对诸如理性、人类中心论，追求有序、确定，强调基础、本质、权威的现代文化哲学的反动与超越，其目标在于消除传统权威的合法性。其代表人物主要有欧洲的福柯、利奥塔、马尔特，美国的奎因、罗蒂等。后现代主义的核心主张就是反理性主义，包括反基础主义、反本质主义，强调“不确定性”“非中心性”“非整体性”“非连续性”。与现代性相比，后现代主义强调的是非决定论而不是决定论，是多样性而不是统一性，是差异性而不是统一性，是复杂性而不是简单性。它试图提供一种新的认识视角，以更新传统的思维方式。

后现代课程观的主要代表人物有美国的车里霍尔姆斯（Cleo Cherry-holmes）与多尔（William E. Doll，Jr）等人。车里霍尔姆斯于20世纪80年代末建立起“课程的后结构观”①。其基本内容是：提出并运用“批判实用主义”来研究课程问题；对“学科结构”进行后结构分析；把课程看成一项社会工程。多尔在其代表作《后现代课程观》中提出了他的教育信条：“在教师与学生之间的反思性关系之中，教师不要求学生接受教师的权威；相反，教师要求学生延缓对那一权威的不信任，与教师共同参与探究，探究那些学生所正在体验的一切。教师同意帮助学生理解所给建议的意义，乐于面对学生提出的质疑，并与学生一起共同反思每个人所获得的心照不

---

① 李臣之：《后现代主义课程理论试探》，《教育科学》，1999年第1期。

宜的理解。"① 多尔为后现代课程提出了4个基本标准，即丰富性（Richness）、回归性（Recursion）、关联性（Relations）和严密性（Rigor）。这便是后现代课程的4条基本原理。

哲学与课程教学的关系不仅表现在哲学对课程教学的影响上，还表现在教育哲学内部不同流派有着不同的课程教学理论。其关系如表2所示。

表2 教育哲学与课程

教育哲学	哲学基础	教育目的	知识	教育的角色	课程关注点	相关的课程趋势
永恒主义	观念论	培养有理性的人，发展智力	重点在过去的和永恒的学科；掌握事实和永久性知识	教师帮助学生理性地思考；用苏格拉底的方法，口头解释；明确地传授传统的价值	经典学科；文献分析；永久性课程	巨著；百本名著计划；回归文科
要素主义	实在论和观念论	促进个体智力发展，培养有能力的人	必要的技能和学术科目；掌握概念和学科原理	教师是所在领域的权威，详尽地讲授传统价值观	必要的技能（3R）和学科（英语、科学、历史、数学和外语）	回到基础；文化方面的文献；优质教育
进步主义	实用主义	促进民主的社会生活	知识是为了生长和发展；边生活边学习的过程；关注主动的和适切性学习	教师是引导者，引导学生解决问题和进行科学研究	以学生的兴趣为基础；运用人类问题和事件；跨学科的科目内容；活动和计划	适切性课程；人本主义教育；激进的学校改革运动
改造主义	实用主义	改善和重建社会；教育要促进社会的变化和改革	技能和科目要分解并减少社会问题；学习是积极的，并关注当代和未来社会	教师是变化和改革的代理人；充当计划的指导者和研究的领导者；帮助学生意识到人类所面临的问题	强调社会科学和社会研究方法；审视社会、经济、政治问题；关注现在和未来趋势及国家和国际问题	国际主义教育；概念重建主义；教育机会均等

（资料来源：［美］艾伦·C. 奥恩斯坦等：《课程：基础、原理和问题》，柯森主译，江苏教育出版社，2002年，第64页。）

第二节 心理学基础

课程与教学论的心理学基础主要体现在行为主义、认知心理学、人本

① ［美］小威廉姆·E. 多尔：《后现代课程观》，教育科学出版社，2000年，第227－228页。

主义心理学、建构主义心理学对课程与教学理论的影响上。①

资料卡片：
教学设计视角

一、行为主义心理学及其课程教学观

行为主义心理学产生于20世纪的美国，其主要代表有华生、斯金纳、班杜拉等人。他们反对研究无形的意识现象，主张心理学应研究看得见、摸得着的客观行为，认为行为是有机体适应环境的各种身体反应，诸如肌肉收缩、腺体分泌等，他们从动物学习行为的研究推论到人类的学习行为。华生提出经典行为主义的著名公式：刺激（S）—反应（R），认为刺激决定反应，环境决定行为，学习即刺激—反应之间联结的加强。新行为主义者斯金纳修正了华生的观念，提出"操作性强化"概念，强调反应后的刺激，注重个体的积极操作和环境对个体行为的强化。斯金纳根据其操作学习原理，制作了能帮助教师和学生安排有效程序的教学机器。1954年斯金纳在《学习的科学和教学的艺术》一文中阐述了程序教学三原则：积极反应、即时强化、小步子。班杜拉创设典型的社会情境实验去研究人类的学习行为，他从观察学习和替代性强化理论出发，强调示范榜样在人的社会化过程中的重要性，提出社会学习理论。布卢姆依据行为主义基本原理，提出了教育目标分类学与掌握学习理论，对课程与教学产生了重要影响。加涅从信息加工理论出发，视教学为学习的外部事件，提出层级学习理论。

行为主义认为学习就是行为塑造和习惯养成，他们以一种可观察的、可测量的形式具体说明课程内容与教学过程。其对课程与教学的影响表现在：（1）在课程与教学目标上强调行为目标，强调基本技能的训练，关注学生的行为变化。（2）在课程与教学内容方面强调由简至繁的累积和单元教学，主张将学习内容分解成很小的单元，按照学习内容的内在逻辑，安排课程与教学材料。（3）在课程实施与教学方法上，主张采用各种教学媒体进行个别教学，提倡教学设计，运用各种教学技术如程序教学、计算机辅助教学、视听教学，一步一步地通过刺激和强化手段，使学生逐步掌握教材内容。（4）在课程与教学评价上，强调对行为目标达成度进行评价，注重行为结果而非认知过程。

---

① ［美］Peggy A. Ertmer，Timothy J. Newby：《行为主义、认知主义和建构主义——从教学设计的视角比较其关键特征》，盛群力译，《电化教育研究》，2004年第3－4期。

二、认知心理学及其课程教学观

认知心理学兴起于20世纪50年代，它是在反对美国行为主义心理学机械论的基础上产生的。其主要代表有皮亚杰、布鲁纳、恩尼斯、利普曼、斯腾伯格等。认知心理学的基本假设是：学生的行为建立在认知的基础上。认知心理学研究的对象是学生处理环境中各种事件时的内部心理活动及学生头脑中的认知结构。如果说行为主义关注的是学生对各种刺激做出的反应及行为习惯的加强与改变，那么认知心理学则重点研究学生头脑中认知结构的建立与重组。因此，认知心理学家感兴趣的不是行为发生的频率，而是学生内在的思维过程和信息加工方式，关注认知领域的学习。认知心理学家的大量研究集中在个体认识活动的产生和发展上，对于教育研究具有直接贡献。如皮亚杰研究了儿童认知活动的内在机制，提出智力发展阶段论，强调主体活动在智力发展中的作用，倡导活动教学法。布鲁纳根据儿童心理表征发展水平，提出“螺旋式课程”，倡导发现教学法。

认知心理学的课程、教学观表现在：（1）课程与教学目标应促进儿童认知发展，帮助儿童学会学习，学会思考，掌握系统知识与学科结构。（2）课程与教学内容方面，强调学科的基本概念、基本原理的学习，课程设计应依据学科的知识结构。如皮亚杰认为，应根据各阶段儿童认知特征去设置课程和编排教材，把学科逻辑和智慧逻辑统一起来。布鲁纳根据儿童认知发展阶段论提出螺旋式课程设计。（3）课程实施与教学强调认知方法、发现方法。布鲁纳认为，学习过程就是类目及其编码系统的形成过程，它不是可以由教师直接传授的，必须依靠学生自己积极的思维活动，自己去构建、去发现，用自己的头脑亲自获得知识。（4）课程与教学评价方面，主张对学生内隐性知识进行评价，注重认知过程评价，而不仅仅是行为结果。

三、人本主义心理学及其课程教学观

人本主义心理学诞生于20世纪60年代，主要代表有马斯洛、罗杰斯等。人本主义心理学家强调人的情感与价值，他们关心的不是行为主义强调的学习结果，也不是认知心理学强调的学习过程，而是学生学习的起因，诸如情感、信念、态度、意图对于个体成长的意义，重视爱、创造性、自我实现、自主性、责任心等人格特征的培养。① 马斯洛认为，人的需要具有多个层次，从基本的生理需要、安全需要到爱的需要、尊重需要，最高需

① 佐斌：《论人本主义学习理论》，《教育研究与实验》，1998年第2期。

要是自我实现的需要；人天生蕴藏着无限潜能的内在自然，内在自然的充分展露就达到了自我实现，自我实现是人生的终极目标。罗杰斯认为，为了自我的充分发展，培养健全的人格，必须创造出一个无条件积极关注的成长环境，由此提出了非指导性教学理论，强调教学以学生为中心，突出情感与态度因素在教学活动中的重要作用。

资料卡片：
人本主义学习论

人本主义心理学的课程与教学观体现为：（1）课程与教学应自我导向，其目标在于促进个体的自我实现，为每个学生的自由成长和个性解放提供经验，帮助学生把意识不到的自我揭示出来。（2）课程与教学内容对学生来说必须具有个人意义，学习材料要与学生的基本需要、兴趣联系起来，有利于学生进行自我探索。（3）倡导设计理智与情感合成的“融合课程”，将情感与认知、教材与学生、个人与社会进行整合，培养完整的人格。（4）课程实施与教学强调创设相互尊重、真诚愉悦的学习环境与氛围，发挥学生的自主性、创造性，让学生在学习中充分地表现自我、发展自我。

四、建构主义心理学与课程教学观

建构主义是在认知主义基础上发展起来的，认为知识不是对客观事物本来面目的揭示，知识由个体主动建构起来，是主体与客体相互作用的结果。早期建构主义心理学的主要代表人物有皮亚杰、维果茨基、布鲁纳等人。当代建构主义心理学派系林立，激进的、折衷的、温和的观点并存，很难找出谁是主要代表人物。早期建构主义心理学的哲学基础是结构主义，当代建构主义心理学的哲学基础是后结构主义。建构主义理论繁多，大致可以归纳为两大派系：一派是“认知建构主义”，以皮亚杰、布鲁纳为代表；另一派是社会建构主义，以维果茨基为代表。建构主义者强调：知识不是对现实的准确反映，而只是一种合理的解释和可靠的假设，知识不可能以实体的形式存在于具体个体之外，只能由个体学习者基于自己的经验背景建构起来。知识不能精确地概括世界的法则，需要我们针对具体情境进行再创造。学习是在具体社会情景中进行的。学习者以自己的方式建构对于事物的理解，不同人看到事物的不同方面，不存在唯一标准的理解。

建构主义关于课程与教学的基本观点可归纳为：（1）学习者具有主体性和能动性，建构着关于客观世界的知识。（2）学习是学习者的一种主动建构活动，它不是行为主义所描述的被动接受信息、巩固强化，而是学习者主动选择、加工外部信息，建构信息意义的过程。建构一方面是对新信息的意义的建构，一方面又包含对原有经验的改造和重组。（3）知识学习不是教师简单地向学生传递，而是学生在已有经验基础上自己建构知识的过程。（4）教学的作用仅仅在于给学生提供活动机会，帮助、促进学生组织自己的经验，建构自己的知识，而不是去发现本体论意义上的客观现实。建构主义凸显了学生的主体性与创造性。

基于上述观点，目前建构主义者已开发出一些教学模式，影响较大的有：学生可随意通过不同途径、不同方式进入同样教学内容的学习，以获得对同一事物或问题的多方面知识的随机通达教学（Random Access Instruction）；呈现整体教学任务，让学生尝试问题解决的自上而下（Top - down）教学；以真实事例或问题（“锚”）为基础，让学生到真实环境中去感受和体验的抛锚式教学（Anchored Instruction）；通过支架（如教师的帮助）把管理调控的任务由教师转移给学生，最后撤去支架的支架式（Scaffolding）教学；强调师生之间、生生之间的社会性相互作用，通过合作和讨论，让学生理解事物的不同方面、多种意义的合作学习与交互式教学，还有强调“做中学”的认知学徒（Cognitive Apprenticeship）模式等。① 这些模式从不同方面丰富了教学实践，也有助于克服传统教学存在的弊端。

资料卡片：建构主义的教学模式、教学方法与教学设计

资料卡片：建构主义学习观

第三节　社会学基础

学校课程受社会上各种因素的影响，同时也受不同的社会观支配。社会学作为课程的基础学科体现在两个方面：为课程教学研究提供学科范式；其基本原理和方法为课程论提供前提和基础，其研究成果成为课程与教学论的理论依据。社会学中的结构功能主义、冲突论社会学、解释论社会学对课程与教学理论产生了较大影响。

---

① 何克抗：《建构主义的教学模式、教学方法与教学设计》，《北京师范大学学报》，1997 年第 5 期。陈琦、张建伟：《建构主义学习观要义评析》，《华东师范大学学报（教育科学版）》，1998 年第 1 期。

一、功能论社会学及其课程教学观

功能论社会学即结构功能主义，强调社会团结、秩序与稳定。主要代表人物有英国的孔德、斯宾塞，法国的涂尔干，美国的帕森斯。孔德（Auguste Comte）开辟了社会学研究的实证主义路线，追求“客观性”“准确性”“可靠性”和“价值中立性”。涂尔干认为：每个社会都是由许多不同质的部分组成的一个相对持久、相对稳定的结构。社会结构包括各种社会制度，社会组织、社会行为及其社会角色的分配。社会的各个组成部分，社会结构中的各个部分，彼此结合，形成一个统一整体。社会各个部分之间相互依存、彼此协调，少有对立或冲突。结构功能主义强调社会稳定、和谐，主张在调适中求改进，在稳定中求进步，以保持社会的稳定性和连贯性。帕森斯认为，社会系统类似于一个生命机体，作为生命机体之一的社会系统存在于环境之中，并对环境起“适应性”反应。同时社会系统各构成部分相互关联，人类社会的发展是一个由简单到复杂的进化过程。

功能论认为，学校作为一种社会结构，其目的在于使年轻一代系统地社会化。教育最好的方式是把集体意识灌输给个体，使他们顺应社会生活方式。社会通过学校筛选学生，学校根据成绩和能力测验，使不同学生修习不同的课程计划，从而将来在社会结构的不同位置发挥各自的作用。学校课程便是促使学生自觉地维护社会结构、保持社会平衡的手段，课程与教学就是传授社会基本的价值观念与技能，促进学生的社会化，使他们理解并接受自己在社会中的位置。

二、冲突论社会学及其课程教学观

冲突论社会学是在20世纪60年代对结构功能主义社会学的批判中产生的。冲突论社会学认为社会经常处于冲突状态，结构功能主义者所说的社会处于均衡状态，只是一种幻觉。冲突理论认为每一社会的每一方面都在变化，社会变化普遍存在；每一社会时刻都会出现分歧和冲突，冲突是社会生活中一种自然、不可避免的现象。社会结构内部存在的矛盾和冲突导致社会结构的变迁。社会生活在许多不同层次上往往显示出和平与冲突、缓和与敌对的循环过程。社会总是处在脆弱的平衡中，在大多数情况下，秩序常常是暂时的。社会学界冲突论学派的代表人物，首推激进的政治社会学家米尔斯。冲突论学派的理论观点大体上可分为两类：一是以达伦多夫为代表的辩证冲突论，二是以科塞为代表的功能冲突论。

在教育社会学领域，冲突论的主要代表人物有韦伯（M. Weber）、鲍尔斯（Samuel Bowles）、金蒂斯（H. Gintis）、科林斯（R. Collins）和华勒（W. Waller）等人。①

资料卡片：冲突论

鲍尔斯和金蒂斯运用冲突论对资本主义教育制度进行了无情的解剖和批判，他们把教育制度置于美国资本主义体制的大背景下来考察，认为教育制度是维护资本主义经济结构的一个方面，是对社会不平等分工进行复制的主要工具。科林斯认为，社会是不同利益集团为获取财富、权力、声望而互相冲突、争斗的舞台，教育则是各集团用以实现自己利益的重要工具。在他看来，现代社会对高学历的追求，很大程度上是各利益集团借以维护其精英统治的一个手段。

三、解释论社会学及其课程教学观

解释论社会学是一些观点相近的社会学流派的合称。它们反对实证主义社会学，强调个人的主观理解，认为社会结构是许许多多个人理解与行动的结果，社会过程是人把主观的意义赋予客体并做出反应的过程，注重具体情况而不是一般的社会理论。它强调对现实本身的剖析，重视探讨日常现实的过程及其主观目的性与交互作用，侧重于学校本身的微观研究，把个体看作意义的创造者，放弃社会类型理论。其主要的代表人物及其学说有：米德（G. H. Mead）的符号互动论，舒茨（A. Schutz）的现象社会学，加芬克尔（H. Carfinkel）的本土方法论，E. 戈夫曼（E. Coffman）的"舞台表演"理论。

在教育领域，一些解释论者如现象学知识社会学的主要代表英国的M. 杨（M. Young）和伯恩斯坦从学校教育的实际内容与实际过程本身剖析入手，剖析了以劳动阶级子女的学业失败为突出标志的教育不平等现象。他们对学校中所传授的知识进行剖析。M. 杨认为，学校教学中的知识可分为不同层次。教学内容的选择、确定与组织的过程，其实是教育知识成层的过程，不同的学生将接受和掌握不同层次的教育知识。这样，学校教育的过程，实际上乃是教育知识分配的过程。这种不同层次的教育知识，对部分学生（来自高阶层地位的学生）而言比较容易理解和接受，对另一部分学生（来自低阶层地位的学生）而言则较难理解与接受。所以，学校教育过程中存在的不平等的教育知识分配，是学生之间在学业成绩上出现分化

---

① 钱扑：《冲突论及其教育目的功能观》，《外国教育资料》，1999年第4期。

的主要原因。伯恩斯坦认为，存在着两种基本的语言编码：一种是精密编码，存在于上、中层阶级的语言之中；另一种是局限编码，主要存在于下层阶级的语言之中。由于学校教育知识编码属于精密编码，因此，学校教育知识与中上层阶级子女生活经验之间便具有某种同质性，而与下层阶级子女的生活经验之间则存在着异质性，这将使不同阶级的子女在教育的可能性上出现差异，从而导致学业成绩上的差异。

拓展阅读 **余论 1：**

课题理解

20 世纪 80 年代以来，西方课程领域开始由“课程开发范式”转向“课程理解范式”。课程学者不再视课程为纷繁杂陈的“学校材料”，而是视课程为“符号表征”。课程学者从不同理论视域对课程文本（符号）进行理解，他们广泛运用现象学、存在主义、解释学、法兰克福学派、后结构主义、解构主义、后现代主义、女性主义等哲学和社会学思潮对课程进行探究，同时把文学理论、美学、自传或传记理论、神学等“嫁接”到课程领域，由此产生了形形色色的“课程理解”——政治的理解、种族的理解、性别的理解、现象学的理解、后现代的理解（包括后结构主义理解、解构主义理解）、自传或传记性理解、美学的理解、神学的理解、生态学的理解、全球化的理解等。由此，课程变成了一种“文本”，对这种“文本”进行不同角度的解读，形成了丰富多彩的“课程话语”。当今的课程研究已经不再局限于课程开发程序的论争，而是将课程置于更为广泛的社会、政治、经济、文化、种族等背景下来理解，联系个人深层的精神世界和生活体验而寻找课程的意义。不同话语之间通过“复杂的会话”而使课程领域不断走向自主，预示着课程理论发展的未来方向。①

资料卡片：
理解课程导论

拓展阅读 **余论 2：**

后现代主义是 20 世纪后期西方社会的流行哲学。它的到来是与“二战”后西方社会的科技进步、经济起飞、政治变革、文化嬗变、核心价值观衰落、深层哲学争议等密切相关，是一股鲜活的反理性主义的文化思潮。

---

① ［美］派纳主编：《理解课程》，张华等译，教育科学出版社，2003 年。张华：《走向课程理解：西方课程理论新进展》，《全球教育展望》，2001 年第 7 期。

与“唯科学主义”“理性至上”的现代文化特质不同，后现代主义推崇的是不确定性、折衷性和多元文化主义。自产生之后，其影响渗透到西方社会的每个文化角落。从20世纪70年代开始，尤其是20世纪80年代，美国课程研究领域运用后现代主义思想和方法对包括要素主义、结构主义、永恒主义，尤其是对以泰勒原理为核心的传统课程理论进行了系统的批判、反思和解构，以新的理论视野和新的价值观念理解课程本质，构建新的课程概念。在后现代主义课程观看来，课程是提供给学生的现实机遇，是学生在现实机遇中的生成与创造。开放性、多元性、创造性、内在性是后现代主义课程观的主要特征。美国课程学者多尔（Doll）以科学尤其是物理学与天文学作为组织框架，将西方思想发展史划分为三个大典范：前现代、现代和后现代。在混沌理论、耗散结构理论、皮亚杰的生物学世界观及杜威经验认识论基础上，多尔建构了一个后现代主义课程理论框架：4R课程模体（丰富性、回归性、关联性、严密性）。我国有研究者将后现代主义课程理论概括为：以开放性、生成性、流变性、生态性、包容性为特征的课程目标观；奠基于多元文化、生态主义、建构主义基础上的课程内容观；作为诠释创造与交往对话过程的课程实施观；导向多元与差异、美学精神并注重目标多样与流变的课程评价观。①

资料卡片：
4R课程模体

本章内容小结

课程与教学论的学科基础是指课程与教学论赖以建立的那些基础性学科。这些基础性学科，不仅给课程与教学论研究提供了方法论指导，而且为课程与教学论发展提供了许多重要概念和思想资源，没有这些基础性学科，课程与教学理论大厦就无法建立。课程与教学理论正是从相关学科中吸收营养，逐渐形成自己的概念框架、理论体系与学术流派。课程与教学论的基础学科主要有哲学、心理学、社会学，这些学科对课程与教学的观念、理论、研究方法均产生了深刻影响。

---

① ［美］多尔：《后现代课程观》，王红宇译，教育科学出版社，2000年。谢登斌：《多尔后现代主义课程理论探析》，《广西师范大学学报（哲学社会科学版）》，2001年第3期。于泽元：《后现代主义课程理论研究》，西南师范大学博士学位论文，2002年。

本章思考问题

1. 以某一哲学流派为例，谈谈哲学对课程与教学理论的影响。

2. 以某一心理学流派为例，谈谈心理学对课程与教学理论的影响。

本章参考文献

1. ［美］莫里斯·L. 比格：《学习的基本理论与教学实践》，张敷荣等译，文化教育出版社，1983 年。

2. ［美］加涅：《学习的条件与教学论》，华东师范大学出版社，1999 年。

3. ［美］小威廉姆·E. 多尔：《后现代课程观》，教育科学出版社，2000 年。

4. ［巴西］弗莱雷：《被压迫者教育学》，华东师范大学出版社，2001 年。

5. ［美］阿普尔：《意识形态与课程》，华东师范大学出版社，2001 年。

6. ［美］C. 奥恩斯坦等：《课程：基础、原理和问题》，柯森主译，江苏教育出版社，2002 年。

7. ［美］派纳主编：《理解课程》，教育科学出版社，2003 年。

8. 施良方：《学习论》，人民教育出版社，1993 年。

9. 吴永军：《课程社会学》，南京师范大学出版社，1999 年。

10. 吴康宁等：《课堂教学社会学》，南京师范大学出版社，1999 年。

11. 郭华：《教学社会性之研究》，教育科学出版社，2002 年。

12. 张楚廷：《课程与教学哲学》，人民教育出版社，2003 年。

13. 潘洪建：《教学知识论》，甘肃教育出版社，2004 年。

14. 郭晓明：《课程知识与个体精神自由》，教育科学出版社，2005 年。

15. 李召存：《课程知识论》，华东师范大学出版社，2009 年。

16. 季苹：《教什么知识》，教育科学出版社，2009 年。

17. 余文森：《个体知识与公共知识——课程变革的知识基础研究》，教育科学出版社，2010 年。

18. 李臣之、郭晓明、和学新、张家军：《西方课程思潮研究》，人民教育出版社，2012 年。

19. 潘洪建：《致知与致思：课程改革的知识论透视》，山东教育出版社，2015 年。

20. 和学新：《课程的理论基础研究》，广西师范大学出版社，2017 年。